U0891030

质量管理小组活动实务

朱　迅　欧阳林寒　庞　震　编著

东南大學出版社
SOUTHEAST UNIVERSITY PRESS
·南京·

图书在版编目(CIP)数据

质量管理小组活动实务/朱迅,欧阳林寒,庞震编著. -- 南京:东南大学出版社,2025. 8. -- ISBN 978-7-5766-1710-8

Ⅰ.F407.31

中国国家版本馆CIP数据核字第2024YK0088号

责任编辑:马伟　责任校对:韩小亮　封面设计:顾晓阳　责任印制:周荣虎

质量管理小组活动实务

编　　著:朱　迅　欧阳林寒　庞　震
出版发行:东南大学出版社
出 版 人:白云飞
社　　址:南京四牌楼2号　邮编:210096　电话(传真):025-83793330
网　　址:http://www.seupress.com
电子邮件:press@seupress.com
经　　销:全国各地新华书店
印　　刷:南京京新印刷有限公司
开　　本:787 mm×1092 mm　1/16
印　　张:23.25
字　　数:509千字
版　　次:2025年8月第1版
印　　次:2025年8月第1次印刷
书　　号:ISBN 978-7-5766-1710-8
定　　价:88.00元

本社图书若有印装质量问题,请直接与营销部联系。电话:025-83791830。

自 序

“新质生产力”是近阶段的高频热词，发展新质生产力作为推动高质量发展、推动中国式现代化发展的重要力量，已经成为我国现阶段和未来很长时期的一项非常重要的工作任务。筑“卓越质量工程”、打造“新质生产力”，是企业组织经营重点。

质量管理（Quality Control，以下简称QC）小组，以改进质量、降低消耗、提高人员素质和经济效益为目的。小组活动以职工自愿参加为基础，以全员参与、自主管理为形式，以改进创新为目标，以降本增效为方向，课题以“小、实、活、新”为特色。QC小组在活动中遵循科学的工作程序，步步深入地分析问题、解决问题；在活动中坚持用数据说明事实，用科学的方法来分析与解决问题，体现出严密的科学性，小组成员在活动中锻炼了思维、积累了经验、提高了技能、提升了能力，这正是QC小组的魅力所在，活力所在。

“惟创新者进，惟创新者强，惟创新者胜。”质量改进和创新始终是引领企业发展的第一动力。我国越来越重视建设世界一流企业，提出要加快建设一批“产品卓越、品牌卓著、创新领先、治理现代”的世界一流企业，这些世界一流企业，将是以“高科技、高效能、高质量”为特征的新质生产力的代表。

创新在新质生产力中起主导作用，企业要摆脱传统经济增长方式、生产力发展路径，需要具有“高科技、高效能、高质量”的特征，符合新发展理念的先进生产力，通过对现场问题的持续改进与创新，从而推动技术革命性突破、生产要素创新性配置、产业深度转型升级，催生以劳动者、劳动资料、劳动对象及其优化组合的跃升为基本内涵，以全要素生产率大幅提升为核心标志。QC小组是指在生产或工作岗位上从事各种劳动的职工，围绕企业的经营战略、方针目标和现场存在的问题，以改进质量、降低消耗、提高人的素质和经济效益为目的组织起来，运用质量管理的理论和方法开展活动的小组。QC小组在质量管理提升、质量管理创新方面，具有广泛的群众性、严密的科学性，在提升效能、提高质量方面，由于广大的员工充分参与，使得企业上下目标一致，是企业高质量发展的动力源泉，是先进生产力、新质生产力的重要组成。

实事求是、灵活多样是组建QC小组的原则，给广大企业员工参与企业管理与不断改进提供了一种组织形式。员工自愿结合成各种类型的QC小组，围绕企业的经营战略、方针目标和身边存在的各种问题，形式多样地、自主地开展活动，推动企业目标的实现和自身素质的提高；通过活动开展，员工能从身边的实例中，增加对 QC 小组活动宗旨的感性认识，逐步增强参与 QC 小组活动的愿望，使企业组织的 QC 小组像滚雪球一样扩展开来。从解决实际问题的需要出发，组成各种形式的 QC 小组，方便活动，易出成果。我国一些企业中出现的“三合一”QC 小组、“四结合”QC 小组、“自主管理小组”等，模式多种多样，不拘一格，呈现出百花齐放的蓬勃局面。

围绕国家战略，构精益运营体系，筑卓越质量工程，打造新质生产力，任重而道远。

编著者

2025 年 4 月 2 日

前　言

QC小组是20世纪70年代末，我国改革开放初期，随着全面质量管理(Total Quality Management，简称TQM)引入我国时同时开展起来的一种质量管理活动形式，至今已有40余年的历程。作为一项群众参与质量改进、质量创新的有效活动形式，QC小组在我国从无到有、从小到大、由点到面，从制造业到建筑业、服务业等多领域的发展过程，无论是活动的参与人数、活动内容、活动成果、创造效益等都始终保持着良好的发展态势，成为我国开展时间最长、覆盖领域最广、参与人数最多、取得效益最显著的质量改进活动。随着高质量发展理念在各级组织的深入贯彻，越来越多的企业组织和领导，更加重视QC小组活动的组织开展，把QC小组活动作为企业创新增效、降本增益的重要抓手，很多地区和行业，还构建了QC成果孵化和推广机制与平台，取得了瞩目成就，也推动了QC小组活动向纵深发展。

实现中国式现代化目标，基层班组的力量不可或缺。班组员工需要建立数字思维、价值思维、卓越思维，需要脚踏实地、持续开展改进创新，QC小组活动系列工具和方法，是全员参与改进创新的成熟方式。企业需要开展"数字班组建设、数字员工培育"活动，构建适应新质生产力发展的基层组织和员工队伍，才能有效执行"数字化转型、智能制造"发展战略。可以预测，QC小组的活动流程、思维、方法、工具，必将成为新质生产力"数字员工"能力的重要组成。QC小组活动已成为广大员工参与企业经营管理、持续开展改进和创新、促进企业经济效益提高的有效途径，成为企业全心全意依靠广大员工办好企业的重要措施，在人才培养、管理提升、改进创新等方面都有十分重要的作用。"数字班组""数字员工"的特点，是通过数据分析，自觉运用QC小组活动工具方法，按照"小、实、活、新"基本原则，自主开展改进创新活动，自适应新质生产力发展新需要。

为进一步培养具有理论知识和实践指导能力的QC小组活动人才，不断提高QC小组活动水平和管理水平，使QC小组活动更加科学、严谨、有效，中国质量协会修订、完善、发布了《质量管理小组活动准则》(T/CAQ 10201—2024)和《质量管理小组活动推进指南》(T/CAQ 10208—2024)。应广大学员要求，根据多年的实践经验，结合2024版《质量管理小组活动准则》要求，编写了《质量管理小组活动实务》，可供各级QC小组开展活动时参考，也可供各类组织学习QC小组活动基础知识、工具方法时参考。

本书在编写过程中，得到了江苏核电有限公司、中亿丰建设集团股份有限公司、南京清泉城市建设工程股份有限公司、南京钢铁股份有限公司、国家电网江苏常州供电分公司、江苏省通启高速公路管理中心、中国移动通信集团江苏有限公司、国能江苏电力工程技术有限公司、江苏苏通大桥有限责任公司等单位的大力支持，为本书提供了丰富的成果案例，基本涵盖了制造、工程、市政、通信、电力、交通等重点行业，在这里一并表示感谢！希望更多的企业，通过系统推进、规范实施、科学总结，取得丰硕成果，使QC小组成就自己、贡献企业、造福社会。

因篇幅有限，读者可扫描封底二维码阅读部分案例。由于时间仓促加之编著者水平有限，不妥之处在所难免，希望广大学员、专家学者批评、指正。

编著者

2024年10月18日

目 录

第一章　质量管理概述 …… 001
第一节　质量管理发展历程 …… 001
第二节　质量管理与质量管理小组 …… 009
第三节　质量管理小组的产生和发展 …… 017
第二章　QC 小组组建 …… 019
第一节　QC 小组的组建原则 …… 019
第二节　QC 小组的成员及对其要求 …… 020
第三节　QC 小组组建程序与注册登记 …… 022
第四节　QC 小组活动程序 …… 025
第三章　问题解决型 QC 小组活动程序及要点 …… 036
第一节　总则 …… 036
第二节　选择课题 …… 038
第三节　现状调查 …… 050
第四节　设定目标 …… 056
第五节　目标可行性论证 …… 060
第六节　原因分析 …… 066
第七节　确定主要原因 …… 071
第八节　制定对策 …… 092
第九节　对策实施 …… 098
第十节　效果检查 …… 110
第十一节　制定巩固措施 …… 118
第十二节　总结和下一步打算 …… 122
第四章　“创新型”课题活动程序及要点 …… 128
第一节　总则 …… 129
第二节　选择课题 …… 130
第三节　设定目标及目标可行性论证 …… 138

第四节 提出方案并确定最佳方案 …… 143
第五节 制定对策 …… 169
第六节 对策实施 …… 172
第七节 效果检查 …… 193
第八节 标准化 …… 196
第九节 总结和下一步打算 …… 199

第五章 常用统计方法和工具 …… 204
第一节 总则 …… 204
第二节 常用方法工具 …… 207

第六章 QC 小组活动实务 …… 261
第一节 QC 小组活动成果提炼与总结 …… 262
第二节 QC 小组活动成果现场发布 …… 272
第三节 QC 小组活动的几大误区 …… 276
第四节 QC 小组活动推进关键 …… 281

案例分享一 提高超高强钢一次合格率 …… 295

案例分享二 研制脱硝 CEMS 系统采样故障预警装置 …… 328

附录 ICQCC 简介 …… 355

参考文献 …… 362

第一章 质量管理概述

第一节 质量管理发展历程

一、质量管理发展史

质量管理(Quality Control,以下简称 QC)伴随着现代工业发展和科技水平的进步而形成,并逐步完善。随着工业时代的来临,手工业发展逐步黯淡,带来了对产品质量的更高要求,人们逐渐从追求数量的眼光中摆脱出来,开始着眼于质量的改进。尤其随着市场经济竞争愈发激烈,企业越来越意识到质量是关乎企业发展的命脉,企业经营管理水平成为检验企业发展前进过程中的重要维度。

回首质量管理的发展历程,主要可以分为三个阶段:第一阶段是在第一次工业革命期间——质量检验阶段;第二阶段是从第二次工业革命到第二次世界大战开始——统计质量控制阶段;第三阶段是从第三次工业革命后直至今日——全面质量管理阶段,同时,也正迈向高质量发展阶段。

1. 质量检验阶段

质量检验的历史源远流长,在家庭作坊制生产条件下,生产职能和检验职能没有分开。20 世纪初,随着机器化大生产的出现,检验职能从生产职能中单独分离出来,质量检验阶段主要是通过检验的方式来控制和保证产出或转入下道工序的产品质量,主要特点是事后把关。其演进历程为:工人自检、工长监督检查、检验员专检。其倡导者是被称为科学管理之父的泰勒,他提出了科学管理方法和职能化组织理论,要求按职能的不同进行合理的分工,首次将质量检验作为一种管理职能从生产过程中分离出来,倡导建立独立的检查部门和专职检验制度。同时,基于大批量生产的产品技术标准的建立和公差界限的规定,也为质量检验奠定了基础。

但是,质量检验阶段存在两个主要问题:一是事后检验,无法在生产过程中进行预防和控制,而且属于非增值活动,付出低质量的代价,因此人们称之为"死后验尸";二是全数验,成本太高,在破坏性检验条件下更是无法进行。由此导致统计质量控制阶段的诞生。

2. 统计质量控制阶段

统计质量控制(Statistical Quality Control,SQC)阶段酝酿于20世纪二三十年代,形成于20世纪四五十年代。这一阶段的特征是数理统计方法与质量管理的结合,从单纯依靠质量检验的事后把关发展到过程控制,形成质量的预防性控制与事后检验相结合的管理方式。

在生产的推动下,统计学的应用有了很大进展。20世纪20年代,英国数学家费希尔结合农业实验提出方差分析与试验设计等理论,为近代数理统计学奠定了基础。与此同时,美国贝尔实验室成立了两个课题研究组:一个是过程控制组,负责人是休哈特,他创建了统计过程控制(Statistical Process Control, SPC)理论,实现了应用统计技术对生产过程的监控;另一个是产品控制组,负责人是道奇,他和同事罗米格进行了抽样检验的探索,在1929年发表了《抽样检验方法》,并设计了实用的抽样检验表,解决了全数检验和破坏性检验在应用中的困难。

在20世纪二三十年代提出过程控制理论与抽样检验理论之际,恰逢西方发达国家处于经济萧条时期,所以这些新理论乏人问津;直到第二次世界大战期间,由于国防工业迫切需要保证军火质量,这些理论才得以广泛应用。上述理论的实际应用效果显著,得到了广泛的承认,二战后风行全世界。

新理论的应用减少了不合格品,降低了生产费用,但统计质量控制过分强调统计方法,使人们误以为质量管理就是统计方法,而且在缺乏计算机和数理统计软件支持的情况下,许多人感到实施难度很大。随着现代化大规模生产的演进,影响产品质量的因素越来越多,单纯依靠统计方法不可能解决一切质量问题,质量管理由此走向系统工程的道路。

3. 全面质量管理阶段

20世纪60年代以来,随着科学技术和工业生产的发展,对质量的要求越来越高,这就需要人们运用系统工程的概念,把质量问题作为一个有机整体加以综合分析研究,实施“全员、全过程、全企业”的管理。美国通用电气公司的费根堡姆首先提出了全面质量管理(Total Quality Control,TQC)的概念,他在1961年出版的《全面质量管理》一书中指出:“全面质量管理是为了能够在最经济的水平上,并考虑到充分满足顾客需求的条件下进行市场研究、设计、生产和服务,把企业各部门的研制质量、维持质量和提高质量的活动构成一体的有效体系。”

日本在20世纪50年代引进美国的质量管理方法后,对其进行了发展和创新。提出了全公司质量管理(Company Wide Quality Control,CWQC),首创了质量管理小组(Quality Control Circle,QCC)方法、田口方法(Taguchi method)、5S管理[5S是整理(seiri)、整顿(seiton)、清扫(seiso)、清洁(seiketsu)、素养(shitsuke)五项活动的统称]、全面生产维护(Total Productive Maintenance, TPM)、质量功能展开(Quality Function Deployment, QFD)和丰田生产方式(Toyota Production System,TPS)等,归纳了“老七种”“新七种”工具,并普遍用于质量改进和质量控制,为全面质量管理充实了大量新的内容。质量管理的手段不再局限于数理统计,而是全面运用各种管理技术和方法。日本企业应用全面质量管理获得了极大的成功，引起了世界各国的关注，全面质量管理的观念在全球范围内得到广泛传播，各国结合各自国情及实践皆有所创新与发展。1979 年，美国质量管理专家克劳斯比出版了他的开山之作《质量免费——确定质量的艺术》，确立了“第一次就把事情做对”和“零缺陷”的理论。“零缺陷”的四项基本原则是：明确需求、做好预防、一次做对、科学衡量。

1951 年，美国质量管理专家约瑟夫·莫西·朱兰在他主编的《朱兰质量控制手册》第一版中汇编了关于质量管理的一些重要思想和论文，他认为除了质量控制以外，还有许多其他的职能与质量控制有所关联。

1956 年，“全面质量管理之父”阿曼德·费根堡姆发表了论文《全面质量控制》，首次提出了“全面质量控制”(Total Quality Control，TQC)这一概念。1961 年，他将质量管理理念整理成册，出版了《全面质量控制》一书。在费根堡姆的观点里，人员才是质量管理的根本推动力量，而一些特殊方法诸如数理统计，只能被视为用来提升管理水平的辅助工具。他强调，必须用全面的、系统的方式管理质量，要求不仅是生产检验部门，而是全部职能部门都要参与到质量管理中来。他提出：“全面质量控制是为了能够在最经济的水平上并考虑到充分满足用户要求的条件下进行市场研究、设计、生产和服务，把企业各部门的研制质量、维持质量和提高质量活动构成为一体的有效体系。”通俗地讲，全面质量控制就是公司上下各部门职员同心协力，应用各领域专业技术，借助数理统计等方法，从产品设计、制造、检测、售后全过程建立质量管理体系，以实现用最经济的手段，获得用户最满意的产品。之后，质量管理的范围逐渐由产品扩大到了服务业，涉及的行业范围也越来越广泛。20 世纪 50 年代后期，美国一些银行、航空公司逐步开始运用质量管理的思想和方法解决当前面临的问题，并且取得了良好的效果。之后，各国纷纷着手学习全面质量控制理念，用来提升本国企业的管理水平，其中，日本的做法最为成功，成就突出。

1987 年是质量管理发展史上最重要的一年：国际标准化组织发布了其第一套管理标准——ISO 9000 系列标准，适应全球化贸易的质量体系认证由此拉开帷幕。摩托罗拉公司在总结 20 世纪 70 年代竞争失利的基础上，提出的六西格玛方法并在公司正式实施，取得了显著成效。1987 年美国国会通过了 100-107 号公共法案《马尔科姆·波多里奇国家质量改进法》，决定启动波多里奇国家质量奖评审，这是自 20 世纪 80 年代美国重新审视和借鉴日本的发展，将 TQC 发展到全面质量管理(Total Quality Management，TQM)的一个里程碑，为 TQM 建立一个从过程到结果的卓越绩效评价框架。由 TQC 向 TQM 的演进，实质上，是质量概念由“产品和服务质量满足顾客需要”向“大质量综合满足顾客及相关方需要”、质量管理由“全面的质量管理”向“全面质量的管理”演进，参见图 1-1。

第二次世界大战之后，日本将全部精力投入经济发展中，美国派了大量专家前往，援助日本经济复苏，其中也包括质量管理专家爱德华兹·戴明博士。戴明对日本工业振兴提出了以较低的价格和较好的质量占领市场的战略思想。戴明在援助过程中，提出了致力于产品(服务)和过程的无止境改进的全面质量管理思想，这种管理思想极大地推动了日本企业的产品(服务)质量提升，很快便被日本所接受并广为发展。

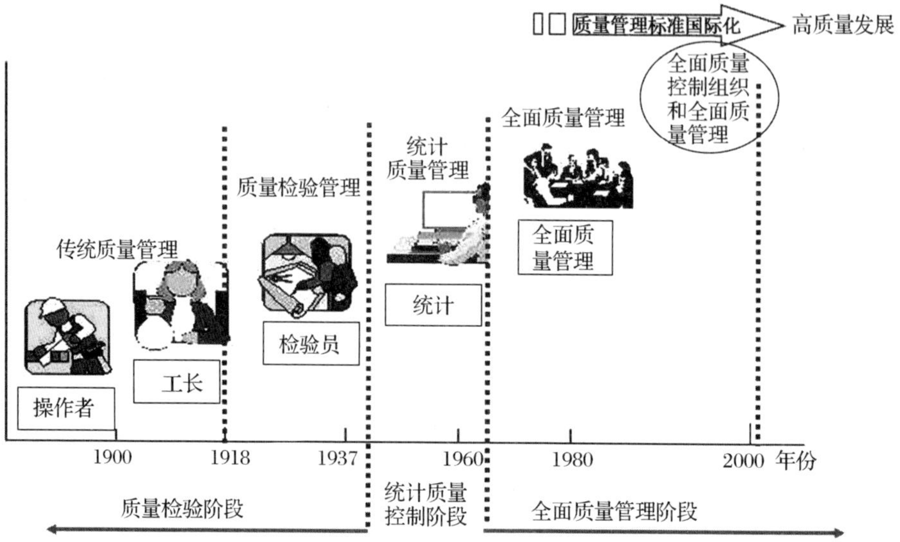

图 1-1　质量管理发展三阶段示意图

全面质量管理由美国引入日本后，被称为“全公司质量管理”(Company Wide Quality Control,CWQC)，日本 QCC 之父石川馨博士指出，全公司质量管理的特点主要是：所有部门、全体员工都参加的质量管理，把质量的管理作为中心，推行综合性质量管理，同时还要推进成本管理、数量管理和交货期管理。日本凭借全面质量管理的快速发展，一跃成为世界经济强国，并且直追经济巨头美国的领先地位，同时，“日本制造”逐渐成了高品质的代名词。随着全面质量管理水平的不断深化，经过专家学者不断提炼、发展，到 20 世纪 80 年代后期，全面质量控制逐步发展成为全面质量管理(Total Quality Management,TQM)，TQM 针对的对象不仅包括产品和服务，还包括活动的过程、组织、人员等，是一种综合的质量管理模式。

总的来说，质量管理发展的三个阶段可以简单总结为：质量检验阶段是“防守型”的质量管理，是一种事后检测手段；统计质量控制阶段是“预防性”的质量管理，是在生产过程中不断优化，消灭问题；全面质量管理阶段兼上述优点，可预防可防守，是一种“全能型”的质量管理，对整个系统多管齐下，不断提高质量管理效能。

4. 高质量发展是质量 5.0 时代的要求

“质量 4.0”一词源于“工业 4.0”，德国联邦教研部与联邦经济技术部在 2013 年汉诺威工业博览会上提出工业 4.0 的概念，它描绘了工业的未来愿景，带动全球进入第四次工业革命，工业 4.0 的目标之一就是为人们提供更高质量的产品，伴随其左右的质量管理也必然向着匹配工业 4.0 的质量 4.0 方向迈进。2015 年美国质量协会《未来质量报告》中首次描绘了质量 4.0 的特征。2017 年 11 月在达拉斯举行的“ASQ 质量 4.0：颠覆、创新和变革峰会”上，面对商业环境的快速变化，人们认识到组织未来的表现是否卓越将取决于其适应变化和快速反应的效果和程度，未来发展不会将重点放在个体利益上，而将着眼于整个业务生态的健康与生存能力，于是提出了质量 4.0 概念。纵观前三次工业革命的过程，围绕竞争力的争夺是主要的内生动力，而质量管理成为关键的变革引擎。史殿魁、高峰研究指出，互联网的崛起打破了这个平衡，竞争形态与商业模式都发生了跨代的剧变，同前三次一样，企业组织将别无选择地进入质量 4.0 阶段。

（1）质量 4.0 内涵及特点

质量 4.0 关注生态系统，是集正、负产出于一体的、与环境相适应的质量，反映企业集群组成的循环经济系统中的组织，提供产品或服务满足相关方的需求或期望以及环境要求的程度。质量 4.0 表明质量管理发展与进化的第四个阶段，是在工业 4.0 以及互联网思维背景下产生的一种战略质量管理模式。特点之一，企业集群之间的关系发生了剧变，从原来以产品为纽带的供应链转换成以用户为纽带的生态系统，完全打破了产业之间的界限；特点之二，企业集群之间的关系成为依存度较高的产业联盟，以资本纽带或共同盈利模式相存共生；特点之三，质量 4.0 是智能设备、智能生产、智能物流，以及伴随着机器人的投入使用，大量的产品检测、质量管理、数据统计分析被机器人所取代，自动化、智能化将能消除大部分部门的变异，质量不再是减少错误，而将是“增加价值”。

迈克尔·波特以其竞争优势理论为基础，在《国家竞争优势》中认为企业集群是某一特定产业的中小企业和机构大量聚集于一定的地域范围内而形成的稳定的、具有持续竞争优势的集合体。而围绕客户综合体验模式提供产品和服务而形成的跨产业的企业集群就是生态系统。质量概念演变说明从质量 2.0 阶段，企业集群便开始形成，它们的关系主要是买卖契约关系，其中的企业产品实现相对独立，生产资源投入较大，同质化竞争严重，企业管理模式以生产为主，管理要素较为完整，对市场变化的响应很差，总成本较高，竞争力较弱。到了质量 3.0 阶段，企业集群之间的关系有了合作伙伴的需要，企业主要专注与自身核心竞争能力密切相关的关键管理要素，其他则通过合作的方式由供应链相关方提供。例如服装企业美特斯邦威，只把核心资源专注在服装设计与品牌营销上，生产职能完全由委托代工的方式分包，这就是我们经常提到的哑铃型管理模式。这个时期企业资源配置比较合理，对市场变化的反馈较为迅速，总成本较低，竞争力较强。而质量 4.0 阶段，面对顾客需求的多样化、多层次化，按照生态系统的“终端、应用、平台”等各类组织不同的轨迹有序运行，实现组织的战略质量绩效。首先，凭借廉价或免费的“终端”产品积累庞大的用户群；继而，靠丰富多样化的“应用”产品增加用户的黏度或盈利；最后，形成生态圈“平台”产品不断提供丰富且定制化的用户体验，形成强大的竞争力。在这个过程中，用户的“口碑”成为重要的催化剂。例如：苹果手机缔造了前所未有的智能使用体验模式，因此被消费者追捧；小米手机凭借让用户参与产品的实现过程获得的“参与感”体验也获得了跨越式的成长等等。

（2）质量 4.0 与质量创新

质量 4.0 是匹配工业 4.0，为追求卓越绩效的数字化转型。这一阶段组织以“创新”作为战略质量管理过程的核心，其创新的含义是“以提升战略质量绩效为目的，从模式、产品以及方法三个层次提升顾客感知价值的思维与实践”。质量创新的本质是满足需求、创造价值，而不是简单地提高性能标准，或者单纯地降低缺陷，更不是不问需求地埋头于管理体系本身的提高。这一本质不仅体现了质量 4.0 的理念，也反映了高质量发展的要求，使得“质量创新”成为将质量 4.0 与高质量发展有机联系的纽带。

首先，质量创新可以在实现微观产品服务质量提高的基础上，提高宏观经济发展质量，“双提高”就是高质量发展。质量作为一种投入，相对于其他要素投入而言，能够为企业带来更高的收益。在市场定价中，一定是优质优价，正是由于微观上更能满足需求的优质优价产品，才构成了宏观的投入产出效率的提高。其次，正是由于良好的产品服务质量，才使得企业的供给和产能能够不断地扩大，能够抵御短期需求下滑而带来的影响，因为不可替代的高质量，总是能带来刚性的需求。最后，无论是产业结构，还是产品结构，只要是有真实需求的优质产品与服务质量的供给，这样的结构既不存在不平衡的问题，也不存在过剩的问题。当一个企业只能依靠高质量才能获得收益的时候，一定会更加地依赖劳动者的质量技能，从而给劳动者更多的分配收益。发达国家的经验可以证明，经济长期稳定的增长，不是建立在短期性的需求管理基础上，而是建立在微观的产品服务质量不断提高的基础之上，这正是高质量发展的基础。

质量 4.0 中的“质量”更加关注顾客感知价值、生态结构平衡以及生产率提升的层面，与高质量发展的生产力水平、结构升级和经济均衡发展三个关键要素不谋而合，而且微观质量延伸的生态系统质量打通了微观质量与宏观质量的路径，因此，应用质量 4.0 的理念、模式、方法和工具实现高质量发展自然是水到渠成。

(3) 质量 5.0 与高质量发展

质量 4.0 是从质量管理的理论框架开始进化的，因此，目前是否能够全面、科学的对质量认知就决定了实体、社会、经济质量的高度、深度和广度。

① 质量 1.0 关注产品，对质量的定义是模糊的。质量只是辅助职能，手工作坊制是主体，产品与体验不可分，质和量都取决于工匠的经验与技能，比如青花瓷，就是同一窑烧制的产品也参差不齐，件件都是孤品。

② 质量 2.0 关注过程，对质量的定义是比较清晰的。以泰勒的科学管理为基础，抽样检验应运而生，质量控制从控制最终产品的质量前移到重视和控制关键输入因素的波动。

③ 质量 3.0 关注体系，克劳斯比提出了“零缺陷”理论，以质量改进为核心。这一时期消费者不仅仅满足于产品性能的单一追求，开始有了更多体验的要求，主要使命在于追求经营总成本最优，组织效益最大化。

④ 质量 4.0 关注企业生态，即相互共生、共存的企业集群，生态系统中的顾客自己定义质量，生态系统中的组织协同、共同改进、共创价值以及持续的发展能力才是本质核心。质量 3.0 和质量 4.0 是大质量概念，属于经营质量（包括体系质量、供应链质量、生态圈质量）范畴。其中，质量 4.0 是在新的竞争形态的驱动下，在前面三个阶段基础上的整合与进化，生态系统中的企业是以资本纽带或共同盈利模式互赢共存。例如：小米生态系统目前投资 89 家公司，包括小米科技、小米通信技术、小米电子产品、小米数码科技、小米支付技术、小米移动软件、小米软件技术、小米电子软件技术、智能家居、平衡车等等；其中小米科技开设中国北京、合肥、深圳及美国旧金山四地子公司，核心团队由全球各地的资深技术工程师、

优秀工业设计师及产品专家组成。

⑤ 质量 5.0 关注社会发展，是对社会整体发展的质量表述，是发展质量、生态质量。高质量发展是 2017 年中国共产党第十九次全国代表大会首次提出的新表述，表明中国经济由高速增长阶段转向高质量发展阶段。2018 年 3 月 5 日，提请十三届全国人大一次会议审议的政府工作报告提出的深度推进供给侧结构性改革等 9 方面的部署，都围绕着高质量发展。在微观上，高质量发展要建立在生产要素、生产力、全要素效率的提高之上，而非靠要素投入量的扩大；在中观上，要重视国民经济结构，包括产业结构、市场结构、区域结构等的升级，把宝贵资源配置到最需要的地方；在宏观上，则要求经济均衡发展。

高质量发展是能很好地满足人民日益增长的美好生活需要的发展；能体现新发展理念的发展；能推动经济发展质量变革、效率变革、动力变革的发展；能使创新成为第一动力、协调成为内生特点的发展；能使绿色成为普遍形态、开放成为必由之路的发展；能使共享成为根本目的的发展。高质量发展的三个关键"发展是第一要务，人才是第一资源，创新是第一动力"。高质量发展特别重视人才培养，当前，无论是推进全面脱贫与乡村振兴战略有效衔接，还是构建现代化经济体系和产业体系；无论是实施创新驱动发展战略，还是更好地服务和融入以国内大循环为主体、国内国际双循环相互促进的新发展格局，人才都是不可或缺的重要因素，也是引领推动企业实现高质量跨越式发展的重要动能。

高质量发展对企业和组织，在质量经营方面提出新的挑战，无论是从理念、模式，还是方法、工具，都给出新的命题，需要企业经营者在高质量发展过程中，逐一进行破解。质量经营最基本的定义是"经济地为顾客提供满意的商品"，"使企业能保持中长期稳定发展的经营"叫做好经营。

全面质量管理提出质量管理的全面性，是全的概念；高质量发展提出质量管理的高度性，是深度、厚度的概念，也增加了广度、宽度的概念。

质量创新的本质是实现更高的效益。从本质上来讲，质量在市场中只能由价格来衡量，从投入上也只能用利润率来衡量。市场价格所带来的利润率越高，则质量创新能力越强，质量之所以能够实现创新，就在于它始终着眼于在为消费者和相关方创造价值的同时，实现投入产出的最大化。产品想要有更高的定价，获得更高的利润，重要的路径就是生产异质性的产品。质量创新关注的焦点，就是消费者是否购买，特别是购买中所给予的价格评价。特别重要的是，质量创新不仅关注消费者通过价格支付而表现出来的质量评价，而且更为关注的是消费者在购买之后的满意度评价。

质量创新重视大数据的应用。要实现质量创新，从根本上就是要获取尽可能多的反映消费者需求的大数据，拥有实时的大数据越多，就越能够在质量性能上快速地、准确地和多样化地满足消费者需求。质量创新只能来源于质量大数据，质量大数据是质量创新最基础的要素。大数据的出现，让消费者通过互联网能够更加准确地掌握产品和服务的质量状态，特别是了解其他消费者在使用产品之后的质量评价，从而极大地减少因为信息误导而导致的质量损失。正是因为大数据的出现，才使得技术、管理和服务等各类资源得到真正的优化配置，因为这些创新资源都是着眼于对质量创新需求的满足，质量创新中各类资源的配置依托大数据的支撑。

高质量发展必将推动社会向质量5.0时代迈进。高质量发展的多维度模型，参见图1-2。

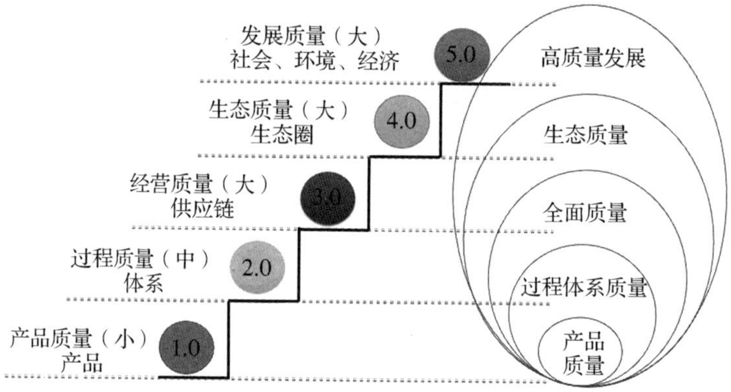

图1-2　高质量发展多维度模型

二、中国全面质量管理

全面质量管理在中国全面推广起源于1978年改革开放。当时国内经济严重落后，各行各业百废待兴，质量问题在企业发展中的重要性越来越突出，在全国范围内推行质量管理成为一种必然趋势。日本推动质量管理所取得的巨大成绩获得了中国政府和有关专家的高度重视，在部分行业中开始探索在企业管理中运用全面质量管理理念，并且初见成效。1977年，石川馨博士率领一众专业人员来到中国，进行全面质量管理的宣贯和指导工作，将日本的全公司质量管理理念引入中国，并掀起了热烈反响。从1978年开始，国家经济委员会正式统筹谋划，在全国企业推行全面质量管理理念，在各行各业进行全面质量管理的科普教育及培训工作。随着我国经济和社会发展水平的不断提升，逐渐形成符合中国企业特点的全面质量管理。

我国全面质量管理起源于"质量月"活动。1978年9月，第一机械工业部首次开展了"质量月"活动；1979年，中国质量管理协会（中国质量协会的前身）成立，标志着中国的企业管理活动开始正规化；1980年，公布实行《工业企业全面质量管理暂行办法》；1990年以后开始贯彻执行ISO 9000质量管理体系和质量认证；2001年开始，中国质量协会借鉴西方国家的做法，设立了"全国质量管理奖"；2004年8月30日，国家质量监督检验检疫总局和国家标准化管理委员会联合发布了《卓越绩效评价准则》（GB/T 19580—2004），作为质量奖评审的依据；2006年，随着"大质量"概念的普及，"全国质量管理奖"更名为"全国质量奖"。

中国的全面质量管理活动，结合了中国企业的实际情况，将质量管理理论融入企业的管理理念中，可以说，在当今时代，各个国家、各个行业都已经深刻认识到，得质量者才能领取行业竞争的入场券，质量是保障企业长期发展的关键。

第二节 质量管理与质量管理小组

一、质量概念

质量的概念随着质量管理推进而不断深化、不断演变。在早期,质量被认为是符合规定或者要求。这一观点的重要持有者是美国质量管理专家菲利浦·克劳士比,他从企业者的角度出发,认为质量是相对于特定的规范或者要求而言的,认为合乎规范就是有了质量。现在看来,这种以实用为主的定义,事实上忽略了顾客的需要,是一种片面的定义,一旦在买方市场的环境下,这种定义将无法再给企业带来利好。

之后,美国质量管理专家朱兰提出了一种"适用性"的质量定义,这种"适用性"指的就是产品使用过程中成功满足顾客要求的程度。他将质量概况为以下两点:

第一,质量是能够满足顾客的需要。这一点将企业的关注点由产品本身跳出,从研究规范要求转为研究顾客需求,使产品的特性能够让顾客满意,从而获得更多效益。

第二,质量还要考虑成本导向,不能一味增加投入,无条件满足顾客需求,而是应该提高效率,以最小的投入追求顾客的最大满足。

朱兰还提出了"大质量"概念,使质量的认知更为扩大,把质量主体从产品扩展到人、过程、服务、活动等更大范围。通过这些关于质量定义的探讨,可以看到人们对质量的认识不断深化。国际标准化组织于2015年修订的《质量管理体系基础和术语》(ISO 9000:2015)中,对质量作了如下定义,"客体一组固有特性满足要求的程度"。

这个概念是目前最广为人们所接受的定义,可以分析出以下几层含义:

① 这个定义可以泛指一切可以被单独研究的事物,可以是活动、组织或者过程等,没有局限于产品或者服务。这反映了质量概念的广泛包容性。

② 特性可以是实体化的物的性能,也可以是虚化的特性,比如感官的特性(气味、色彩等)、时间的特性(准时性等)等。特性的范围很广,可以是定量的,也可以是定性的,但是质量特性要求必须是固有的,而不能是赋予的。赋予特性不是某事物本来就有的,而是完成产品后因不同的要求而对产品所增加的特性,比如产品的价格、售后服务等。质量特性指的是固有特性,是通过产品、过程或者体系设计和开发及其后的实现过程形成的属性。

③ 质量概念的关键点是"满足要求",这里的要求包括明示的、通常隐含的或必须履行的需求或期望。明示的要求可以理解为规定的要求,如在文件中阐明的要求或顾客明确提出的要求。通常隐含的是指组织、顾客和其他相关方的惯例或一般做法,所考虑的需求或期望是不言而喻的。必须履行的是指法律法规要求的或有强制性标准要求的,组织在产品的实现过程中必须执行这类标准。

④ 质量的好坏由满足要求的程度来衡量。要求要由不同的相关方提出,不同的相关方对同一产品的要求可能是不相同的。要求可以是多方面的,如需要指出,可以采用修饰词表示,如产品要求、质量管理要求、顾客要求等。

二、质量特性

为了使质量“满足要求”，需要将顾客的“要求”转换为有指标性的特性，用清晰的、技术的或工程的语言表述出来，这就是质量特性。由于顾客的要求是多种多样的，可能是含糊的、感性的，这就需要人为将这些要求转换成明晰的指标。而质量管理所参照的，正是这种对于顾客要求的代用指标，这就意味着，这种人为转换的准确性直接影响顾客要求能否被顺利满足。代用指标越准确，越能满足顾客的要求；反之，若转换过程存在偏差，则顾客的要求不能从质量特性中得到满足，即使质量完全符合质量特性，也不能满足顾客的要求。

1. 产品的质量特性

产品的质量特性主要包括以下几个方面：

(1) 性能，指的是产品满足使用目的所具备的技术特性。

(2) 寿命，指的是产品在规定的使用条件下完成规定功能的工作总时间。

(3) 可靠性，指的是产品在规定的时间内，在规定的条件下，完成规定功能的能力。

(4) 安全性，指的是产品保证顾客的生命不受到伤害，身体和精神不受到伤害，以及财产不受到损失的能力。

(5) 经济性，指的是产品从设计、制造到整个产品使用寿命周期的成本和费用方面的特征。

2. 服务的质量特性

服务的质量特性有些是可以被顾客体会到，比如上菜的速度等；有些质量特征虽然不能被顾客直接感受到，但也会直接影响到服务业绩，比如报警器的差错率等。有的服务质量特性可以被定量考察，比如服务等待时间；有些则只能定性参照，比如菜品的口味等。

服务的质量特性一般包括以下几个方面：

(1) 功能性，指的是某项服务所发挥的效能和作用，是服务质量中最基本的特性。

(2) 时间性，指的是服务在时间上能够满足顾客需要的能力，特征词包括及时、省时等等。

(3) 安全性，指的是服务过程中顾客的生命和财产不受伤害和损失的特征。

(4) 经济性，指的是顾客为了得到不同服务所需费用的合理程度。

(5) 舒适性，指的是服务过程的舒适程度。

(6) 文明性，指的是顾客在接受服务过程中满足精神需要的程度、针对质量特性与顾客满意度之间的关系，狩野纪昭提出了 KANO 模型，参见图 1-3。他将产品服务的质量特性分为五类：逆向质量、必备质量、无差异质量、一维质量和魅力质量。

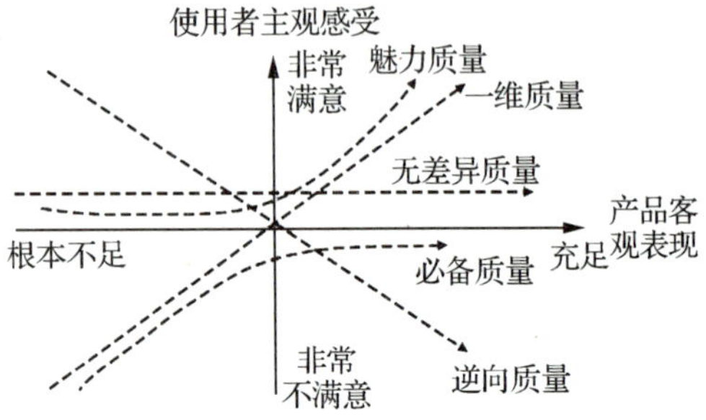

图 1-3　KANO 模型

逆向质量是指引起强烈不满的质量特性或导致低水平满意的质量特性，许多用户根本都没有此需求，提供后用户满意度反而会下降，而且提供的程度与用户满意程度成反比。例如，现在有的遥控器为实现更多功能，按键很多，反而会让顾客无所适从，这就是过多的额外功能带来的逆向质量引起顾客不满。

必备质量是指顾客对企业提供的产品或服务因素的基本要求，是顾客认为产品“必须有”的属性或功能。当其特性不充足（不满足顾客需求）时，顾客很不满意；当其特性充足（满足顾客需求）时，顾客也可能不会因此而表现出满意。

对于必备质量，即使超过了顾客的期望、但顾客充其量也只不过达到满意，不会对此表现出更多的好感。例如，夏天家庭使用空调，如果空调正常运行，顾客不会为此而对空调质量感到满意；反之，一旦空调出现问题、无法制冷，那么顾客对该品牌空调的满意水平则会明显下降，投诉、抱怨随之而来。

无差异质量是指不论提供与否，对用户体验无影响，是质量中既不好也不坏的方面，它们不会导致顾客满意或不满意。例如，航空公司为乘客提供的没有实用价值的赠品。

一维质量是指顾客的满意状况与需求的满足程度成比例关系的需求。此类需求得到满足或表现良好的话，顾客满意度会显著增加：当此类需求得不到满足或表现不好的话，顾客的不满也会显著增加。例如，饭店的菜品口味、服务态度都会直接影响顾客的用餐体验。

魅力质量是指不会被顾客过分期望的需求，如果表现充足，会使顾客感到满足，即使不充分也不会产生不满，对于魅力质量，随着满足顾客期望程度的增加，顾客满意也急剧上升，但一旦得到满足，即使表现并不完善，顾客表现出的满意状况也是非常高的；反之，即使在期望不满足时，顾客也不会因而表现出明显的不满意。例如，一些著名品牌的企业能够定时进行产品的质量跟踪和回访，并为顾客提供最便捷的购物方式，提升顾客满意度；对此，即使另一些企业未提供这些服务，顾客也不会由此表现出不满意。

企业想在竞争中占据优势地位，要注意避免出现逆向质量特性，也要规避无差异质量，首先是必须保障满足必备质量特性，努力提升一维质量特性，如果在其他质量特性条件相同的情况下，魅力质量特性充分的产品或者服务就会获得顾客的额外青睐。当然，质量特性并不是一成不变的，魅力质量随着社会的进步和市场竞争，会逐渐变为一维质量或必备质量特性，企业要关注形势的变化，不可闭门造车。

三、 质量管理

质量是通过过程实现的，对于形成质量的过程活动进行的管理，就是质量管理，提高质量就是通过对过程活动进行管理和把控。各个质量管理专家对质量管理都有不同的定义和理解。现代质量管理专家朱兰博士将质量管理的过程划分为三个阶段，即质量策划、质量控制和质量改进，每个阶段都有其相应的目标以及实现方法，这就是著名的朱兰质量管理三部曲，参见图 1-4。

质量策划是整个质量管理的基础。在这个阶段，目的在于对顾客要求进行深入解读，明确产品或服务所要达到的质量要求，并且为实现该要求制订行之有效的方法，部署各类活动。质量策划的首要目标是识别顾客，明确企业面对的内部、外部所有顾客，他们的需求

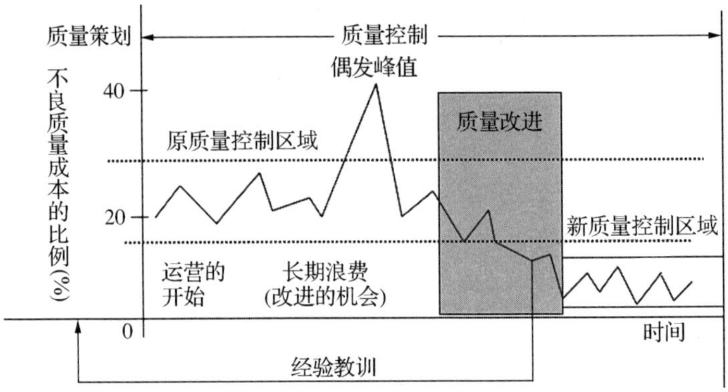

图 1-4 朱兰质量管理三部曲示意图

点究竟在哪里？产品或服务的哪些质量特性最受关注？在此基础上，进而设定为实现这些要求所必需的过程，确保具有在指定的作业条件下能够实现目标的能力，通过质量策划阶段为最终生产出符合顾客要求的产品和服务打下基础。

质量控制是质量管理的保障。质量控制就是在质量策划的基础上，制定控制标准，结合过程实施情况找出偏差并采取措施纠正偏差。质量控制就是实现质量目标的过程，借助各类数理统计工具来解决问题大多便是在此阶段。

质量改进是质量管理的提升，质量改进是指突破原有计划，使质量有了进一步提升。通常有三种途径能够实现质量改进。一是排除偶发性质量故障，此类故障导致质量偏离原定标准，通过改进使其恢复到初始控制状态；二是消除长期性的浪费或者缺陷、故障，使质量达到高于预期的新水平；三是在引进新设备、新工艺的初期，就努力消除可能会导致故障的各种可能性。

朱兰质量管理三部曲的三个阶段是相互关联的，质量策划确定了所需达到的目标和途径，是质量管理的基础；质量控制阶段把控质量管理过程按照既定方式进行，是实现目标的保障；质量改进则是质量管理的提升，使质量管理能够获得高于预期的水准飞跃，实现质量的不断提高。

四、全面质量管理

1. 全面质量管理的概念

ISO 9000 标准中，对全面质量管理作了以下定义：一个组织以质量为中心，以全员参与为基础，目的在于通过让顾客满意和本组织所有成员及社会受益而达到长期成功的管理途径。从这个含义中，可以看出以下几点：

① 全面质量管理强调一个组织必须以质量为中心来开展活动，而不能以其他职能取代质量的中心地位。

② 全面质量管理要求全员参与，这是全面质量管理区别于前期质量管理的关键项。

③ 全面质量管理追求的是长期成功，而不是短期收益，这就要求企业建立不断改进的

质量体系，制定长期的、进取的质量管理战略。

④ 全面质量管理是一种组织的管理途径，但也不是企业管理的唯一途径。

2. 全面质量管理的特点

全面质量管理的特点可以概况为“三全一多样”，即全员、全过程、全组织企业质量管理，运用多种多样的科学方法。

(1) 全员

产品或者服务的质量，是企业全体部门通力合作的结果，企业的每一名员工的工作质量都会或多或少、直接或间接地影响最终产品或者服务的质量。因此，要从以下几个方面抓起：

① 组织全员的教育和培训。

② 明确各部门、各人员的质量管理责任，明晰职责，各司其职。

③ 开展多种形式的质量管理活动，为全员参与质量管理搭建平台。

(2) 全过程

全面质量管理为了提高质量就要把影响产品或服务的所有环节都控制起来，这就包括了市场调研、设计研发、生产制造、售后服务等全部环节的控制。全面质量管理着重于形成一个防检结合、不断改进的综合性质量管理体系，强调以下两个思想。

① 注重预防为主。事后检验的方法不能为企业后续质量提高做贡献，必须把质量管理的关口前移，从管结果变为管过程、重预防，在过程中及时检验出问题的苗头，及时反馈修正，防止再发生。

② 注重为顾客服务。这里的顾客有外部顾客和内部顾客之分，前者就是常规理解的，产品或服务最终面对的消费者、经销商等等，后者则是企业质量形成过程中的下道工序。为顾客服务不仅是满足外部顾客的要求，更要重视内部顾客，也就是树立“下道工序就是顾客，服务好下道工序”的思想。上道工序的瑕疵会延续到下道工序，甚至可能导致蝴蝶效应，进而影响到最终的质量。因此，识别顾客需求是全面质量管理的出发点，满足顾客需求就是最终落脚点。

(3) 全组织

建立全企业的质量管理体系是要求企业各管理层次都有相对的质量管理职能。高层质量管理侧重于组织协调，主要是制订目标、政策、计划等；中层质量管理侧重于贯彻落实，执行高层制定的管理路线，对基层工作进行管理；基层质量管理侧重于员工的执行，每个员工按标准规范操作，开展 QC 小组活动。各层次各司其职，整个企业的质量管理才能有序良性运转。

(4) 运用多种多样的管理方法

如今影响质量的因素越来越多样，为了将复杂的因素系统地控制起来，就要求广泛、灵活地运用多种多样的管理方法来分析、解决质量问题。常用的质量管理方法主要有因果图、排列图、直方图、散布图、控制图、分层法、t 检验、χ^2 检验、方差分析、调查表及关联图、亲和图法(KJ 法)、系统图、矩阵图、矩阵数据分析法、过程决策程序图法(PDPC 法)、矢线图等，近年来广泛使用的新方法，还有如六西格玛法、头脑风暴法、质量功能展开(QFD 法)、业务流程再造(BPR)等。

"三全一多样"是全面质量管理的特点，也是围绕以"有效地利用人力、物力、财力、信息等资源，以最经济的手段生产出顾客满意的产品"这一出发点展开理解、运用实施。

3. 质量管理活动的原则

在对各国质量管理活动不断总结提升的过程中，质量管理原则逐渐被厘清，经过不断修订提炼，ISO 9001：2015 将质量管理活动的原则归纳为以下七点：

① 以顾客为关注焦点。质量的追求点就在于满足顾客的需求，并努力超越顾客的要求。在与顾客接触的各个环节，都可以用来分析顾客，了解顾客的当前要求，以及可能的未来期望，这是企业质量不断提升的动力源泉。

② 领导作用。领导为企业活动确定宗旨和方向，并且创造能够激励员工充分参与组织目标的内部环境，使得企业上下目标统一，劲往一处使。

③ 全员积极参与。全体员工不分职能，均要积极鼓励参与，充分利用全体员工的聪明才干，有助于实现更为高效的质量管理。

④ 过程方法。将各相关的活动和资源作为过程来系统地管理时，可以有效得到期望的结果。

⑤ 改进。针对内部、外部条件的不断变化，做出相应的改进，能够有助于保持并提高组织的总体业绩。

⑥ 循证决策。基于数据和信息的分析进行决策，这样决策能够更为客观、真实，更有可能产生预期的结果。

⑦ 关系管理。组织管理所有相关方的关系，有助于实现持续成功。

五、 质量管理（QC）小组的定义

1997 年 3 月 20 日，由国家经济贸易委员会、财政部、中国科学技术协会、中华全国总工会、共青团中央委员会以及中国质量管理协会六个部门联合发出的《关于推进企业质量管理小组活动的意见》中，对质量管理小组（简称 QC 小组）作了以下定义：QC 小组是指在生产或工作岗位上从事各种劳动的职工，围绕企业的经营战略、方针目标和现场存在的问题，以改进质量、降低消耗、提高人的素质和经济效益为目的组织起来，运用质量管理的理论和方法开展活动的小组。

2024 版《质量管理小组活动准则》对质量管理小组的定义，"由生产、服务及管理等工作岗位的员工自愿结合，围绕组织的经营战略、方针目标和现场存在的问题，以提高人的素质和组织效益为目的，应用质量管理理论和方法，开展质量改进与创新活动的团队"。质量管理小组亦称 QC 小组。

围绕 QC 小组的定义，我们可以大致归纳出四层含义：

① 参与质量管理的人员范围，囊括了公司各个层面、各个部门的全体员工，不仅限于管理人员，而是全体员工均可参与。

② QC 小组活动针对的问题范围非常广泛，可以涵盖企业发展的方方面面，包括企业的经营战略、方针目标和现场存在的各种问题。

③ 活动开展的目的非常明确，即发挥人员的积极性、创造性，提高生产效益。

④ 活动开展借助的是质量管理的理论和方法，以科学有效的手段实现小组活动的高效开展。

六、 QC 小组的特点

1. 明显的自主性

QC 小组以职工自愿参加为基础，实行自主管理，自我教育，互相启发，共同提高，充分发挥小组成员的聪明才智和积极性、创造性。

2. 广泛的群众性

QC 小组是吸引广大职工群众积极参与质量管理的有效形式，不但包括领导人员、技术人员、管理人员，而且更注重吸引在生产、服务工作的第一线操作人员参加。广大职工群众在 QC 小组活动中学技术，学管理，群策群力分析问题，解决问题。

3. 高度的民主性

QC 小组的组长可以民主推选，QC 小组成员可以轮流担任课题小组长，人人都有发挥才智和锻炼成长机会；内部讨论问题、解决问题时，小组成员不分职位与技术高低，各抒己见，互相启发，集思广益，高度发扬民主，以保证既定目标的实现。

4. 严密的科学性

QC 小组在活动中遵循科学的工作程序，步步深入的分析问题，解决问题；在活动中坚持用数据说明事实，用科学的方法来分析与解决问题，而不是凭“想当然”或个人经验。

七、 QC 小组活动的基本程序

QC 小组活动的基本程序是 PDCA 循环。PDCA 最早是由美国“统计质量控制之父”休哈特提出的“计划-执行-检查”(Plan-Do-See，PDS)演化而来的，由美国质量管理专家戴明改进成为 PDCA 循环，所以又称为“戴明环”，PDCA 由英语单词 Plan(计划)、Do(执行)、Check(检查)和 Act(纠正)的第一个字母组合而成，PDCA 循环就是按照这样的顺序进行质量管理，并且循环不止地进行下去的科学程序，参见图 1-5。

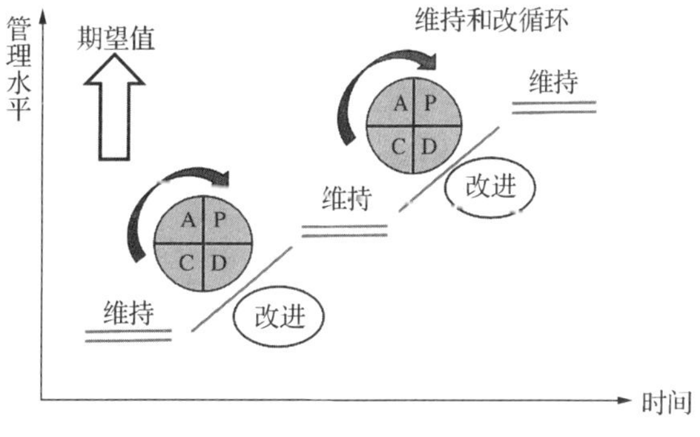

图 1-5　PDCA 闭环管理示意图

① P——计划(Plan)。包括方针和目标的确定，以及活动规划的制订。

② D——执行(Do)。根据已知的信息，设计具体的方法、方案和计划布局，再根据设计和布局，进行具体运作，实现计划中的内容。

③ C——检查(Check)。总结执行计划的结果，分清哪些对了，哪些错了，明确效果，找

出问题。

④ A——纠正(Act)。对总结检查的结果进行处理,对成功的经验加以肯定,并予以标准化;对于失败的教训也要总结,引起重视。对于没有解决的问题,应提交给下一个 PDCA 循环去解决。

PDCA 循环主要有以下两个特点:

(1) 循环上升

PDCA 循环每进行一次,产品或服务的质量就会提高一次,在此基础上,还能继续进行 PDCA 循环,质量还能进一步提高。

(2) 大环套小环

PDCA 循环可以应用于不同的环节,也可以应用于活动整体、在不同阶段都存在各自的 PDCA 循环,大环套小环,小环保证大环。

八、 QC 小组课题分类

依据课题内容和特点,可以将 QC 小组活动课题分为两类,即"问题解决型"和"创新型"。

"问题解决型"课题,属于 QC 小组的传统课题范畴。

"创新型"课题是随着形势的发展,现场条件的变化,以及质量管理水平的不断提升而产生的。在 2000 年中国质量管理协会下发的《关于试点开展"创新型"课题 QC 小组活动的建议》中,首次将"创新型"课题确定为 QC 小组活动的新课题方向,之后,广大企业和人员纷纷开始着手研究这类新课题,经过几年的探索和实践,逐步摸索出"创新型"课题的活动模式,到 2002 年,中国质量管理协会下发《关于开展"创新型"课题 QC 小组活动的意见》正式明确了创新型课题 QC 小组的定义,规范了创新型课题 QC 小组的活动程序,使得创新型课题 QC 小组正式走上规范开展的道路。

QC 小组的"创新型"课题与"问题解决型"课题是企业解决不同问题的两种不同活动思维与活动形式,课题内容决定了小组的课题类型。所以,各种类型小组应根据实际情况选择课题,开展活动,而不要盲目追求创新型课题。简而言之,"问题解决型"课题大多是"以问题为导向"的,而"创新型"课题大多是"以需求为导向"的,两者在流程上也存在着明显的区别。

本书采用了江苏省近几年各地、各行业突出的优秀成果作为案例,其中"问题解决型"课题 QC 小组活动成果案例,采用"提高表面污染测量仪表检定效率"(案例一);"提高无防水超大超厚筏板基础一次成型合格率"(案例二),将相关步骤的活动内容分解后,嵌入至"问题解决型"课题活动各步骤中,供读者研习。

"创新型"课题 QC 小组活动成果案例,采用"光缆断点遥控巡查器的研制"(案例一);"研究网络云的智慧派单新方法"(案例二),将相关步骤的活动内容分解后,嵌入至"创新型"课题活动各步骤中,供读者研习。

本书案例分享部分列举了 2 个优秀 QC 小组成果案例,便于各行各业的 QC 小组学习、参考。书中案例在编排时,考虑篇幅及个人信息等因素,对涉及个人方面的信息、敏感数据进行了适当删减、模糊，对制表、制图者等相关信息进行了删减等，请QC小组成员在学习时注意。这些信息在QC成果报告中，都必须翔实全面，不可或缺。

第三节 质量管理小组的产生和发展

一、QC小组的诞生

QC小组兴起于全面质量管理阶段。虽然全面质量管理理念诞生于美国，但其推广应用却在日本最为成功。日本将全面质量管理理念与日本本土国情深入结合，走出了一条具有日本特色的全面质量管理之路，并创新开展了QC小组的形式。早在20世纪50年代初，日本就出现了一种名为“现场QC讨论会”的组织，是针对现场负责人开展的质量管理培训。1962年，在日本式质量管理的推动者石川馨的倡导下，正式更名为“QC小组”。日本把QC小组活动作为全面质量管理的重要工作来推广，此后，韩国、泰国、中国、马来西亚等多个国家也相继将这项工作推广开来，虽然活动名称并不相同(中国称之为“QC小组”，新加坡称之为“品管圈”，还有其他一些国家称之为“质量小组”等)，但实际上这些都与“QC小组”活动的宗旨殊途同归。

二、中国的QC小组之路

中国QC小组活动的全面铺开有其产生的内外原因。社会主义国家的民主属性是QC小组组建的内因基础。中国人民当家作主，有民主参与企业管理的优良传统。早在20世纪50年代初期，就有马恒昌小组、“毛泽东号”机车组、郝建秀小组等，这些小组奉行“质量至上”的原则，在工作中精益求精，自我要求严格，是我国质量管理工作的奠基者。1964年，洛阳轴承厂滚子车间终磨小组首次开展了“产品质量信得过”活动，并在之后始终沿着质量优先的道路不断努力，成为全国首批“质量信得过小组”。1978年国家经济委员会开展“质量信得过班组”活动，诸如此类质量管理活动的开展，为QC小组的全面推广奠定了基础。

改革开放的契机是QC小组推广的外部环境。石川馨曾说，日本的QC小组“在一定程度上也受了中国‘三结合’小组的影响”。中国有群众参与管理的历史基础，也就是“两参一改三结合”，中国在不断总结分析既有经验的基础上，又充分借鉴其他国家质量管理先进经验，最终找到了适合中国国情的“QC小组”之路。1978年9月，北京内燃机总厂成立了第一个QC小组，并在当年12月，第一次召开QC成果发布会。之后，QC小组活动在全国各地、各行各业铺展开来，40多年来中国QC小组注册数量达到3 000万之多，发展大致经历了以下四个阶段：

1. 试点阶段

试点阶段是从1978年到1979年，在这期间QC小组活动刚刚从日本传到中国，以北京内燃机总厂为代表的一批试点企业，邀请日本质量管理专家来中国宣讲质量管理，并在全国各行各业普及开来。1978年9月1日，举办了第一次“质量月”活动，全国从上到下、通过各种活动广泛宣传全面质量管理理念，推动了QC小组活动机制的建立与发展；1979年8

月 31 日，第一次全国 QC 小组代表会议在京召开，会上中国质量管理协会正式成立。

2. 推广阶段

推广阶段是从 1980 年到 1985 年。1980 年 3 月，《工业企业全面质量管理暂行办法》(简称《办法》)颁布，《办法》对全面质量管理的地位、作用等进行了明确。同时对 QC 小组活动的开展作了相关要求。从此，QC 小组活动逐步开始正规化，到 1983 年 12 月 2 日，国家经济委员会制定颁布了《质量管理小组暂行条例》，为 QC 小组活动的开展指明了方向。1980 年到 1985 年，由中国质量管理协会、中国科学技术协会普及部，联合中央电视台，举办了 6 期全面质量管理电视讲座；同时，各级质量管理协会也开展了大量的培训班，为全面质量管理的推广扩充了人员储备。

3. 发展阶段

发展阶段是从 1986 年到 1997 年。1986 年，国家经济委员会要求在“七五”期间，在全国的大中型骨干企业都要有计划、有步骤地推行全面质量管理。之后国家经济贸易委员会联合其他 5 个部门发出通知，要求在全国职工中，普及全面质量管理基本知识，把这项内容作为职工应知应会的内容之一，并且将相应的考核成绩计入职工个人技术档案。这个阶段，还在全国层面建立了有力的指导力量，政府相关部门和其他社团机构也在联合推动，中国质量管理协会总结 QC 小组的活动经验，组织编写了一系列 QC 小组活动的指导教材，并且成立了第一批 QC 小组活动诊断师队伍。这些举措为我国 QC 小组活动的进一步发展和深化创造了良好条件。

4. 深化阶段

从 1998 年至今，QC 小组活动进入深化阶段。随着国家经济体制的调整，QC 小组活动阵地也发生了转变，从国有大中型企业转向三资企业，从内地企业转向沿海企业，从制造业转向服务业，QC 小组活动也有了新的发展进程。

在总结分析传统问题解决型课题的基础上，结合我国 QC 小组活动开展实际，2000 年中国质量管理协会下发了《关于试点开展“创新型”课题 QC 小组活动的建议》，提出了“创新型”课题项目，并规定了新的活动程序。到 2006 年中国质量协会进一步下发了《开展“创新型”课题 QC 小组活动实施指导意见》，推动了“创新型”QC 小组活动规范、有序开展。

为了加强和世界其他国家的沟通，集百家所长，中国质量协会于 1997 年、2007 年、2023 年先后三次举办国际质量管理小组大会，提供平台学习、借鉴其他国家在质量管理方面的先进经验，进一步推动我国 QC 小组活动的提升工作。有关国际质量管理小组会议(ICQCC)内容，参见附录：ICQCC 简介。

5. 未来发展

我国正处于数字化转型、发展新质生产力时期，改进创新将加速推动科技成果向现实生产力转化，提升劳动者能力。QC 小组作为我国目前最广泛的群众性质量改善形式，如何围绕“因地制宜发展新质生产力”要求，与时俱进，为 QC 小组活动注入新内容、引入新方法、迈向新阶段，需要我们广大质量工作者、各级 QC 小组活动推进者，求真务实，开拓创新。使 QC 小组活动，更好适应时代发展和社会进步要求。

第二章 QC 小组组建

第一节　QC 小组的组建原则

QC 小组，是开展 QC 小组活动的基本组织单位。组建 QC 小组的工作做得如何，将直接影响 QC 小组活动的效果。为了做好组建 QC 小组工作，一般应遵循“自愿参加，上下结合”与“实事求是，灵活多样”的基本原则。

一、自愿参加，上下结合

“自愿参加”，是指在组建 QC 小组时，小组成员对 QC 小组活动的宗旨有了比较深刻的理解和共识，并产生了自觉参与质量管理，自愿结合在一起，自主地开展活动的要求。这样组建起来的 QC 小组，不是靠行政命令，小组成员就不会有“被迫”“义务”等感觉，从而在其以后开展活动中能更好地发挥无私奉献的主人翁精神，充分发挥自己的积极性、主动性、创造性，不向企业要特殊条件，而是自己挤时间、创造条件自主地开展活动。小组成员就会在小组活动中，进行自我学习，相互启发，共同研究，协力解决共同关心的问题，实现自我控制，自我提高的目标。

强调自愿参加，并不意味着 QC 小组只能自发地产生，更不是说企业的管理者就可以放弃指导与领导的职责。这里讲的“上下结合”，就是要把来自上面的管理者的组织、引导与启发职工群众的自觉自愿相结合，组建本企业的 QC 小组。没有广大职工群众自觉自愿地参加 QC 小组活动，QC 小组活动就会停滞不前，QC 小组就没有生命力。

二、实事求是，灵活多样

组建 QC 小组，是为了给广大职工群众参与企业管理与不断改进提供一种组织形式。职工群众自愿结合成各种类型的 QC 小组，围绕企业的经营战略、方针目标和身边存在的各种问题，形式多样地、自主地开展活动，从而有效地推动企业目标的实现和自身素质的提高。由于各个企业的情况不同，因此在组建 QC 小组时一定要从企业实际出发，以解决企业实际问题为出发点，实事求是地筹划 QC 小组的组建工作。当广大职工对 QC 小组活动的认识还不清楚，积极性还不高的时候，不要急于追求“普及率”，一哄而起地组建 QC 小组，而是先启发少数人的自觉自愿，组建少量的QC小组，指导他们卓有成效地开展活动，并取得成果。这就可以为广大职工群众参加QC小组活动起到典型引路的示范作用，让广大职工从身边的实例中增加对QC小组活动宗旨的感性认识，加深理解，逐步增强其参与QC小组活动的愿望，使企业中QC小组像滚雪球一样扩展开来。

由于各个企业的特点不同，乃至于一个企业内部各个部门的特点也会不同，在组建QC小组时，形式可以灵活多样。从解决实际问题的需要出发，组成各种形式的QC小组，以方便活动，易出成果。不要搞一个模式、一刀切。比如，一些工业企业，建筑施工企业组织的三结合技术攻关的QC小组；商业、服务业广泛组织的以改善服务质量为主的QC小组；企、事业单位中组织的以改进管理为主的QC小组，以及在我国一些企业中出现的“三合一”QC小组，“四结合”QC小组，“自主管理小组”等，模式多种多样，不拘一格。这样就可以使QC小组这一群众参与管理的有效组织形式，如同百花园中争奇斗艳的鲜花一样，呈现出百花齐放的蓬勃局面。

第二节　QC小组的成员及对其要求

一、QC小组组长的职责及其要求

1. QC小组组长的职责

QC小组组长是QC小组的核心人物，一个QC小组能否有效地开展活动，组长起着重要的作用。QC小组组长可以是自荐并经小组成员认可、也可以是由小组成员共同推举。

QC小组组长的基本职责，就是组织领导QC小组有效地开展活动。组长是一个QC小组的组织领导者。在QC小组组建时，他要负责到有关部门办理QC小组的注册登记手续；QC小组组建后，他要负责组织小组成员制订QC小组活动计划，组织人员分工，带领组员按计划开展活动，负责保管QC小组活动的原始记录，参加上级主管部门召开的有关QC小组活动的会议，并向组员传达会议精神。总之，QC小组活动自始至终都贯穿着组长的组织领导。这里需要强调的是QC小组组长的组织领导，他不是靠行政命令，而是靠自己对QC小组活动的高度热情、积极奉献、言传身教以及模范带头的行动团结全体组员、激励全体组员与自己一道主动有效地开展QC小组活动。

QC小组组长的具体职责可概括为以下三个方面：

(1) 抓好QC小组的质量教育

“全面质量管理始于教育，终于教育”，开展QC小组活动，也应自始至终抓好教育不放松。通过教育，增强全体组员的质量意识、问题意识、改进意识、参与意识，加深对QC小组活动宗旨的理解。这样才能激发组员参加QC小组活动的积极性和主动性，才能使全体组员统一认识、统一意志，为小组活动打下坚实的思想基础；通过教育，组员对开展QC小组活动的科学程序和有效方法能正确理解，并会结合活动实际灵活运用，这是保证小组活动能够按计划取得预期成果的重要保证。当然这种质量教育不可能是一次奏效、一劳永逸的，而是要通过多种形式——包括听课、成果交流、活动实践等，不间断地进行，以使教育成果不断巩固，教育内容不断深化，从而不断提高小组活动的水平和小组活动的有效性。这样就能使小组成员尝到小组活动的甜头，感受到自己工作中的乐趣，甚至感受到人生的价值，进一步激发小组成员持续不断进行活动的积极性。

(2) 制订小组活动计划，按计划组织好小组活动

QC小组组长应带领组员一起讨论制订本QC小组活动的计划，与组员一起认真分析并确定活动课题，以及活动要达到的目标，运用全面质量管理的理论和方法，按照PDCA循环的工作程序，结合专业技术开展活动。QC小组组长还应在活动中注意检查活动计划的实施情况，发现偏差，及时与组员一起研究补充纠正措施，以保证预定目标的实现。或必要时修订原计划，报主管部门批准后实施。

在制订QC小组活动计划时，组长要注意使活动内容与形式多样化，既有共同的学习研讨活动，又有分头的改进、改善活动，还可以把一些文体娱乐与交往活动穿插其间，为组员创造一个宽松愉快的工作环境。这正如日本质量管理专家石川馨先生曾指出的，QC小组成员通过共同的活动、共同的目标，分工合作，增强相互的连带感、团结力，改善人与人之间的关系，创造一个团结、和睦的工作环境，提高工作的愿望和积极性。

(3) 做好QC小组的日常管理工作

QC小组组长要按照企业制定的QC小组管理制度，经常组织全体组员开展QC小组活动，做好活动记录、出勤考核，整理与发表活动成果报告，并注意组织活动总结与诊断，以不断改进小组活动方式，提高活动的有效性。

2. 对QC小组组长的要求

QC小组组长在QC小组中的地位与职责，决定了要做好一个QC小组组长所应该具备的一些条件，也就是对QC小组组长的一些要求。

(1) 是推行全面质量管理的热心人

QC小组组长不仅应是热爱企业、热爱本职工作、事业心强的企业骨干，而且对开展QC小组活动要有很高的热情。这样，在带领QC小组开展活动时，才能任劳任怨，不怕困难，积极工作。

(2) 业务知识较丰富

QC小组组长无论是技术水平、操作技能，还是专业知识、质量管理知识，都应比一般职工的水平高。在QC小组活动中，他不仅是组织者，还能当“小先生”，带动组员不断提高技术业务素质。

(3) 具有一定的组织能力

QC小组组长要能够调动组员的积极性和创造性，善于集思广益，团结全体组员一道工作，使QC小组不仅能在解决企业的质量、效率、消耗等问题方面，还能在改善管理、改善人际关系和加强班组建设等方面作出贡献。

虽然对QC小组组长的要求比较高，然而这正是发现、培养和锻炼人才的极好机会。QC小组组长只要在QC小组活动实践中勇于进取，乐于奉献，不断总结经验教训，改进工

作，提高素质，不仅能够成为一个优秀的 QC 小组组长，而且也能成为管理者的后备军。我国很多优秀企业都有规定，在选拔班组长、工段长时，要优先在 QC 小组组长中挑选。

二、对 QC 小组组员的要求

QC 小组的组员可以由与所选课题有关的人员组成，也可以由一些工作岗位相近、兴趣爱好相投的人员组成。这些人组织在一起，推举出组长（或自荐经组员认可），便可向主管部门注册登记。QC 小组的组员，不受职务的限制，工人、技术人员可以当组员，管理者也可以当组员。

一般来说，对 QC 小组组员，有以下几点要求：

（1）应根据 QC 小组活动计划安排按时参加活动，在活动中积极发挥自己的聪明才智和特长，这样才能充分发挥 QC 小组的群体作用。

（2）按时完成小组分配的任务。只有每个组员都能按小组分工负责按时完成自己的任务，该 QC 小组要解决的课题才能如期实现预定目标。

（3）QC 小组组员不应仅满足于当好本 QC 小组的组员，而应成为企业中不断改进的积极分子。要不断开动脑筋，发现自己周围存在的可以改进的问题，善于发现问题，为企业提出各种合理化建议，为 QC 小组提供更多的活动课题。

近几年来，我国有些 QC 小组，为了提高小组活动的水平和有效性，还聘请了一些有关专家或领导作为 QC 小组的顾问。这些顾问给 QC 小组活动以有益的指导或必要的协调，为 QC 小组活动取得预期效果起到了积极的促进作用。

许多企业的 QC 小组活动成果都凝结了 QC 小组活动推进者的心血，也可以把他们列入小组成员表中。

第三节　QC 小组组建程序与注册登记

一、QC 小组组建程序

由于各个企业的情况、欲组建的 QC 小组，以及欲选择的活动课题特点等不同，所以组建 QC 小组的程序也不尽相同，大致可以分为三种情况。

1. 自下而上的组建程序

同一班组的几个人（或一个人），根据想要选择的课题内容，推举一位组长（或邀请几位同事），共同商定是否组成一个 QC 小组，给小组取个什么名字，先要选个什么课题，确认组长人选。基本取得共识后，由经确认的 QC 小组组长向所在车间（或部门）申请注册登记，主管部门审查认为具备建组条件后，即可发给小组注册登记表和课题注册登记表。组长按要求填好注册登记表，并交主管部门编录注册登记号，该 QC 小组组建工作便告完成。

这种组建程序，通常适用于那些由同一班组（或同一科室）内的部分成员组成的 QC 小组。他们所选的课题一般都是自己身边的、力所能及的较小的问题。这样组建的 QC 小组，成员的活动积极性、主动性很高，企业主管部门应给予支持和指导，包括对小组骨干成员开展必要的培训，以使 QC 小组活动持续有效地发展。

2. 自上而下的组建程序

这是中国企业当前较普遍采用的。首先，由企业主管 QC 小组活动的部门，根据企业实际情况，提出全企业开展 QC 小组活动的设想方案，然后与车间（或部门）的领导协商，达成共识后，由车间（或部门）与 QC 小组活动的主管部门共同确定本单位应建几个 QC 小组，并提出组长人选，进而与组长一起物色每个 QC 小组所需的组员，所选的课题内容。然后企业主管部门会同车间（部门）领导发给 QC 小组长注册登记表。组长按要求填完两表（即小组注册登记表、课题注册登记表），经企业主管部门审核同意，并编上注册号，小组组建工作即宣告完成。

这种组建程序较普遍地被“三结合”技术攻关的 QC 小组所采用。这类 QC 小组所选择的课题往往都是企业或车间（部门）急需解决的、有较大难度、牵涉面较广的技术、设备、工艺等问题。需要企业或车间为 QC 小组活动提供一定的技术、资金条件。因此，难以自下而上组建。还有一些 QC 小组，由于其活动课题也是自上而下确定，并且是涉及较多部门的综合性管理课题，因此，通常也采取这种程序组建。这样组建的 QC 小组，容易紧密结合企业的方针目标，抓住关键课题，会对企业和 QC 小组成员带来直接经济效益。又由于其有领导与技术人员的参与，活动易得到人力、物力、财力和时间的保证，利于取得成效。但这种方式组建的 QC 小组，易使成员产生“完成任务”感，影响活动的积极性、主动性。

3. 上下结合的组建程序

这是介于上面两种组建方式之间的一种情况。它通常是由上级推荐课题范围，经下级讨论认可，上下协商来组建。这主要涉及组长和组员人选的确定，课题内容的初步选择等问题，其他程序与前两种相同。这样组建小组，可取前两种所长，避其所短，应积极倡导。

二、 QC 小组的人数

《关于推进企业质量管理小组活动的意见》中指出：“为便于自主地开展现场改善活动，小组人数一般以 3～10 人为宜。”每个 QC 小组成员具体应该多少，应根据所选课题涉及的范围、难度等因素确定，不必强求一致。在课题变化或小组成员岗位变动后，成员数也可作相应调整。在小组成员人数可多可少的情况下，宜少不宜多，以便于每个小组成员都能在小组活动中充分发挥作用。

三、 QC 小组的注册登记

为了便于管理，组建 QC 小组应认真做好注册登记工作。“质量管理小组注册登记表”由企业 QC 小组活动主管部门负责发放、登记编号和统一保管，参见表 2-1。如果上一年度的活动课题没有结束，应向主管部门书面说明情况。

表 2-1　质量管理小组注册登记表

单位名称			所在部门		
小组名称					
成立日期			小组注册号		
成　　员	姓　名	性　别	职务/职称	岗　位	学　历
组　　长					
成　　员					
成　　员					
成　　员					
成　　员					
成　　员					
成　　员					
成　　员					
成　　员					
成　　员					
所在部门意见： 日期：			质量管理主管部门意见： 日期：		

注册登记是 QC 小组组建的最后一步工作。QC 小组注册登记后，就被纳入企业年度 QC 小组活动管理计划之中，在随后开展的小组活动中，便于得到各级领导和有关部门的支持和服务，并可参加各级优秀 QC 小组的评选。

QC 小组的注册登记不是一劳永逸的，而是每年要进行一次重新登记，以便确认该 QC 小组是否还存在，或有什么变动。《关于推进企业质量管理小组活动的意见》中指出："对停止活动持续半年的 QC 小组予以注销。"可见，进行注册登记，有助于督促 QC 小组坚持开展活动。

这里要注意，QC 小组的注册登记每年进行一次；而 QC 小组活动课题的注册登记，则是小组每选定一个活动课题后，在开展活动之前都要填写"质量管理小组活动课题申请表"，向质量管理小组活动推进机构备案，参见表 2-2，包括课题名称、课题类型、课题简介等。质量管理小组每确定一个活动课题，宜进行一次课题申请。小组上一年度的活动课题没有结束，不能申请新的活动课题。

表 2-2 质量管理小组活动申请表

单位名称			
小组名称			
课题名称			
课题类型		课题关键词	
活动时间	自 年 月 日 至 年 月 日		
课题简介			
所在部门意见： 日期：		质量管理主管部门意见： 日期：	

当课题或小组成员变动时，小组需要填写“质量管理小组活动变更申请表”，参见表 2-3，明确变更类别、内容及理由等，由小组所在单位负责人审核后，提交推进机构。

表 2-3 质量管理小组活动变更申请表

小组名称		单位名称	
变更类别	□小组成员变更 □课题变更 □其他变更		
变更内容			
变更理由：			
所在部门意见： 日期：		质量管理主管部门意见： 日期：	

第四节 QC 小组活动程序

为指导组织员工遵循科学的活动程序，运用质量管理理论和统计方法，有效开展质量管理小组活动，中国质量协会组织相关专家、学者，制定完善发布了《质量管理小组活动准则》(T/CAQ 10201—2024)团体标准。

QC小组是各岗位员工自主参与质量改进和创新的有效形式。开展QC小组活动是提高员工素质、激发员工积极性和创造性、改进质量、降低消耗、改善环境、提升组织绩效的有效途径。

一、QC小组活动基本原则

(1) 全员参与

组织内的全体员工自愿加入、积极参与群众性质量管理活动,小组活动过程中应充分发挥每一位成员的积极性和创造性。

(2) 持续改进

为提高员工队伍素质,提升组织管理水平,质量管理小组应长期坚持不懈地开展质量改进和创新活动。

(3) 遵循PDCA循环

为持续、有效地开展活动并实现目标,QC小组活动遵循策划(Plan,P)、实施(Do,D)、检查(Check,C)、处置(Act,A)程序(简称PDCA循环),开展活动。

(4) 基于客观事实

QC小组活动过程应基于数据、信息等客观事实进行调查、分析、评价与决策。

(5) 应用统计方法

QC小组活动中应适宜、正确地应用统计方法,对收集的数据和信息进行整理、分析、验证,并出结论。

(6) QC小组活动基本原则

QC小组活动基本原则示意图,参见图2-1。

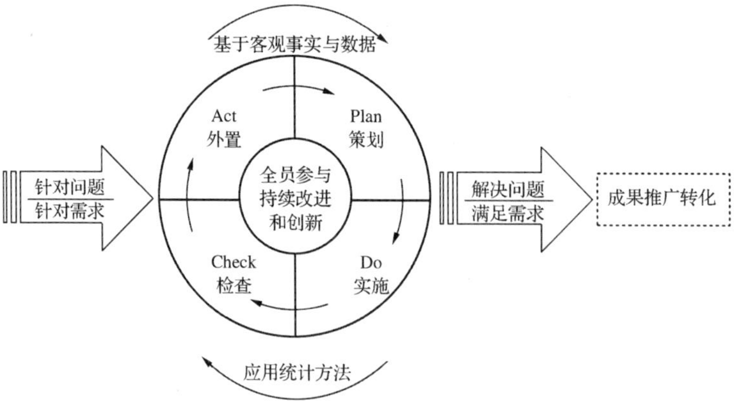

图2-1 QC小组活动基本原则示意图

二、QC小组活动程序

(1) 问题解决型QC小组活动程序

问题解决型QC小组活动遵循PDCA循环原则,QC小组开展活动的步骤和程序,具体内容详见本书第三章。

（2）创新型 QC 小组活动程序

创新型 QC 小组活动遵循 PDCA 循环原则，QC 小组开展活动的步骤和程序，具体内容详见本书第四章。

（3）小组在活动过程中，要及时做好活动记录，填写“质量管理小组活动记录表”，参见表 2-4，包括当前活动内容、活动日期等，确保真实、完整地记录活动过程。推进机构需对质量管理小组活动进度与活动记录进行检查，及时发现活动过程中遇到的困难与存在的问题，并给予帮助与指导，以保证活动按计划正常进行。

表 2-4　质量管理小组活动记录表

课题名称		小组名称	
当前活动内容			
活动日期	自　　年　　月　　日　至　　年　　月　　日		
活动记录	组长签字： 年　　月　　日		

三、QC 小组活动常用统计方法

QC 小组成员正确、灵活地运用各种统计方法、工具，才能准确地发现问题、分析问题、解决问题。善用统计工具与方法是 QC 小组有效开展质量管理活动、完成活动课题的基础和保障。

用好统计方法，在实际工作中可以起到事半功倍的效果，同时也是 QC 小组成员的一项基本素质。所谓统计方法，是指有关收集、整理、分析和解释统计数据，并对其所反映的问题作出一定结论的方法。质量管理小组活动常用统计方法参见表 2-5。相关方法展开，具体内容详见本书第五章。

统计方法一般分为描述性统计方法和推断性统计方法两类。

1. 描述性统计方法

描述性统计方法是对统计数据进行整理和描述的方法。例如，一位教师计算一个班级的数学平均成绩和最高分与最低分的差距，就是描述性统计方法的一个例子。描述性统计方法常用曲线、表、图形等反映统计数据和描述观测结果，以使数据更加容易理解。例如，可将统计数据整理成折线图和频数直方图。频数直方图、平均值和标准偏差值，都是对统计数据的整理和描述。

表 2-5　质量管理小组活动常用统计方法汇总表

序号	程序	工具方法																		
		分层法	调查表	排列图	头脑风暴法	亲和图	因果图	树图	关联图	水平对比法	流程图	PDPC法	简易图表	直方图	散布图	控制图	优选法	正交试验设计法	矩阵图	箭条图
1	选择课题	●	●	○	○	○				○	○		●		○	○			○	
2	现状调查(自定)	●	●	●						○	○		●	○	○	○				
3	设定目标		○							●			●							
4	目标可行性论证(指令性目标课题)	●	●	●						○	○		●	○	○	○				
5	原因分析				○		●	●	●											
6	确定主要原因		○										●	○	○					
7	制定对策	○	○		○	○		○			○	○	○	○			○	○	○	○
8	对策实施																			
9	效果检查	●	●	●						○			●	○		○				
10	制定巩固措施		○								○		●			○				
11	总结和下一步打算	○	○							○			○							

注 1：●表示经常使用，○表示可用；

注 2：简易图表包括折线图、柱状图、饼图、甘特图、雷达图。

2. 推断性统计方法

推断性统计方法是在对统计数据描述的基础上，进一步对其所反映的问题进行分析、解释和作出推断性结论的方法。例如，一个生产白炽灯的工厂，以往一直采用某种工艺，现在有工艺人员提出一些改进该工艺的措施，以提高产品的寿命。为此，先取出在新老工艺下生产的灯泡各若干个去使用，记下每个参加试验的灯泡寿命。再将所得数据进行处理后，得到老工艺下生产的灯泡平均寿命为500 h，新工艺下生产的灯泡平均寿命为540 h。于是得出结论：新工艺的确有助于改善质量，它使灯泡的使用时间延长了40 h。这时就要用到“假设检验”这个推断性统计方法，对新老方法制造的灯泡寿命的差异情况进行推断，是否有显著性差异。

四、QC小组活动成果评价

为有效推动QC小组活动开展，企业组织、行业、地方及国家相关主管部门，会按照QC小组活动要求，对QC小组活动成果进行评价，组织优秀成果进行交流、分享。

1. QC小组活动现场评价

为保证QC小组活动的规范性、真实性、有效性、科学性，企业内部QC小组管理部门一般会对小组活动的开展情况进行现场评价。现场评价以QC小组所在的企业为主，上级部门组织具备QC小组活动评价和指导能力的人员进行，行业和地区也可适当抽样到企业作现场评价；各企业根据自己开展QC小组活动的具体情况，灵活掌握评价的重点，并做好评价记录。QC小组活动现场的评价项目、评价内容、评价方法以及分值参见表2-6。各企业、组织在实际评价时，可结合企业实际，对评价内容进行适当调整，以突出实际效果，有效推进QC小组活动开展。

表2-6 QC小组活动现场评价表

序号	评价项目	评价方法	评价内容	分值
1	QC小组的组织	查看记录	① 小组和课题进行注册登记； ② 小组活动时，小组成员出勤情况及参与各步骤活动情况； ③ 小组活动计划及完成情况	10分
2	活动情况与活动记录	听取介绍 查看记录 现场验证	① 活动过程按质量管理小组活动程序展开； ② 活动记录（包括各项原始数据、调查方法等）保存完整、真实； ③ 活动记录的内容与成果报告一致	30分
3	活动真实性和活动有效性	现场验证 查看记录	① 小组课题对技术、管理、服务的问题点有改善，内外部顾客或其他相关方需求得到满足； ② 各项改进或创新在专业方面科学有效； ③ 取得的经济效益或社会效益得到相关部门的认可； ④ 统计方法运用正确、适宜	30分

（续表）

序号	评价项目	评价方法	评价内容	分值
4	成果的维持与巩固	查看记录 现场验证	① 小组活动课题目标达成，有验证记录； ② 改进的有效措施或创新成果已纳入相关标准或制度； ③ 活动成果应用于生产和服务实践	15分
5	质量管理小组教育	提问或考试	① 小组成员掌握质量管理小组活动程序； ② 小组成员基本掌握应用的统计方法； ③ 通过本次活动，小组成员的专业技术、管理方法或综合素质得到提升	15分

企业内部对QC小组活动成果的评价有现场评价和发表评价。现场评价是企业对QC小组活动成果进行评价的重要方面。QC小组取得成果，向企业主管部门申报后，企业要组织有关人员组成评价组，深入QC小组活动现场，面向QC小组全体成员，了解他们活动过程的详细情况，以及他们付出的努力、克服的困难、取得的成绩等。

现场评价的时间一般安排在小组取得成果后两个月左右为宜。相隔时间太短，不能很好地看出效果的维持和巩固情况；相隔时间太长，则不利于更好地调动小组成员的积极性，企业主管部门要组织熟悉QC小组活动的有关人员组成评价组。

企业内部的发表评价可在企业举办的QC小组成果发表会上进行。也可由企业主管部门聘请熟悉QC小组活动的有关人员组成评价组，一般不少于5人，必要时可以邀请外部专家。

把现场评价和发表评价两项综合起来，就是对该QC小组活动成果评价的总成绩，企业评价的重心应放在审核成果的真实性及有效性上，因此建议现场评价的成绩占总成绩的60%为宜。

2. 问题解决型课题成果资料评价

各级QC成果评价组织方，会对各QC小组申报的成果，按照一定的原则，进行分类、分组后，聘请QC专家、QC评委对成果资料，按照客观公正、抓大放小的原则，进行评价。问题解决型课题成果资料评价内容，参见表2-7。专家和评委，将从“程序逻辑关系、事实与数据的运用情况、工具方法的适宜和正确、成果材料的真实性（小组成员力所能及）”等方面展开评价，从“活动程序、事实与数据、工具方法运用、成果报告”等方面给出评语和评分。

表2-7 问题解决型活动成果评价表

序号	评价项目及分值	评价内容
1	选题（15分）	① 所选课题与上级方针目标相结合，或是本小组现场急需解决的问题； ② 选题理由简洁明确、用事实与数据说明； ③ 现状调查（自定目标课题）为设定目标和原因分析提供依据；目标可行性论证（指令性目标课题）为原因分析提供依据； ④ 目标可测量、可检查

（续表）

序号	评价项目及分值	评价内容
2	原因分析（30分）	① 针对问题或症结分析原因，逻辑关系清晰、紧密； ② 每一条原因已逐层分析到末端，能直接采取对策； ③ 针对每个末端原因逐条确认，以末端原因对症结或问题的影响程度判断主要原因； ④ 判定方式为现场测量、试验或调查分析
3	对策与实施（20分）	① 针对主要原因逐条制定对策，有多种对策选择时，有事实和数据为依据； ② 对策表按“5W1H”要求制定对策明确，目标可测量、可检查，措施可操作； ③ 按照对策表逐条实施，并与对策目标进行比较，确认对策效果； ④ 未达到对策目标时，有修改措施并按新的措施实施
4	效果（20分）	① 小组设定的课题目标已完成； ② 确认小组活动产生的经济效益或社会效益，实事求是； ③ 实施的有效措施已纳入相关技术标准或管理制度； ④ 小组成员的专业技术、管理方法和综合素质等方面得到提升，并提出下一步打算
5	成果报告（5分）	① 成果报告真实，逻辑关系清晰； ② 成果报告通俗易懂，以图表、数据为主
6	特点（10分）	① 小组课题体现“小、实、活、新”特色； ② 统计方法运用适宜、正确

注：“5W1H”即What（对策）、Why（目标）、Who（负责人）、Where（地点）、When（时间）、How（措施）。

3. 问题解决型课题成果发表评价

在QC小组活动成果发布时，为了互相启发、学习交流、肯定成绩、指出不足，以及评选优秀QC小组活动成果，需要对成果的发表进行评价。问题解决型课题成果发表的评价项目、评价内容及分值，参见表2-8。各相关单位在评价QC小组活动成果时可直接采用。有些单位确因行业的特殊性，不适合直接采用时，可自行修订后采用，但需遵循其核心原则及内涵。

表2-8 问题解决型课题成果发布评价表

序号	评价项目	评价内容	分值
1	选择选题	① 所选课题应与上级方针目标相结合，或是本小组现场急需解决的问题； ② 课题名称要简洁明确地直接针对所存在的问题； ③ 现状已清楚掌握，数据充分，并通过分析已明确问题的症结所在； ④ 现状已为指定目标提供了依据； ⑤ 目标设定不要过多，并有量化的目标值和有一定依据； ⑥ 工具运用正确、适宜	8～15分
2	原因分析	① 应针对问题的症结来分析原因，因果关系要明确、清楚； ② 原因要分析透彻，一直分析到可直接采取对策的程度； ③ 主要原因要从末端因素中提取； ④ 应对所有末端因素都进行要因确认，并且是用数据、事实客观地证明确是主要原因； ⑤ 工具运用正确、适宜	13～20分

（续表）

序号	评价项目	评价内容	分值
3	对策与实施	① 应针对所确定的主要原因，逐条制订对策； ② 对策应按“5W1H”的原则制订，每条对策在实施后都能检查是否已完成（达到目标）及有无效果； ③ 按对策表逐条实施，且对实施后的结果都有所交代； ④ 大部分的对策是由本组成员来实施的，遇到困难能努力克服； ⑤ 工具运用正确、适宜	13～20分
4	活动效果	① 取得效果后与原状比较，确认其改进的有效性，与所制定的目标比较，看其是否已达到； ② 取得的经济效益计算，实事求是、无夸大； ③ 注意对无形效果的评价； ④ 改进后的有效方法和措施已纳入有关标准，并按新标准实施； ⑤ 改进后的效果能维持、巩固在良好的水准，并用图表表示出巩固期的数据； ⑥ 工具运用正确、适宜	13～20分
5	现场发表	① 发表资料系统分明，前后连贯，逻辑性好； ② 发表资料通俗易懂，应以图、表、数据为主，避免通篇文字、照本宣读	5～10分
6	小组特点	统计方法运用突出，有特色，具有启发性	8～15分
总体评价		总得分	

4. 创新型课题成果资料评价

创新型课题活动成果的评价原则与问题解决型课题活动成果评价原则基本一致，对成果与方法的创新会重点关注。创新型课题成果资料评价内容，参见表2-9。专家和评委从“程序逻辑关系、事实与数据的运用情况、工具方法的适宜和正确、成果材料的真实性（小组成员力所能及）”等方面展开评价，从“活动程序、事实与数据、工具方法运用、成果报告”等方面给出评语和评分。

表2-9 创新型课题活动成果评价表

序号	评价项目及分值	评价内容
1	选题（20分）	① 选题来自内、外部顾客及相关方的需求； ② 广泛借鉴，启发小组创新灵感、思路和方法，需求与借鉴内容明确； ③ 设定目标与课题需求一致，目标可测量、可检查； ④ 借鉴的相关内容为设定目标提供依据
2	提出方案并确定最佳方案（30分）	① 总体方案与借鉴内容可关联，具有创新性和相对独立性，分级方案具有可比性； ② 方案分解已逐层展开到可以实施的具体方案； ③ 用事实与数据对每个方案进行综合评价和比较选择； ④ 事实与数据来源于现场测量、试验和调查分析
3	对策与实施（20分）	① 对策即可实施的具体方案，目标可测量、可检查，措施可操作； ② 按照制订的对策表逐条实施； ③ 每条对策实施后，确认对策目标的完成情况，未达到目标时有修改措施，并按新措施实施

（续表）

序号	评价项目及分值	评价内容
4	效果（15分）	① 检查课题目标的完成情况； ② 确认小组创新成果的经济效益或社会效益，实事求是； ③ 有推广应用价值的创新成果已形成相应的技术标准或管理制度； ④ 对创新过程相关资料整理存档； ⑤ 小组成员的专业技术和创新能力得到提升，并提出下一步打算
5	成果报告（5分）	① 成果报告真实，逻辑关系清晰； ② 成果报告通俗易懂，以图表、数据为主
6	特点（10分）	① 充分体现小组成员的创造性； ② 创新成果具有推广应用价值； ③ 统计方法运用适宜、正确

5. 创新型课题成果发表评价

由于“创新型”课题的QC小组活动程序与其他类型课题的小组活动程序有一定区别，因此其评价的内容和重点也有所不同。如“创新型”课题QC小组不包含现状调查等内容，而增加了最佳方案选择等要求，同时，活动程序方面，也存在一些差异，专家评委都需要注意，参见表2-10。

表2-10 创新型课题成果发布评价表

序号	评价项目	评价内容	分值
1	选择选题	① 选题来自内、外部顾客及相关方的需求； ② 广泛借鉴，启发小组创新灵感、思路和方法； ③ 设定目标与课题需求一致，目标可测量、可检查； ④ 依据借鉴的相关数据论证目标可行性	8～15分
2	提出方案并确定最佳方案	① 总体方案具有创新性和相对独立性，分级方案具有可比性； ② 方案分解已逐层展开到可以实施的具体方案； ③ 用事实和数据对每个方案进行逐一评价和选择； ④ 事实和数据来源于现场测量、试验和调查分析； ⑤ 工具运用正确、适宜	13～20分
3	对策与实施	① 方案分解中选定可实施的具体方案，逐项纳入对策表； ② 按“5W1H”要求制订对策表，对策即可实施的具体方案，目标可测量、可检查，措施可操作； ③ 按照制订的对策表逐条实施； ④ 每条对策实施后，确认相应目标的完成情况，未达到目标时有修改措施，并按新措施实施； ⑤ 工具运用正确、适宜	13～20分
4	活动效果	① 检查课题目标的达成情况； ② 确认小组创新成果的经济效益和社会效益实事求是、无夸大； ③ 有推广应用价值的创新成果已形成相应的技术标准或管理制度，对专项或一次性的创新成果，已将创新过程相关资料整理存档； ④ 小组成员的专业技术和创新能力得到提升，并提出下一步打算； ⑤ 工具运用正确、适宜	13～20分

（续表）

序号	评价项目	评价内容		分值
5	现场发表	① 发表资料系统分明，前后连贯，逻辑性好； ② 发表资料通俗易懂，应以图、表、数据为主，避免通篇文字、照本宣读		5～10分
6	小组特点	统计方法运用突出，有特色，具有启发性		8～15分
总体评价			总得分	

6. 各级质量协会的评审

各级质量协会（以下简称：质协）对QC小组活动成果的评审，一般都和评选各级优秀QC小组结合在一起进行。

各级质量协会为了树立典型、带动全局、交流经验、明确导向、肯定成绩、激励先进，每年应定期召开QC小组活动成果发表会，在企业选派的优秀QC小组中，通过发表评审，评选出本地区、本行业的优秀QC小组和推选参加更高一级优秀QC小组评选的小组名单。

各级质协对QC小组活动成果进行评审时，应由主办质协聘请懂质量管理理论、能指导QC小组活动、会评价QC小组成果的人员担任评委，组成评审组，评委一般不少于5人。在评选省、市级优秀QC小组时，为保证评审质量，更好地达到评审目的，使评选能在公平、公正的环境中进行，必须聘请经省、市质协考评合格并为省、市级QC小组活动诊断师的人员担任评委。

评审一般应按以下程序进行：首先由发表会的主办部门把参加发表的小组的成果材料提前交每一位评委进行审阅。评委审阅后，对每一个成果材料，按评审原则和评审标准提出初步的评审意见。包括对成果的总体评价和指出成果内容中的不足之处，做好成果发表评审前的准备。如果没有这样的准备，评委们很难在短短的15 min发表后给出恰当的分数和正确的评价意见。

在发表会场，听完每一个成果的发表及提问、答辩，评委们按评审内容逐条评分，评出成绩。同时还要根据发表及回答提问的情况，修正初步的评审意见。评审意见可提供给发表小组，作为今后QC小组活动中改进、提高的参考。

各级质量管理小组活动推进组织还开展成果等级评价，质量管理小组活动成果等级评价标准，参见表2-11。依据评价结果，给QC小组的活动成果发放技术等级证书。

表2-11　质量管理小组活动成果等级评价表

评价项目	分值	细则	评价内容	评分依据
成果形成过程	80	活动程序	活动程序运辑严谨科学	依据表2-7、表2-9评分（总分值×80%）
		事实与数据	事实与数据真实完整	
		统计方法	统计方法运用适宜、正确	

（续表）

评价项目	分值	细则	评价内容	评分依据
成果实际价值	20	技术价值	成果解决生产、服务或管理方面的瓶颈问题或难题，特别是在关键技术方面的成效	实际价值重大：15～20分； 实际价值较大：10～15分(不含)； 实际价值一般：0～10分(不含)
		经济价值	成果给组织带来的实际收益(包括提高效率、降低成本或增加收益)	
		社会价值	成果在营造改进与创新文化、促进人民健康、保障国防与公共安全、保护生态环境或促进可持续发展等方面的影响和贡献	
		推广应用价值	成果在组织、行业或其他领域推广应用情况与推广前景	
等级分类：80分(含)以上为一等成果、70～80分(不含)为二等成果、60～70分(不含)为三等成果				

7. QC小组活动推进及骨干人员培养

QC小组活动开展，离不开人员和QC骨干人员的“传、帮、带”，企业应当通过教育、培训的方式，建立、健全相关机制，打造初、中、高级人才队伍，充分考虑到企业组织内部人员变动频繁、随机因素影响较多等实际情况，采取适当的措施、建立合适的机制，确保人才队伍的相对稳定。通过内训与外培相结合的方式，为企业提供QC小组人才成长，做好资源保障。

第三章

问题解决型 QC 小组活动程序及要点

问题解决型 QC 小组是针对已经发生不合格或不满意的生产、服务或管理现场存在的问题，如稳定生产工序质量，改进产品、服务、工作质量，降低消耗，改善现场环境；推动服务工作标准化、程序化、科学化，提高服务质量和效益；解决技术关键问题；提升工作质量，解决管理中存在的问题等，进行的质量改进。

第一节　总　则

一、 活动准则

1. 活动程序

问题解决型 QC 小组活动，遵循 PDCA 循环原则；根据目标来源，分自定目标课题和指令性目标课题两种类型。问题解决型 QC 小组活动程序，参见图 3-1。

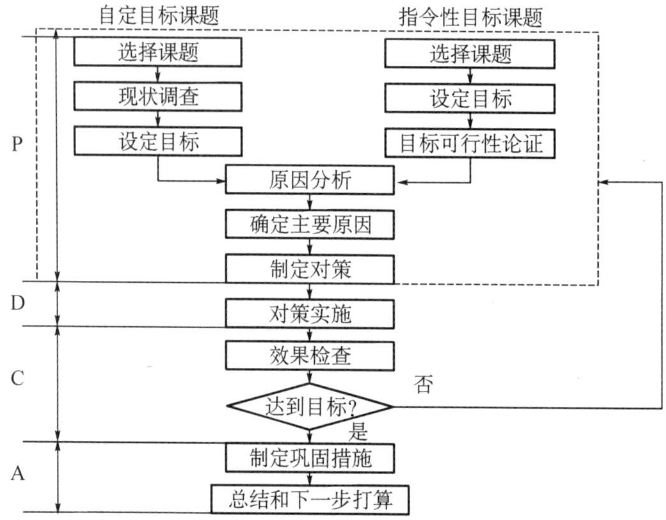

图 3-1　问题解决型 QC 小组活动程序

2. 问题解决型课题类型

该类型是 QC 小组针对已经发生不合格或不满意的生产、服务或管理现场存在的问题，围绕问题症结进行质量改进，所选择的质量管理小组课题。

问题解决型课题目标根据来源不同分为自定目标课题和指令性目标课题。自定目标课题和指令性目标课题在活动程序上，稍有差异，如图 3-1 所示。自定目标课题选择课题后，须进行充分的现状调查，找出症结所在，并以此为依据，设定课题目标，目标不能与上级或标准的要求值相同，一般要高于标准或要求；而指令性目标课题在选择课题后，直接把上级或标准的要求值作为目标值，进而对目标值进行可行性论证。

二、标准解读

① QC 小组活动必须遵循 PDCA 循环，P(Plan)表示计划或策划、D(Do)表示执行或实施、C(Check)表示检查或检验、A(Act)表示处理或处置。

② 问题解决型课题是 QC 小组“针对已经发生不合格或者不满意的生产、服务或管理现场存在的问题，围绕课题症结进行质量改进，所选择的质量管理小组课题”，而创新型课题是“针对现有的技术、工艺、技能和方法等不能满足实际需求，须运用新的思维研制新产品、服务、项目、方法，所选择的质量管理小组课题”。问题解决型课题与创新型课题的区别，参见表 3-1。

表 3-1　问题解决型课题与创新型课题的区别

<table>
<tr><th colspan="3" rowspan="2">过程</th><th colspan="2">课题类型</th></tr>
<tr><th>创新型</th><th>问题解决型</th></tr>
<tr><td rowspan="8">P</td><td colspan="2">1. 选择课题</td><td>针对需求或通过改进未解决的问题，运用广泛借鉴寻找实现需求的思路、技术和方法</td><td>针对存在的问题及改进对象</td></tr>
<tr><td colspan="2">2. 现状调查</td><td>—</td><td>对问题现状进行调查，查找问题症结所在</td></tr>
<tr><td rowspan="2">3.</td><td>设定目标</td><td>围绕课题需求设定目标</td><td>在原来的基础上提高的程度</td></tr>
<tr><td>目标可行性论证</td><td>进行目标可行性论证</td><td>指令性课题目标进行论证</td></tr>
<tr><td>4. 原因分析</td><td rowspan="2">提出方案并确定最佳方案</td><td rowspan="2">无原因分析，要因确认。通过广泛借鉴，提出创新的总体方案，方案要进行比较和评价，并逐层展开到具体方案（末端）；通过现场测量、试验和调查分析对所谓提出的方案进行评价，比较、选择，并确定最佳方案</td><td>针对问题或症结进行原因分析，要逐层分析到末端</td></tr>
<tr><td>5. 要因确认</td><td>针对末端原因进行确认，依据末端原因对问题或症结的影响程度，确定主要原因</td></tr>
<tr><td colspan="2">6. 制定对策</td><td>将可实施的具体方案纳入对策表的对策中</td><td>针对主要原因制定对策</td></tr>
<tr><td colspan="2"></td><td></td><td></td></tr>
<tr><td>D</td><td colspan="2">7. 对策实施</td><td>按照制定的对策逐条实施</td><td>按照制定的对策逐条实施</td></tr>
<tr><td>C</td><td colspan="2">8. 效果检查</td><td>按照课题目标，检查实施效果</td><td>对照课题目标，检查实施效果</td></tr>
<tr><td rowspan="2">A</td><td colspan="2">9. 制定巩固措施（标准化）</td><td>对有推广应用价值的成果进行标准化</td><td>将对策表中经过实施证明有效的措施纳入相关标准</td></tr>
<tr><td colspan="2">10. 总结及下一步打算</td><td>从创新角度对专业技术、管理方法、综合素质等进行全面总结，找出创新特色与不足</td><td>针对专业技术、管理方法、综合素质等，全面总结活动过程收获的经验和不足</td></tr>
</table>

③ 问题解决型课题根据目标来源不同，将问题解决型课题区分为自定目标课题和指令性目标课题。

④ 问题解决型课题活动基本程序共分为十个步骤，在进行“效果检查”时，有一个关于活动结果是否达到目标的判断，如果未达到课题设定的目标，必须回到 P 环节，分析未达到课题目标的原因究竟是什么，是 P 环节哪个步骤出现了偏差和问题，便从哪个步骤开始新一轮的 PDCA 循环。请注意，此时不能机械地认为一定要重新执行“原因分析—要因确认—制定对策”这一流程，而是哪个步骤有问题就从哪个步骤开始，继续执行 PDCA 循环。

⑤ 自定目标课题和指令性目标课题流程上的区别在于，自定目标课题在选择课题后（上级或标准要求达到的指标在这一阶段是可有可无的），须进行充分的现状调查，找出症结所在并以此为依据设定课题目标（不能与上级或标准的要求值相同）；而指令性目标在选择课题后，直接根据上级或标准要求的值作为目标值，进而对目标值进行可行性分析论证，方法同自定目标课题的现状调查部分，同样要找出问题的症结，测算目标是否可以实现，同时要与先进值、自身指标的最好水平进行对标，为目标设定的可行性提供充分的依据。

三、 常见问题

未弄清自定目标课题和指令性目标课题的区别，自定目标课题中有“目标可行性分析”，指令性目标课题中有“现状调查”步骤，或者两者混淆不清，课题中既有“目标可行性分析”又有“现状调查”环节。

第二节　选择课题

一、 活动准则

1. 课题来源

针对存在的问题，小组应结合实际，选择适宜的课题。课题来源一般有：

(1) 上级下达的课题。

(2) 上级指导的课题。

(3) 小组自选的课题。小组自选课题时，可考虑以下几个方面：

① 落实组织经营方针、目标的重点与难点。

② 在质量、效率、成本、安全、环保等方面存在的问题。

③ 内、外部顾客或其他相关方的意见和要求。

2. 选题要求

小组选择课题应满足如下要求：

(1) 在小组能力范围内，课题宜小不宜大。

（2）课题名称直接，表达课题的具体特性。

（3）选题理由简洁明确，用事实与数据说明。

二、标准解读

1. 选题来源

标准列举的选题来源主要有三大类，包括指令性课题、指导性课题和自选性课题。三类课题是为了区分不同的选题来源而设定的，与活动程序无关。应注意与自定目标课题、指令性目标课题的区别，这两类课题与活动程序有关，步骤有所不同。根据目标值的来源不同，可以将问题解决型课题区分为自定目标课题和指令性目标课题。判断的标准是目标值的来源，而不是选题的来源。自定目标课题先进行现状调查，再设定目标。指令性目标课题没有现状调查，先设定目标，然后进行目标可行性分析。

（1）指令性课题

一般由上级主管部门根据企业或部门的实际需要，以行政指令的形式向 QC 小组下达的课题，通常是企业生产经营活动中迫切需要解决的重要技术攻关性的课题。虽然解决此类问题对于企业来说意义重大，但是从实施的角度上来讲，下达时还需慎重，必须充分考虑其紧迫性和必要性，以及小组的活动能力、拥有的资源，不能强推，否则非但不能解决难题，还会挫伤 QC 小组的积极性和信心，不利于活动的健康发展。

（2）指导性课题

通常由企业的 QC 管理部门根据战略、方针、目标实现的需要，推荐并公布一批课题，各 QC 小组可以根据自身的需要和条件，挑选具有一定挑战性但是又在自己能力范围内的课题，开展质量管理活动。QC 管理部门对企业开展的课题可以通过这种方式，对课题开展的深度和广度进行合理把关，也可以对各 QC 小组的思路进行引导和启迪，同时各个小组又可以发挥主观能动性，进行自主选择，如能合理开展，可实现双赢的效果。

（3）自选性课题

自选性课题充分发挥了 QC 小组成员的自觉性和创造性，来源比较广泛，大致可以归纳为以下三个方面。

① 课题的来源虽然不是上级主管部门指定的或者推荐的，但是 QC 小组成员可以站在上级主管部门的角度考虑问题，自愿地从企业生产经营中的重点、难点、急迫点出发，选择课题，开展 QC 小组活动。与指令性课题和指导性课题一样，这类课题也是有难度的，但是因为课题是属于“想领导之所想、急领导之所急、办领导之所需”，所以往往在很多层面获得管理层的关注、关心和支持，能够获得相应的人力、财力、物力的资源倾斜。小组需要进行合理的考量，正视课题的难度，认清自身的能力，避免眼高手低，造成成员的挫败感。

② 从企业生产的产品质量、产品成本、安全防护、生产效率、环境保护、资源节约等方面着手，选择课题。此类课题贴近生产工作实际，以问题为导向，通过小组成员努力，克服问题，解决疑难，提高效率，减轻工作强度，效果往往比较直观、明显，能使员工体验成功的喜悦，提高参与活动的积极性。此类课题一般是主要的选题来源，尤其是刚开展活动的 QC 小

组更易从此类课题开始。

③ 从内、外部顾客的意见和需求入手，选择课题。把顾客不满意的问题选为课题加以解决，能更好地为顾客服务和保证生产经营活动的正常进行。此处的顾客不单指外部客户，也包括内部客户，来源可以是上一道工序或下一道工序，也可以是单位内部不同的部门，或者是单位、部门领导等。

实际选题时，并不限于以上三个方面。ISO 9001：2015 标准将质量定义为“客体的一组固有特性满足要求的程度”。该定义对质量的范围没有限定，泛指一切可单独描述和研究的事物，可以是活动或过程，可以是产品，也可以是组织、体系或人以及上述各项的任何组合。QC 小组活动作为质量管理中的一种形式，其选题来源除标准列举的以外，还可以是小组所遇到的一切问题或期望改进的对象。

2. 选题要求

(1) 适合 QC 小组能力，宜小不宜大

① 遵循“先易后难”的原则。首先 QC 小组成员可以选择从与自身联系紧密的小问题、小困惑着手，体验质量管理的基本思路、方式、流程，随着 QC 小组活动能力、成员素质的不断提升，可以逐渐将关注点转移到企业的发展战略、领导关注的疑难课题、企业的重点攻关方向等，进而将领导关注的、助推企业发展的问题作为课题。这一原则符合了小组成长和解决问题的一般规律，对于成员自信心的提升以及小组的发展壮大具有指导作用。

② 选择小课题，易于取得成果，活动周期较短，能更好地使 QC 小组成员不感到困难且有兴趣，有利于持续开展活动。大部分对策都能由本小组成员自己来实施，更能发挥小组成员的创造性。小课题往往立足于小组成员身边困惑，通过小组成员自己的努力大部分都能实现，取得成果后首先受益的是小组成员自己，有利于调动小组成员的活动热情和积极性。

③ 并非 QC 小组活动只能解决小问题。强调课题宜小不宜大，并不是说 QC 小组活动只能解决小问题；同样能解决大问题，但 QC 小组必须注意方法，若要做大课题，可采取分解的办法，按阶段、步骤、难度等分成若干个小课题，由小组分阶段实施，或交给不同的小组分别实施。

(2) 课题名称要直接，能表达特性值

课题名称应明确表达要解决什么问题，从结构上来讲，一般由三部分组成，即“如何做＋问题对象＋解决什么”，参见图 3-2。针对具体的问题，“如何做”的范围很广，可以是提高、降低、增大、缩小、改善、消除等等，“问题对象”就是要解决的对象，而“解决什么”应尽量用特性值表示，如时间、速度、温度、湿度等，以便更好地开展现状调查、设定目标和检查效果。组合起来就是课题名称，例如“缩短变电站机房巡视时间”“减少隔离闸刀触头烧蚀率”“降低工作票不合格率”等，可以分别针对具体问题开展现状调查，设定量化目标，活动后有针对性地进行数据对比，使效果检查客观且一目了然。

(3) 选题理由要用数据说话、简洁明了

应直接写出选择课题的目的和必要性，不要长篇大论地描述课题背景。切勿为了突出课题的重要性，把与课题没有直接联系的上级要求、标准内容、领导讲话等作为选题理由，

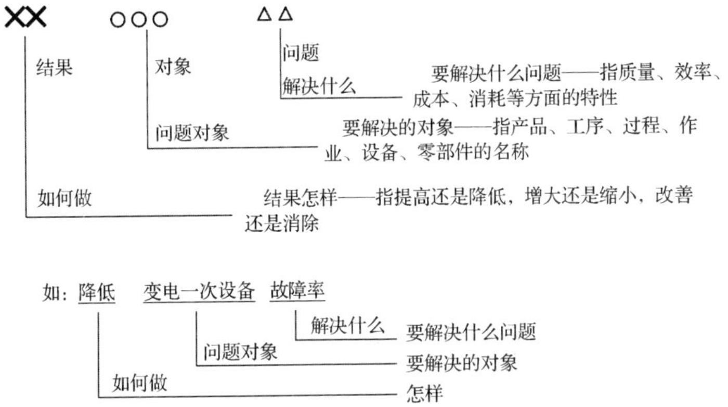

图 3-2　问题解决型课题命名原则

如将上述内容作为选题理由，应具体明确，与课题的特性值有直接联系，并尽量提供量化值。选题理由尽量少用文字，多用图、表，尽可能用与课题特性值关联的数据说话。

常用的“七箭头框图法”，能直观表达出“选择课题”要求，参见图 3-3。上级要求、现状情况一目了然，通过简单数据和图表，非常简洁地表达出了选择课题的必要性和重要性。

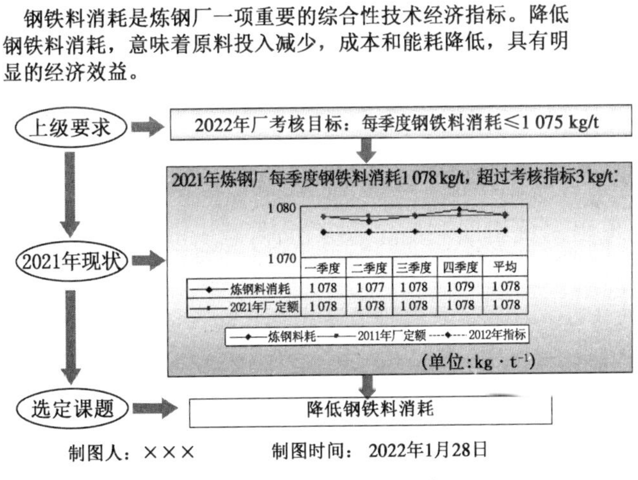

图 3-3　“七箭头框图”示意图

三、关注要点

1. 课题来源关注要点

① 指令性课题、指导性课题、自选性课题的来源与活动程序没有关系；课题来源不要与课题目标混淆。

② 全面考虑内、外部顾客及相关方的意见和期望。

2. 选择课题关注要点

(1) 课题要小、实、活、新

① 小组能力范围内；

② 实实在在开展活动；

③ 灵活多样的活动形式；

④ 新颖、有特色、有实效。

（2）课题名称直接

① 说明目的；

② 针对问题；

③ 直指特性值。

（3）理由直接，用数据说话

直接说明小组面对的问题，或说明上级或相关方要求（明白、确定、不模糊）。

四、 常见问题

① 课题范围太大，综合性太强。此类课题缺乏针对性，小组较难开展现状调查、进行原因分析，也较难制定具体目标和对策。如“提高班组工作效率”“降低施工现场安全隐患”，工作效率、安全隐患范围较大，小组难以有针对性地调查数据，找出要因，并制定切实有效的对策措施。

② “口号式”课题。此类课题太抽象，未明确到底要干什么，小组很难开展活动。如“团结奋进，务实担当，争做行业标尖”“强化质量管理，创建品牌工程”，小组不知具体的问题是什么，无从下手。

③ “手段＋目的式”课题。此类课题从逻辑上讲不符合活动规律，选择课题时应当还不知道具体对策，从题目名称来看太烦琐、不简洁。如“改进测量夹具，提高 10 kV 圆形触头真空开关导电回路电阻测试精度”“优化业务流程，减少电力营业厅客户办理业务等待时间”“改进接线装置，提高电压检测能力”。一般来讲，选题时应当不知道要“改进测量夹具”“优化业务流程”“改进接线装置”，应从课题名称中去掉。

④ 课题超出了小组能力的范围，超出小组成员专业，全部依靠外界力量完成课题无法达成最终的课题目标。

⑤ 课题名称只是定性描述，如“改善营业厅服务”，缺乏相应的特性值。

⑥ 选题理由“两多一少”，即文字多、条款多、数据少。将现状调查内容放入选题理由。选题理由多是定性描述，没有做到用数据说话。

五、 评价标准

在问题解决型课题成果发表评审评分细则中，明确选题部分的要求，包含以下几个方面。

① 所选课题与上级方针目标相结合，或是本小组现场急需解决的问题。

② 课题名称简洁明确，直接针对所存在的问题。

六、案例分析

1. 案例一：提高表面污染测量仪表检定效率

（1）小组概况

江苏××有限公司×× QC 小组成立于 2009 年 1 月。小组成员包括高级工程师（以下简称高工）、工程师等技术人员，其中超过 80%的人员有 10 年以上从事辐射防护工作的生产实践经验，是××核电辐射防护业务领域的技术骨干。组员均经过系统的 QC 理论知识培训，能熟练运用 QC 各类工具及质量改进方法，2021 年获得 ICQCC 国际质量小组会议成果推荐活动优胜奖及 2020 年全国 QC 成果发布赛示范级成果，小组情况及人员信息，参见表 3-2。

表 3-2　某 QC 小组概况

小组名称	×× QC 小组			课题类型	问题解决型		
成立日期	2009 年 1 月	活动时间		2021 年 3 月—2022 年 2 月			
小组注册时间	2009 年 3 月	小组注册编号		2009 - QC - 004 - OPH	活动频率	2 次/月	
课题注册时间	2021 年 3 月	课题注册编号		2021 - QC - 042 - OPH	人均 TQM	36 学时	
QC 课题	提高表面污染测量仪表检定效率						
小组成员简介	序号	姓名	年龄	学历	职称/职务	组内分工	
	1	×××	28	本科	工程师	全面组织、整体筹划	组长
	2	×××	34	本科	高级技师	原因分析、要因确认	组员
	3	×××	38	本科	工程师	编制报告、成果发布	组员
	4	×××	28	本科	工程师	PPT 制作、成果发布	组员
	5	×××	37	本科	高工/诊断师	技术指导、质量控制	组员
	6	×××	39	本科	高工/科长	资源协调、方案制定	组员
	7	×××	40	本科	工程师/副科长	活动记录、流程管控	组员
	8	×××	39	本科	高级技师	目标可行性论证	组员
	9	×××	39	本科	工程师	要因确认、效果检查	组员
	10	×××	40	本科	工程师	数据整理、报告编制	组员

（2）名词解释

① 表面污染测量仪表，是核电站用于测量设备或者物品表面放射性污染大小的测量仪表，一般根据使用需求配置不同大小面积的探测器，主要由探测器、连接线及显示主机等组成，××核电站目前使用的表面污染测量仪表，参见图 3-4。

② 表面污染检定装置，是一款用于检定放射性表面污染测量仪表性能的设备，主要由

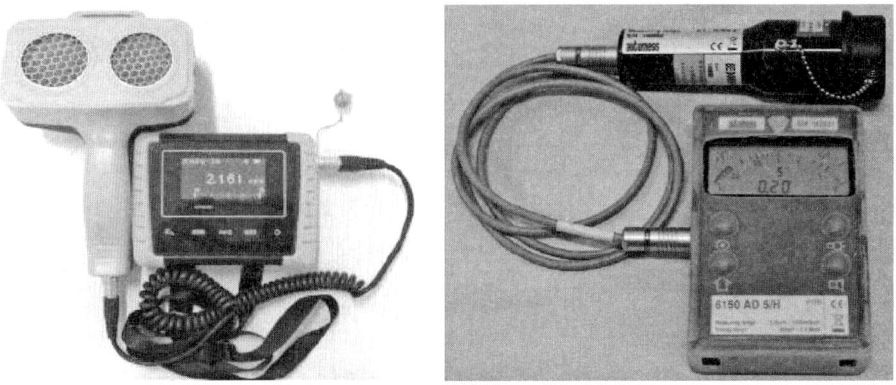

图 3-4　表面污染测量仪表

源移动盘、支架底座、探测器移动盘等组成，××核电站目前使用的表面污染检定装置及检定过程，参见图 3-5、图 3-6。

③ 检定效率，指单位时间(通常为 1 h)内检定完成表面污染仪表的台数，单位为：台/h，检定完成是从将表面污染测量仪表固定至探测器移动盘上开始使用放射源照射到最后出具检定报告的整个过程，主要包括待检仪表准备、仪表固定、检定及报告生成等几个环节。

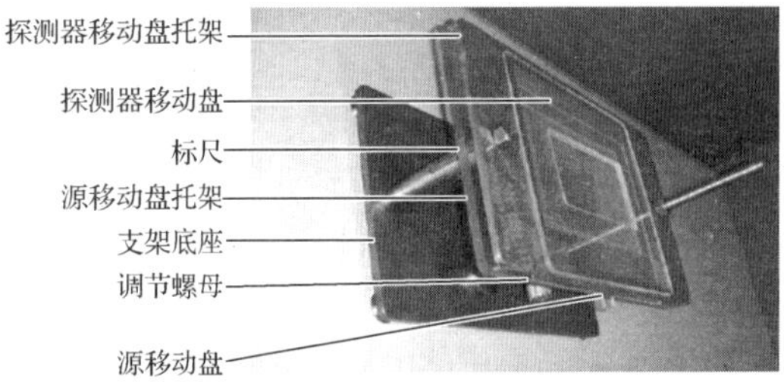

图 3-5　表面污染检定装置

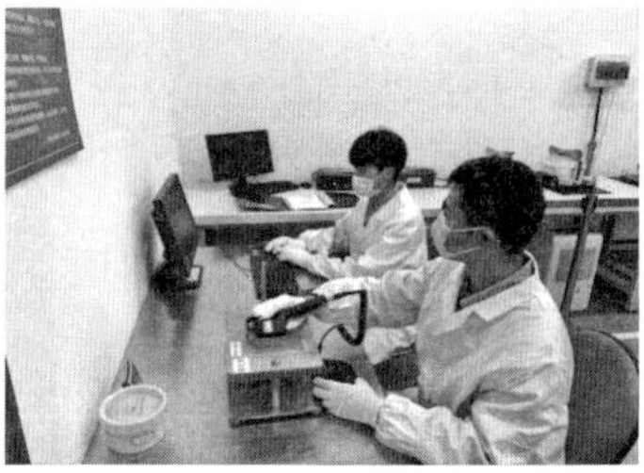

图 3-6　表面污染仪表检定过程

(3) 选题背景

××核电站辐射控制区内有数量众多的多种型号表面污染测量仪表，供从事放射性工作人员测量现场辐射水平，以保障人员辐射安全，这些仪表按照相关国标及规定要求需要定期进行检定，以验证仪表测量的准确性及可用性，而随着××核电基地商运机组由 2 台增至目前的 6 台，需要进行检定的表面污染测量仪表成倍增长，近年来即使检定室满负荷进行仪表检定仍有近一半的仪表无法检定完成，不能检定完的仪表只能送出，委托有资质的外单位进行检定，不仅耗费大量人力物力财力，还影响使用。

该核电站要求提高企业仪表检定能力，逐步减少表面污染测量仪表委托外检。部门将提高仪表检定效率纳入《2021 年度保健物理处重点工作任务计划》，因目前检定效率只有 2.0 台/h，导致每年有一半的仪表需要送出外检，部门要求将表面污染测量仪表检定效率提高至原来的 2 倍，以实现完全自主检定。因此，小组决定将“提高表面污染测量仪表检定效率”作为本次活动课题，参见图 3-7。

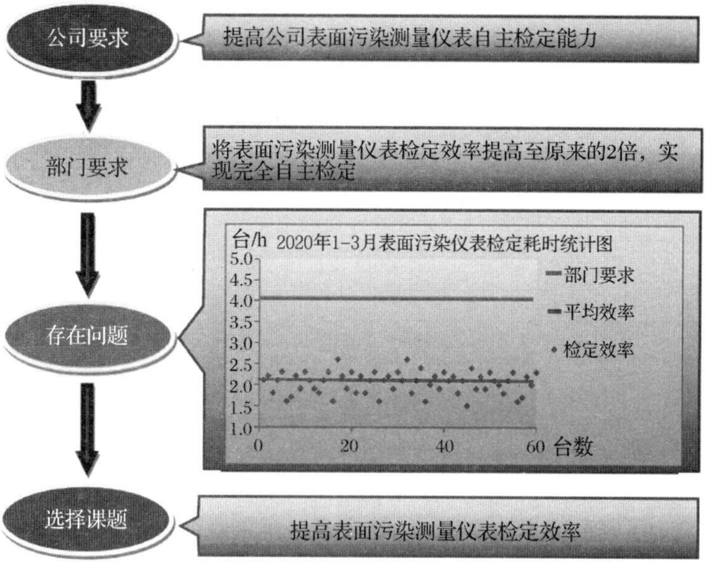

图 3-7　选题理由示意图

（4）案例点评

① 优点：QC 小组选题能以解决公司实际问题为出发点，使用简易图表及框图说明问题来源与背景，思路较为清晰，QC 课题名称直接表达了要解决的问题。

② 不足：公司要求、部门要求，都是上级要求，应当进行合并，形成一个直接上级部门的要求，否则可能会干扰选题和目标设定；现状情况原始数据统计结果表，不能省略，数据图是根据原始数据表绘制的，要以数据为依据；框图的使用要严紧，须充分理解“七箭头框图”的逻辑与内涵（参见图 3-3、图 6-5）。

2. 案例二：提高无防水超大超厚筏板基础一次成型合格率

（1）工程概况

“苏地 2021 - WG - 28 号地块项目”是苏州市相城经济技术开发区（简称：相城经开区）重点工程，建成后将成为相城经开区具有标志性和辐射力的城市新地标，有效带动周边产业发展，进一步完善城市功能，提升城市品位，促进产城融合，激发创新创业活力。本项目位于苏州市相城经开区，康元路以南，澄阳路以东，工程占地 174 595.79 m^2，造价共计 109 890.48 万元，项目开竣工时间为 2022 年 6 月 6 日—2024 年 8 月 13 日。工程质量目标要求为中国建设工程鲁班奖（国家优质工程）。该项目将契合国家政策，结合项目实际合理应用智能建造技术，将打造苏州首个智能建造试点项目。本工程两处核心筒（A、B 塔楼核心筒）为超大超厚筏板，其中 B 楼核心筒处筏板长 30.4 m，宽 20.9 m，筏板厚度 2.5 m，存在多排集水坑。集水坑截面最厚处 7.2 m，筏板采用槽钢支架，混凝土达 6 000 m^2 余。由于本工程底板防水采用添加防水剂的混凝土自防水，没有其他的防水材料，所以必须严格控制筏板施工质量过程。

（2）QC 小组概况

QC 小组概况如表 3-3 所示。

表 3-3　QC 小组概况表

<table>
<tr><td colspan="2">小组名称</td><td colspan="2">双子先锋质量管理小组</td><td>课题名称</td><td colspan="3">提高无防水超大超厚筏板基础一次成型合格率</td></tr>
<tr><td colspan="2">课题类型</td><td colspan="2">问题解决型</td><td>注册时间</td><td>2022 年 6 月 6 日</td><td>注册号</td><td>ZYF-FJZK－2022－A</td></tr>
<tr><td colspan="2">小组注册编号</td><td colspan="2">ZYF-FJZX－2022－A</td><td>小组注册时间</td><td>2022 年 6 月 6 日</td><td>小组人员</td><td>10</td></tr>
<tr><td colspan="2">活动时间</td><td colspan="2">2022 年 6 月 10 日—
2022 年 10 月 15 日</td><td colspan="2">质量管理知识教育时间</td><td colspan="2">平均 70 h 以上</td></tr>
<tr><td>序号</td><td>姓名</td><td>性别</td><td>组内职务</td><td>职称</td><td>学历</td><td>组内分工</td><td>出勤率/%</td></tr>
<tr><td>1</td><td>×××</td><td>女</td><td>指导</td><td>高级工程师</td><td>本科</td><td>成果编写指导</td><td>100</td></tr>
<tr><td>2</td><td>×××</td><td>男</td><td>指导</td><td>高级工程师</td><td>本科</td><td>成果发布指导</td><td>100</td></tr>
<tr><td>3</td><td>×××</td><td>女</td><td>审核</td><td>工程师</td><td>本科</td><td>审核指导、验证</td><td>100</td></tr>
<tr><td>4</td><td>×××</td><td>男</td><td>组长</td><td>高级工程师</td><td>本科</td><td>全面负责、组织协调</td><td>100</td></tr>
<tr><td>5</td><td>×××</td><td>男</td><td>副组长</td><td>工程师</td><td>本科</td><td>技术方案管理、数据总结</td><td>100</td></tr>
<tr><td>6</td><td>×××</td><td>男</td><td>副组长</td><td>工程师</td><td>本科</td><td>现场实施、验证</td><td>100</td></tr>
<tr><td>7</td><td>×××</td><td>男</td><td>组员</td><td>工程师</td><td>本科</td><td>现场实施、验证</td><td>100</td></tr>
<tr><td>8</td><td>×××</td><td>男</td><td>组员</td><td>工程师</td><td>本科</td><td>表格编制、现场发布</td><td>100</td></tr>
<tr><td>9</td><td>×××</td><td>男</td><td>组员</td><td>工程师</td><td>大专</td><td>现场实施</td><td>90</td></tr>
<tr><td>10</td><td>×××</td><td>男</td><td>组员</td><td>—</td><td>初中</td><td>组织工人施工</td><td>100</td></tr>
</table>

（3）选择课题

① 相关方要求。QC 小组对相关方要求进行了识别，识别结果参见表 3-4。

表 3-4　相关方要求识别表

要求方	要求内容
建设单位要求	本项目作为苏州市相城经开区重点工程受到重点关注。政府领导要求施工质量对标国家优质工程，建设单位要求各分部分项工程验收合格率不得低于 90%，所以无防水超大超厚筏板基础一次成型合格率不得低于 90%
合同质量要求	质量目标为中国建设工程鲁班奖（国家优质工程），确保一次成优
公司要求	集团公司提出明确的无防水超大超厚筏板基础一次成型合格率不得低于 90%

② 质量现状。2022 年 6 月 13 日，QC 小组全体成员在“苏地 2021－WG－28 号地块项目”项目部会议室参加质量现状调查计划会议，确定内容参见表 3-5。

表 3-5　质量现状调查计划表

分组	成员	调查方式	调查时间	调查项目	点数/个
调查 1 组	××× ×××	查阅工程资料 现场测量	2022 年 6 月 27 日	本工程：苏地 2021－WG－28 号地块项目	600

（续表）

分组	成员	调查方式	调查时间	调查项目	点数/个
调查2组	××× ×××	查阅工程资料 现场测量	2022 年 6 月 27 日	公司项目：中亿丰三期	600
			2022 年 6 月 30 日	同行业项目：苏地 2021－WG－24 号地块	600
调查3组	××× ×××	查阅工程资料 现场测量	2022 年 6 月 27 日	公司项目：中惠铂尔曼酒店	600
			2022 年 6 月 30 日	同行业项目：纳米大学项目	600
调查4组	××× ×××	查阅工程资料 现场测量	2022 年 6 月 27 日	公司项目：长三角一期	600
			2022 年 6 月 30 日	同行业项目：苏地 2020－WG－27 号地块	600

经调查发现，本工程的试验样板区无防水超厚筏板基础一次成型合格率仅为 83%，公司其他项目曾经达到的最好水平为 91.6%，低于建设单位和公司质量要求，施工质量亟须提高，调查记录如表 3-6、表 3-7 所示。

表 3-6　无防水超厚筏板基础一次成型合格率统计表

项目	A 塔楼核心筒样板区	B 塔楼核心筒样板区	合计
检测点数/个	300	300	600
合格点数/个	252	246	498
合格频率/%	84	82	83

表 3-7　公司其他项目曾经达到最好水平工程合格率统计表

序号	类似项目	检测点数/个	合格点数/个	一次验收合格率/%
1	中亿丰三期	600	540	90.0
2	中惠铂尔曼酒店	600	550	91.7
3	长三角一期	600	543	90.5
平均合格率		1 800	1 633	90.7

经调查发现，国内外同行业先进水平工程无防水超厚筏板基础一次成型合格率曾达到 94.5%，平均合格率 93.7%，本工程合格率与之相差较大，如表 3-8、图 3-8、图 3-9、图 3-10 所示。

表 3-8　国内外同行业先进水平工程合格率统计表

序号	类似项目	检测点数/个	合格点数/个	一次验收合格率/%
1	苏地 2021－WG－24 号地块	600	558	93.0
2	纳米大学项目	600	561	93.5
3	苏地 2020－WG－27 号地块	600	567	94.5
平均合格率		1 800	1 686	93.7

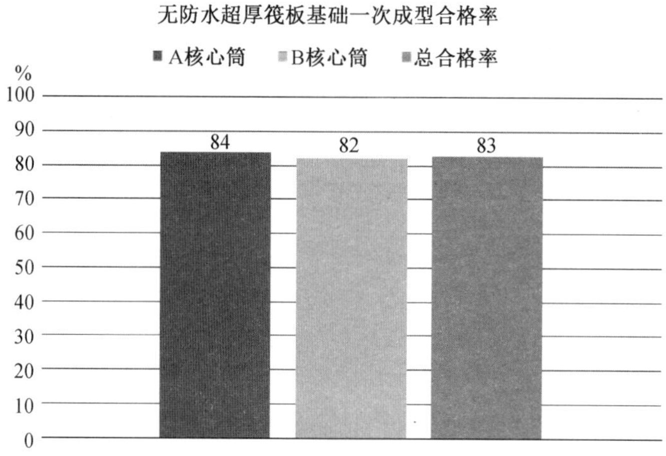

图 3-8　无防水超厚筏板基础一次成型合格率类别

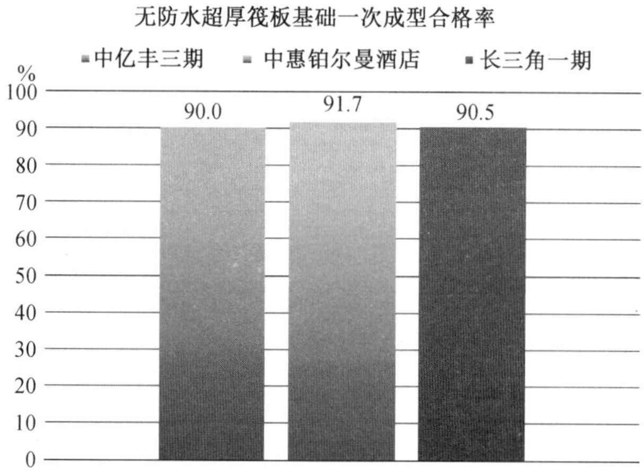

图 3-9　公司其他项目曾经达到最好水平工程合格率

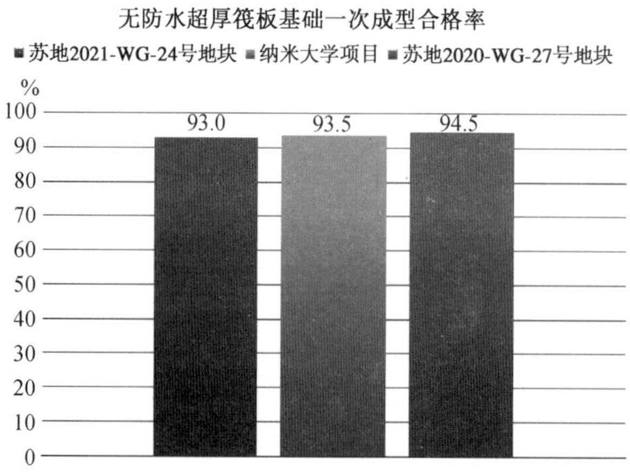

图 3-10　国内外同行业先进水平工程无防水超厚筏板基础一次成型合格率

（3）确定课题

经过上述分析得出，目前本工程无论是与建设单位及相关方的要求，还是与同行业相比较，存在的差距较大，最终小组确认，选择“提高无防水超大超厚筏板基础一次成型合格率”作为本QC小组的活动课题。各方工程合格率统计表和统计图如表3-9、图3-11所示。

表3-9　各方工程合格率统计表

序号	类型内容	合格率/%
1	建设单位要求	90.0
2	公司要求	90.0
3	质量现状	83.0
4	公司其他项目曾经达到的最好水平	91.7
5	国内外同行业先进水平	94.5

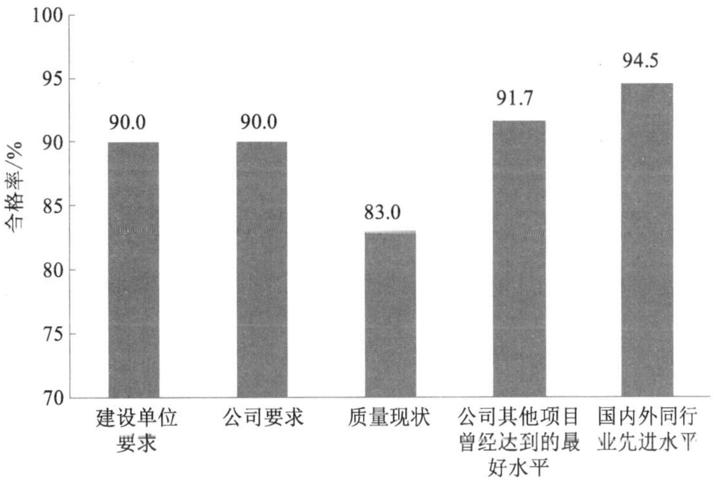

图3-11　各方工程合格率柱状图

（4）案例点评

① 优点：QC小组以解决公司实际问题为出发点，通过调查的方式，突出问题和差距，并结合相关方要求，确定小组课题，思路较为清晰，课题名称直接表达了要解决的问题，数据事实充分。

② 不足：建设单位要求、合同质量要求、公司要求等，都是要达到的要求，应当进行归纳，形成一个直接上级部门的要求，这样更加清晰。简易图表使用方面，存在为了图表而图表的现象，这样反而显得繁琐、不够简洁。

第三节 现状调查

一、活动准则

为了解问题的现状和严重程度，小组应进行现状调查：

(1) 收集有关事实与数据，事实与数据应具有客观性、全面性、时效性和可比性。

(2) 对事实与数据进行分层整理和分析。

(3) 通过分析事实与数据明确现状，找出症结，确定改进方向和程度，为目标设定和原因分析提供依据。

注：现状调查是自定目标课题活动的第二步，指令性目标课题没有此步骤。

二、标准解读

所谓现状，一般是指事物可直接观察判断的显现状态，当前的实际状况。如故障频发、流程耗时长等小组活动所面对问题的状态。现状调查是自定目标值的课题活动的第二步。指令性目标值的课题活动步骤中没有这一步。现状调查在整个 QC 小组活动中起着承上启下的作用；目的是找出问题的症结所在，为目标值设定、原因分析提供依据。

该步骤表述的“问题”，应理解为“课题”。现状调查是自选目标课题活动的第二步，是很重要的一个环节。前一个步骤是选题理由，表明了选择此课题的关键点——实际与要求的差距有多大。现状调查则针对选题理由反映出的差距，通过对收集的数据和信息进行分类、整理、分析，找出造成这个差距的症结（或关键点、主要问题），为下一步目标值的设定和原因分析提供依据和方向。一般来说，当解决的课题是很具体的问题时，应当针对问题逐一分析原因，对于为什么要找症结（或关键点）并努力解决，而不是所有问题全部解决，日本专家田口玄一说过：“宁可用 1～2 个月时间解决问题的 80%，也不用 1～2 年的时间使 90%的问题得到解决。”良好的愿望要以可能的期望为基础，有些偶然因素，由于技术上存在困难，可能确实难以消除，大而全地把问题全部解决的想法是不科学的，而且在产品质量考核中也允许少量的不合格品存在，这是经济性原则的具体体现。

(1) 现状调查的作用有两个：一是把握问题的现状，掌握问题严重到什么程度；二是要找出问题的症结（或关键点）所在，以确认小组从何处改进及能够改进的程度，从而为目标值的设定和原因分析提供依据。

(2) 对数据和信息要进行分类、分层和整理，就是要求对提供的实际测量或记录的客观数据，从不同的角度进行分类，并对分类数据进行层层深入的分析，直到找出症结问题为止。具体分类分层可参考以下几点。

① 按时间区分：年、月、日等。

② 按地点区分：位置、工地等。

③ 按症状区分：缺陷种类、特性、状态等。

④ 按作业区区分：生产线、设备、操作者等。

（3）现状调查可以从企业的统计报表中进行调查，也可以到生产现场进行实地调查。收集的数据要具有全面性，不仅要收集已有记录的数据，更需要亲自到现场去观察、测量、跟踪，掌握第一手资料，以弄清问题的实质。收集的数据要有客观性，即通过实际测量或记录的真实数据，防止只收集对自己有利的数据。收集的数据要有可比性，不可比的数据无法真实反映小组改进前后的变化程度，更无法证明采取对策的有效性。收集的数据要有时效性，要收集离小组活动开始最近的数据，才能反映现状。

（4）指令性目标课题和创新型课题不需要现状调查，但是均需要做目标可行性分析，从某种意义上讲，指令性目标课题的目标可行性分析与自定目标课题的现状调查的基本方法和作用大致相同。

（5）现状调查常用的统计工具有调查表、分层法、简易图表、排列图、直方图、控制图、散布图等。

（6）常用的现状调查方法主要有直线调查法、多线交叉调查法和两线交叉调查法，参见图 3-12～图 3-14。

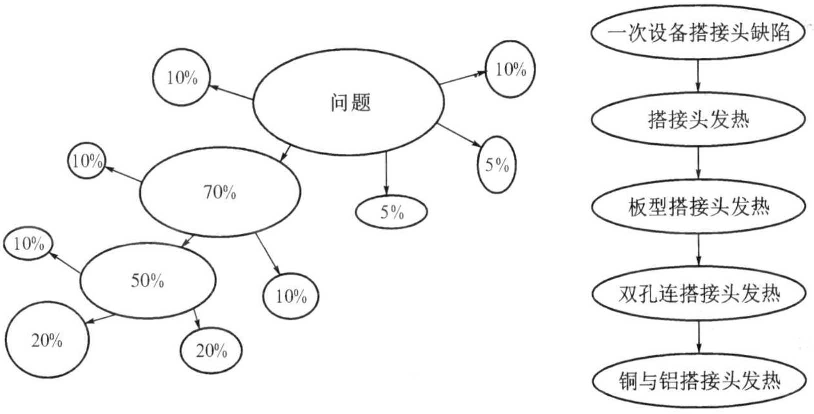

图 3-12　直线调查法示意图

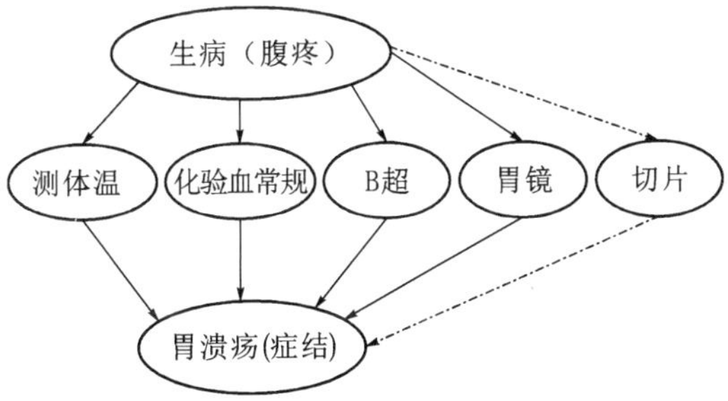

图 3-13　多线交叉调查法示意图

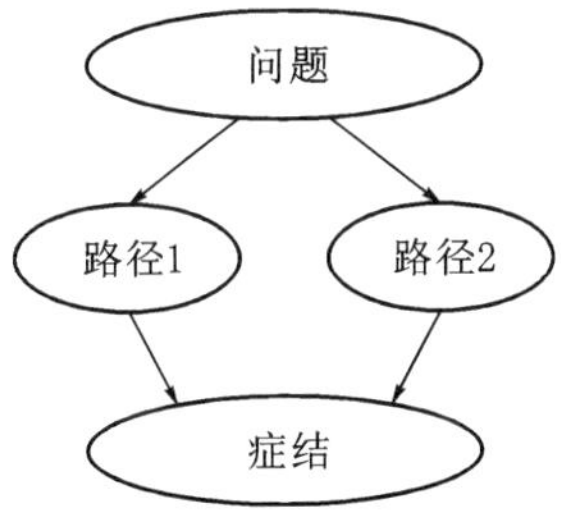

图 3-14　两线交叉调查法示意图

三、 关注要点

（1）收集数据信息：从企业过往报表中进行调查收集，也可到生产现场进行实地调查收集，一般情况是两种方法综合使用。

（2）收集数据信息的要求：

① 客观性——数据反映客观、真实有效；

② 全面性——多维度了解，准确把握现状；

③ 时效性——明确反映现状问题的时间段；

④ 可比性——数据特性和计量单位等要能够可比（数据要有可比性，时间也要有可比性）。

（3）分层整理分析

① 对所收集到的数据信息从各种角度进行分层，如：按时间区分、按地点区分。

② 分层后对数据进行分析做出结论。

（4）理由直接，用数据说话

直接说明小组面对的问题，或说明上级或相关方要求（明白、确定、不模糊）。

（5）找到改进方向，明确改进程度，为目标设定和原因分析提供依据

① 确定症结，找到改进方向；

② 论证症结的影响程度，测算目标值；

③ 依据小组解决问题的能力确定目标值；

④ 考虑目标设置依据的 5 个方面因素（见本章第四节目标设定依据）；

⑤ 将所确定的症结作为原因进行分析。

四、 常见问题

① 现状调查没有能够为课题目标的设定提供依据。现状调查应该围绕选择的活动课题即题目，针对存在的问题而展开，但有的成果报告的现状调查与课题脱节，不能为目标值的设定提供依据。

② 收集数据缺乏客观性。只收集对课题有利的数据，或从收集的数据中只挑选对课题有利的数据，从而造成现状调查的片面性。

③ 收集的数据缺乏时效性。应当收集最近的数据，才能真实反映现状。

④ 对收集到的数据进行分析时缺乏逻辑性。没有对收集到的数据进行合理的分类分层分析，每个现状调查环节不是层层深入的，而是相互并列的关系，因而无法找到问题的症结。

⑤ 对指令性目标课题和创新型课题进行现状调查。前者因为活动目标明确，故无须进行现状调查，只要进行目标可行性分析即可。后者因为是创新，故无现状可调查。

⑥ 将原因分析的内容前移到现状调查部分。

⑦ 统计方法、工具运用不当或不准确。

五、 评价标准

在问题解决型课题成果发表评审评分细则中，关于现状调查，明确的要求包含以下几个方面。

① 现状调查数据充分，并通过分析明确问题或问题症结；

② 现状调查为制订目标提供依据；

③ 工具运用正确、适宜。

六、案例分析

以下是案例二"提高无防水超大超厚筏板基础一次成型合格率"现状调查。

某QC小组调查发现，公司某工程的试验样板区无防水超厚筏板基础一次成型合格率仅为83%，低于公司在其他项目曾经达到的最好水平为91.6%，也低于建设单位的质量要求，施工质量亟须提高。作为苏州市相城经开区重点工程受到重点关注，要求施工质量对标国家级工程，建设单位要求各分部分项工程验收合格率均不得低于90%，所以无防水超大超厚筏板基础一次成型合格率，也不得低于90%。因此，小组决定选择"提高无防水超大超厚筏板基础一次成型合格率"作为本次活动的课题。

1. 现状调查

(1) 现状调查一。2022年7月1日—7月7日，小组成员×××、×××根据本工程设计施工图纸以及参照现行国家规范《混凝土结构工程施工质量验收规范》GB 50204—2015、《大体积混凝土施工标准》GB 50496—2018等规范性文件，从材料、施工、验收等方面的要求，对其施工质量进行全方位调查分析，调查内容为：混凝土成型外观差、现浇结构尺寸偏差、预留洞口中心线偏差、埋件位置偏差等质量问题，共检查600个点位，其中合格点位498个，存在质量问题的点位数为102个，根据调查结果，小组成员绘制了调查表及质量问题统计表，参见表3-10、表3-11。

表3-10 无防水超大超厚筏板基础一次成型合格率统计表

序号	检查部位	验收标准	检查数量/个	合格数量/个	不合格数量/个	合格率/%
1	A塔楼试验区	GB 50204—2015 GB 50496—2018	300	252	48	84
2	B塔楼试验区	GB 50204—2015 GB 50496—2018	300	246	54	82
合计			600	498	102	83

表3-11 无防水超大超厚筏板基础一次成型合格率质量问题统计表

序号	检查部位	检查项目/个					合计/个
		混凝土成型外观差	现浇结构尺寸偏差	预留洞口中心线偏差	埋件位置偏差	其他	
1	A塔楼试验区	34	6	4	2	2	48
2	B塔楼试验区	38	8	4	2	2	54
3	合计	72	14	8	4	4	102

(2) 现状调查二。根据表 3-10、表 3-11 调查数据和统计结果,小组成员×××、×××对影响筏板基础质量问题进行了归纳整理分析,并制作调查表、排列图,参见表 3-12、图 3-15。

表 3-12　无防水超大超厚筏板基础一次成型合格率质量问题调查表

序号	项目	频数/个	频率/%	累计频率/%
1	混凝土成型外观差	72	70.5	70.5
2	现浇结构尺寸偏差	14	13.7	84.2
3	预留洞口中心线偏差	8	7.8	92.0
4	埋件位置偏差	4	4.0	96.0
5	其他	4	4.0	100
6	合计	102	100	

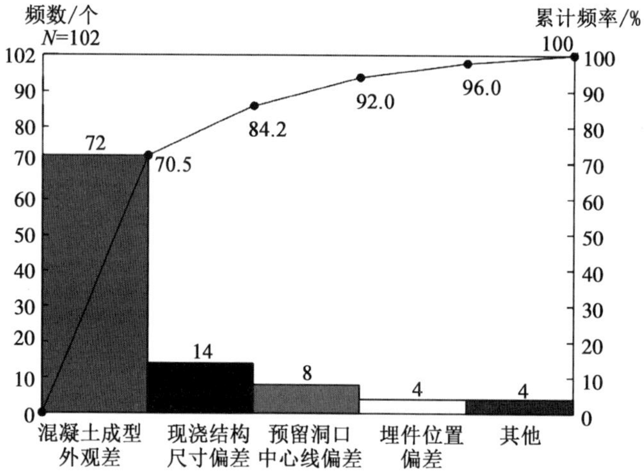

图 3-15　无防水超大超厚筏板基础一次成型合格率质量问题排列图

(3) 现状调查三。影响筏板基础质量合格率的主要问题是"混凝土成型外观差",为进一步弄清症结,小组将上述影响无防水超大超厚筏板基础一次成型合格率的 72 个"混凝土成型外观差"不合格点数进行了进一步调查分析统计。发现主要问题有:混凝土温度裂缝、混凝土表面平整度差、混凝土色差、结构面破损、其他,调查分析统计结果,参见表 3-13、图 3-16。

表 3-13　"混凝土成型外观差"安装质量问题统计频数分析表

序号	质量问题	频数/个	频率/%	累计频率/%
1	混凝土温度裂缝	32	44.4	44.4
2	混凝土表面平整度差	28	38.9	83.3
3	混凝土色差	4	5.6	88.9
4	结构面破损	4	5.6	94.5
5	其他	4	5.5	100
6	合计	72	100	—

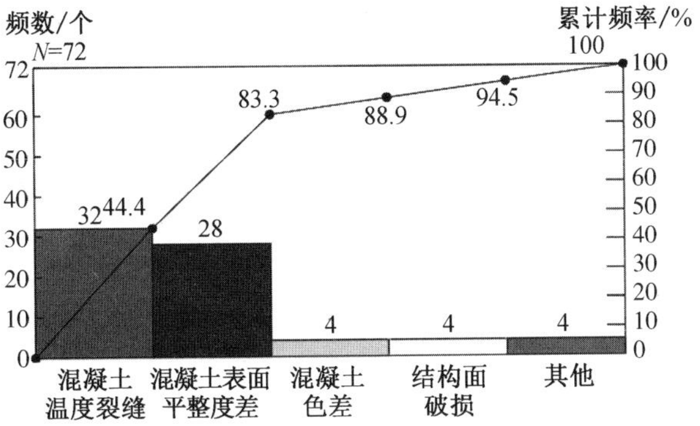

图 3-16　“混凝土成型外观差”安装质量问题排列图

“混凝土温度裂缝”“混凝土表面平整度差”为影响无防水超大超厚筏板基础一次成型合格率的症结所在。

(4) 调查结论。得出上述症结后，小组成员将之前调查的公司在其他项目曾经达到最好水平工程与同行业先进水平工程进行症结拆解，参见表 3-14、图 3-17。

公司在其他项目曾经达到最好水平工程与同行业先进水平工程在“混凝土温度裂缝”、“混凝土表面平整度差”两个问题上的不合格点数分别仅为本工程的 10%和 8%，差距巨大。

表 3-14　症结统计频数分析对比表

工程	检测点数/个	混凝土温度裂缝/个	混凝土表面平整度差/个	累计不合格点数/个
公司在其他项目曾经达到最好水平工程(平均)	600	3	3	6
同行业先进水平工程(平均)	600	3	2	5
本工程	600	32	28	60

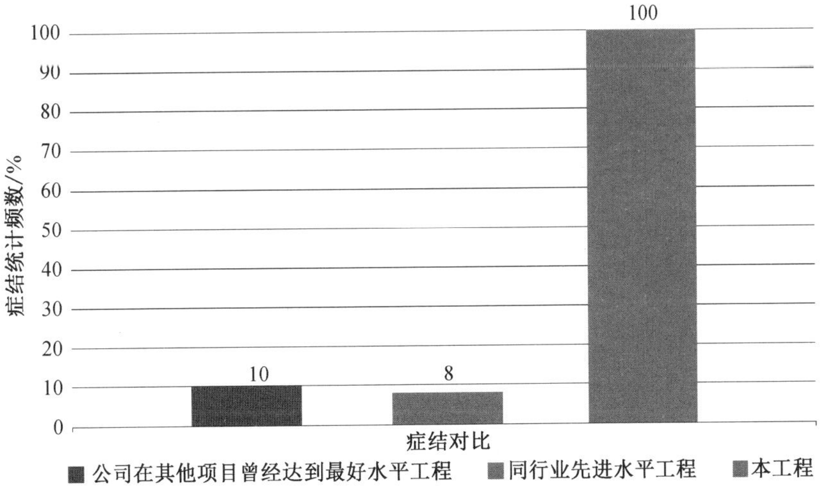

图 3-17　症结统计频数分析对比图(单位/%)

2. 案例点评

① 优点。小组围绕“无防水超大超厚筏板基础一次成型合格率”低这个问题展开全面调查。通过直线跟踪的方式，在现状调查三中获得了“混凝土温度裂缝”“混凝土表面平整度差”是影响“无防水超大超厚筏板基础一次成型合格率”低的症结。小组对图表工具应用较熟练。

② 不足。小组在调查结论中进行了症结拆解，并得出公司在其他项目曾经达到最好水平工程与同行业先进水平工程在“混凝土温度裂缝”“混凝土表面平整度差”两个问题上的不合格点数分别仅为本工程的10%和8%，差距巨大的结论，不清楚小组在这里想要表达的是什么，也没有说明计算方式，柱状图想说明什么，似与现状调查脱节了。

第四节　设定目标

一、活动准则

1. 目标设定方式

小组应为所选课题设定活动目标，以明确课题改进的程度，并为效果检查提供依据。课题目标设定方式可分为：

(1) 自定目标：由小组成员共同制定的课题目标。

(2) 指令性目标：上级下达给小组的课题目标，小组直接选择上级考核指标、顾客要求等作为课题目标。

2. 目标设定依据

小组自定目标可考虑：

(1) 上级下达的考核指标或要求。

(2) 顾客要求。

(3) 国内外同行业先进水平。

(4) 组织曾经达到的最好水平。

(5) 预计症结解决程度，测算目标可达到的水平。

3. 目标设定要求

目标设定应与小组活动选择的课题相一致，并满足以下要求：

(1) 目标数量不宜多。

(2) 目标可测量、可检查。

(3) 目标具有挑战性。

注：设定目标是自定目标课题活动的第三步，指令性目标课题活动的第二步。

二、标准解读

为了解决QC小组活动的盲目性，必须设定课题的活动目标。目标设定的目的有两个：一是明确通过小组活动，要把问题解决到什么程度；二是为检验活动效果是否有效提供依据。目标＝现有水平＋潜力，即目标＝动作率＋未动作率×主要问题频率×预计解决问题的程度。

（1）按活动目标来源不同可分为自定目标与指令性目标。

自定目标是小组经过现状调查，明确了可改进程度，由小组成员共同制定的目标。指令性目标可分为两种情况：一是上级以指令形式下达给小组的活动目标；二是小组直接选择上级考核指标作为小组活动目标，此时目标值与上级考核指标应完全一致。但上级下达的指令性课题不一定是指令性目标课题。

（2）设定目标是自定目标课题活动的第三步，是指令性目标课题活动的第二步。

（3）目标设定要以事实为依据，用数据说话。当小组根据上级下达的考核指标或要求，选择目标值高于或低于要求时均属于自定目标。

（4）目标设定依据对“问题”的理解。

①“针对问题或问题症结”中的“问题”，应是指课题。

②“预计问题解决的程度”中的“问题”，一般情况下指课题的症结，如果现状调查中不能找出课题的症结，“问题”便是指课题。

（5）目标数量不宜多。QC小组选题一般都是选择存在的具体问题作为课题，目标又是针对问题设定的，目标最好是1个，最多2个且应具有关联性。如果设定3个及以上目标，会使解决问题的过程复杂化，往往造成整个活动的逻辑混乱。例如，某QC小组设定的目标值为“投诉改进程度提高2％，客户日均免费电话拨入量高于100，客户投诉周期缩短4天”，就不合时宜。

（6）目标可测量。根据小组活动目标的性质可分为定性目标和定量目标。只确定小组活动目标的性质，而没有具体的量化目标，称为定性目标；设定这样的目标，经过小组活动改进后的效果无法具体衡量和测量，无法明确是否达到预定的目标，所以不提倡用定性目标作为小组活动目标。具有明确的量化的目标，称为定量目标。小组活动目标要量化可以测量，有了定量目标，通过活动或改进后与之比较，可以清晰地了解是否已经达到既定的目的。例如将“加强设备管理”“提升规范服务程度”“提高管理水平”等作为课题目标就是错误的。

（7）目标具有挑战性。小组活动设定的目标值要高于正常水平，小组通过努力攻关，能够达到目标要求，可以更好地调动小组成员的积极性和创造性。但目标值设定也不宜太高，如果通过小组努力，仍不能达到目标值要求，则不宜设置。例如，某QC小组设定的目标值为“客户服务满意率100％”就值得商榷。

（8）设定目标中常用的统计方法有简易图表和柱状图等。

（9）目标可行性分析是针对指令性目标值的，是分析指令性目标与小组努力能达到的目标之间的差异，用什么办法来解决它，是指令性目标课题活动的第三步，自定目标课题活动是没有这一步的。

（10）进行指令性目标课题的目标可行性分析时应注意以下两点：

① 与自定目标值的现状调查步骤一样要收集数据，把握课题当前状态，找出课题症结。

② 与现状调查不同之处，是对指令性目标值进行测算分析时，可不受课题症结的限制。

三、关注要点

需要关注的要点包括：

① 目标值要与课题保持一致。

② 围绕课题制定目标，明确把问题解决到什么程度。课题、现状、目标具有一致性。例如课题“降低 3 机组冬季补水率”的目标是“补水率由 27%降低为 12%”。

③ 目标量化、可检查。定量的目标值，通过活动改进与之比较，可以清晰地了解是否已达达到既定目标。如“将 1♯脱硫净烟气 CEMS 故障次数从现状的月均 5.5 次降低到专业要求的月均 3 次”。

④ 最好是一个目标，当设定为两个目标时，需要考虑是否有制约性。

⑤ 目标要依据现状调查的相关数据事实来测算设定。

四、常见问题

自定目标与指令性目标概念不清，造成目标可行性分析与现状调查相混淆，易犯活动程序上的错误。例如，有些小组为自定目标课题，活动程序中既有现状调查又有目标可行性分析。又如，有些小组直接选定上级考核指标为活动目标时，由于不清楚该目标就是指令性目标，而按自定目标而非指令性目标活动程序开展活动。再如，有些小组选定高于上级考核指标为活动目标时，认为这就是指令性目标，并按照指令性目标活动程序开展活动。

在小组设定目标依据时，没有根据现状调查的相关数据设定，而是根据经验先设定目标再推算课题或课题症结的解决程度。只强调主观因素，没有充分说明目标值数据的来源，造成依据不足。

常见问题还包括：

① 目标数量设定过多，有 3 个以上目标。

② 设定口号式的目标(定性目标)，没有量化的目标，造成对策实施后无法检查效果，无法确定目标是否实现。

③ 设定过于绝对的目标。如“消灭”“杜绝”“100%”等没有余地的目标。

④ 目标设定没有针对所要解决的问题，目标没有依据现状调查的相关数据，仅凭经验。

⑤ 目标可行性分析只有口号，没有对数据进行深入调查、分层分析，只强调主观因素，缺少数据依据。

五、评价标准

在问题解决型课题成果发表评审评分细则中，关于设定目标，明确的要求包括以下几个方面。

① 目标设定有依据、可测量。

② 工具运用正确、适宜。

六、案例分析

1. 案例名称：提高表面污染测量仪表检定效率

（1）设定目标

QC 小组根据公司及部门下达的指令，最终确定通过 QC 活动将表面污染测量仪表检定效率由原来的 2.0 台/h 提高至 4.0 台/h 作为此次 QC 活动的目标，参见图 3-18。

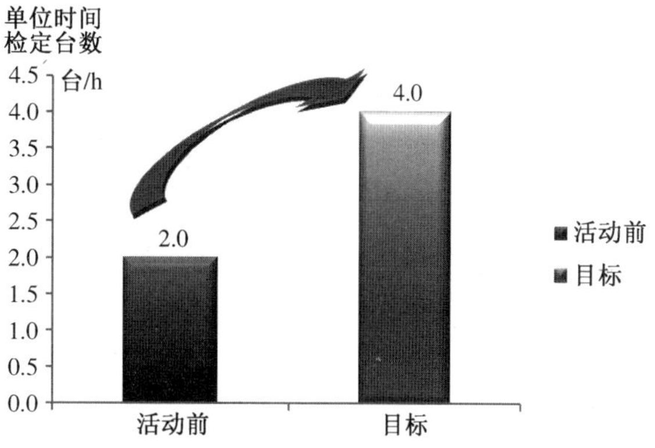

图 3-18　活动目标设定

（2）案例点评

① 优点。目标设定有依据、可测量。运用简易图表，清晰表达 QC 小组活动目标，说明活动前、活动后的目标值。

② 不足。单位时间完成检定的设备台数是效率指标，虽然小组对单位时间进行了解释，但小组需要进一步考虑的是，单位时间可用“小时、分钟、班、天”等来进行计量，但哪一个会更好、更明确的突出本课题目标。

2. 案例名称：提高无防水超大超厚筏板基础一次成型合格率

（1）设定目标

设定目标依据如表 3-15 所示。

表 3-15　设定目标依据表

设定类别	具体依据
建设单位要求	本项目作为苏州市相城经开区重点工程，于 2023 年进行多次国家级、省级观摩活动。地下室筏板基础质量验收是直接影响地下室成型质量的必要条件。本项目业主方相当重视地下室的整体质量情况，要求无防水超大超厚筏板基础一次成型合格率不得低于 90%
上级下达的要求	本项目部在项目质量策划中，充分考虑项目定位较高，集团公司提出明确的无防水超大超厚筏板基础一次成型合格率不得低于 90%
国内同行业先进水平	小组调研发现国内同行业无防水超大超厚筏板基础一次成型合格率达到 94.5%
公司其他项目曾经达到的最好水平	公司其他项目曾经达到的最好水平为 91.6%

（2）针对症结，预计问题解决的程度，测算小组将达到的水平

2022 年 7 月 15 日，QC 小组全体成员根据现状调查数据，影响“无防水超大超厚筏板基础一次成型合格率”的症结：“混凝土温度裂缝”“混凝土表面平整度差”占“混凝土成型外观差”的 83.3%，以及国内同行先进水平工程、公司其他项目曾经达到最好水平工程的症结占比分别为本工程的 10% 和 8%，QC 小组根据公司其他项目以往成果完成情况、成员管理技

术水平、综合能力可以把这两个症结问题解决 92%，无防水超大超厚筏板基础一次成型合格率可以提升到 92.2%[(600－102＋60×92%)/600]。

(3) 设定目标值

综合考虑各方面因素，最终小组成员全员一致决定将本次活动目标设定为“提高无防水超大超厚筏板基础一次成型合格率至 92%”，参见图 3-19。

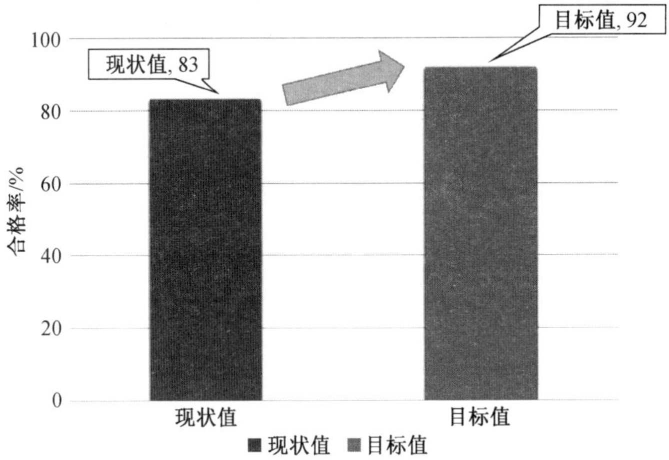

图 3-19　现状值与目标值对比图

(4) 案例点评

① 优点。目标设定有依据、可测量。小组依据国内同行业先进水平、公司其他项目曾经达到的最好水平，结合对症结解决程度测算，确定活动目标；运用简易图表，清晰、直观表达出小组活动前、活动后的目标值情况。

② 不足。建设单位要求与上级下达的要求要聚焦、合并成一个直接上级的要求，这样更简练一些；简易图表还可以绘制地更美观一些。

第五节　目标可行性论证

一、活动准则

指令性目标课题应在设定目标后进行目标可行性论证，明确现状，找出症结，论证需解决的具体问题，以确保课题目标实现。

注：目标可行性论证是指令性目标课题活动的第三步，自定目标课题活动没有此步骤。

二、标准解读

标准解读的内容包括：

① 收集数据信息。

② 分层整理、分析。

③ 找到症结,用事实和数据论证其可以解决的程度。

④ 明确改进方向,确保目标值达成。

⑤ 可参考国内外先进水平及公司其他项目最好水平。

⑥ 目标可行性论证与现状调查异同。

a. 相同点:都是依据客观事实,通过数据收集,把握课题当前状态,找出课题症结,确定改进方向,为分析原因提供依据。

b. 不同点:目标可行性论证与现状调查的差异,参见表3-16。

表3-16 目标可行性论证与现状调查的差异

项　目	目标可行性论证	现状调查
课题来源不同	上级指定或指标	小组共同讨论决定
程序不同	指令性目标课题的第三步	自定目标课题的第二步
基本任务不同	① 国内同行业先进水平; ② 小组曾经达到或接近最好水平; ③ 针对问题或问题症结,预计解决程度,再目标值测算分析,可不受症结的限制	① 找到课题症结; ② 把握问题现状

三、关注要点

关注要点包括:

① 收集的数据、信息完整。

② 须进行分层整理、分析。

③ 找到症结,用事实和数据,通过计算、推理论证其可以解决的程度。

④ 有明确的改进方向,确保目标值能达成。

⑤ 国内外先进水平及公司其他项目最好水平是重要参考标杆。

四、常见问题

常见问题包括:

① 指令性目标与自定目标,概念混淆不清。

② 自定目标不能比指令性目标低,这样会失去意义。

③ 小组不能改变指令性目标;如果要改变,需转为自定目标。

五、评价标准

关于目标可行性论证,明确的要求包含以下几个方面:

① 目标可行性论证数据充分,并通过论证过程,找到问题或问题症结。

② 目标可行性论证从预计症结的解决程度、对目标值测算与分析等方面为目标的可行性提供证据,可不受症结的限制,论证过程逻辑严密。

③ 工具运用正确、适宜。

④ 有国内同行业先进水平、公司其他项目曾经达到或接近最好水平等论据。

六、 案例分析

以下是案例一“提高表面污染测量仪表检定效率”目标可行性论证。

1. 可行性论证一

(1) 分层调查1:××核电站现场辐射控制区配备了多种不同类型的表面污染测量仪表用于现场辐射水平测量,按照标准规范要求每台仪表都需要定期进行检定以验证仪表性能,为了验证不同类型仪表的检定效率是否存在差异,小组成员对2021年1—3月相同人员检定不同类型的共180台表面污染测量仪表的检定效率进行了统计,结果参见表3-17。

表3-17 2021年1—3月表面污染测量仪表检定效率(相同人员不同仪表)

项目	MPR200	AD/17	MIP10
检定台数/台	60	61	59
平均检定效率/(台·h^{-1})	2.0	2.1	2.0

通过调查发现,目前现场相同人员检定不同类型的表面污染测量仪表效率差别较小,可得出仪表类型差异对表面污染测量仪表检定效率基本无影响,小组进一步展开了调查分析。

(2) 分层调查2:排除仪表类型差异对仪表检定效率的影响后,小组成员进一步对××核电站仪表检定过程进行分析统计,绘制出表面污染测量仪表检定流程图,参见图3-20,并对仪表准备、固定、校验、出具报告的时间进行调查分析,参见表3-18。

对2021年1—3月××核电站相同人员检定的相同类型的180台表面污染测量仪表的检定时间按照上述流程四个环节进行了统计对比,数据如表3-18所示。

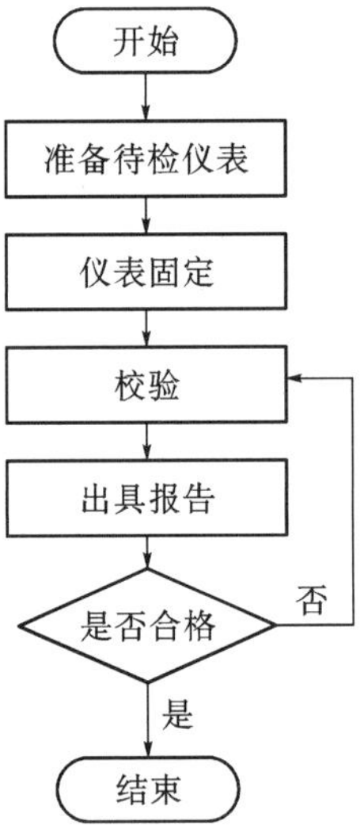

图3-20 表面污染测量仪表检定流程图

表3-18 2021年1—3月××核电站仪表检定各环节时间统计表(相同人员相同仪表)

时间	环节				
	仪表准备/min	仪表固定/min	校验/min	出具报告/min	合计/min
2021年1月	1	2	25	1	29
2021年2月	1	1	26	2	30
2021年3月	2	2	25	1	30

（续表）

时间	环节				
	仪表准备/min	仪表固定/min	校验/min	出具报告/min	合计/min
合计时长/min	4	5	76	4	89
平均时长/min	1	2	25	1	29

小组成员通过对表 3-18 数据统计分析，对仪表检定各环节花费时间占比进行统计，参见表 3-19、图 3-21。

表 3-19　2021 年 1—3 月××核电站表面污染检定装置仪表检定时间各环节耗时占比统计表

序号	仪表检定各环节	平均时长/min	占比/%
1	校验	25	86.20
2	仪表固定	2	6.90
3	仪表准备	1	3.45
4	出具报告	1	3.45
合计		29	100.00

通过检定各环节耗时占比可清楚看出，校验环节占仪表总检定时间的 86.20%，小组进一步展开了调查分析。

（3）分层调查 3：小组成员继续对校验这一环节的具体流程进行梳理，绘制出校验环节流程图，参见图 3-22，对探测器对准、放置放射源、测量、数据记录、结果计算及报告生成的时间进行调查分析，统计数据参见表 3-20。

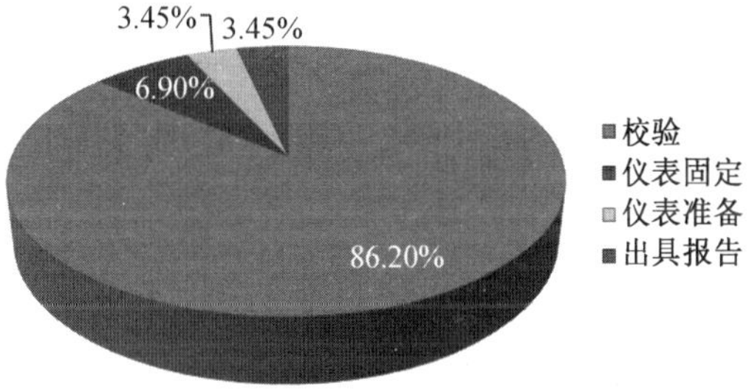

图 3-21　仪表检定各环节耗时占比饼状图

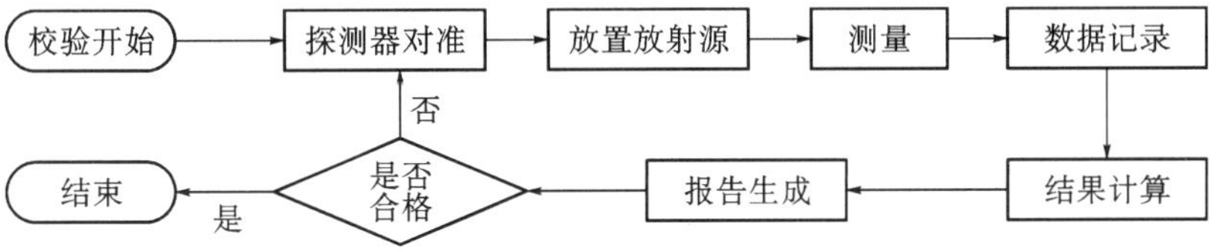

图 3-22　××核电站表面污染测量仪表校验环节流程图

表 3-20　2021 年 1—3 月××核电站表面污染测量仪表校验环节时间统计表

时间	环节						
	探测器对准/min	放置放射源/min	测量/min	数据记录/min	结果计算/min	报告生成/min	合计/min
2021 年 1 月	11	1	3	1	8	1	25
2021 年 2 月	12	1	3	1	9	1	27

（续表）

时间	环节						
	探测器对准/min	放置放射源/min	测量/min	数据记录/min	结果计算/min	报告生成/min	合计/min
2021 年 3 月	10	1	3	1	8	1	24
合计时长/min	33	3	9	3	25	3	76
平均时长/min	11	1	3	1	8	1	25

小组成员通过对表 3-20 数据统计分析，对仪表检定各环节花费时间占比进行统计，并制作了统计表格，参见表 3-21，并根据统计结果制作了校验各环节的耗时占比，参见图 3-23。

表 3-21　2021 年 1—3 月仪表检定校验环节花费时间占比统计表

序号	仪表校验各环节	平均时长/min	占比/%
1	探测器对准	11	44.0
2	结果计算	8	32.0
3	测量	3	12.0
4	放置放射源	1	4.0
5	数据记录	1	4.0
6	报告生成	1	4.0
合计		25	100

通过对仪表校验过程进行统计分析，可以从各环节耗时占比直观看出，表面污染仪表校验过程中探测器对准和结果计算两环节耗时共占比 76.0%。这两者叠加导致表面污染测量仪表检定效率低。由此确认造成表面污染测量仪表检定效率低的症结是“探测器对准耗时长和结果计算耗时长”。

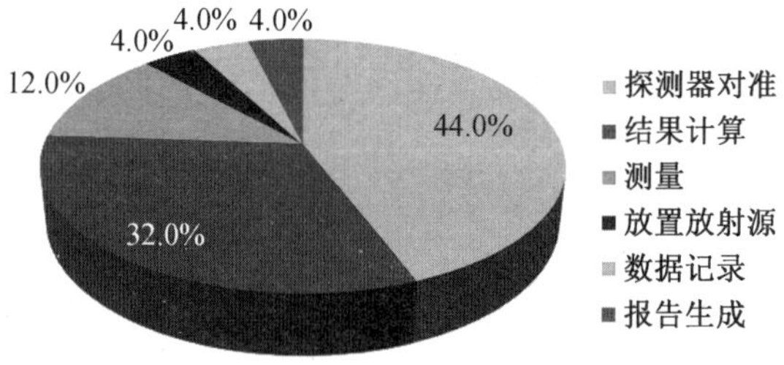

图 3-23　仪表校验各环节耗时占比饼状图

2. 可行性论证二

（1）同行先进水平

××核电站仪表外检单位为同集团公司下的中国原子能科学研究院，经实地调研，××核电站与原子能院检定所使用的表面污染检定装置为同一类型，检定流程一致，检定室环境相似，两家单位人力及资源配置基本相同，具有参考借鉴意义，小组成员对比了原子能院的仪表检定效率，数据参见表 3-22、图 3-24。

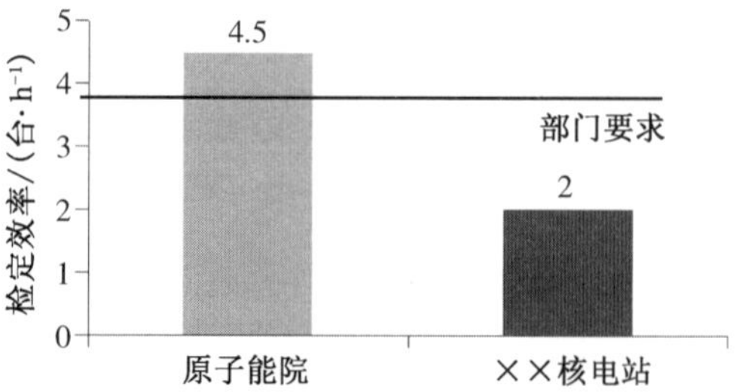

图 3-24　同行先进水平与××核电站对比图

表 3-22　同行先进水平与××核电站对比表

单位	仪表检定效率/(台·h^{-1})
原子能院	4.5
××核电站	2.0

由图 3-24 可知,原子能院检定表面污染仪表平均效率能达到 4.5 台/h,比××核电站检定仪表效率 2.0 台/h 高两倍以上,与××核电站部门要求的值接近。

(2) 目标值测算

通过对标同行先进水平可得出:相关基础条件相近的情况下,原子能院仪表检定效率平均为 4.5 台/h。因此,以××核电站的相同设施和资源条件,仪表检定效率提高至相近水平是可以实现的。故小组认为可以通过攻关将××核电站表面污染测量仪表检定效率提高至 4.0 台/h。

(3) 课题目标可行性

小组 2020 年开展了"提高伽马辐射测量仪表检定效率"课题,伽马辐射测量仪表检定流程与表面污染测量仪表检定原理及流程大致相同,在技术难度上具有可比性。伽马辐射测量仪表检定装置改造主要优化也在校验环节,改造后将放射源及仪表切换对准环节从以往的人工切换对准改造成了自动切换激光对准,将结果计算从以往的手抄笔算改进为软件自动出具检定结果,实现了自动化,大大缩短了伽马辐射测量仪表检定时间。伽马辐射测量仪表检定改造后的情况见图 3-25,改造后检定各流程耗时对比见表 3-23。

图 3-25　伽马辐射测量仪表检定装置(改造后)

图 3-26　表面污染测量仪表检定(目前)

表 3-23　伽马辐射测量仪表检定装置改造后各环节耗时对比表

环节	改造前/min	改造后/min	改善程度/%
对准	23	3	87.0
放射源切换	3	1	66.7
测量	5	5	—
结果计算	12	1	91.7
出具报告	3	1	66.7

由表 3-23 可知伽马辐射测量仪表检定放射源对准环节耗时已缩短至目前的 3 min，结果计算环节已缩短为 1 min，改善程度均达 90%左右。伽马检定装置与表面污染检定装置结构不同，无法直接沿用其成果，但两者检定流程类似，小组技术能力不变，可借鉴其相关经验进行改造优化，将表面污染仪表检定探测器对准时间及结果计算时间同时降低 80%。

(4) 课题目标的测算

小组成员预测将探测器对准时间降低 80%，同时将结果计算时间也降低 80%，表面污染测量仪表的检定效率即可提高至原来的 2 倍，计算过程如下：活动前单台仪表检定平均时间为 29 min，单位时间内可检定的仪表台数为：60/29≈2.0(台/h)，如将刻度小车对准时间及结果计算时间降低 80%，则活动后单台仪表检定平均时间为：1＋1＋2＋11×(1－0.80)＋8×(1－0.80)＋6＝13.8(min)。单位时间内仪表检定效率为：60/13.8≈4.3(台/h)＞4.0(台/h)，达到课题目标要求。

(5) 目标可行性论证结论

小组通过分层调查找到了课题的症结所在，导致表面污染测量仪表检定效率低的症结是探测器对准耗时长(图 3-26)及结果计算耗时长，之后通过与同行先进水平对比分析以及××核电站技术能力论证分析后可得出结论：探测器对准耗时和结果计算耗时均可降低 80%，因此将××核电站表面污染测量仪表检定效率提高至原来的 2 倍是切实可行的。

3. 案例点评

(1) 优点

小组能首先从流程入手，通过对各个流程的用时进行统计、分析，找到了表面污染仪表校验过程中，“探测器对准和结果计算两环节耗时共占比 76.0%”的症结，小组依据既往项目对症结的解决程度超过 90%，预测将本课题的症结解决 80%，用事实和数据，通过计算、论证目标的可行；同时，参考国内先进水平，进一步论证目标的可达性。课题有明确的改进方向，能确保目标值达成。

(2) 不足

标杆水平为 4.5 台/h，小组目标为 4 台/h，目标缺乏挑战性，建议用自定目标的方式，挑战更高的目标。

第六节　原因分析

一、活动准则

小组进行原因分析应符合以下要求：

(1) 针对症结或问题进行原因分析。

(2) 可从人、机、料、法、环、测等方面考虑，以充分展示产生问题的原因。

(3) 分析原因应逐层展开,层级间逻辑关系清晰、紧密。

(4) 将每个原因分析到末端,以便直接采取对策。

二、 标准解读

标准解读包括:

① 原因分析要注重针对性,要与上一流程有呼应,针对在现状调查中确认过的问题或问题的症结进行分析,对现象背后产生的潜在因素进行深层次的分析。

② 要从人、机、料、法、环、测等方面考虑,要客观地分析,只要对问题有可能造成影响的都要分析出来,并纳入工具中,尽量避免遗漏,要展示问题的全貌,分析时思路要正确,因果关系要清楚,逻辑关系要紧密。

③ 分析原因时要做到层层递进,针对某一方面的原因,反复考虑,一层一层展开分析下去,有的要逐渐分析到较多层级。末端原因必须是很具体的原因、非抽象的原因、可以进行确认的原因、可以直接采取对策的原因。

④ 原因分析过程中,比较常用的 QC 工具有因果图、系统图与关联图。因果图、系统图适用于针对单一问题或问题症结进行原因分析,而关联图既可以针对单一问题或问题症结分析,也可以对两个及两个以上的问题一起进行分析。因果图、系统图展示的各个原因之间应该没有交叉的影响,而关联图的部分原因可以把两个以上的问题交叉在一起,无论是一个症结还是两个,原因之间有关联关系就要用关联图。具体比较参见表 3-24。

表 3-24　常用 QC 工具比较

名称	因果图	系统图	关联图
适用场合	对单一问题的原因分析	对单一问题的原因分析	对单一或多个问题的原因分析
相互关系	原因之间没有交叉关系	原因之间没有交叉关系	原因之间有交叉关系
展开层次	一般不超过四层	没有限制	没有限制

⑤ 原因分析时,既要考虑因果关系,也要考虑包容关系。

⑥ 准则中明确小组可以"针对问题或问题症结"进行原因分析,并非指的是所有的课题既可以针对问题(此处即为课题),又可以针对问题的症结进行分析。准则所要明确的是,如果在现状调查或目标可行性分析中已经查找出问题的症结,一般应对症结进行原因分析,而不能无视症结所在,再回到课题对课题进行分析。在原因分析时,仍然针对课题进行分析的情况有三种:

一是课题过小,无法通过层层分析查找症结。

二是层层分析时,各方面的情况相对占比较为平均,无法查找症结。

三是已经查找出症结,但以小组目前的情况,无法针对症结进行改进,不得已转而回到对课题进行原因分析。

⑦ 根据所分析原因的类别及深度不同,因果图与树图可以互换用;用因果图、树图时,

一个图只能分析一个症结。

三、 关注要点

(1) 明确问题、症结、原因、末端原因。

① 问题：这里的问题特指本课题。

② 症结：导致问题发生的关键特性(显性)症结是显性的。

③ 原因：导致症结发生的条件(隐性)原因是隐性的。

④ 末端原因：能够直接采取对策进行改进的原因。

(2) 逻辑关系是一个综合概念,包含多种关系,如因果关系、并列关系、包含关系、递进关系……,原因分析过程不仅有因果关系,还有其他关系。

(3) 从人、机、料、法、环、测等方面考虑,以充分展示产生问题的原因,避免遗漏,参见图 3-27。

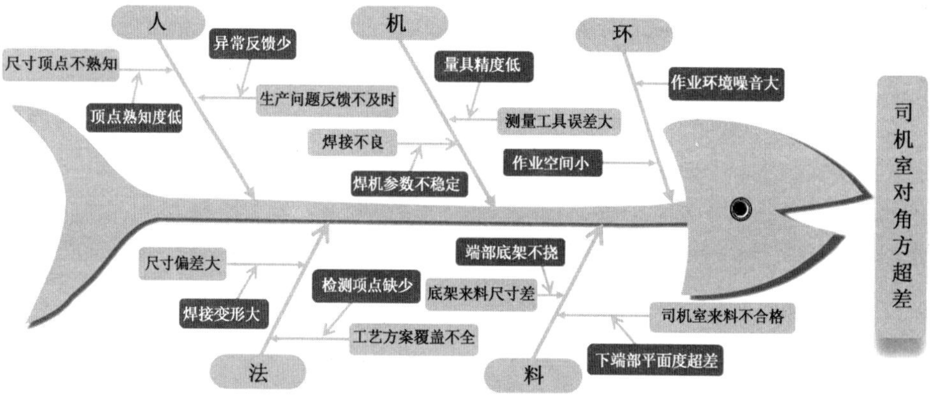

图 3-27 司机室对角方超差之症结因果分析图

(4) 将每一条原因逐层分析到末端,以便直接采取对策。

(5) 原因分析统计方法的选择：

① 单一因素用因果图或系统图时,不能出现不同的原因类别中有相同的表述内容(有关联)。

② 根据所分析原因的类别及深度不同,因果图与树图可以互换用。

③ 用因果图、树图一个图只能分析一个症结。

④ 无论是一个症结还是两个症结,原因之间有关联关系就要用关联图。

(6) 原因分析要全面、彻底：

① 展示问题全貌,不要硬凑。

② 要逐层分析。

③ 分析到可直接采取对策。

④ 因果关系清晰,逻辑关系严密。

四、常见问题

常见问题包括：

① 未针对现状调查时发现的问题症结（在小组能力范围内可以进行改进的）进行原因分析，又回到课题本身。

② 没有从各个角度把产生影响的所有原因都找出来，不能够展示问题的全貌。

③ 分析问题没有层层深入，分析不够彻底，没有分析到可以直接采取对策。

④ QC 工具应用不当，没有将因果图、系统图与关联图进行合理的应用。

⑤ 单一因素用因果图或系统图时，不能出现不同的原因类别中有相同、有关联的表述内容。

⑥ 过度分析，分析到无法直接采取对策。

⑦ 因果关系不清晰，前后逻辑存在问题。

五、评价标准

在问题解决型课题成果发表评审评分细则中，关于原因分析，明确的要求包含以下几个方面。

① 针对问题或问题症结分析原因，因果关系要明确、清楚。

② 原因分析到可直接采取对策的程度。

六、案例分析

1. 案例一：提高表面污染测量仪表检定效率

(1) 原因分析

小组成员对可能导致症结“探测器对准耗时长”和“结果计算耗时长”的原因运用头脑风暴法进行分析，使用关联图进行汇总和整理，找出七条末端因素，其关联图见图 3-28。

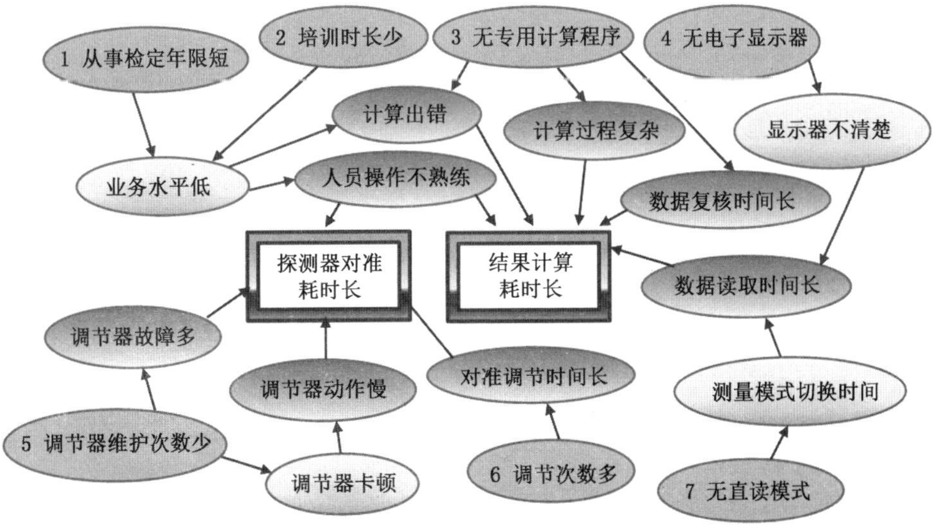

图 3-28　提高表面污染测量仪表检定效率原因分析关联图

(2) 案例点评

① 优点：小组能针对问题症结进行原因分析，人员操作不熟练对 2 个问题症结都有影响，属于缠绕因素，用关联图分析，工具使用得当，并找到 7 条末端原因。

② 不足：末端原因“4 无电子显示器”与“显示器不清楚”不能构成逻辑关系；没有列表对 7 条末端原因进行汇集。

2. 案例二：提高无防水超大超厚筏板基础一次成型合格率

(1) 原因分析

2022 年 7 月 25 日，QC 小组全体成员在苏地 2021 - WG - 28 号地块项目项目部会议室针对症结举行了原因分析会。小组成员们采用“头脑风暴法”，从“人、机、料、法、环、测”六个方面进行讨论分析，将影响两个症结的末端原因进行了归纳整理，绘制了关联图，参见图 3-29。

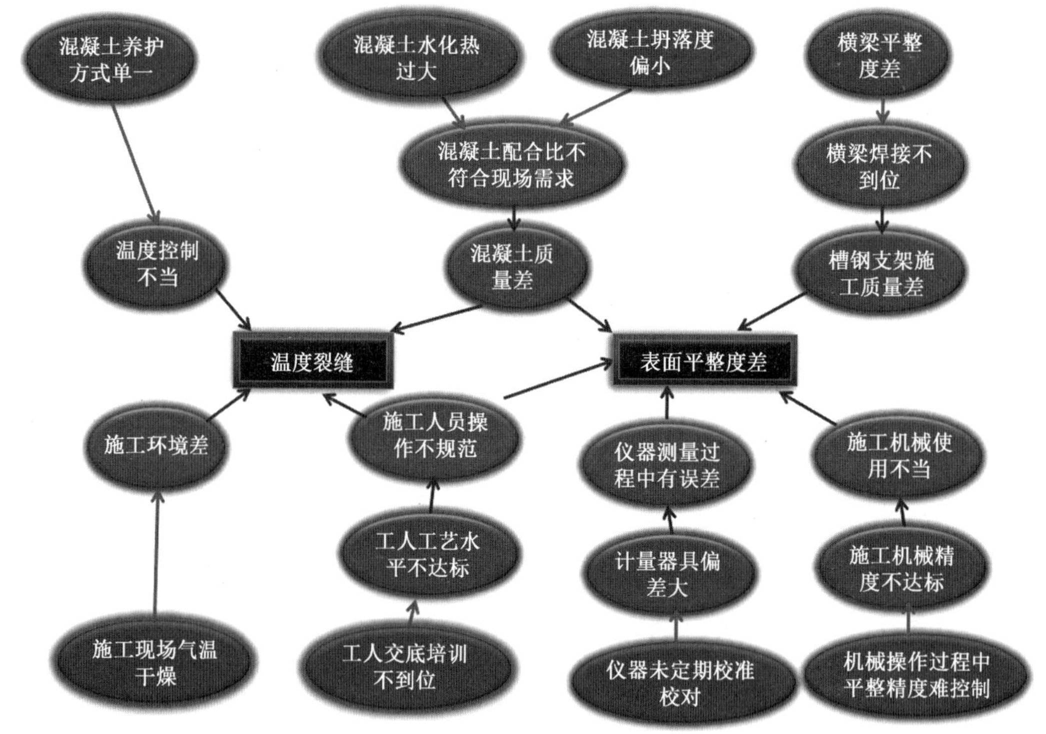

图 3-29 无防水超大超厚筏板基础一次成型合格率低症结原因分析关联图

(2) 案例点评

① 优点：小组能针对问题症结进行原因分析，“施工人员操作不规范”“混凝土质量差”对 2 个问题症结都有影响，属于缠绕因素，用关联图分析，工具使用得当，并找到 8 条末端原因。

② 不足：没有列表对 8 条末端原因进行汇集和整理。

第七节　确定主要原因

一、活动准则

小组应针对末端原因，依据事实与数据确定主要原因：

（1）收集所有的末端原因，识别并排除小组能力范围以外的原因。

（2）对每个末端原因进行逐条确认，必要时可制定要因确认计划。

（3）依据末端原因对症结或问题的影响程度判断其是否为主要原因。

（4）判定方式为现场测量、试验和调查分析。

二、标准解读

标准解读包括：

① "收集所有的末端原因"，就是把因果图、系统图与关联图中的每个末端因素都要收集起来，逐条确认，切勿遗漏。

② "识别并排除小组能力范围以外的原因"，就是将收集到的末端因素进行梳理，看是否存在不可抗拒的因素，是否存在小组乃至整个企业都无法采取合适的应对措施的因素。

③ "必要时"，是指标准没有做硬性规定，不是必须要做的，但是小组通过分析认为对于指导小组活动推进有帮助，需要做就可以做。

④ 要依据末端原因对问题或问题症结的影响程度来判断是否为主要原因，不能与标准、规定进行比对，认为符合标准即为非要因。

⑤ 是否为要因的判定方式为现场测量、试验及调查分析，切不可用理论分析、打分法、加权平均法来对是否为要因做判断。

⑥ 确定主要原因常用的 QC 工具主要有简易图表、调查表、散布图、正交试验等，具体采用哪种，应由 QC 小组成员根据实际需要、数据情况灵活运用。

三、关注要点

在要因确认步骤中，小组主要的问题是，如何客观地确定主要原因，要依据末端原因对问题或症结的影响度判断是否为主要原因；这样做的目的是，找出影响问题的主要原因，为制定对策提供依据。为什么要用影响程度来进行判断和确认，主要依据如下：

① 不影响问题或症结的原因，不影响目标值的实现。

② 满足规范要求，不等于满足本次活动目标达成的要求。

③ 有的情况即使不符合标准，但不一定是要解决的问题，有影响或影响不大，误判后导致改进方向偏离。

④ 还需考虑标准自身是否存在问题，如果标准本身存在问题，需要修订和完善标准。

四、常见问题

常见问题包括：

① 没有做到逐条确认末端因素是否为要因，末端因素有遗漏，或者未对末端因素上一级或与之相关的因素进行确认。

② 采用打分法、举手表决、加权平均法等主观性较强的、依据不够充分的形式对是否主要原因进行判定。

③ 不是依据末端原因对问题或问题症结的影响程度来判断是否为主要原因，而是与标准、规定进行比对，只要符合标准的，即认为非要因，不符合标准的即为要因。

五、评价标准

在问题解决型课题成果发表评审评分细则中，关于确定主要原因，明确的要求包含以下几个方面：

① 主要原因从末端因素中选取。

② 对所有末端因素逐一确认，将末端因素对问题或问题症结的影响程度作为判定主要原因的依据。

③ 工具运用正确、适宜。

六、案例分析

1. 案例一：提高表面污染测量仪表检定效率

（1）要因确认

针对可能导致“探测器对准耗时长”和“结果计算耗时长”的七条末端因素，小组采用现场测量、试验及调查分析的方法进行逐条确认，依据对症结的影响程度判断是否属于要因，确认过程如下。

① 要因确认一

末端因素：培训时长少。

确认方法：调查分析、试验。

确认步骤：调查分析仪表检定人员培训数据；对不同培训学时的人员现场进行仪表检定测试，记录时间，判断对症结“探测器对准耗时长”和“结果计算耗时长”的影响程度的大小。

确认过程：a. 仪表检定因使用放射源，属于特种作业，按照国家法规标准规定从事检定人员每年都需要参加专业培训，满足培训要求后持证上岗，小组成员通过检查仪表检定人员培训管理记录，统计检定人员 2020 年度参加理论培训和实操培训的数据，经调查，2020 年培训人员参与率达到 100%，最高 48 学时，最低 24 学时，满足培训大纲要求，参见表 3-25。

表 3-25 检定人员培训学时调查统计表

序号	检定人员	培训学时/h
1	检定员 A	28
2	检定员 B	24
3	检定员 C	40
4	检定员 D	48

b. 为了验证不同培训时长的检定人员对症结的影响，小组成员组织对不同的检定人员试验同一类型的仪表进行了 10 次仪表检定试验，并统计了时长，相关数据参见表 3-26、图 3-30。

表 3-26 培训学时与操作结果调查统计表

序号	培训学时/h	探测器对准耗时均值/min	结果计算耗时均值/min
1	28	12	8
2	24	11	7
3	40	11	8
4	48	10	9

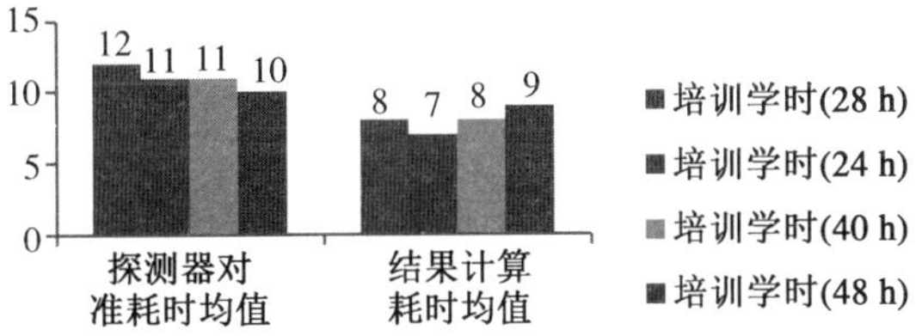

图 3-30 不同培训时长检定人员检定仪表耗时图(min)

由试验数据可以看出，虽然培训学时不同，但“探测器对准耗时”和“结果计算耗时”基本无差别，说明此末端因素对症结“探测器对准耗时长”和“结果计算耗时长”基本没有影响。

验证结果：对症结基本无影响。

确认人：×××。

确认地点：检定室。

确认时间：2021 年 6 月。

结论：“培训时长少”是非要因。

② 要因确认二

末端因素：调节器维护次数少。

确认方法：调查分析、试验。

确认步骤：调查分析目前表面污染检定装置调节器定期维护情况；提高表面污染检定装置调节器维护次数，进行仪表检定试验，统计时间，判断对症结“探测器对准耗时长”的影响程度的大小。

确认过程：a. 小组成员调查分析了表面污染检定装置调节器的维护情况（图 3-31），目前检定装置调节器主要由维修部门执行定期维护，频度为 1 次/月，主要维护内容为各部件检查、加注润滑油等，查阅相关维护工作记录发现检定装置各零部件运行情况较好，解体检修次数较少，维护记录如图 3-32 所示。

图 3-31　表面污染仪表检定装置调节器

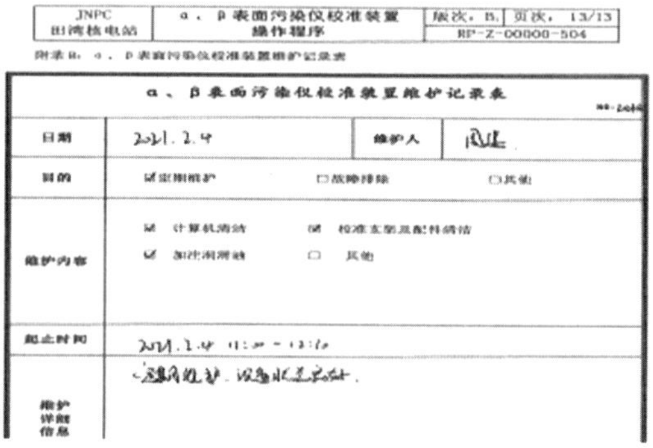

JNPC 田湾核电站	α、β表面污染仪校准装置操作程序	版次：B，页次：13/13 RP-Z-00000-504

附录 B：α、β表面污染仪校准装置维护记录表

α、β表面污染仪校准装置维护记录表

日期	2021.2.4	维护人	[illegible]
目的	☑定期维护 □故障排除 □其他		
维护内容	☑ 计算机清洁 ☑ 校准支架及配件清洁 ☑ 加注润滑油 □ 其他		
起止时间	2021.2.4 11:[illegible]－12:[illegible]		
维护详细信息	[illegible]		

图 3-32　表面污染仪表检定装置调节器维护记录

b. 小组成员为验证调节器维护次数对检定仪表耗时的影响，提出工作申请要求维修人员将调节器维护频度从 1 次/月提高到 4 次/月，维护频度调整前和调整后，组织检定人员进行 10 次仪表检定试验，记录检定耗时参见表 3-27、图 3-33。

表 3-27　不同维护频度与对准时间调查表

台次	1	2	3	4	5	6	7	8	9	10	平均时间/min
项目	对准过程耗时/min										
1 次/月	12	11	11	10	12	11	10	12	12	11	11.2
4 次/月	11	12	10	10	11	11	10	11	12	11	10.9

由试验数据可以看出提高调节器维护次数，“探测器对准耗时”基本没有变化，说明此末端因素对症结“探测器对准耗时长”基本没有影响。

验证结果：对症结基本无影响。

确认人：×××。

确认地点：检定室。

确认时间：2021 年 6 月。

结论：“调节器维护次数少”是非要因。

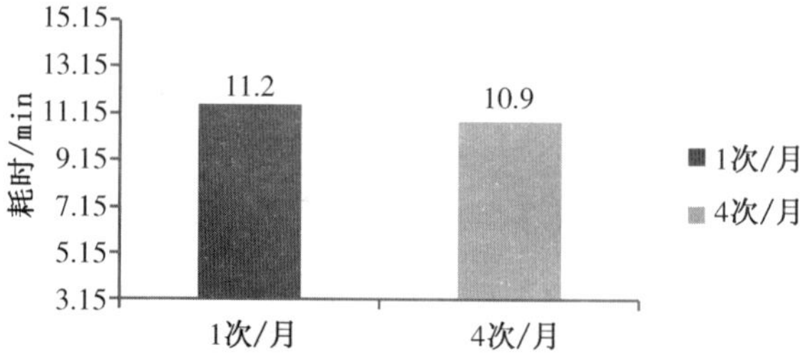

图 3-33　不同维护频度下的对准耗时对比图

③ 要因确认三

末端因素：从事检定年限短。

确认方法：调查分析、试验。

确认步骤：调查分析仪表检定人员从事检定工作年限；对不同从业年限的人员现场进行仪表检定测试，记录时间，判断对症结“探测器对准耗时长”和“结果计算耗时长”的影响程度的大小。

确认过程：a. 小组成员通过人事管理系统调查了检定室 4 名工作人员从事检定工作的工作年限，经调查，4 名人员最高从事检定工作 15 年，最低 5 年，平均年限 10.5 年，统计数据参见表 3-28、图 3-34。

表 3-28　仪表检定人员从事检定工作年限调查表

序号	检定人员	从事检定工作年限/年
1	检定员 A	12
2	检定员 B	15
3	检定员 C	10
4	检定员 D	5

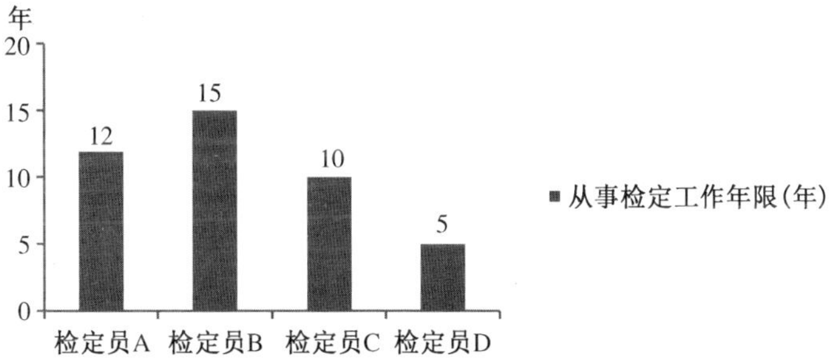

图 3-34　仪表检定人员从事检定工作年限柱状图

b. 为了验证不同从业年限的检定人员对症结的影响，小组成员组织对不同的检定人员试验同一类型的仪表进行了 10 次仪表检定试验，并统计了“探测器对准平均耗时”和“结果计算平均耗时”，数据参见表 3-29、表 3-30、图 3-35。

表 3-29　仪表检定人员探测器对准平均耗时调查表(min)

台次	1	2	3	4	5	6	7	8	9	10	探测器对准平均耗时
检定员 A	10	11	12	11	10	9	11	10	11	10	11
检定员 B	11	11	12	11	10	11	12	12	13	12	12
检定员 C	9	10	10	10	9	11	10	10	9	10	10
检定员 D	11	12	11	10	11	12	11	10	9	11	11

表 3-30　仪表检定人员结果计算平均耗时调查表(min)

台次	1	2	3	4	5	6	7	8	9	10	结果计算平均耗时
检定员 A	7	8	7	7	9	7	7	6	7	8	7
检定员 B	7	7	9	9	8	8	9	8	9	8	8
检定员 C	8	9	9	8	7	7	8	9	9	9	8
检定员 D	9	8	8	8	9	7	8	9	9	8	8

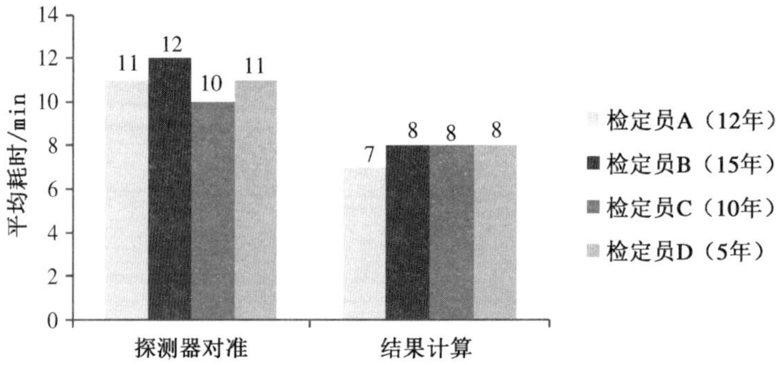

图 3-35　不同从业年限的人员探测器对准与结果计算耗时对比

由试验数据可以看出,从事检定年限短的人员与从业年限长的人员检定仪表探测器对准耗时和结果计算耗时基本无差别,判断此末端因素对症结"探测器对准耗时长"和"结果计算耗时长"基本没有影响。

验证结果:对症结基本无影响。

确认人:×××。

确认地点:检定室。

确认时间:2021 年 7 月。

结论:"从事检定年限短"是非要因。

④ 要因确认四

末端因素:调节次数多。

确认方法:调查分析、试验。

确认步骤:调查分析仪表检定过程中调节次数并记录;通过改变仪表检定过程中的调节次数,进行检定仪表试验,记录时间,判断此末端因素对症结"探测器对准耗时长"的影响程度。

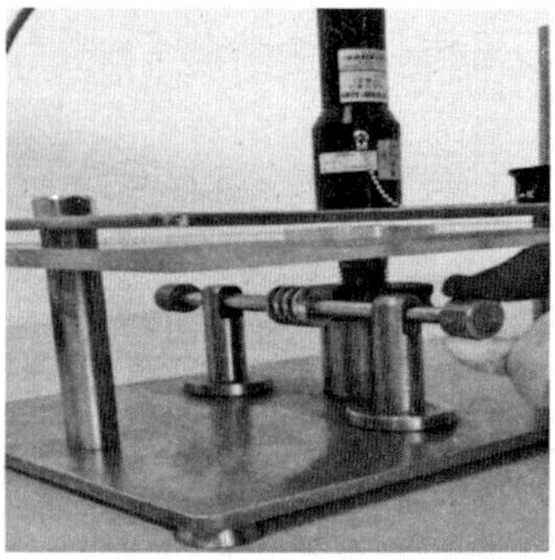

图 3-36　检定过程中通过调节器调整距离

确认过程:a. 根据检定规程,为了检定仪表在不同量程下的能力,在检定过程中需要人员不断通过检定装置调节器调整放射源到探头距离(图 3-36),检定规程要求探头距离为 5～10 mm 不等,多次的调节过程较为繁琐和耗时。

b. 小组成员调查了同一人员仪表检定过程中使用调节器的次数及探测器对准耗时,可知目前单台仪表检定过程中平均要调整 3～6 次,参见表 3-31。

表 3-31　检定过程通过调节器调整距离耗时调查表

台次	调节次数/次	对准耗时/min
1	4	11
2	5	12
3	4	11
4	4	12
5	4	11
6	5	14
7	6	16
8	3	7
9	5	13
10	4	10

为了验证不同调节次数下对“探测器对准耗时长”的影响,小组成员根据不同仪表探测器大小制作了简易的探测器专用托盘(图 3-37),固定了探测器与放射源的距离,使用后可降低调节次数,随后组织仪表检定人员进行了 10 次仪表检定试验,并统计了时长,数据参见表 3-32、图 3-38。

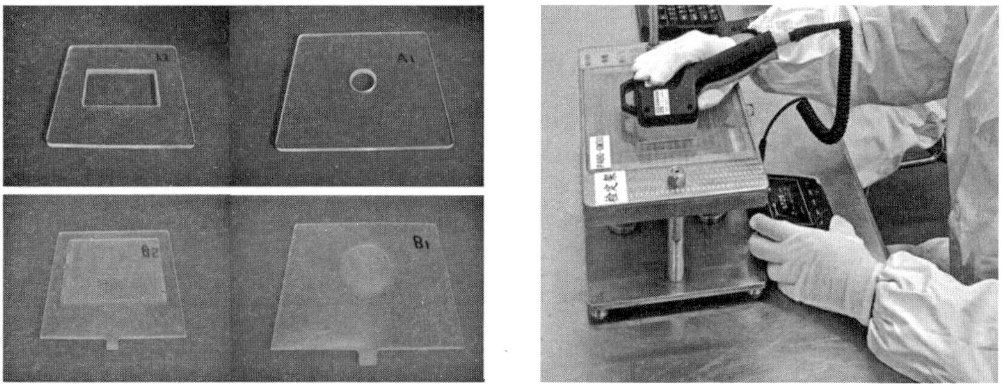

图 3-37　制作探测器专用托盘进行检定试验

表 3-32 探测器对准耗时调查表

调节方式	调节次数/次	探测器对准耗时/min	平均时间/min
使用托盘	1	3	3.3
		3	
		4	
	2	5	4.7
		4	
		5	
调节器调节	3	7	6.7
		7	
		6	
	4	11	11.3
		12	
		11	
	5	15	14.3
		14	
		14	
	6	16	15.3
		15	
		15	

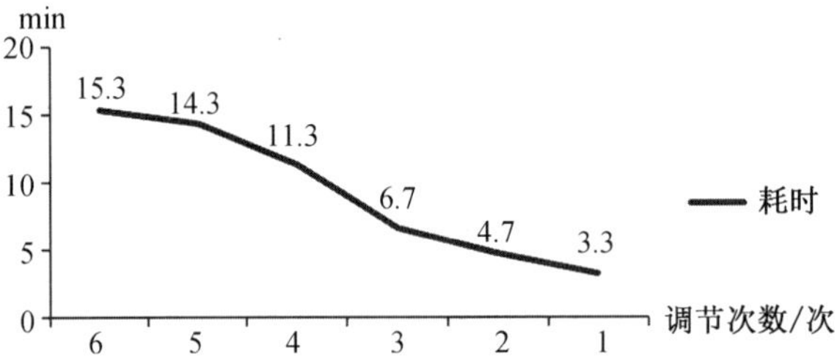

图 3-38 不同调节次数下对准环节耗时统计图

从试验数据的对比折线图可直观看出，采取专用托盘固定距离减少调节次数后，探测器对准环节耗时明显下降，呈现明显的线性负相关，使用托盘调节 1 次情况下对准平均耗时已缩短为 3.3 min，比原来使用调节器调整 5 次下对准耗时缩短 80%，判断此末端因素对症结“探测器对准耗时长”影响较大。

验证结果：对症结影响大。

确认人：×××。

确认地点：检定室。

确认时间：2021 年 7 月。

结论："调节次数多"是要因。

⑤ 要因确认五

末端因素：无直读模式。

确认方法：调查分析、试验。

确认步骤：确认目前检定仪表数据读取方式；改进数据读取方式后，进行检定仪表试验，记录时间，判断此末端因素对症结"结果计算耗时长"的影响程度。

确认过程：a. 经现场调查分析，目前表面污染测量仪表检定过程中需要记录剂量率、平均剂量等多项数据，这些数据分布显示在仪表不同界面，检定过程中需要人工按下仪表功能键进行切换读取数据，切换过程较为繁琐，如图 3-39、图 3-40 所示。

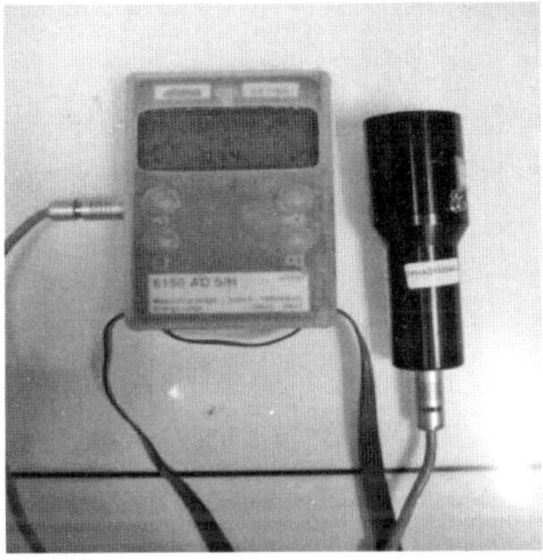

图 3-39　仪表显示器界面切换按键

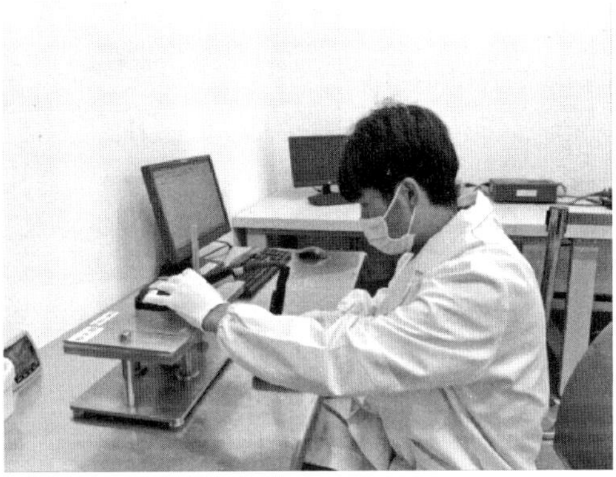

图 3-40　检定过程中人员切换界面

b. 为了验证不同数据读取方式对结果计算耗时的影响，小组成员借用了一台可一屏显示所有信息的显示器(图 3-41)，人员无需按键进行切换，现场替换后，组织检定人员进行了 10 次检定仪表试验，记录时间，数据参见表 3-33、图 3-42。

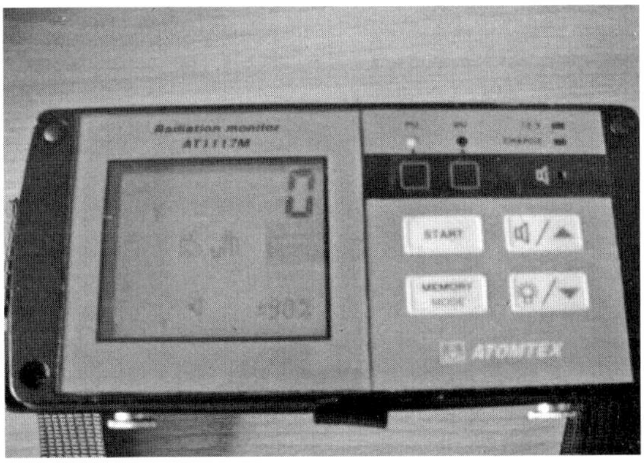

图 3-41　更换可一屏显示所有信息的显示器

表 3-33　不同数据读取方式结果计算耗时调查表

台次	1	2	3	4	5	6	7	8	9	10	平均时间/min
项目	结果计算耗时/min										
切换读取	8	8	7	9	8	8	8	9	8	8	8.1
直读	7	6	7	8	7	6	6	7	8	7	6.9

通过试验数据可以看出，采取直读数据模式后，检定仪表结果计算耗时有所下降，但下降的幅度并不大，比之前切换读取数据耗时仅缩短 15%，因此判断此末端因素对症结“结果计算耗时长”影响较小。

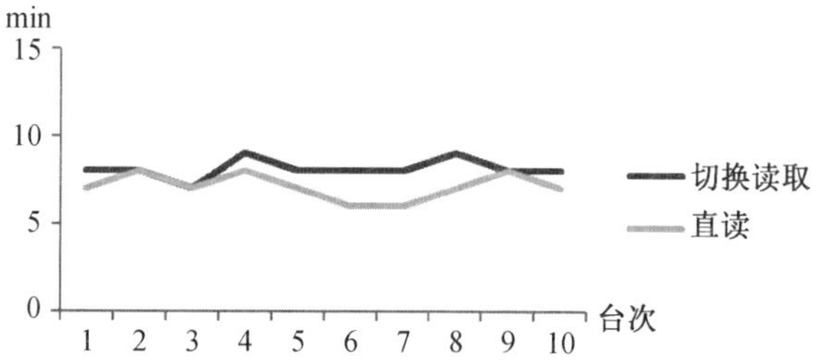

图 3-42　不同数据读取方式结果计算耗时对比图

验证结果：对症结影响小。

确认人：×××。

确认地点：检定室。

确认时间：2021 年 7 月。

结论：“无直读模式”是非要因。

⑥ 要因确认六

末端因素：无电子显示器。

确认方法：调查分析、试验。

确认步骤：确认目前检定仪表所使用的显示器类型；更换带电子直读式显示器后，进行检定仪表试验，记录时间，判断此末端因素对症结“结果计算耗时长”的影响程度。

确认过程：a. 在仪表检定过程中，检定中的各项参数是由仪表探测器外接的显示主机来读取，然后由人员手动记录并计算，经现场调查分析，目前 MIP10 型表面污染测量仪表使用的是指针式显示器，在检定中，指针易左右摆动，稳定时间较长，易影响到人员监控和读取数据，如图 3-43、图 3-44 所示。

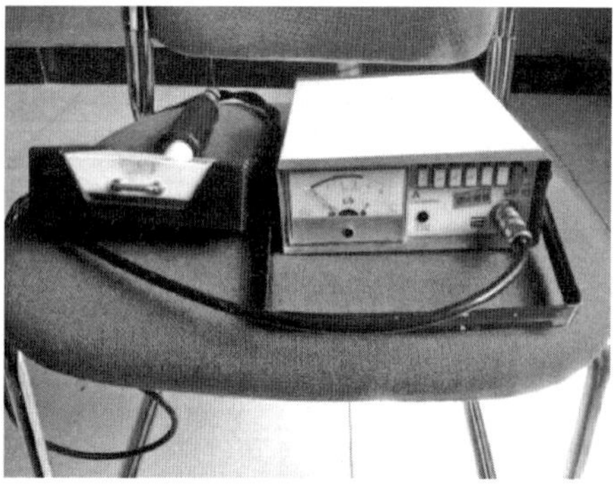

图 3-43　MIP10 型表面污染测量仪表

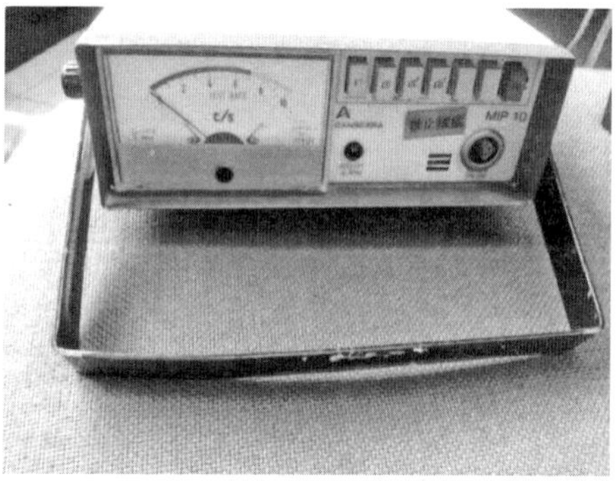

图 3-44　指针式显示器

b. 为了验证使用电子显示器对仪表检定结果计算耗时的影响，小组成员借用了 1 台带电子直读式显示器的 MIP10 型表面污染测量仪表(图 3-45、图 3-46)，随后组织检定人员进行了 10 次检定仪表试验，记录时间，数据参见表 3-34。

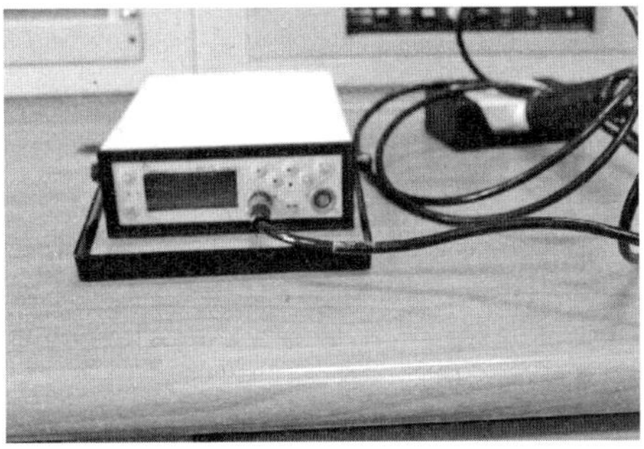

图 3-45　升级后的 MIP10 表面污染测量仪

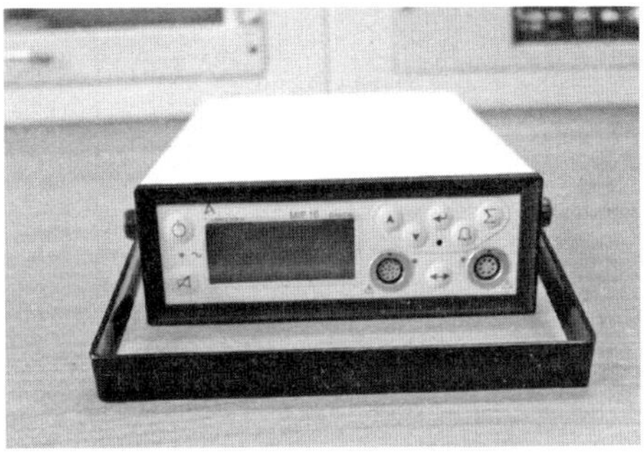

图 3-46　电子直读式显示器

表 3-34　不同读取类型仪表结果计算耗时统计表

试验台次	1	2	3	4	5	6	7	8	9	10	平均时间/min
类目	结果计算耗时/min										
指针式	8	9	8	8	7	8	9	8	8	9	8.2
电子直读式	7	8	8	7	8	9	9	8	7	8	7.9

通过试验数据可以看出，更换带电子直读式显示器后，检定仪表结果计算耗时无明显降低，因此判断此末端因素对症结“结果计算耗时长”基本无影响。

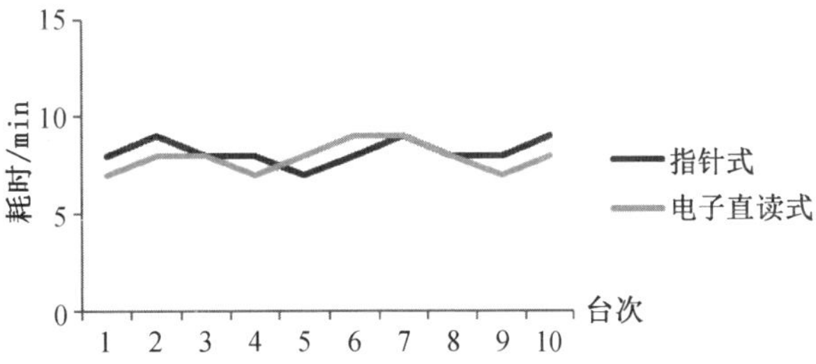

图 3-47　不同显示器类型下结果计算耗时对比图

验证结果：对症结基本无影响。

确认人：×××。

确认地点：检定室。

确认时间：2021 年 8 月。

结论：“无电子显示器”是非要因。

⑦ 要因确认七

末端因素：无专用计算程序。

确认方法：调查分析、试验。

确认步骤：确认目前检定仪表计算结果所采用的方式；采取措施改进计算结果方式后，进行检定仪表试验，记录时间，判断此末端因素对症结“结果计算耗时长”的影响程度。

确认过程：a. 小组成员通过调查发现仪表检定测量后工作人员要记录源活度、曝光距离及约定真值等信息，然后根据公式人工手算得出校验结果，过程涉及一定量的计算，导致出具校验结果的时间较长，如图 3-48、图 3-49 所示。

JNPC 田湾核电站	辐射剂量仪表校准系统维护保养程序	版次：F，页次：14/14 RPS-Z-00000-024

校 验 报 告

REPORT OF VERIFICATION

报告编号：

仪表信息栏			
仪表名称		安装位置	
主机型号/规格		主机出厂编码	
探头型号/规格		探头出厂编码	
校验信息栏			
校验依据文件			
校验时环境条件	温度： ℃ 相对湿度： % 气压： kPa		
校验日期		有效日期	
校验约定真值测量栏			
仪表型号		出厂编码	

约定真值测量结果：

测量信息			约定真值 (μSv/h)	测量信息			约定真值 (μSv/h)
源号	初始活度（Ci）	距离（m）		源号	初始活度（Ci）	距离（m）	

校验结果栏

1．校验类型：

2．校验结果：

校验结果			校准因子	相对固有误差	重复性	结论

3．校验结论：

以下空白

校验人： 审核人： 批准人：

图 3-48　检定结果记录表

图 3-49　计算检定结果

b. 为了验证计算程序对仪表检定结果计算耗时的影响，小组成员设计出了可以根据输入检定参数自动得出检定结果的 EXCEL 文档，检定人员只需录入检定各数据即可通过 EXCEL 预先设置的公式自动得出校验结果，投入现场使用后，组织检定人员进行了 10 次检定仪表试验，记录时间，数据参见表 3-35、图 3-50。

表 3-35　不同计算方式对仪表检定结果计算耗时对比调查表

台次	1	2	3	4	5	6	7	8	9	10	平均时间/min
项目	结果计算耗时/min										
人工手算	8	8	9	7	8	9	8	8	9	8	8.2
EXCEL 自动计算	1	2	1	1	2	1	2	1	1	2	1.4

通过试验数据可以看出，采取 EXCEL 表格自动计算检定结果后，检定仪表结果计算耗时明显下降，EXCEL 自动计算平均耗时已缩短为 1.4 min，比原来手动计算耗时缩短 83%，因此判断此末端因素对症结“结果计算耗时长”影响较大。

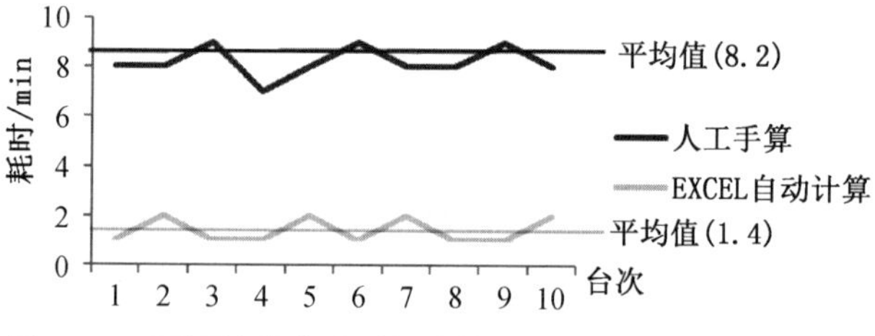

图 3-50　不同计算方式对仪表检定结果计算耗时对比图

验证结果：对症结影响较大。

确认人：×××。

确认地点：检定室。

确认时间：2021 年 8 月。

结论：“无专用计算程序”是要因。

综上，经过对七个末端因素逐条确认，共找到两条要因，分别是“调节次数多”和“无专用计算程序”。

（2）案例点评

① 优点：小组能通过现场测量、试验和调查分析的方式，对七条末端原因逐条进行确认，根据对症结的影响程度，确定了两条要因，数据翔实，事实充分，过程严谨。

② 不足：小组没有对收集的所有末端原因进行不可抗拒因素识别，缺乏识别和排除小组能力范围以外原因的步骤和程序。在要因确认一“培训时长少”中，“培训学时/h”与“探测器对准耗时均值/min”“结果计算耗时均值/min”没有说明是多少个试验数据的平均值，也没有进行极差分析；缺少必要的分析过程，这样得出的结论有些粗糙，不够精准；最好有一个要因确认计划表。

2. 案例二：提高无防水超大超厚筏板基础一次成型合格率

（1）确定主要原因

① 主要原因确认计划

通过上述原因分析关联图共找出八个末端原因，2022 年 8 月 1 日 QC 小组全体成员在项目部会议室，针对末端原因制订了要因确认计划表，参见表 3-36。

表 3-36　要因确认计划表

序号	末端原因	症结	确认内容	判定方式	确认人	确认地点	确认时间
1	混凝土养护方式单一	温度裂缝	混凝土养护方式单一对症结影响程度	调查分析 现场试验 现场测量	×× ×××	施工现场	2022 年 8 月 18 日
2	混凝土水化热过大	① 温度裂缝 ② 表面平整度差	混凝土水化热过大对症结影响程度	调查分析 现场测量	×× ×××	混凝土厂家 施工现场	2022 年 8 月 7 日
3	混凝土坍落度偏小	① 温度裂缝 ② 表面平整度差	混凝土坍落度偏小对症结影响程度	现场试验 现场测量	××× ×××	施工现场	2022 年 8 月 14 日
4	横梁平整度差	表面平整度差	横梁平整度差对症结影响程度	现场测量	×× ×××	施工现场	2022 年 8 月 14 日
5	施工现场气温干燥	温度裂缝	施工现场气温干燥对症结影响程度	调查分析 现场试验	×× ×××	施工现场	2022 年 8 月 13 日
6	仪器未定期校准校对	表面平整度差	仪器未定期校准校对对症结影响程度	调查分析 现场试验	×× ××	施工现场	2022 年 8 月 13 日
7	工人交底培训不到位	① 温度裂缝 ② 表面平整度差	工人交底培训不到位对症结影响程度	调查分析	×× ××	会议室施工现场	2022 年 8 月 13 日
8	机械操作过程中平整精度难控制	表面平整度差	机械操作过程中平整精度难控制对症结影响程度	调查分析 现场试验	××× ×××	施工现场	2022 年 8 月 15 日

② 主要原因分析

根据要因确认计划表，QC 小组成员对八个末端原因进行具体调查、分析、论证，逐一进行确定主要原因。

a. 要因确认一

末端原因：混凝土养护方式单一。

症结：温度裂缝。

确认内容：混凝土养护方式单一对症结影响程度。

确认方法：调查分析、现场试验、现场测量。

责任人：××、×××。

确认时间：2022 年 8 月 18 日。

确认地点：会议室、施工现场。

确认过程：

- 调查分析：2022 年 8 月 15 日，小组成员××、×××经过调查发现现场工人对混凝土养护方法单一，只采用了麻布蓄水养护，应根据工况分别采取薄膜蓄水养护和麻布蓄水养护的方式。

- 现场试验：小组成员××、×××在 2022 年 8 月 15 日分别使用单一（麻布蓄水养护）和非单一（薄膜蓄水养护和麻布蓄水养护相结合）两种方式进行（图 3-51）。小组成员从 A 塔楼筏板南侧试验区选取了 2 块面积相同的区域大体积混凝土养护，并进行跟踪调查“温度裂缝”症结情况。

图 3-51 现场养护图

- 现场测量：小组成员××、×××对两块区域分别抽取 100 个点位进行调查统计，参见表 3-37。

表 3-37 “混凝土养护方式单一对症结影响程度”调查统计表

类别	检查数量/个	温度裂缝	
		数量/个	占比/%
单一	100	8	8
非单一	100	9	9
绝对值	0	1	1

● 影响程度分析：经QC小组成员××、×××现场试验、调查分析、现场测量，混凝土养护方式单一导致症结差值为1%，对“温度裂缝”造成数量不合格的占比相差较小，因此对症结影响程度较小。

结论：“混凝土养护方式单一”为非要因。

b. 要因确认二

末端原因：混凝土水化热过大。

症结：温度裂缝、表面平整度。

确认内容：混凝土水化热过大对症结影响程度。

确认方法：调查分析现场测量。

责任人：××、×××。

确认时间：2022年8月7日。

确认地点：混凝土厂家，现场。

确认过程：

● 调查分析：为了调查混凝土水化热对症结影响程度，本QC小组成员××、×××发现不同混凝土厂家，相同等级C40P8的混凝土，混凝土水化热有所不同。厂家A，3天混凝土水化热为200 kJ/d；厂家B，3天混凝土水化热为260 kJ/d。

● 现场测量：为了验证混凝土水化热大对温度裂缝和表面平整度差的影响，小组成员××、×××在A塔楼筏板南侧试验区随机选取了2个区域各自使用不同厂家的混凝土，采用相同的养护方法，通过混凝土测温仪、现场裂缝检查、平整度测量对100个点位分别进行验证：“温度裂缝”绝对值差值为34%，“表面平整度差”绝对值差值为2%，具体分析如表3-38所示。

表3-38　“混凝土水化热过大对症结影响程度”调查分析表

项目	检查点数/个	温度裂缝		表面平整度差	
		数量/个	占比/%	数量/个	占比/%
使用厂家A混凝土	100	6	6	14	14
使用厂家B混凝土	100	40	40	12	12
绝对值	0	34	34	2	2

● 影响程度分析：经QC小组成员××、×××调查分析和试验分析，混凝土水化热过大对“温度裂缝”症结影响较大，对“表面平整度”症结影响较小。

结论：“混凝土水化热调整”为“温度裂缝”的要因，为“表面平整度”非要因。

c. 要因确认三

末端原因：混凝土坍落度偏小。

症结：温度裂缝、表面平整度。

确认内容：混凝土坍落度偏小对症结影响程度。

确认方法：现场试验、现场测量。

责任人：×××、×××。

确认时间：2022 年 8 月 14 日。

确认地点：施工现场。

确认过程：

● 现场试验：经现场试验，QC 小组成员×××、×××发现进场的混凝土有一部分坍落度偏小，坍落度在 160～165 mm。两位小组成员组织班组分别采用坍落度偏小的混凝土和坍落度在 170～190 mm 的混凝土进行大体积浇筑，并进行跟踪调查“温度裂缝、表面平整度”症结情况。

● 现场测量：小组成员×××、×××对采用坍落度在 160～165 mm 的混凝土进行浇筑的部位以及采用坍落度在 170～190 mm 的混凝土部位分别抽取 80 个点位进行调查统计，参见表 3-39、图 3-52。

表 3-39 “混凝土坍落度偏小对症结影响程度”调查分析表

类别	检查数量/个	温度裂缝		表面平整度差	
		数量/个	占比/%	数量/个	占比/%
坍落度 160～165 mm	80	10	12.5	12	15.0
坍落度 170～190 mm	80	9	11.3	10	12.5
绝对值	0	1	1.2	1	2.5

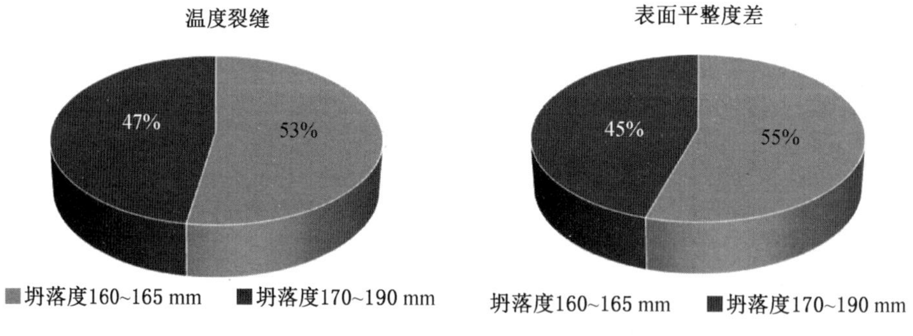

图 3-52 混凝土坍落度偏小对症结影响程度饼分图

● 影响程度分析：经 QC 小组成员×××、×××调查分析和试验分析，坍落度在 160～165 mm 的混凝土和坍落度在 170～190 mm 的混凝土“温度裂缝”绝对值差值为 1.2%，“表面平整度差”绝对值差值为 2.5%。差别均较小，因此混凝土坍落度偏小对“温度裂缝”“表面平整度”症结影响程度小。

结论：“混凝土坍落度偏小”为非要因。

d. 要因确认四

末端原因：横梁平整度差。

症结：表面平整度。

确认内容：横梁平整度差对症结影响程度。

确认方法：现场测量。

责任人：××、×××。

确认时间：2022 年 8 月 14 日。

确认地点：施工现场。

确认过程：

● 现场测量：本工程厚筏板区域采用槽钢支架。支架立柱采用 12＃槽钢。面层纵向横梁采用 8＃槽钢，横向横梁采用 L75×8 角钢。中间设置 1～3 层 L75×8 角钢横、纵向横梁。底部站脚采用 12＃槽钢，槽钢朝上。斜撑采用 L75×8 角钢按照纵横向横梁间距一隔一设置（图 3-53）。在 A 塔楼筏板南侧试验区发现部分区域槽钢支架横梁平整度出现偏差。为了调查，面层横梁对症结影响程度，本 QC 小组成员××、×××对现场横梁偏差部位与横梁平整度合格部位，分别统计调查了 50 个点位，数据参见图 3-54、表 3-40。

图 3-53　槽钢支架现场施工过程图

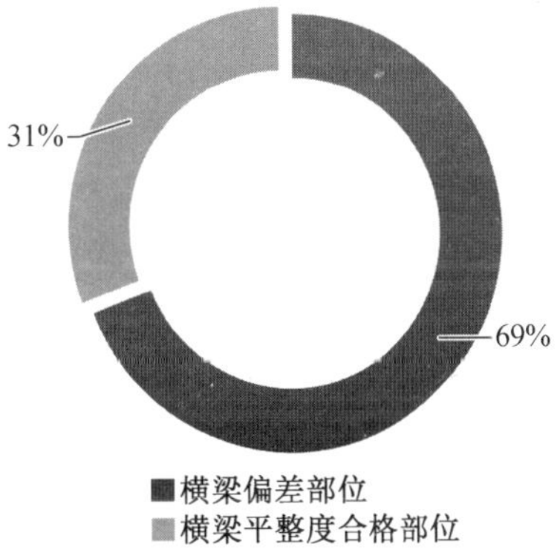

图 3-54　横梁平整度差对症结影响程度占比饼分图

表 3-40　横梁平整度差对症结影响程度分析表

类别	检查数量/个	表面平整度差	
		数量/个	占比/%
横梁偏差部位	100	36	36
横梁平整度合格部位	100	16	16
绝对值	0	20	20

● 影响程度分析：经 QC 小组成员××、×××调查分析和现场测量，横梁偏差部位与横梁平整度合格部位“表面平整度差”差值达到 20%，有较大差别，因此横梁平整度差对“表

面平整度”症结影响程度大。

结论:“横梁平整度”为要因。

e. 要因确认五

末端原因:施工现场气温干燥。

症结:温度裂缝。

确认内容:施工现场气温干燥对症结影响程度。

确认方法:调查分析。

责任人:××、××。

确认时间:2022 年 8 月 13 日。

确认地点:施工现场。

确认过程:

● 调查分析:2022 年 8 月 10 日—12 日,为了调查现场气温干燥对“温度裂缝”症结影响程度,小组成员××、××通过对以往的规范文献的查阅,认为天气因素通常会影响大体积混凝土的“温度裂缝”控制。本工程大体积筏板在 8 月份的高温天气进行施工,为了充分调查清楚该末端原因的重要程度。小组成员××、××在 A 塔楼试验区,分别对白天干燥期间完成浇筑的大体积混凝土,以及夜晚非干燥期间浇筑完成的大体积混凝土进行质量统计,并随机各抽查 100 个点位进行分析,数据参见 3-41。

表 3-41 “施工现场气温干燥”调查分析表

类别	检查数量/个	温度裂缝	
		数量/个	占比/%
白天(干燥)	100	10	10
夜晚(非干燥)	100	8	8
绝对值	0	2	2

● 影响程度分析:经 QC 小组成员××、××调查分析,对白天浇筑完成区域以及夜晚浇筑完成区域,进行温度裂缝质量调查,温度裂缝频率绝对值相差 2%,差别较小,因此施工现场气温干燥对“温度裂缝”症结影响程度小。

结论:“施工现场气温干燥”为非要因。

f. 要因确认六

末端原因:仪器未定期校准校对。

症结:表面平整度。

确认内容:仪器未定期校准校对对症结的影响程度。

确认方法:调查分析现场试验。

责任人:××、××。

确认时间:2022 年 8 月 13 日。

确认地点：施工现场。

确认过程：

● 调查分析：2022 年 8 月 10 日，本 QC 小组成员××、××经过调查发现，现场两个瓦工班组均配备水准仪。随后对水准仪的型号及检定报告进行检查，发现有 2 台水准仪没有定期校准校对。

● 现场试验：3 天后，QC 小组成员××、××组织两个班组成员分别用定期和非定期检定的水准仪对进行大体积混凝土浇筑的区域进行平整度控制，结果参见表 3-42。

表 3-42　"仪器未定期校准校对对症结影响程度"调查分析表

类别	检查数量/个	表面平整度差	
		数量/个	占比/%
非定期检定	100	12	12
定期检定	100	11	11
绝对值	0	1	1

● 影响程度分析：经 QC 小组成员××、××调查分析和试验分析，"表面平整度差"频率绝对值相差 1%，差别较小，因此仪器未定期校准校对对"表面平整度差"症结影响程度小。

结论："仪器未定期校准校对"为非要因。

g. 要因确认七

末端原因：工人交底培训不到位。

症结：温度裂缝、表面平整度。

确认内容：工人交底培训不到位对症结影响程度。

确认方法：调查分析。

责任人：××、××。

确认时间：2022 年 8 月 13 日。

确认地点：会议室、施工现场。

确认过程：

● 调查分析：为了调查，专项技术交底掌握情况对症结影响程度，在 A 区筏板实验过程中，本 QC 小组成员××、××对现场两个班组 20 名作业工人，进行专项技术交底培训考试，QC 小组成员对考试成绩进行了分类统计，数据参见表 3-43、表 3-44、图 3-55。

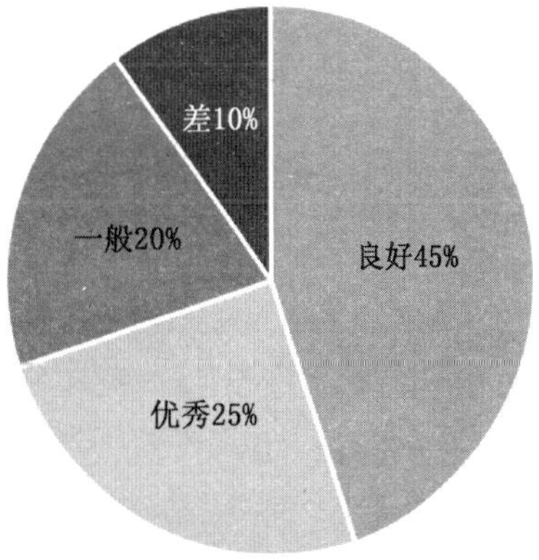

图 3-55　工人考试不同得分数量占比饼分图

表 3-43　作业人员实际操作培训考核得分表

班组一	得分/分	班组一	得分/分	班组二	得分/分	班组二	得分/分
工人 1	81	工人 6	81	工人 11	88	工人 16	86
工人 2	63	工人 7	63	工人 12	98	工人 17	94

（续表）

班组一	得分/分	班组一	得分/分	班组二	得分/分	班组二	得分/分
工人 3	97	工人 8	58	工人 13	85	工人 18	92
工人 4	82	工人 9	83	工人 14	69	工人 19	69
工人 5	96	工人 10	89	工人 15	59	工人 20	87

表 3-44　不同得分人数占比分析表

类别	人数/个	占比/%
优秀（90～100 分）	5	25
良好（75～90 分）	9	45
一般（60～75 分）	4	20
差（60 分以下）	2	10
合计	20	100

通过对 20 名作业工人考试成绩进行优秀、良好、一般、差四个等级的统计分析，将四类成绩作业工人的混凝土成型外观质量问题，再次进行了统计分析。针对“专项技术交底掌握情况”进行质量统计调查，调查数据参见表 3-45。

表 3-45　质量统计调查分析表

类别	检查数量/个	温度裂缝		表面平整度差	
		数量/个	占比/%	数量/个	占比/%
优秀（90～100 分）	50	4	8	4	8
良好（75～90 分）	50	4	8	5	10
一般（60～75 分）	50	5	10	5	10
差（60 分以下）	50	6	12	6	12
合计	200	19	9.5	20	10

● 影响程度分析：经 QC 小组成员××、××调查分析和试验分析，对专项技术交底考试成绩优秀、良好、一般、差四类作业人员混凝土外观质量的调查分析，“温度裂缝”统计频率绝对值最大差为 4%，“表面平整度差”频率绝对值最大差为 4%，差别均较小，因此工人交底培训不到位对“温度裂缝”“表面平整度差”症结影响程度小。

结论：“工人交底培训不到位”为非要因。

h. 要因确认八

末端原因：机械操作过程中平整精度难控制。

症结：温度裂缝、表面平整度。

确认内容：机械操作过程中平整精度难控制对症结影响程度。

确认方法：调查分析、现场试验。

责任人：×××、×××。

确认时间：2022 年 8 月 15 日。

确认地点：会议室、施工现场。

确认过程：

● 调查分析：为调查机械操作精度对症结影响程度，在小组活动中，成员×××、×××发现作业人员使用的机械落后，地面平整仍然采用人工整平，磨光机仍然是人工操作的柴油机。为了充分调查清楚该末端原因的重要程度，采用不同机器进行施工(图 3-56)。

图 3-56 人工整平磨光与机器人施工对比图

● 现场试验：3 天后，QC 小组成员×××、×××指挥同一班组在两块试验区，分别使用人工操作和使用驾驶型整平机，并对两个区域进行混凝土外观质量统计调查，调查数据参见表 3-46、图 3-57。

表 3-46 “机械操作精度对症结影响程度”调查分析表

类别	检查数量/个	表面平整度差	
		数量/个	占比/%
人工整平	100	15	15
驾驶型整平机	100	2	2
绝对值	0	13	13

● 影响程度分析：经 QC 小组成员×××、×××调查分析和试验分析，对同一班组使用人工操作与驾驶型整平机施工的两个区域进行混凝土外观质量调查，“表面平整度差”频率绝对值相差 13%，差别较大，因此机械操作过程中平整精度难控制对“表面平整度差”症结影响程度大。

结论:"机械操作过程中平整精度难控制"为要因。

通过 QC 小组全部成员对以上末端原因逐条确认,找出了影响"温度裂缝""表面平整度差"质量问题的主要原因共有 3 条,参见图 3-58。

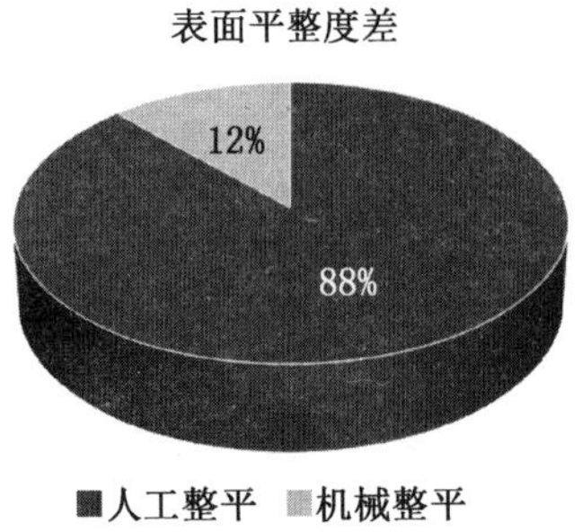

图 3-57 机械操作精度对症结影响饼分图

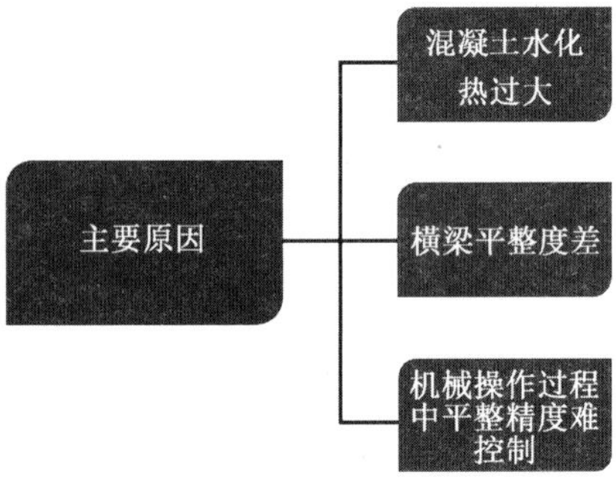

图 3-58 症结主要原因确认树图

(2) 案例点评

① 优点:小组通过现场测量、试验和调查分析的方式,对八条末端原因逐条进行确认,根据对症结的影响程度,确定了 3 条要因,数据翔实,事实充分,过程较为严谨。

② 不足:小组虽然制订了要因确认计划表,但小组没有进行不可抗拒因素识别,缺乏识别和排除小组能力范围以外原因的步骤和程序;小组对数据分析的方法还有待提升,如要因确认一,末端原因对温度裂缝的影响分析,采用的是缺陷占比极差分析法,直接对缺陷数进行极差分析可能更加直接;小组使用的简易图表,也存在同样问题,如果用缺陷数柱状图,配合极差描述,会更加直观。

第八节 制定对策

一、活动准则

小组制定对策应:

(1) 针对主要原因逐条制定对策。

(2) 必要时,针对同一主要原因提出多种对策,并用客观方法进行对策的评价和比较选择。

(3) 按"5W1H"要求制定对策表,对策明确,对策目标可测量、可检查,措施可操作。

注:"5W1H"即 What(对策)、Why(目标)、Who(负责人)、Where(地点)、When(时间)、How(措施)。

二、标准解读

标准解读包括:

(1)"必要时"是指是否针对每条主要原因提出不同的对策,并进行对策的综合评价和比较选择，应由小组根据每条主要原因的实际情况决定。为合理地进行对策评价，可从可实施性、有效性、经济性、可靠性等四个方面，对对策方案进行综合评价，参见表3-47。

表3-47 对策评价示例表

序号	评价内容	5分 ●	3分 ★	1分 ▲
1	可实施性	小组能自行解决	需要其他部门协助	难度大，需外单位合作
2	有效性	预计很有效	会有一定效果	把握不大，要试试看
3	可靠性	彻底改造	较彻底改造	临时措施，以后还会发生
4	经济性	费用低	需要一定费用，但尚能承担	费用很高，很难承担

注：●表示5分；★表示3分；▲表示1分。

(2) 制订对策应针对每条要因，挽救对策、根本对策、破坏对策。

(3) 制订对策的三个步骤包括：

① 提出对策。

② 研究、评价、确定要采取的对策。

③ 制定对策表。

(4) 小组成员应集思广益，对策越具体越好。

(5) 要分析研究对策的可实施性、有效性，避免采用临时对策，尽量依靠小组的力量完成。

(6) 小组成员应能控制选用的对策，高投入、高难度、违反法律的不宜采用。

(7) 主要原因对策的选择要用试验、测试、调查分析的方法，用数据说话，不可采用主观判断的方法。

(8) 对策表必须严格按照"5W1H"编制，即What(对策)、Why(目标)、Who(负责人)、Where(地点)、When(时间)、How(措施)，典型的对策表构成格式，参见表3-48。

表3-48 典型对策表构成

序号	要因	对策	目标	措施	时间	负责人
1	无专用操作接头	制作可调节式专用操作接头	绝缘棒头可调节0°～135°	① 选购合适的齿轮可调接头； ② 制作绝缘棒、绝缘隔板连接的部件； ③ ……	8月2日	×××
……	……	……	……	……	……	……

(9) 对策目标必须可测量、可检查，且与课题总目标没有直接关系，仅与对策所针对的主要原因状态相关联，即主要原因改善到何种程度的具体可测量、检查的描述。

(10) 措施是对策的具体展开，应具有可操作性、可实施性。

三、关注要点

1. 对策的评价选择

小组根据工作经验和实际情况，必要时可进行对策选择。

(1) 根据经验有直接解决问题的对策，就不必再进行对策的评价选择。

(2) 小组成员有新的解决问题的思路方法，可提出对策、选择对策。

(3) 所选对策要有效，不能治标不治本。

2. 制定对策的原则(对策表述简洁)

(1) 有效性：对策应能彻底解决问题，否则，不宜采用。

(2) 可实施性：依靠小组自身能力可以实施的对策(小组成员发挥主要作用)。

(3) 经济性：用小组智慧解决问题，不需太多经济投入。

3. 正确应对对策表

对策表不能缺项，对策目标要量化、具体、可测量。

4. 不要将对策、目标、措施混淆

(1) 对策是方案、策略，要简练、明确。

(2) 对策目标可测量，可检查。

(3) 不要将课题目标作为对策目标。

(4) 措施是具体方法、做法，应具体、具有可操作性。

四、常见问题

常见问题包括：

(1) 对策目标只是定性描述，不可测量或检查，导致对策实施时无法对对策目标进行检测。

(2) 将课题的总体目标直接替代对策目标，或将课题目标分阶段化作为对策目标，从而逻辑混乱。

(3) 没有严格针对主要原因逐条一一对应制定对策，而是随意编制。

(4) “对策”与“措施”概念混淆，造成对策不简练、措施不具体。

(5) 对策表随意编制，缺失“5W1H”相关要素。

(6) 采用一个人或少数人制定的对策，应该群策群力，由全体成员共同去完成。

(7) 小组采用临时的应急对策。

(8) 对策、措施内容分开制定，毫无关联。

(9) 措施内容过于简略，使实施过程中无法依据措施一一实施，巩固措施环节无法针对措施进行巩固。

五、评价标准

在问题解决型课题成果发表评审评分细则中，关于制定对策，明确的要求包含以下几个方面。

(1) 针对所确定的主要原因，逐条提出不同对策，必要时进行对策多方案选择。

(2) 对策按“5W1H”原则制定。

六、案例分析

1. 案例一：提高表面污染测量仪表检定效率

(1) 制定对策

制定对策表。小组成员召开头脑风暴会议商议对策，根据“5W1H”原则讨论并制定了对策表，见表 3-49。

表 3-49　对策表

序号	要因	对策	目标	措施	地点	完成时间	负责人
1	调节次数多	减少调节次数	将调节次数减少到 0 次	① 根据功能需求讨论制作快速对准装置 ② 绘制装置 CAD 图 ③ 确定装置材料 ④ 进行装置制作加工并验收 ⑤ 现场试用优化并投入使用	机加车间检定室	2021 年 9 月 15 日	××
2	无专用计算程序	开发专用计算程序	输入数据后 1 min 内出具计算结果	① 召开评审会确定程序算法和基线蓝图 ② 进行程序编写及开发 ③ 程序现场试用调试改进 ④ 人员培训及程序正式运行	信息中心检定室	2021 年 10 月 10 日	××

(2) 案例点评

① 优点：小组针对“调节次数多”“无专用计算程序”逐条制定对策，通过设定对策、目标、措施等，形成了完整的“5W1H”对策实施计划表。

② 不足：“确定装置材料、进行装置制作加工并验收”等措施，不够具体，针对性不够，对策实施人无法实施、执行；建议先对选择的不同材料方案，进行多种对策方案比选后，再制定对策表，这样的措施，才具有针对性，可实施性。对策表序号 1 的实施目标，设置成时间，用时间来测量会更好，0 次过于绝对，没有余地。

2. 案例二：提高无防水超大超厚筏板基础一次成型合格率

(1) 制定对策

2022 年 8 月 30 日，小组成员全员在“苏地 2021 - WG - 28 号地块”项目部会议室参加全体会议，针对混凝土水化热过大、横梁平整度差、机械操作过程中平整精度难控制三条主要原因进行了专项分析研究，质量管理组员们运用头脑风暴法，分别提出了各种对策方案，并用亲和图进行归纳汇总，同时将对策方案从有效性、可实施性、经济性、可靠性和时间性五个方面进行了综合对比分析，对策分析评价表及对策方案亲和图分别参见表 3-50、图 3-59。

根据对策分析评价表中选定的方案，小组成员们又对方案进行细化，按“5W1H”原则，制定出对策表，落实具体人员负责实施，参见表 3-51。

表 3-50　对策分析评价表

序号	主要要因	提出对策	对策评价					是否选用
			有效性	可实施性	经济性	可靠性	时间性	
1	混凝土水化热过大	对策 1：厂家通过过往经验计算混凝土水化热	通过过往经验计算得出配合比，防止水化热过大的施工措施，无法根据现场的情况以及夏季早晚温差的变化来调整水化热。难以消除产生问题的主要原因	靠小组成员能力即可解决，可实施	派遣多位瓦工在浇筑前对模板进行洒水降温处理，管理成本增加 5 000 元	临时性措施，施工时段正值夏季，早晚温度较高，难以保证入模温度，不能长期保证对策实施严谨	采用对策 1 方法，时间不会增加	不选用
		对策 2：采用 Midas FEA 软件对筏板大体积混凝土配比进行水化热分析，调整配比参量	采用 Midas FEA 软件对大体积混凝土进行水化热分析，可提前与混凝土厂家沟通，根据实时的温度，调整参量，可以有效控制混凝土水化热。可消除产生问题的主要原因	靠小组成员能力即可解决，可实施	采用 Midas FEA 软件对大体积混凝土进行水化热分析，提高了施工效率，减少成本 200 元/m^2	非临时性措施，可以有效控制混凝土水化热，可长期保证对策实施可靠性，且在安全质量、绿色节能方面无影响。可靠性好	软件分析，可以缩短厂家配比时间，加快施工效率，缩短 10 min/车	选用
2	横梁平整度差	对策 1：施工现场安排测量人员辅助电焊工施工槽钢支架横梁，并检测横梁平整度	安排测量人员辅助电焊工施工槽钢支架横梁，可一定程度控制横梁平整度。可消除产生问题的主要原因	靠小组成员能力可以解决，但操作难度大	增加额外人工成本 300 元/人	非临时性措施，可以一定程度控制横梁平整度，但不能长期保证对策实施可靠性，且在安全质量、绿色节能方面有一定影响	安排测量人员辅助电焊工施工，增加横梁施工时间 8 min/m	不选用
		对策 2：在支架立柱做好横梁部位标记，在立柱安装前焊接定型化钢牛腿，让横梁焊接在牛腿上达到固定作用	让横梁焊接在提前焊接好的牛腿上，可有效控制横梁平整度。可消除产生问题的主要原因	靠小组成员能力即可解决，可实施	采用牛腿焊接，成本增加 30 元/个	非临时性措施，可以有效控制横梁平整度，可长期保证对策实施可靠性，且在安全质量、绿色节能方面无影响。可靠性好	增加牛腿焊接时间 5 min/个	选用
3	机械操作过程中平整精度难控制	对策 1：施工现场安排人员布设大量平整度控制点，更换性能更高的机械	施工现场安排人员布设大量平整度控制点，更换性能更高的机械，可一定程度消除产生问题的主要原因	靠小组成员能力即可解决，可实施	增加人工成本、更换机械成本 1 万元	临时性措施，且不能长期保证对策实施严谨	不增加额外的施工时间	不选用

（续表）

序号	主要要因	提出对策	对策评价					是否选用
			有效性	可实施性	经济性	可靠性	时间性	
3	机械操作过程中平整精度难控制	对策 2：改用智能建造机器人，投入智能平整机和磨光机进行施工	投入智能平整机和磨光机进行施工，可有效控制平整度精度，可消除产生问题的主要原因	靠小组成员能力即可解决，可实施	租用 3 台智能机器人，增加成本 3 000 元/台，减少人力成本 300 元/人	临时性措施，可以有效控制混凝土平整度，可长期保证对策实施可靠性，且在安全质量、绿色节能方面无影响。可靠性好	缩短 1/3 的施工时间	选用

注：Midas FEA 是一款全部中文化的土木结构专用仿真分析软件。

表 3-51 对策表

序号	要因	对策	目标	措施	完成时间	完成地点	负责人
1	混凝土水化热过大	采用 Midas FEA 软件对筏板大体积混凝土配比进行水化热分析，调整配比参量	筏板中心温度下降＞10℃	① 运用 Midas FEA 软件对筏板大体积混凝土配比进行水化热分析。 ② 根据 Midas FEA 软件设计的混凝土配比，与混凝土厂家进行会议沟通，厂家进行调整。 ③ 厂家根据确定的混凝土配比进行混凝土适配，并进行检测。 ④ 混凝土进场浇筑。浇筑完成后采用温度数据采集仪进行温度测量跟踪	2022 年 9 月 18 日	混凝土厂家、施工现场	××× ××× ××× ×××
2	横梁平整度差	在支架立柱做好横梁部位标记，在立柱安装前焊接定型化钢牛腿，让横梁焊接在牛腿上达到固定作用	横梁平整度合格率＞94%	① 深化设计图纸，明确牛腿焊接与横梁焊接的位置要求。 ② 运用 BIM 进行支架模型建立。 ③ 给工人交底，要求工人焊接槽钢按照图纸要求，在立柱安装前根据定点焊接牛腿。 ④ 现场横梁焊接安装	2020 年 9 月 18 日	会议室、施工现场	××× ××× ××× ×××
3	机械操作过程中平整精度难控制	改用智能建造机器人，投入智能平整机和磨光机进行施工	平整度偏差＜8 mm 合格率＞94%	① 混凝土浇筑前对操作人员进行智能机器人运用注意事项交底。 ② 混凝土浇筑时，投入智能平整机进行整平。 ③ 浇筑完成后投入智能磨光机进行收尾	2022 年 9 月 18 日	会议室、施工现场	××× ××× ××× ×××

注：建筑信息模型（Building Information Management，BIM）。

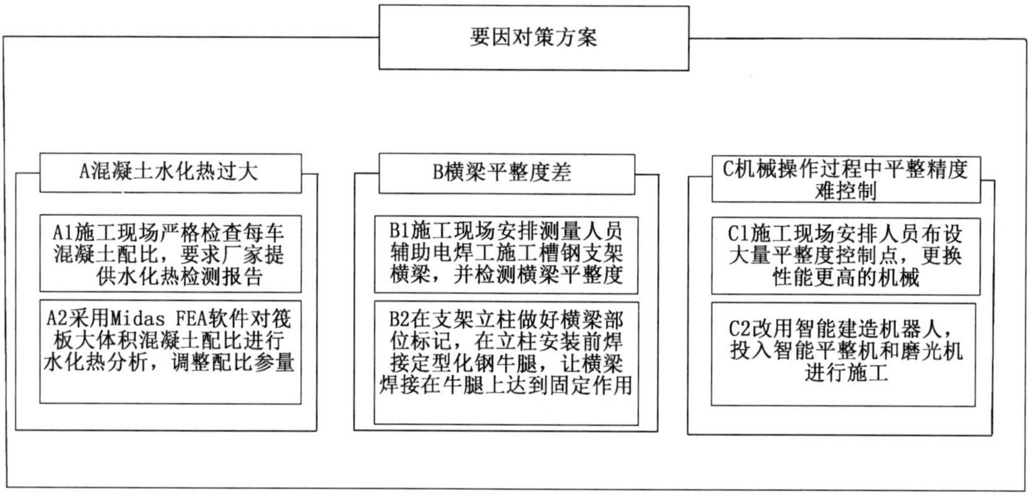

图 3-59　主要原因对策方案亲和图

(2) 案例点评

① 优点：小组根据“混凝土水化热过大、横梁平整度差、机械操作过程中平整精度难控制”逐条制定对策，并提出多种对策方案，从“有效性、可实施性、经济性、可靠性、时间性”维度进行对策效果的评价和选择，并以此为基础制定了“5W1H”对策实施计划表。

② 不足：负责人超过 3 人，责任人过多，可能会造成谁也不负责，形成没有责任的现象。针对要因，对策显得过于冗长，没有针对性。

第九节　对策实施

一、活动准则

小组实施对策应：

(1) 按照制定的对策逐条实施。

(2) 每条对策实施完毕，及时收集事实与数据，确认对策目标的完成情况；未达到对策目标时，修改措施并按新的措施实施。

(3) 必要时，验证并处置对策实施结果在安全、质量、管理、成本、环保等方面的负面影响。

二、标准解读

标准解读包括：

(1) 应按照“对策表”中的要求逐一实施。因此“对策表”制订时应尽可能地详尽。

(2) 实施过程的情况要及时、详细地记录。记录内容包括时间、人员、地点、做法、困难、解决的办法、结果、费用等。

(3) 应按“对策表”中的具体措施实施每项对策。每项对策实施完毕,应及时收集数据,确认是否达到对策目标。

(4) 当未达到对策目标时,应对该对策的具体措施作出调整与修改,然后再实施并确认实施效果。

(5) “必要时”,是指当实施对策后,可能在安全、成本、环保等方面出现负面影响,小组应根据课题和对策的实际情况进行验证,验证的方法可采用对比法、试验法等。

(6) 如果实施的结果虽然达到了目标,但负面影响太大(如影响安全、妨碍管理、费用过高、造成环境影响过大或者影响到其他运行参数),应重新考虑对策并进行修改。

三、关注要点

关注要点包括:

(1) 按“对策表”逐条实施对策。

(2) 每项对策实施完成后,须立即检查对策目标的达成情况。

(3) 不要检查课题目标。

(4) 充分考虑“必要时”,在制定对策时,有的对策是具有新意的非常规对策,在没有作对策的综合评价时,需要验证对策实施结果在安全、成本、环保等方面的负面影响;如果对策都是常规对策,或有非常规对策,但作了对策的综合评价、比较选择,就没有必要再去验证其负面影响。

(5) 对策实施目的是对课题症结进行实质性改进,实施过程要做到图表化、数据化、标题化。

① 好的对策实施过程:图、表、数据、实施过程等展示全面,使人耳目一新。

② 一般的对策实施过程:有图表展示,也有文字介绍。

③ 差的对策实施过程:通篇文字、没有数据。

四、常见问题

常见问题包括:

(1) 没有按照制订的对策表逐条实施对策。

(2) 在实施对策过程中还出现了比较大的方案比较、选择。

(3) 对策实施的情况空洞,没有现场支撑材料,只用语句描述。

(4) 对策实施效果缺少具体数据、没有具体时间。

(5) 实施效果只强调与实施前比较,而未与对策表中目标值比较。

(6) 实施效果收集数据的时长与课题效果检查时长相混淆。

(7) 没有逐条确认对策目标完成情况,而是检查课题总目标实现情况,或者到效果检查阶段直接检查课题的总体效果。

(8) 对主要设备进行了改进,对重要部件、流程的关键节点进行了修改后,又无负面影响的论证,或论证缺乏相关部门出具的佐证材料,缺乏说服力。

五、 评价标准

在问题解决型课题成果发表评审评分细则中，关于对策实施，明确的要求包含以下几个方面：

（1）每条对策在实施后检查对策目标是否完成。

（2）工具运用正确、适宜。

六、 案例分析

1. 案例一：提高表面污染测量仪表检定效率

（1）对策实施

① 对策一：减少调节次数

a. 实施过程1：根据功能需求讨论制作快速对准装置

8月19日，小组成员根据仪表检定对准过程及功能需求，组织专题讨论，确定了制作一款快速对准装置，使用后能固定放射源到仪表探测器的距离，检定过程无需调整调节器。

b. 实施过程2：绘制装置CAD图

小组讨论确定制作装置后，8月21日，组织绘制了快速对准装置结构CAD设计图，同时为了方便加工制作，绘制了快速对准装置结构示意图，参见图3-60。

c. 实施过程3：确定装置材料

8月22日，小组绘制了快速对准装置结构CAD设计图及示意图后，又组织召开专题会讨论了装置选材问题，以市面上易采购及易加工制作的原则，同时满足使用需求，选取了亚克力板、聚乙烯板、薄钢板三款材料进行了对比选优，结果如表3-52所示，根据对比结果，一致认为亚克力板为装置制作材料的最优选择。

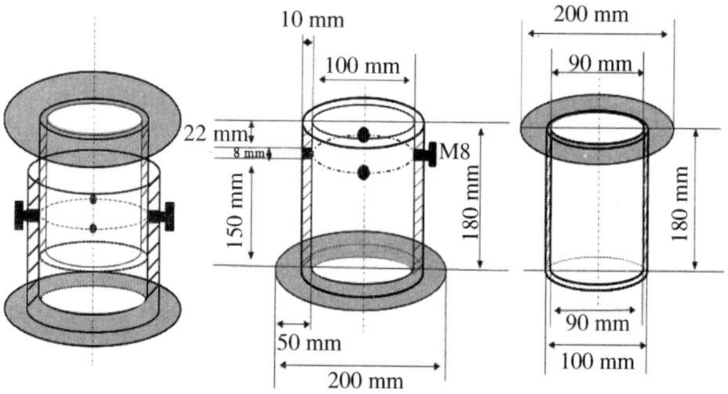

图3-60　快速对准装置示意图

表3-52　不同装置制作材料评价表

材料	评价				总分/分	结论
	安全风险	改造效果	改造成本	维护周期		
亚克力板	加工及使用无特别风险	材质透明易确认放射源位置	单块亚克力板价格为50元	无需特别保养维护	20	选定
评分/分	5	5	5	5		

(续表)

材料	评价				总分/分	结论
	安全风险	改造效果	改造成本	维护周期		
聚乙烯板	加工及使用无特别风险	材质不透明，无法确认放射源位置	单块聚乙烯板价格为 80 元	无需特别保养维护	16	不选
评分/分	5	2	4	5		
薄钢板	加工有一定难度，使用过程易被锋利边角划伤	材质不透明，无法确认放射源位置	单块薄钢板价格为 100 元	无需特别保养维护	11	不选
评分/分	1	2	3	5		

d. 实施过程 4：进行装置制作加工并验收

8 月 24 日，小组成员在机加车间进行了装置的加工制作，同时根据检定仪表的不同加工制作了多种型号的装置，参见图 3-61。

e. 实施过程 5：现场试用优化并投入使用

9 月 11 日，装置制作完成后，组织小组人员进行了现场调试，经过一周的现场试用及改进，快速对准装置正式投入现场使用，参见图 3-62。

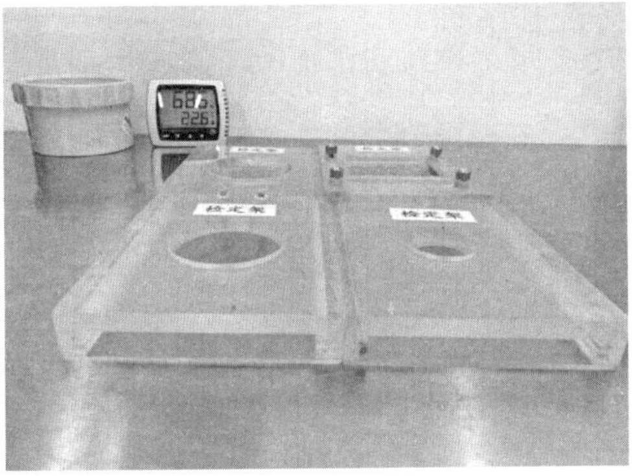

图 3-61 快速对准装置

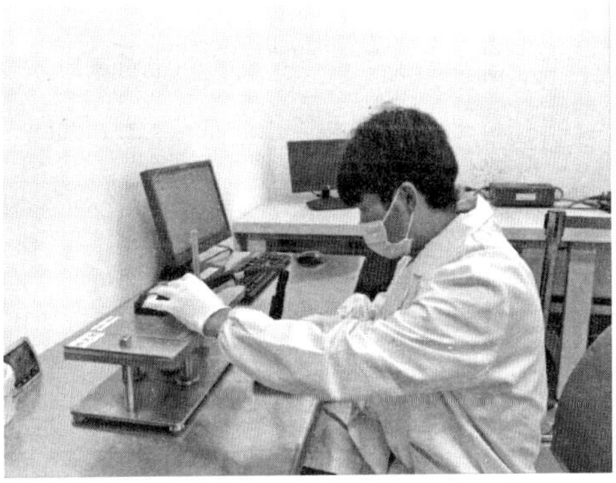

图 3-62 快速对准装置现场试用

f. 实施效果。经过小组成员努力，成功制作并应用了用于表面污染仪表检定的快速对准装置，现场使用反馈效果良好，将装置直接放置在检定台架上即可固定距离，检定过程中无需调整调节器，调节次数降为 0 次，达到对策预期目标，对策实施成功。

同时，对策实施后，小组从安全、质量及环保等方面进行了适用性评价，发现对策引入新装置后未对仪表检定产生不利影响。

② 对策二：开发专用计算程序

a. 实施过程 1：召开评审会确定程序算法和基线蓝图

9 月 15 日，小组成员根据仪表检定结果计算过程，召开专题会讨论确定系统基线蓝图，通过蓝图，开发了应用专用计算程序功能图，参见图 3-63、图 3-64。

图 3-63　专题讨论程序功能

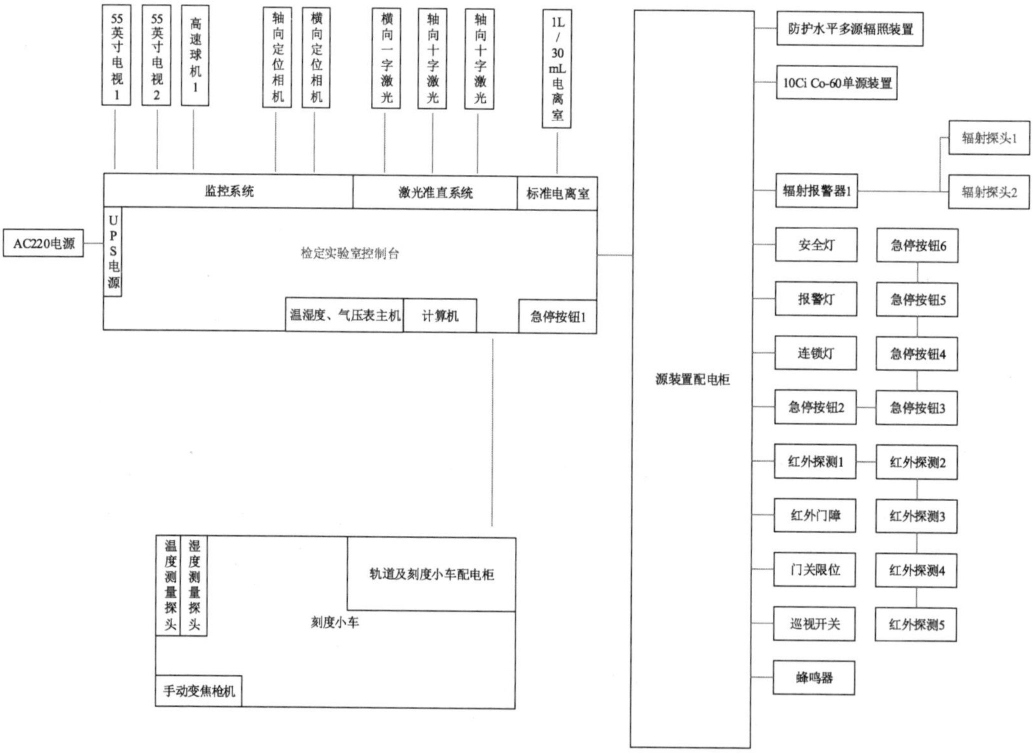

图 3-64　专用计算程序功能图

b. 实施过程 2：进行程序编写及开发

小组确定程序功能和算法后，9 月 17 日—28 日，协调进行了程序开发，为了提高程序使用便捷性，同时开发了电脑端应用程序及手机端 APP 程序，以方便检定人员使用，专用程序操作界面如图 3-65 所示。

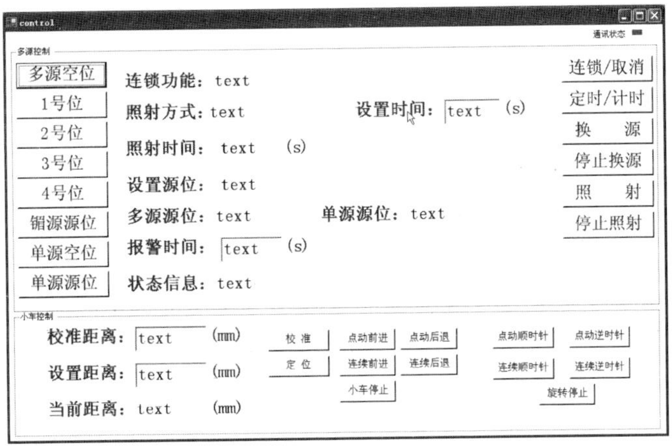

图 3-65　专用计算程序操作界面

c. 实施过程 3：程序现场试用调试改进

程序试用版开发完成后，9 月 29 日—10 月 6 日，组织小组人员进行了现场试用，经过一周的现场试用及改进，对人机界面及算法进行了优化升级。

d. 实施过程 4：人员培训及程序正式运行

程序经试用定版后，10 月 9 日，组织检定室全体人员对专用计算程序的使用进行了专项培训，并进行了考核验证，最终专用计算程序在现场投入正式使用，如图 3-66、图 3-67 所示。

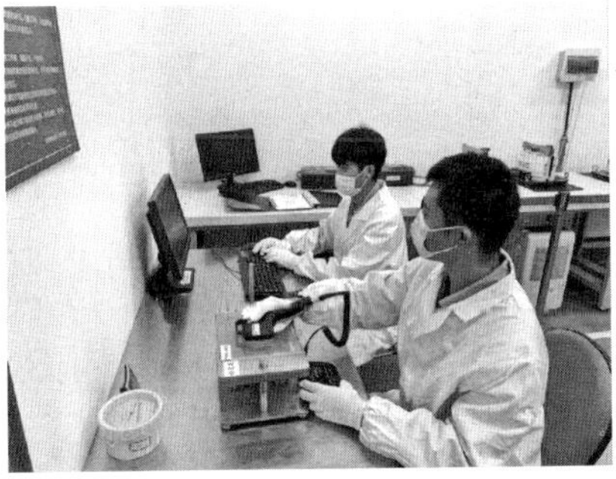

图 3-66　使用专用计算程序检定

图 3-67　专用计算程序使用培训

e. 实施效果。专用计算程序投入使用后，小组成员组织仪表检定人员进行了 10 次仪表检定试验，记录检定结果计算时间数据，参见表 3-53。

表 3-53　使用专用计算程序后检定结果计算时间

类目	结果计算耗时/min										
台次	1	2	3	4	5	6	7	8	9	10	平均
专用计算程序	0.8	1.1	1.0	0.9	0.7	0.8	1.0	1.1	0.8	0.7	0.9

结果显示使用专用计算程序后仪表检定结果计算平均时间已降至 0.9 min，能自动出具检定结果报告，无需人员手动计算，达到对策预期目标，对策实施成功。

(2) 案例点评

① 优点：小组基本按照对策表中的对策和措施，进行逐条实施，并在每个对策实施完成后，进行对策目标的确认，判断对策目标是否完成，程序基本完整。

② 不足：对策一的目标检查，调节次数降为 0 次，小组认为达到对策预期目标，缺乏现场试验结果。对策二的专用程序计算试验为 10 次，数据量较小，不够严谨，需要对更多的使用对象进行试验、测量，否则，这样的结果在可信性上可能会受到质疑。

2. 案例二：提高无防水超大超厚筏板基础一次成型合格率

(1) 对策实施

① 对策一：采用 Midas FEA 软件对筏板大体积混凝土配比进行水化热分析，调整配比参量

a. 实施过程 1：运用 Midas FEA 软件对筏板大体积混凝土配比进行水化热分析

2022 年 9 月 1 日，小组成员×××、×××在施工现场，根据项目工程特点，运用 Midas FEA 软件，对筏板基础进行模型建立，建立完成后对模型进行分析求解，求解完成后，整理计算结果并与试验区实测温度对比分析，如图 3-68 所示。

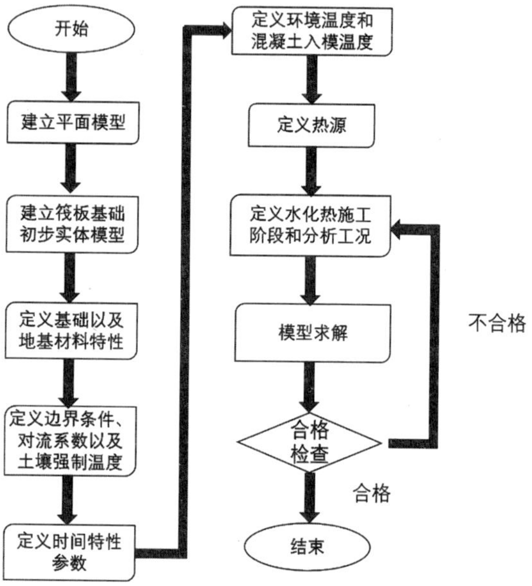

图 3-68　水化热模型分析流程图

分析试验区当入模温度为 30℃，绝热温升为 55℃，混凝土筏板中心温度达到 81℃，混凝土水化热过大。在不改变混凝土强度、抗渗性能的同时，通过对混凝土配合比各原材的参量调整，重新定义水化热，再次进行模型计算，入模温度为 30℃，绝热温度升为 44℃，混凝土筏板中心温度为 70℃。

b. 实施过程 2：根据 Midas FEA 软件设计的混凝土配比，与混凝土厂家进行会议沟通，厂家进行调整

2022 年 9 月 3 日，小组成员×××、×××在项目部会议室召集三家混凝土厂商进行协商、交底，要求厂家严格按照 Midas FEA 软件设计的混凝土配比进行混凝土调配，并指派小组成员×××、×××在厂家适配完成后，前往进行试验验证。

c. 实施过程 3：厂家根据确定的混凝土配比进行混凝土适配，并进行检测

2022 年 9 月 4 日，混凝土厂家在小组成员×××、×××的监督和指导下，进行混凝土的适配工作。厂家严格按照 Midas FEA 软件设计的配比进行调配，并安排人员将适配材料送往相城区检测中心，水化热检测合格后可进行后道工序。

d. 实施过程 4：浇筑完成后采用温度数据采集仪进行温度测量跟踪

2022 年 9 月 15 日，小组成员×××、×××对混凝土水化热报告进行验收，验收合格后，由现场工人根据大体积混凝土施工方案，对 B 塔楼筏板进行混凝土浇筑，并在浇筑完毕后，通过混凝土温度数据采集仪，对混凝土水化热反应进行实时跟踪，如图 3-69 所示。

图 3-69 现场混凝土温度数据采集仪图

e. 实施过程 5：阶段性实施效果验证

对策实施后，小组成员×××、×××会同监理在 2022 年 9 月 18 日对 B 塔楼东、西两个区域的筏板中心下降温度进行了验收检查，共抽查验收 100 个位置的筏板中心下降温度误差进行统计，参见表 3-54。

表 3-54 统计汇总表

序号	检查区域	检查数量/个	误差值(℃)/数量(个)
1	B 塔楼东区	50	+10℃/0,11℃/19,12℃/11,13℃/8,14℃/6,15℃/6
2	B 塔楼西区	50	+10℃/0,11℃/17,12℃/12,13℃/8,14℃/7,15℃/6

经过小组成员×××、×××调查分析，发现 100 组数据中，“筏板中心温度下降＞10℃”，对策目标一实现。

f. 实施过程 6：负面影响评估

对策实施后，小组成员×××、×××于 2022 年 9 月 22 日对现场质量、安全、管理、成本、环保等负面影响进行了检查，如表 3-55 所示，对策实施后对现场没有负面影响。

表 3-55 负面影响验证汇总表

序号	负面影响项目	现场负面影响验证	负面影响结果
1	质量	混凝土水化热过大的问题已解决，混凝土中心最高温度明显降低	无负面影响
2	安全	无安全隐患	无负面影响

（续表）

序号	负面影响项目	现场负面影响验证	负面影响结果
3	管理	项目管理水平得到提升	无负面影响
4	成本	每平方米节省 200 元，成本共减少 24 万元	无负面影响
5	环保	没有对环境造成任何污染	无负面影响

结论：对策实施有效，目标实现，且经验证没有质量、安全、管理、成本、环保等负面影响。

② 对策二：在支架立柱做好横梁部位标记，在立柱安装前焊接定型化钢牛腿，让横梁焊接在牛腿上以达到固定作用。

a. 实施措施 1：深化设计图纸，明确牛腿焊接与横梁焊接的位置要求。

2022 年 9 月 1 日，小组成员××、×××在施工现场，根据项目工程特点，依据设计院图纸交底内容和牛腿厂家提供的材质特性，确认了钢牛腿的焊接位置，以及横梁固定在牛腿上的位置，如图 3-70 所示。

b. 实施措施 2：运用 BIM 进行支架模型建立

2022 年 9 月 3 日，小组成员×××、×××根据槽钢支架设计图，要求 BIM 项目部建立槽钢支架模型，并用 Midas Gen（建筑领域通用分析与设计软件）对增设牛腿后的钢筋支架进行受力分析，确保承载力合格。运用槽钢支架总体模型，提前做好现场的施工准备，参见图 3-71。

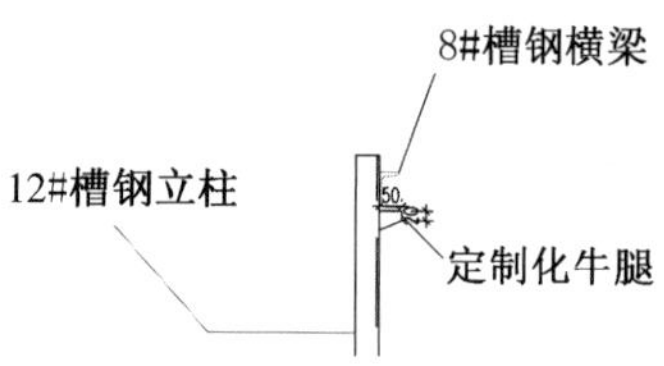

图 3-70 牛腿节点简图

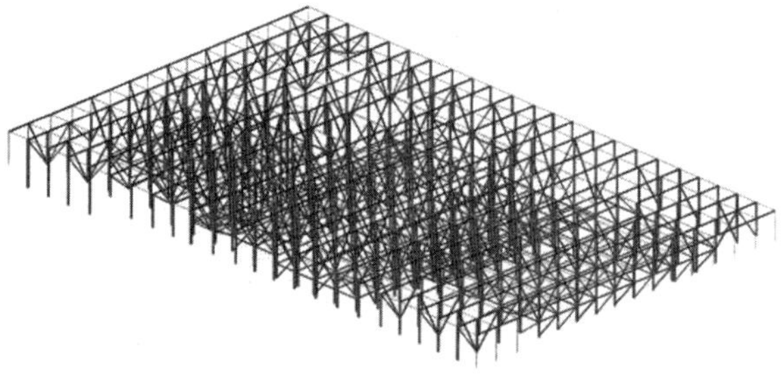

图 3-71 槽钢支架总体模型图

c. 实施措施 3：给工人交底，要求工人焊接槽钢按照图纸要求，在立柱安装前根据定点焊接牛腿。

2022 年 9 月 12 日，小组成员×××、×××在项目部会议室对工人进行技术交底，交底结束后，指导工人在施工现场进行钢牛腿焊接。

d. 实施措施 4：现场横梁焊接安装。

班组长×××安排已交底完成的工人，进行槽钢支架的安装焊接，严格按照流程图实施，参见图 3-72。

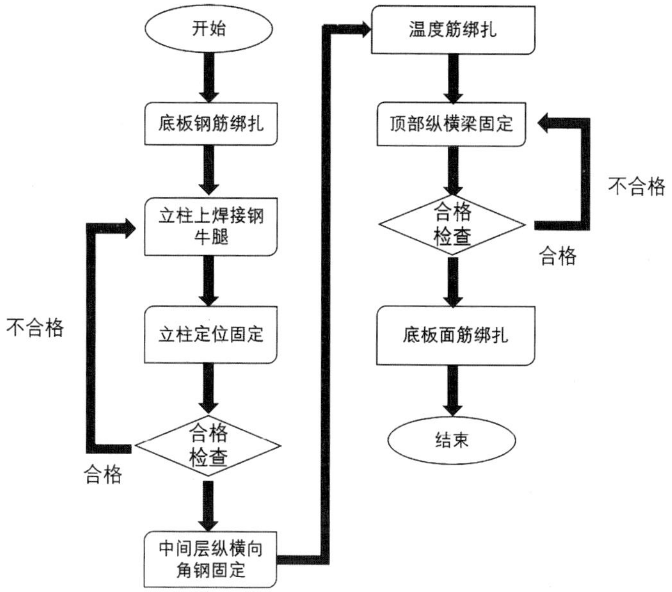

图 3-72 槽钢支架安装流程图

针对本工程现场情况，钢筋支架焊接采用手工电弧焊作业，焊接材料需采用 E50 及以上焊条，焊接前，把焊接区两侧各宽 20 mm 的表面清除水、锈、气割氧化物、油污等杂物，并保持清洁和干燥。焊缝末端收口处应填满弧坑，以防止产生弧坑裂纹。焊接过程应注意清渣，彻底清除焊根缺陷。焊接结束后，焊工应对自己所焊的焊缝正反面进行检查，对不符合验收要求的焊缝，应做出明显标记，以便进行修补。

e. 实施措施 5：阶段性实施效果验证。

对策实施后，小组成员×××、×××会同监理在 2022 年 9 月 20 日对 B 塔楼东、南、西、北四个区域的横梁平整度进行了验收检查，共检查验收 200 组数据，平均合格率情况参见表 3-56、图 3-73。

表 3-56 混凝土表面平整度偏差统计分析表

序号	检查区域	检查数量/个	合格点数/个	合格率/%
1	B 塔楼东区	50	48	96
2	B 塔楼南区	50	49	98
3	B 塔楼西区	50	47	94
4	B 塔楼北区	50	48	96
合计		200	平均合格率/%	96

经过小组成员×××、×××调查分析，发现 200 组数据的横梁平整度平均合格率为 96%，对策目标二实现。

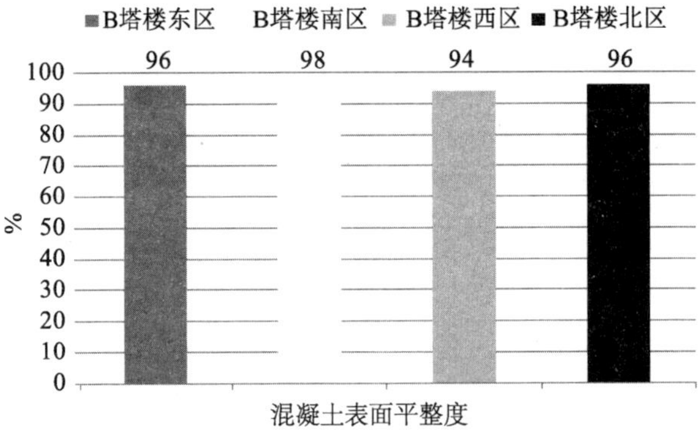

图 3-73 平整度偏差合格率柱状图

f. 实施措施 6：负面影响评估。对策实施后，小组成员×××、×××于 2022 年 9 月 22 日对现场质量、安全、管理、成本、环保等负面影响进行了检查，对策实施后对现场没有负面影响，参见表 3-57。

表 3-57 负面影响验证汇总表

序号	负面影响项目	现场负面影响验证	负面影响结果
1	质量	通过牛腿的焊接定位，有效地保证横梁的平整度	无负面影响
2	安全	无安全隐患	无负面影响
3	管理	项目管理水平得到提升	无负面影响
4	成本	焊接牛腿成本增加 30 元/个，工期提前 1 天，减少成本 0.5 万，成本共增加 2.5 万元	负面影响较小
5	环保	没有对环境造成任何污染	无负面影响

结论：对策实施有效，目标实现，且经验证没有质量、安全、管理、环保等负面影响，成本负面影响较小。

③ 对策三：改用智能建造机器人，投入智能整平机和磨光机进行施工。

a. 实施措施 1：混凝土浇筑前对操作人员进行智能机器人运用注意事项交底。

2022 年 9 月 14 日，小组成员×××、×××在项目部会议室，根据项目工程特点，对项目部全体管理人员以及智能机器人现场操作人员进行施工技术交底，明确告知智能机器人投入的范围、操作注意事项、施工顺序、混凝土浇筑流程、方向等相关技术要点。

b. 实施措施 2：混凝土浇筑时，投入智能整平机进行整平。

2022 年 9 月 17 日，小组派出成员×××、×××在现场进行监督、协调工作，班组长×××进行现场的实际操作与指挥。根据事先要求的浇筑流程，将智能整平机投入使用，在少数狭小地带，机器人无法施工的部位，安排 1～2 人进行人工整平，参见图 3-74。

c. 实施措施 3：浇筑完成后，投入智能磨光机进行收尾。

2022 年 9 月 18 日，小组成员×××、×××在混凝土整平完成的区域，安排智能磨光机投入使用，班组长×××现场指挥，在少数狭小地带，机器人无法施工的部位，安排 1～2 人进行人工收头，参见图 3-75。

图 3-74　整平机器人现场操作图

图 3-75　磨光机器人现场操作图

d. 实施措施 4：阶段性实施效果验证。

对策实施后，小组成员×××、×××会同监理在 2022 年 9 月 20 日对 B 塔楼东、南、西、北四个区域的表面平整度进行了验收检查，共检查验收 200 组数据，面层平整度偏差＜8 mm，平均合格率情况，参见表 3-58、图 3-76。

表 3-58　混凝土表面平整度偏差统计分析表

序号	检查区域	检查数量/个	合格点数/个	合格率/%
1	B 塔楼东区	50	48	96
2	B 塔楼南区	50	49	98
3	B 塔楼西区	50	47	94
4	B 塔楼北区	50	48	96
合计		200	平均合格率/%	96

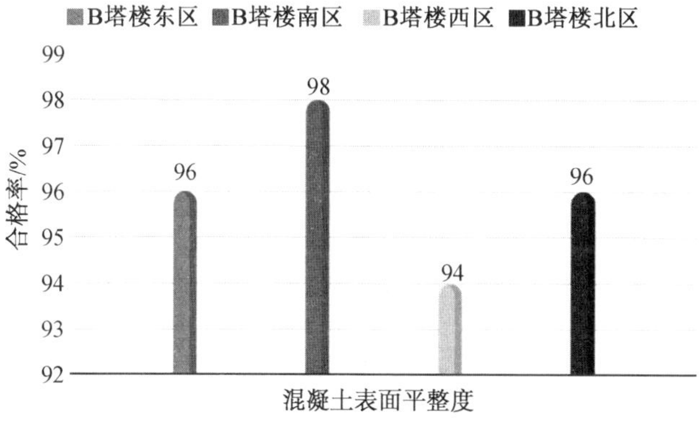

图 3-76　混凝土表面平整度合格率柱状图

经过小组成员×××、×××调查分析，发现200组数据中面层平整度偏差<8 mm，平均合格率为96%，对策目标三实现。

e. 实施措施5：负面影响评估。

对策实施后，小组成员×××、×××于2022年9月22日对现场质量、安全、管理、成本、环保等负面影响进行了检查，对策实施后，对现场没有产生负面影响，参见表3-59。

结论：对策实施有效，目标实现，且经验证没有质量、安全、管理、环保等负面影响，成本负面影响较小。

表3-59 负面影响验证汇总表

序号	负面影响项目	现场负面影响验证	负面影响结果
1	质量	智能机器人的投入使用，有效地保证筏板面的平整度	无负面影响
2	安全	无安全隐患	无负面影响
3	管理	项目管理水平得到提升	无负面影响
4	成本	增加智能机器人租金0.9万元，节省工期1天，减少成本0.5万元，成本共增加0.4万元	负面影响较小
5	环保	没有对环境造成任何污染	无负面影响

（2）案例点评

① 优点：小组基本按照对策表中的对策和措施，进行逐条实施，并在每个对策实施完成后，进行对策目标的确认，判断对策目标是否完成，程序基本完整。

② 不足：小组虽然对负面影响进行了验证，但没有事实和数据支持，只是给出了负面影响结果的评价，结论的科学性不足，有待改进。

第十节 效果检查

一、活动准则

所有对策实施完成后，小组应进行效果检查：

（1）检查小组设定的课题目标是否完成。

（2）与对策实施前的问题现状对比，判断其症结或问题的改善程度。

（3）必要时，确认小组活动产生的经济效益或社会效益。

二、标准解读

效果检查，是对策表中所有对策全部实施完成并逐条确认达到目标要求后，即所有的要因都得到解决或改进，按改进后的条件进行试生产（工作），并从中收集数据，用以检查改进后所取得的总体效果。

1. 检查小组设定的课题目标是否完成

（1）把对策实施后试生产（工作）收集的数据与小组设定的课题目标值进行比较，检查是否达到了预定的目标。

（2）如果达到小组设定的目标，说明问题已得到解决，就可进入下一个步骤，巩固活动取得的成果，防止问题的再发生。

（3）如果未达到小组设定的目标，说明问题没有彻底解决，必须分析没达到目标的具体原因，是现状调查中症结找得不准，还是设定目标时预计症结的解决程度不准，或是分析原因不全、未到末端，或是主要原因确定不准确，或是对策选择有误。哪个步骤有不足，就从哪个步骤重新开始，进行一个小 PDCA 循环，这是 PDCA 循环的特点之一，即大环套小环，直至达到目标。

2. 与对策实施前的现状对比，判断改善程度

（1）小组在检查设定的课题目标已完成后，还应对问题症结的解决情况进行调查，与对策实施前的现状进行对比，以明确改进的有效性。

（2）效果检查的时间要求有三个方面：一是开始收集效果数据的时间，必须在全部对策实施完成并达到对策目标之后；二是收集效果数据的时间单位，应与对策实施前收集现状数据的时间单位保持一致；三是效果检查时间长度应在三个周期及以上。

3. 必要时，确认小组活动产生的经济效益和社会效益

（1）是否计算小组活动的经济效益和社会效益，由小组根据课题活动的实际情况来定。

（2）凡是能够计算经济效益的，都应该计算出本次课题活动所带来的经济效益，以明确小组活动所做的具体贡献，鼓舞小组成员的士气，更好地调动小组成员的积极性。

（3）经济效益是指在活动期（包括巩固期）内产生的直接实际的可计算的经济效益。计算经济效益一定要实事求是，不计算预期的经济效益，且要扣除此次活动的投入。

（4）如果小组创造的经济效益很小（甚至为负数），可着重社会效益方面的描述。

（5）效果检查常用的方法有调查表、简易图表、排列图、控制图、直方图等。

二、关注要点

关注要点包括：

（1）检查课题总目标的完成情况，确认课题目标是否实现。

（2）效果检查收集数据的时间的长度要与现状调查时一致，可直接作对比，有的行业还要考虑时间的同期对比。

（3）计算经济效益要客观、真实。

（4）所获效益要经相关部门确认。

① 解决症结后，效果优于目标，其他症结有所改善要加以说明。

② 症结问题不一定要成为第二症结、第三症结。

③ 经济效益不类推、不夸大，要减少实际费用成本，时间是活动期加巩固期。

④ 检查的目的是检查目标值完成情况。

四、常见问题

常见问题包括：

(1) 次序颠倒，先与对策实施前的现状对比，再检查小组设定的课题目标是否完成。

(2) 在与对策实施前的现状对比时，未与现状调查时的问题症结进行比较，当对比没有明显改善时，未给出合理解释。

(3) 效果检查的开始时间不对，与对策实施中效果确认时间重叠，或在所有对策还未实施完毕并达到对策目标时，就开始收集效果检查的数据。

(4) 与对策实施前收集现状数据的时间单位不一致，或效果检查时间长度未达到三个周期及以上。

(5) 计算经济效益不实事求是：一是计算预期的经济效益，或类推、延长计算期限；二是未扣除本课题活动的投入；三是计算的人力资本节约额不是实际发生的；四是无相应财务部门佐证材料。

五、评价标准

在问题解决型课题成果发表评审评分细则中，关于效果检查，明确的要求包含以下几个方面：

(1) 将取得效果与实施前现状比较，确认改进的有效性，与所制定的目标比较，检查是否已达到效果。

(2) 取得经济效益的计算要实事求是。

(3) 必要时，对无形效果进行评价。

六、案例分析

1. 案例一：提高表面污染测量仪表检定效率

(1) 效果检查

① 检查目标

对策全部实施完成后，小组成员对检定室使用表面污染测量仪表检定效率进行了统计，结果见表 3-60，活动后的检定仪表效率明显提升，平均值为 4.4 台/h，高于目标设定值 4.0 台/h，参见表 3-60、图 3-77，活动目标完成。

表 3-60 活动后表面污染测量仪表检定效率统计表

天数	检定效率/(台·h^{-1})	天数	检定效率/(台·h^{-1})	天数	检定效率/(台·h^{-1})	天数	检定效率/(台·h^{-1})
1	4.5	16	4.2	31	4.6	46	4.2
2	4.2	17	4.3	32	4.6	47	4.5
3	4.6	18	4.2	33	4.4	48	4.2

（续表）

天数	检定效率/（台·h^{-1}）	天数	检定效率/（台·h^{-1}）	天数	检定效率/（台·h^{-1}）	天数	检定效率/（台·h^{-1}）
4	4.5	19	4.4	34	4.2	49	4.6
5	4.0	20	4.5	35	4.2	50	4.5
6	4.1	21	4.2	36	4.1	51	4.0
7	4.8	22	4.6	37	4.5	52	4.2
8	5.0	23	4.5	38	4.9	53	4.2
9	4.0	24	4.0	39	5.2	54	4.1
10	4.1	25	4.6	40	4.5	55	4.9
11	4.1	26	4.4	41	4.2	56	4.9
12	4.2	27	4.2	42	4.6	57	5.2
13	4.5	28	4.2	43	4.5	58	4.2
14	4.5	29	4.4	44	4.1	59	5.0
15	4.8	30	4.6	45	4.8	60	4.5
检定台数		平均值/台·h^{-1}		最大值/台·h^{-1}		最小值/台·h^{-1}	
220		4.4		5.2		4.0	

② 症结检查

对策全部实施完成后，小组成员对检定室表面污染测量仪表检定探测器对准环节和结果计算环节耗时进行统计，进行了 10 次单项测试，结果统计参见表 3-61。

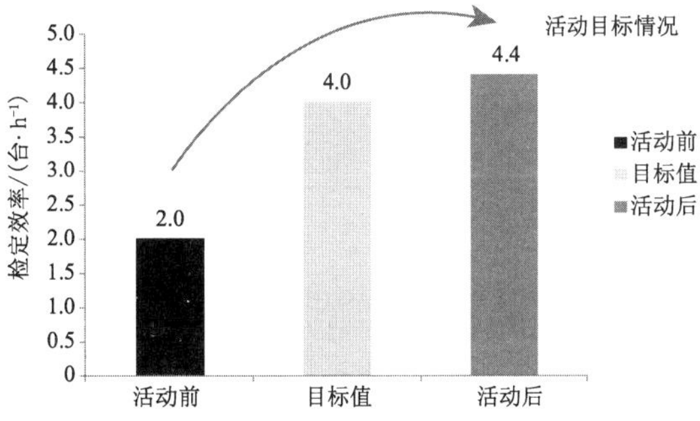

图 3-77 活动目标完成情况

表 3-61 活动后表面污染检定装置仪表检定对准及结果计算耗时统计表

检定环节	1	2	3	4	5	6	7	8	9	10	平均值/min	活动前值/min	降幅/%
	耗时/min												
对准	2	2	1	2	2	1	2	3	1	2	1.8	11	83.6
结果计算	1	2	1	1	1	2	1	2	1	1	1.3	8	83.8

结果显示，活动后表面污染测量仪表检定对准环节耗时已降低至 1.8 min，降幅 83.6%，结果计算环节也降低至 1.3 min，降幅 83.8%，症结解决 80%以上，如图 3-78 所示。

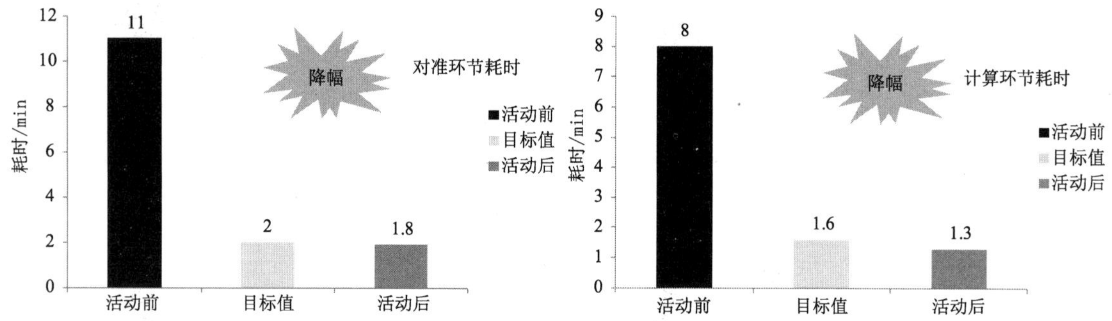

图 3-78 症结改善情况对比图

同时，小组对活动后仪表检定各环节耗时进行排序，参见表 3-62，“探测器对准”及“结果计算”环节耗时占比已由实施前的 76%，降低为实施后的 33.3%，已不再是课题的症结。

表 3-62 活动后仪表检定各环节花费时间占比统计表

序号	仪表校验各环节	平均时长/min	占比/%
1	测量	3.0	33.4
2	探测器对准	1.9	21.1
3	结果计算	1.1	12.2
4	放置放射源	1.0	11.1
5	数据记录	1.0	11.1
6	报告生成	1.0	11.1
合计		9.0	100

③ 效益检查

a. 经济效益。通过本小组的活动，使用较少的经费，对表面污染检定装置进行了升级改造，使得单位时间内表面污染测量仪表检定效率提高了两倍以上，目前基本满足了××核电站所有表面污染测量仪表的自主检定需求，提高了企业自主能力，较好地实现降本增效，如表 3-63、图 3-78 所示。

表 3-63 经济效益计算表

节约经费	QC 活动经费	直接经济效益
本单位因检定能力有限需将仪表送出外检产生的费用，外检费用每台 500 元 目前检定能力：1 000 台/年 目前核电站辐射测量仪表台数：1 700 台 外检费用：35 万元	制作专用快速对准装置：2 000 元 开发专用计算程序：8 000元	34 万元

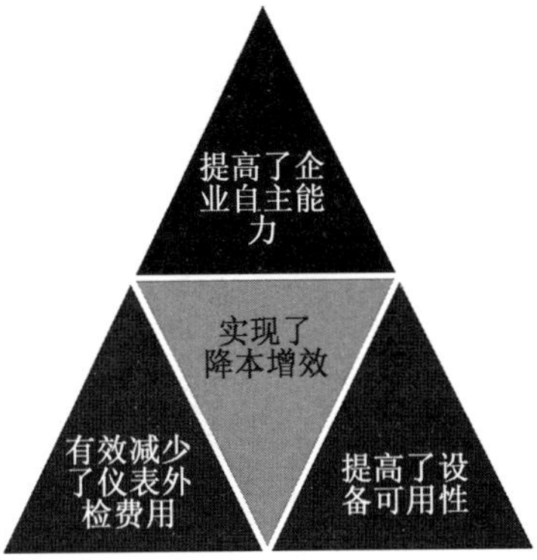

图 3-78　活动目标完成经济效益图

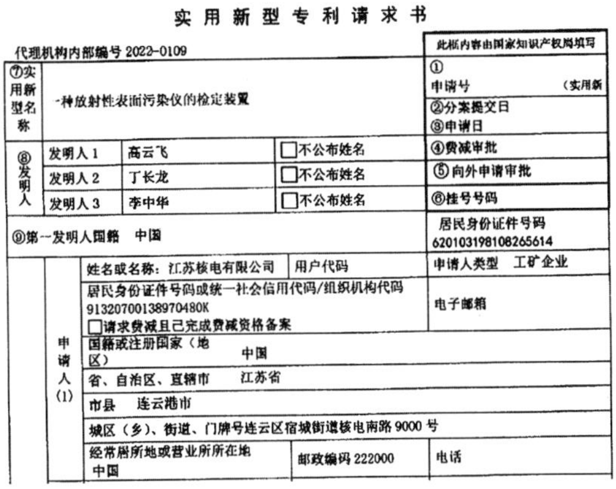

实用新型专利请求书

代理机构内部编号 2022-0109

此框内容由国家知识产权局填写

⑦实用新型名称	一种放射性表面污染仪的检定装置		①申请号　（实用新
			②分案提交日 ③申请日
⑧发明人	发明人 1	高云飞	□不公布姓名	④费减审批
	发明人 2	丁长龙	□不公布姓名	⑤向外申请审批
	发明人 3	李中华	□不公布姓名	⑥挂号号码
⑨第一发明人国籍　中国				居民身份证件号码 620103198108265614
申请人(1)	姓名或名称：江苏核电有限公司	用户代码		申请人类型　工矿企业
	居民身份证件号码或统一社会信用代码/组织机构代码 91320700138970480K □请求费减且已完成费减资格备案			电子邮箱
	国籍或注册国家（地区）　中国			
	省、自治区、直辖市　江苏省			
	市县　连云港市			
	城区（乡）、街道、门牌号连云区宿城街道核电南路 9000 号			
	经常居所地或营业所所在地 中国	邮政编码 222000		电话

图 3-79　专利申请书

b. 科技竞争力效益。QC 小组在表面污染检定仪表检定装置改进过程中，产出专利《一种放射性表面污染仪的检定装置》，目前专利已提交国家知识产权局审查，知识产权得以保护，增加科技竞争力，也为后续成果推广提供保障，如图 3-79 所示。

（2）案例点评

① 优点："提高表面污染测量仪表检定效率"课题对实施结果进行了检查，包括课题目标达成情况、症结改善、企业效益等，数据翔实，事实充分；基本满足活动程序要求。

② 不足：专利申请等，不是检查内容，可以放到总结部分描述；经济效益计算需要得到财务的认可，经济效益计算周期也只限于活动期和巩固期，不能类推。

2. 案例二：提高无防水超大超厚筏板基础一次成型合格率

（1）效果检查

① 检查对比

a. 目标检查

2022 年 9 月 25 日—10 月 1 日，小组成员×××、×××依据现行国家规范《混凝土结构工程施工质量验收规范》GB 50204—2015、《大体积混凝土施工标准》GB 50496—2018 有关质量验收标准，围绕材料、施工、验收等方面的要求，对"苏地 2021 - WG - 28 号"地块项目 B 塔楼筏板的无防水超大超厚筏板基础一次成型合格率进行了专项验收，共检查 600 个点位，合格点位 566 个，不合格点位 34 个，一次验收合格率 94.3%，超过预定目标值 92%。活动目标实现，参见表 3-64、表 3-65、图 3-80。

表 3-64　无防水超大超厚筏板基础一次成型合格率统计表

序号	调查部位	调查数量/个	合格数量/个	不合格数量/个	合格率/%
1	B 塔楼筏板东区	300	282	18	94.0
2	B 塔楼筏板西区	300	284	16	94.7
3	合计	600	566	34	94.3

表 3-65　活动前后验收合格率统计表

项目	调查数量/个	合格数量/个	合格率/%
活动前	600	501	83.5
活动后	600	566	94.3

b. 现状对比

根据验收统计表小组对上述 34 个影响无防水超大超厚筏板基础一次成型合格率的质量问题进行了归纳整理分析，并制作调查表，参见表 3-66、图 3-81、图 3-82。

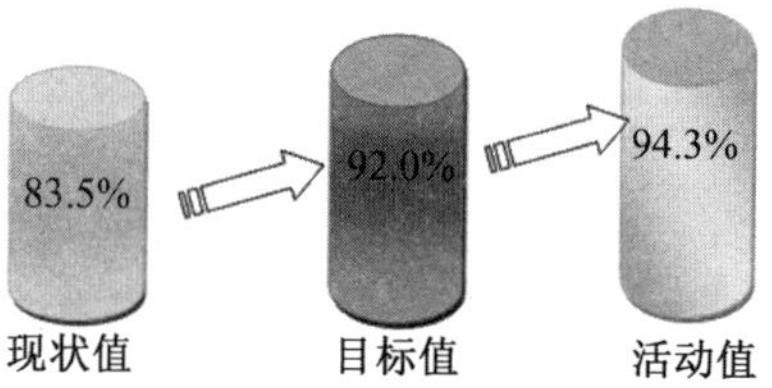

图 3-80　现状值、目标值、活动值对比图

表 3-66　无防水超大超厚筏板基础一次成型合格率质量问题调查表

序号	质量问题	频数/个	频率/%	累计频率/%
1	现浇结构尺寸偏差	11	32.4	32.4
2	混凝土成型外观差	8	23.5	55.9
3	预留洞口中心线偏差	8	23.5	79.4
4	埋件位置偏差	5	14.7	94.1
5	其他	2	5.9	100
6	合计	34	100	

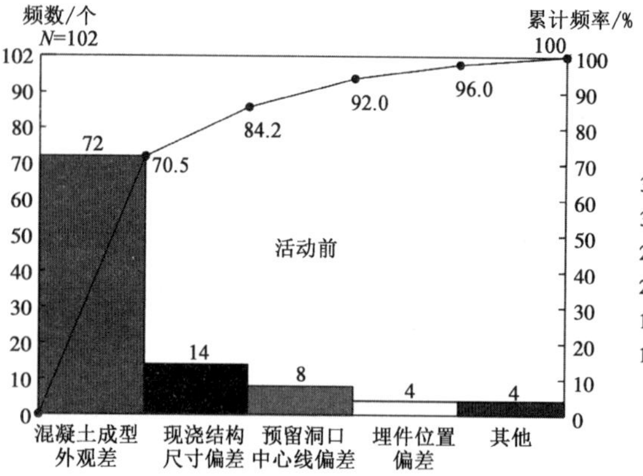

图 3-81　排列图(1)

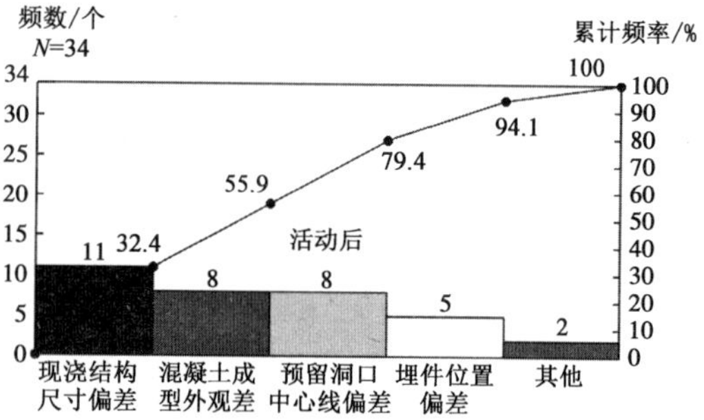

图 3-82　排列图(2)

对 8 个混凝土成型外观差的点数进一步深入调查分析，所得数据如表 3-67 所示。

表 3-67 "混凝土成型外观差"质量问题调查表

序号	质量问题	频数/个	频率/%	累计频率/%
1	混凝土温度裂缝	2	25.0	25.0
2	混凝土色差	2	25.0	50.0
3	结构面破损	1	12.5	62.5
4	混凝土表面平整度差	1	12.5	75.0
5	其他	2	25.0	100.0
6	合计	8	100	—

如图 3-83、图 3-84 所示，通过对策实施前后排列图对比，可以发现"混凝土温度裂缝""混凝土表面平整度差"的质量问题已大幅减少，不再是影响无防水超大超厚筏板基础一次成型合格率的主要问题，变成了次要问题，QC 小组活动所采取的改进措施有效。

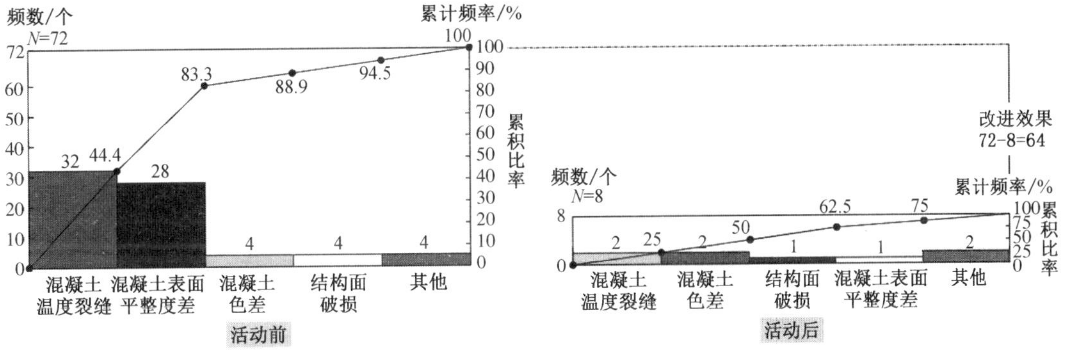

图 3-83 排列图(3)　　图 3-84 排列图(4)

② 社会效益

通过 QC 小组活动，加强技术措施、严格把关、提高施工质量，受到业主、监理单位和行业主管部门的一致认可，提高了公司的声誉。为本工程创建中国建设工程鲁班奖(国家优质工程)奠定了良好的基础，同时提高了企业信誉，为企业树立了良好的社会形象。

③ 经济效益

通过 QC 小组活动，加强了预控和过程控制，强化了验收，节约了工作效率，共计节约费用 20.6 万元，如表 3-68 所示。

(2) 案例点评

① 优点："提高无防水超大超厚筏板基础一次成型合格率"课题对实施结果进行了检查，包括课题目标达成情况、症结改善、企业效益等；基本达到活动程序要求。

② 不足：经济效益计算周期只限于活动期和巩固期，小组没有说明效益的计算时间周期；目标检查时，没有使用简易图表，而是随心绘制，不规范；排列图的绘制方面还需要加强，如活动后对症结检查的排列图，分开呈现的效果会更好。

表 3-68 经济效益调查分析表

序号	费用类别	费用情况	费用计算式	经济效益证明
1	采用 Midas FEA 软件对大体积混凝土进行水化热分析，提高了施工效率，减少成本 200 元/m^2	减少费用	200×1 200=24(万元)	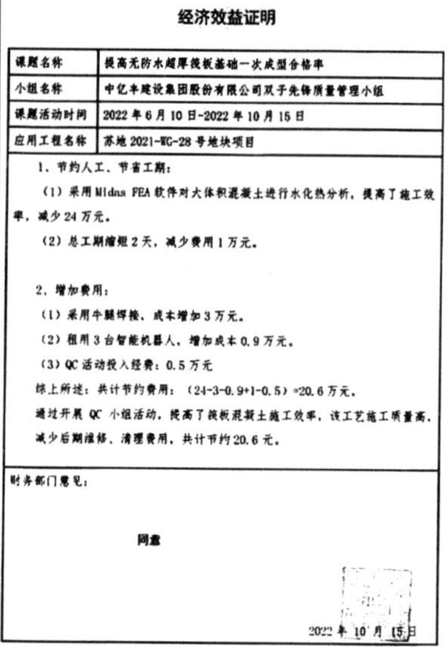
2	采用牛腿焊接，成本增加 30 元/个	增加费用	25×20×2×30=3(万元)	
3	租用 3 台智能机器人，增加成本 3 000 元/台	增加费用	3×3 000=0.9(万元)	
4	总工期缩短 2 天，每日工期费用 5 000 元/天	降低费用	2×5 000=1(万元)	
5	质量管理小组活动投入费用	增加费用	0.5 元	
合　计			24－3－0.9＋1－0.5＝20.6(万元)	

经济效益证明

课题名称	提高无防水超厚筏板基础一次成型合格率
小组名称	中亿丰建设集团股份有限公司双子先锋质量管理小组
课题活动时间	2022 年 6 月 10 日-2022 年 10 月 15 日
应用工程名称	苏地 2021-WG-28 号地块项目

1、节约人工、节省工期：

（1）采用 Midas FEA 软件对大体积混凝土进行水化热分析，提高了施工效率，减少 24 万元。

（2）总工期缩短 2 天，减少费用 1 万元。

2、增加费用：

（1）采用牛腿焊接，成本增加 3 万元。

（2）租用 3 台智能机器人，增加成本 0.9 万元。

（3）QC 活动投入经费：0.5 万元

综上所述：共计节约费用：（24-3-0.9+1-0.5）=20.6 万元。

通过开展 QC 小组活动，提高了筏板混凝土施工效率，该工艺施工质量高，减少后期维修、清理费用，共计节约 20.6 元。

财务部门意见：

同意

2022 年 10 月 15 日

第十一节 制定巩固措施

一、活动准则

小组制定巩固措施应：

(1) 将对策表中通过实施证明有效的措施纳入相关技术标准或管理制度，并报主管部门批准。

(2) 必要时，对巩固措施实施后的效果进行跟踪。

二、标准解读

通过活动，小组达到了预定的课题目标，取得效果后，就要把效果维持下去，防止问题再发生。为此，要制定巩固措施。

(1) 将已被实践证明了的有效措施纳入有关标准，这里所说的已被实践证明了的有效措施是指对策表中已经列入的，经过实施，证明确实能使原来影响问题的要因能够被解决，使它不再对问题造成影响的具体措施。所谓具体措施，一方面，是指这些措施是被列入"对策表"的，并经过实施证明是有效的，而不是另起炉灶的措施；另一方面，是指这些措施应该是明确的、可操作的、可检查的、可考核的，而不是笼统的、模糊的、口号式的措施。

(2) "相关标准"指的是广义的标准，可以是狭义的标准，如图纸、工艺文件等，也可以是作业指导书、管理制度等。也就是说，为了巩固成果，防止问题再发生，就要把“对策表”中能使要因恢复到受控状态的有效对策和措施，该纳入什么标准，就纳入什么标准，以便相关人员执行及进行日常管理。

(3) 巩固措施的内容、方式。问题解决型课题的小组巩固措施的内容必须是在效果检查中证明有效的措施，如变更的工作方法、操作标准，变更的有关参数、图纸、资料、规章制度等。巩固的方式必须是通过将这些有效措施分门别类纳入相关标准，包括技术标准和管理制度。这些标准和制度可以是企业层级的，也可是部门、班组层级的。

(4) 巩固期检查。小组成员应结合课题的实际情况，自行决定是否设定巩固期，对巩固措施实施后的效果进行跟踪。

已解决的问题几个月后再次发生，其主要原因是巩固措施没有严格执行。因此，小组成员要对巩固期的情况到现场进行跟踪，收集数据确认是否按照修订的新标准、方法操作执行，以确保取得的成果真正得到巩固，并维持在良好的水平上。

(5) 在取得效果后的巩固期内做好记录，进行统计，用数据说明成果的巩固状况。巩固期的长短应根据实际需要确定，只要有足够的时间说明成果在实际运行中效果稳定就可以了。巩固期长短的确定，是以能够看到稳定状态为原则的，一般情况下，通过看趋势判断稳定至少应有三个统计周期的数据。统计周期指的是小组进行现状调查(目标可行性分析)时收集统计数据时的周期时长，例如周、月、季等。

(6) 制定巩固措施常用的方法包括简易图表、流程图、控制图、直方图等。

三、关注要点

关注要点包括：

(1) 标准化仅将活动过程中的有效措施纳入标准，小组还应从更多维度进行总结，形成经验，并用于以后更好地指导小组活动。

(2) 对于连续性的，有要跟踪的可设定巩固期，进行统计，用数据证明成果的巩固状况。

(3) 结合行业特点，至少应有3个统计周期的数据。

(4) 将标准在适宜的现场和过程进行推广应用。

(5) 总结巩固措施的统计工具、方法有简易图表、控制图、流程图等。

四、常见问题

常见问题包括：

(1) 未能将实施有效的具体措施纳入相关标准。

(2) 巩固措施不具体，太笼统，没有明确纳入的具体标准是什么。

(3) 小组将活动后行政方面继续跟进的工作与巩固措施相混淆。

(4) 巩固期的统计周期有问题，未考虑至少有3个统计周期。

(5) 将专利、软著、论文、推广应用情况等纳入巩固措施。

五、评价标准

在问题解决型课题成果发表评审评分细则中，关于制定巩固措施，明确的要求包含以下几个方面：

（1）实施中的有效措施已纳入有关标准，并按新标准实施。

（2）改进后的效果能维持、巩固在良好的水准，并有数据依据。

（3）工具运用正确、适宜。

六、案例分析

1. 案例一：提高表面污染测量仪表检定效率

（1）制定巩固措施

① 巩固措施标准化

为确保巩固措施的落实，编制了巩固措施计划跟踪表，将活动成果标准化、规范化，参见表 3-69。

表 3-69　巩固措施计划跟踪表(对策实施后)

序号	巩固措施	标准化形式	文件名称	责任人	完成时间
1	编制生效快速对准装置操作单，报程序管理部门审批，使操作步骤规范化、标准化	优化操作单	RP-Z－00000－504《α、β表面污染仪校准装置操作程序》	×××	2022-02-10
2	编制生效专用计算程序操作单，并报程序管理部门审批，使计算步骤规范化、标准化	优化操作单	RPS－0-00000-212《辐射剂量仪表校准系统操作程序》	××	2022-02-14
3	将快速对准装置及计算操作培训加入检定人员年度培训计划内，并报培训管理部门审批	培训固化	TQ -TW － 11015《保健物理处岗位培训大纲》	×××	2022-02-14

② 巩固期效果检查

2022 年 2 月为效果巩固期，经检查，在巩固期内共进行了 90 台仪表检定工作，如表 3-70 所示。仪表检定效率最小值、最大值及平均值分别为 4.1 台/h、5.3 台/h 和 4.4 台/h，均高于活动目标值 4.0 台/h，仪表检定效率未出现明显降低的情况，可见活动效果稳定。

表 3-70　巩固期表面污染仪表检定效率统计表

天数/天	检定效率/(台·h^{-1})	天数/天	检定效率/(台·h^{-1})
1	4.2	9	4.1
2	4.2	10	4.8
3	4.1	11	5.0

（续表）

天数/天	检定效率/(台·h^{-1})	天数/天	检定效率/(台·h^{-1})
4	4.5	12	4.1
5	4.9	13	4.1
6	5.3	14	4.1
7	4.5	15	4.2
8	4.2	16	4.1
平均值/(台·h^{-1})		最小值/(台·h^{-1})	
4.4		4.1	

(2) 案例点评

① 优点："提高表面污染测量仪表检定效率"课题在制定巩固措施时，编制了《α、β表面污染仪校准装置操作程序》《辐射剂量仪表校准系统操作程序》《保健物理处岗位培训大纲》，将实施中的有效措施纳入有关标准，经公司程序管理部门审批后，按新标准实施；通过对巩固期效果的跟踪检查，改进后的效果能维持、巩固在良好的水准，并有数据支撑。

② 不足：巩固期的工具运用水平有待提升，如将巩固期结果与之前的现状、设定的目标、实施效果等，绘制在同一个柱状图中，效果会更好；另外，本课题巩固期的统计周期上有问题，未考虑至少三个统计周期（从课题上看，统计周期为月），本课题选题时，统计的时间周期为 2020 年 1—3 月，是 3 个月时间，效果检查时间周期是 2021 年 11 月—2022 年 1 月，也是 3 个月时间，但效果巩固期为 2022 年 2 月，只有 1 个月。如果有现场实物、实景的图片来证明，或有相关文件、标准的核准、下发、实施等，会增加成果的科学性。

2. 案例二：提高无防水超大超厚筏板基础一次成型合格率

(1) 制定巩固措施

QC 小组通过改进活动，实现并超越了制定的目标，为进一步巩固本次小组的活动成果，小组成员采取并落实以下措施。

2022 年 10 月 3 日—2022 年 10 月 8 日，小组成员对本次 QC 活动"对策表"中通过实施证明有效的措施加以整理、总结，归纳筏板基础安装要点，并编制完成了企业级《筏板基础安装——无防水超大超厚筏板基础施工方法作业指导书》（编号：ZYFWFSCHFBJC2022-001），报公司总工室审核批准，并向各分公司、项目部下发文件，予以推广，为今后类似工程施工提供技术指导，如表 3-71 所示。

表 3-71　无防水超大超厚筏板基础施工方法作业指导书

形成时间：2022 年 10 月 3 日	收录时间：2022 年 10 月 8 日
编号：ZYFWFSCHFBJC2022-001	

（续表）

序号	标准名称	级别	关键技术	作业指导书技术措施
1	《筏板基础安装——无防水超大超厚筏板基础施工方法作业指导书》	企业级作业指导书	水化热分析技术	① 运用 Midas FEA 软件对筏板大体积混凝土配比进行水化热分析 ② 厂家根据 Midas FEA 软件设计的混凝土配比进行调整 ③ 浇筑完成后采用温度数据采集仪进行温度测量跟踪
2			数字化横梁焊接技术	① 深化设计图纸，运用 BIM 进行支架模型建立，明确牛腿焊接与横梁焊接的位置要求 ② 在立柱安装前根据定点焊接牛腿 ③ 现场横梁焊接安装
3			智能建造技术	① 混凝土浇筑时，投入智能整平机进行整平 ② 浇筑完成后投入智能磨光机进行收尾

（2）案例点评

① 优点："提高无防水超大超厚筏板基础一次成型合格率"课题在制定巩固措施时，编制了《筏板基础安装——无防水超大超厚筏板基础施工方法作业指导书》（编号：ZYFWFSCHFBJC2022-001），将实施中的有效措施纳入有关标准，由公司总工室审核批准后，向各分公司、项目部下发文件，予以推广，为今后类似工程施工提供技术指导。

② 不足：小组没有收集相关项目实施《筏板基础安装——无防水超大超厚筏板基础施工方法作业指导书》后的结果，缺乏对巩固期的效果进行跟踪、检查，对改进后的效果能否维持、巩固在良好的水准上，没有充分的事实和数据依据支撑；成果报告也缺乏修改作业指导书、审核发布和实施的直接证据。

第十二节　总结和下一步打算

一、标准条款

小组应对活动全过程进行回顾和总结，并提出今后打算，包括：

（1）针对专业技术、管理方法和小组成员综合素质等方面进行全面总结。

（2）提出下一次活动课题。

二、标准解读

没有总结就没有提高。QC 小组在本课题成功解决问题之后，要认真回顾活动的全过程：成功与不足之处是什么，肯定成果的经验，以利于今后更好地开展活动，接受失误的教训，以使今后的活动少走弯路。通过总结，鼓舞士气、增强自信、体现自身价值。

总结应结合课题活动实际，实事求是地总结小组成员在专业技术、管理方法和综合素质等方面有哪些提高和不足。

(1) 总结可以从专业技术、管理方法和小组成员的综合素质三个方面进行:

① 专业技术方面。QC小组在活动中分析问题存在的原因,确定主要原因、制定对策、进行改进都需要用到专业技术。通过活动,使小组成员的哪些专业技术得到了提高,这一切都需要小组成员一起认真总结。通过总结必然会使小组成员在专业技术方面得到一定程度的提高。

② 管理方法方面。在解决问题的全过程中,小组活动是否按照科学的PDCA程序进行;解决问题的思路是否一环扣一环,是否具有严密的逻辑性;在各个阶段是否都能够以客观事实和数据作为依据,进行科学的判断分析与决策;改进方法的应用方面是否正确且恰当,这一切都需要通过总结得以体现。通过管理方法的总结,能进一步提高小组成员分析问题和解决问题的能力。

③ 小组成员的综合素质方面。QC小组在对活动过程总结时,可从以下几个方面对QC小组成员的综合素质进行评价:质量意识是否提高(或安全、环保、成本、效率等意识);问题意识、改进意识是否加强;分析问题与解决问题的能力是否提高;QC方法是否掌握更多些,且运用得更正确和自如;团队精神、协作意识是否树立或增强;工作干劲和热情是否高涨;创新精神和能力是否增强等。通过综合素质的自我评价,使小组成员明确自身的进步,从而更好地调动小组成员质量改进的积极性和创造性。

(2) 下一步打算继续寻找发现小组成员身边和工作现场存在的改进机会,追求卓越,持续改进。

三、关注要点

关注要点包括:

(1) 小组要从专业技术、管理方法、小组成员综合能力方面,对小组活动过程中收获的经验及不足进行全面总结。

(2) 要从小组成员的主动参与、团队合作、沟通技巧、电脑知识、各类统计方法在工作生活中的实践应用等方面,对每个小组成员综合能力方面的提升进行总结。

四、常见问题

常见问题包括:

(1) 小组没有针对课题活动实际情况进行总结,而是套用某些模板。

(2) 总结文字过多,数据少。

(3) 使用雷达图等工具,但缺乏相关具有说服力的数据溯源,不能客观进行总结。

(4) 总结泛泛而谈,未对专业技术、管理方法和小组成员综合素质进行有针对性的分析。

五、评价标准

评价标准包括:

(1) 对活动全过程进行回顾和总结，包括专业技术、管理方法和小组成员综合素质等方面。

(2) 在全面总结的基础上，有针对性地提出今后打算，提出下一次活动课题。

六、案例分析

1. 案例一：提高表面污染测量仪表检定效率

(1) 总结和下一步打算

① 总结

在本次 QC 小组活动的开展中，小组成员团结努力、协作攻坚，成功解决了表面污染测量仪表检定效率低的问题，实现了活动预定的目标。同时，小组成员通过本次活动受益匪浅，综合素质有了明显提高，但是在部分阶段存在一定的不足，通过圆桌会议的形式，从专业、管理和综合素质对活动每个方面进行了回顾和总结，并制定了改进措施，以持续不断推动小组质量管理水平再上新台阶。

a. 专业技术方面

通过本次 QC 小组活动的开展，小组成功地提高了表面污染测量仪表检定效率，实现了活动预定的目标，小组成员根据自身工作特点，积极工作、大胆探索、实践，制定了一系列的检定装置改造方案。通过对这些改造方案地制定、实施过程，小组成员对仪表检定装置的特点、功能、构成、工作原理及其检定流程有了更深层次的理解，为提高检定装置可靠性、检定能力、经济运行水平及提质增效积攒宝贵经验。但是在活动过程中，小组成员还发现检定装置专用工具及计算软件使用水平有待提高，计划加强工具及软件的培训力度，确保检定工作流程标准化。

b. 管理方法方面

通过本次 QC 小组活动的开展，小组成员在解决问题和分析问题的过程中，养成了勤于思考的好习惯，提高了分析问题、解决问题的能力，在质量意识、活动程序和工具运用方面都有了明显的提高，在整个活动过程中严格按照 PDCA 程序开展活动，以事实为根据、用数据为支撑，集思广益，团队协作，增强了小组自信心和团队凝聚力。

c. 综合素质方面

在整个 QC 小组活动中，全体小组成员集思广益，群策群力，较好地发挥了主观能动性。通过本次 QC 小组活动，小组成员的团队精神、质量意识、个人能力、QC 工具的运用水平及解决问题的信心也得到了很大的提高，为今后继续开展活动积累了丰富的经验。小组活动总结评价，详见表 3-72。

表 3-72　总结评价表

活动阶段	优点	运用工具	今后努力方向
课题选择	以上级要求为目标，确立课题	调查表、柱状图	—
可行性论证	深入现场调查，能掌握问题重点	分层法、调查表、饼图、流程图	—
目标值测算	通过能力分析确定目标	调查表、柱状图	—

（续表）

活动阶段	优点	运用工具	今后努力方向
原因分析	采取头脑风暴，集思广益，深度剖析现场确认要因	关联图	小组发挥集体智慧头脑风暴，深度剖析，寻找末端因素
要因确认	用数据说话，对比标准分析是否影响目标实现	调查表、直方图等	—
制定对策	同时试验比对确定最佳方案	试验比对、直方图	学会使用试验进行比对，确保对策方案切实有效
对策实施	对策有效解决问题	—	—
效果检查	对课题效果、安全效果、建设效率、经济效益、社会影响进行全方面检查	调查表、柱状图	—
制定巩固措施	制定较好的管理标准，并追踪，确保效果稳定	—	加强长效标准化管理

② 下一步打算

小组成员在活动期间发现××核电站 1/2 号机组辐射控制区特种洗衣房废液排放量较大，不利于国家及公司绿色环保理念，存在改进空间，故本 QC 小组计划将“降低特种洗衣房废液排放量”作为下一个课题进行攻关。

（2）案例点评

① 优点：“提高表面污染测量仪表检定效率”课题对活动的每个过程进行分析，也从专业技术、管理方法等方面进行了总结；有针对性地提出了今后打算，提出了“降低特种洗衣房废液排放量”为下一次活动课题。

② 不足：没有针对课题活动的实际情况进行课题总结，“总结评价表”内容普遍适用于大多数课题，无相关数据支持，纯文字性描述，无说服力；“降低特种洗衣房废液排放量”作为下一次活动课题，缺乏选题依据，仅仅是一个文字性描述。

2. 案例二：提高无防水超大超厚筏板基础一次成型合格率

（1）总结与下一步打算

① 总结

a. 专业技术方面

QC 小组在现状调查、原因分析、确定主要原因、制定对策、对策实施、效果检查、制定巩固措施等程序步骤中涉及了专业知识，通过本次活动，小组成员对无防水超大超厚筏板基础的施工技能得到了提升，具体内容参见表 3-73。

b. 管理方法方面

QC 小组成员按照 PDCA 循环的活动程序，发现问题、分析问题、解决问题，思路清晰，一环紧扣一环，逻辑严密；在活动中，凡事基于客观事实，进行科学的判断分析和决策；灵活应用各类统计方法；提高了 QC 小组成员的管理方法能力，活动步骤优缺点具体内容参见表 3-74。

表 3-73　专业技术提升汇总表

序号	专业技术能力	活动前	活动后
1	水化热分析技术	要求厂家提供水化热检测报告，无法准确把握	运用 Midas FEA 软件计算分析得出符合要求的水化热配比
2	数字化横梁焊接技术	依照设计院出的深化图，按图施工	通过 BIM 模型建立，能提前分析施工中的困难，提高槽钢安装准确率
3	智能建造技术	现场瓦工人工整平、磨光	掌握智能机器人操作技能，大大提高施工效率

表 3-74　活动步骤优缺点调查分析表

序号	活动内容	主要优点	存在不足	改进方向
1	选择课题	选题理由充分，采用数据、图表选择课题	叙述不够简捷	直接通过数据和事实说明选择课题
2	现状调查	对数据和信息进行分类、分层整理	分析方法加强应用	加强多维度分层法学习
3	设定目标	自定目标明确	目标测量依据不足	多学习、运用统计方法
4	原因分析	合理运用统计方法	分析不够全面	多采用小组头脑风暴，找出更多末端原因
5	确定主要原因	根据末端原因对症结影响程度确认要因	统计工具运用较为单一	多学习统计学知识，丰富统计方法
6	制定对策	对策目标明确，可测量检查	对策评价数据不够	通过试验进行对策比选
7	对策实施	依据对策表逐一实施	施工过程中图偏少	活动过程中时刻保留影像资料
8	效果检查	与现状分析相互呼应，判断改善	社会效益缺少相关证明文件	积极与相关机构联系进行确认
9	制定巩固措施	形成作业指导书，通过审批，全企业推广	只形成了技术方面的巩固措施	加强管理方面的巩固措施

c. 小组成员综合素质方面

小组成员综合素质提升分析如表 3-75 所示。

表 3-75　小组成员综合素质提升分析表

项目	自我评价表	
	活动前/分	活动后/分
质量意识	6	9
进取精神	7	9
参与意识	7	9
改进意识	6	8
团队精神	6	9
工作热情与干劲	8	9

结论：经过此次 QC 小组活动，本小组成员的各方面能力都得到了锻炼，根据图 3-85 可知，达到 A 区理想水平。

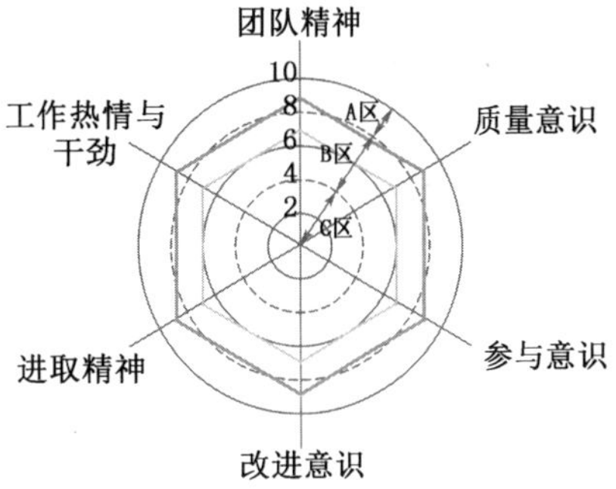

图 3-85　活动前后比较雷达图

通过 QC 小组活动提高了整个施工团队的技术水平，经过本工程施工实践，质量满足了公司创优达标要求，为公司培养了技术精、作风硬的施工队伍。同时提高了管理能力和管理水平，达到了预期效果。

② 下一步打算

QC 小组针对“苏地 2021－WG－28 号地块项目”的实际情况选取了 3 个课题，为了明确下一个课题，小组利用水平对比，对同行业先进企业及本企业项目进行了调查对比，得到同行业水平的合格率指标，如表 3-76 所示，通过对比，QC 小组从存在问题的严重性考虑，一致同意下一步课题为“提高钢板剪力墙安装质量一次验收合格率”。

表 3-76　课题合格率水平对比表

序号	课题名称	本公司项目	先进企业项目	行业标准
1	提高钢板剪力墙安装质量一次验收合格率	84.5%	94.7%	≥90%
2	提高钢连廊整体提升一次验收合格率	85.8%	93.8%	≥90%
3	提高地下室环氧施工质量一次验收合格率	86.2%	93.5%	≥90%

（2）案例点评

① 优点：“提高无防水超大超厚筏板基础一次成型合格率”课题对活动的每个过程进行分析，也对专业技术、管理方法等方面进行了总结；通过数据对比分析，找到差距最大、迫切需要解决的问题后，有针对性地提出了“提高钢板剪力墙安装质量一次验收合格率”为下一次活动课题。

② 不足：没有对课题的实施情况进行课题总结，“活动步骤优缺点调查分析表”内容普遍适用于大多数课题，且无相关数据支持，纯文字性描述，无说服力，“小组成员综合素质提升分析表”打分也没有依据，结果缺乏科学性。

第四章

“创新型”课题活动程序及要点

“创新型”课题是QC小组针对现有的技术、工艺、技能和方法等不能满足内、外部顾客或其他相关方的需求，运用新思维研制（开发）新产品、服务、项目、方法等，所选择的活动课题。

“创新型”课题QC小组就是小组成员运用全新的思维和创新的方法研制、开发新的产品、服务、业务或方法等，以提高企业产品的市场竞争力，并不断满足顾客日益增长的新需求，提高企业经营绩效。

“创新型”课题QC小组，实质是针对研发类项目开展的QC小组活动。运用QC小组团队成员自愿结合、共同参与的活动形式，充分发挥小组成员创造性思维，运用小组成员已有的知识、技术和想象力，打破固有约束，提出各种设想与途径，实现预期目标。

搞好“创新型”课题QC小组活动，要注意两个关键点：

第一，要敢于对过去说“不”。创新的基础是有计划和系统地淘汰陈旧、正在走向衰亡的事务，只有系统地抛弃过去，才能解放工作和业务上所需的各种资源。因此，创新面对的最大障碍就是不愿抛弃过去。

第二，要敢于面对失败。对日常工作或项目的改进，成功率约50%，而创新型工作的成功率远远不及，几乎有90%的“卓越想法”很可能是“无效劳动”，多数以失败而告终，但不能认为所做的事情没有意义。

“隐形”眼镜的问世，就是创新最好的实例。在保证原有眼镜功能的基础上，针对视力近视的演员、运动员等特殊职业者，既要满足普通眼镜看清楚的功能需求，又要满足其便捷、美观的特殊需要。研究人员打破原有传统外形框架的思维模式，开发出用新型材料、紧贴眼球的“隐形”眼镜这一新型产品，推动了眼镜产业新兴领域的发展。

对“创新型”课题QC小组而言，解决的课题是新业务领域、技术、工艺、作业等方面的研发，将面临更大的困难和严峻的挑战。我们就是要充分调动、激发小组成员的潜能和创新型思维，提出各种可行性方案，通过活动，实现预期目标。

“创新型”课题与“问题解决型”课题由于课题类型不同，在活动思路与活动程序上都有所不同。主要区别有以下几个方面：

1. 立意不同

“创新型”课题立足于研制原来没有的产品、服务、软件、方法、材料及设备等，即打破传统，突破传统；而“问题解决型”课题是在原有基础上的改进或提高。

2. 过程不同

“创新型”课题围绕开发、研制新产品、新服务、新业务、新方法，是针对过去没有发生过的，当前还没有实现的产品、服务、业务、方法而开展的活动，没有历史数据作为参考，即没有现状可查，因此，要以研发课题的目的为切入点，提出各种方案，选择最佳方案；而“问题解决型”课题则需对现状数据（信息）进行收集调查、并加以分析，找出问题的症结所在和影响现状的原因。“创新型”课题活动程序参见图 4-1。

3. 结果不同

“创新型”课题是从无到有，即由活动前企业不存在的产品、方法、软件等，经过活动完成了研发，创造出新产品、新服务、新业务、新方法等，并成为提高工作效率或增加经营业绩的增值点。

4. 方法不同

统计方法在“创新型”课题中应用较多的是分析或归纳、整理类工具，如头脑风暴法、亲和图、系统图、PDCA 法等，也有小组能够较好地应用单因素试验法、正交试验设计法等；而“问题解决型”课题则更多地应用数据分析工具，如排列图、控制图、直方图、散布图等。

需要明确指出的是，“创新型”课题与“问题解决型”课题，是 QC 小组在解决不同问题时所采用的不同活动形式，课题本身决定小组活动的课题类型。QC 小组应根据实际情况选择不同类型的课题开展活动，而不要盲目求新、求变。问题与需求是可以相互转化的。

本章以“光缆断点遥控巡查器的研制”和“研究网络云的智慧派单新方法”两个优秀的 QC 小组活动成果案例为例，按照“创新型”课题活动程序展开学习与分析。

第一节 总 则

一、活动准则

“创新型”课题按照如图 4-1 所示的程序开展活动。

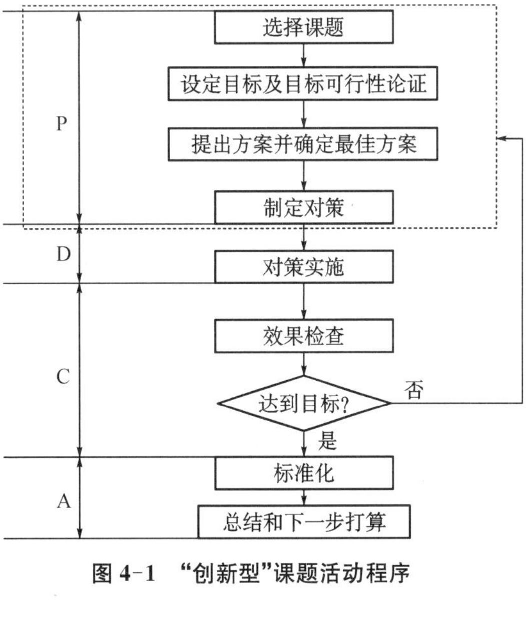

图 4-1 “创新型”课题活动程序

二、标准解读

（1）创新的形式可以多样化，一般包括以下几个方面：

① 原始创新，指前所未有的重大科学发现、技术发明、原理性主导技术等。

② 集成创新，指通过对各种现有技术的有效集成，形成有市场竞争力的新产品或管理方法。

③ 引进消化吸收再创新，指在引进国

内外先进技术的基础上，学习、分析、借鉴，进行再创新，形成具有自主知识产权的新技术。

(2) “创新型”课题的活动程序中，第三步“提出方案并确定最佳方案”，强调提出可能达到课题目标的各种方案，鼓励多提方案，但“各种”不特指总体方案（是什么）；总体方案只有一个，小组可以根据实际情况进行定量分析判断，可以理解为不强调必须要有多个总体方案。

第二节 选择课题

一、活动准则

1. 课题来源

小组针对现有的技术、工艺、技能、方法等无法满足内、外部顾客或其他相关方的需求，运用新思维选择创新课题。

2. 选题要求

小组选择课题应满足以下要求：

(1) 针对需求，通过广泛借鉴，启发小组创新的灵感、思路和方法等，研制（开发）新的产品、服务、项目、方法、软件、工具等。

(2) 需求与借鉴内容具体、明确。

(3) 课题名称直接描述研制（开发）对象。

二、标准解读

(1) 小组在生产、服务过程中遇到安全隐患、效率低下、服务不周，应用现有的技术、工艺、技能、方法等已经无法实现或满足实际需求，只能运用新思维、新方法进行创新，才能满足需求。因此，选题的两种情况：一是针对需求，二是针对持续改进中遇到的瓶颈。

(2) 创新分为被动创新与主动创新。

被动创新：当现有模式无法成功，无法解决或者应对当前的问题，为了解决问题而努力去寻找新的方式、方法。

主动创新：现有模式是成功的，但主动对模式进行改良或者寻找更好的方法实现目标。

(3) 通过国家知识产权局、搜索引擎等网站，对现有技术、工艺、技能、方法进行查询、借鉴，是否满足现有需求。若无法满足现有需求，则根据需求导向进行创新活动。

(4) 广泛借鉴是“创新型”课题的重要基础环节。一般有“原理、技术、实物”等三种借鉴方式。原理借鉴需要进行理论推演；技术借鉴需要进行模拟实验；实物借鉴则需要参照其实际应用的效果。

专用技术的借鉴，为 QC 小组开展活动提出创新方案和目标可行性分析提供支撑，具有特指的含义。通用技术的借鉴，QC 小组可能只是看到一样东西或听到别人一句话，激发了创新的灵感，是泛指的意思。借鉴的对象，包括已有的文献，国内外已有的实际技术、经验，以及自然现象、身边的事物等。

(5) 借鉴内容中的量化数据为创新课题目标的可行性分析提供技术支撑；同时，为后续提出的方案提供借鉴依据。

(6) 课题名称应直接描述研制、研发的产品、服务、方法、软件、工具及设备等，能一目了然地了解课题的特点、特性。因此，课题名称有两种情况：一是直接描述创新需求，二是直接描述研制对象。课题名称需要体现三要素，即“创新手段、特征描述、创新对象”。创新手段根据需要，可以放到题目最前面，也可以放到题目最后面。“创新型”课题命名方式，参见图 4-2。如《新型智能计数器的研制》与《研制新型智能计数器》，《输电线路巡检系统的研发》与《研发输电线路巡检系统》。

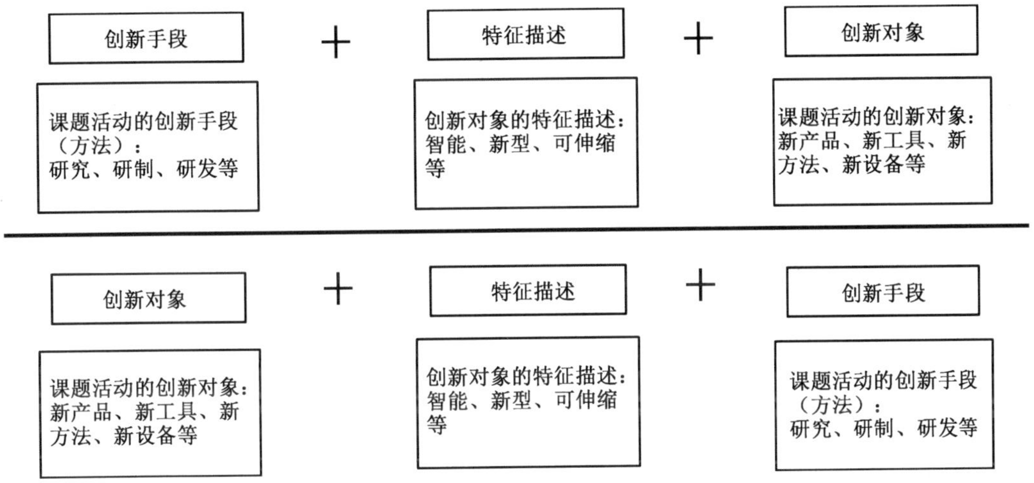

图 4-2 “创新型”课题命名示意图

(7) 如果借鉴的内容具体单一，可以针对借鉴内容直接确定课题。

(8) 由小组成员根据课题实际情况，自行决定是否需要认证课题的可行性。

三、关注要点

关注要点包括：

(1) 课题要清晰，不与问题解决型混淆。

(2) 针对需求进行创新。

(3) 广泛借鉴，不受限制。

(4) 创新和借鉴点要清晰明确。

(5) 课题名称要直接描述创新需求或直接描述研制对象（由于课题名称结构简单，所以小组也可以将创新的特征放到内容前面）。

(6) 必要时，进行课题论证。

(7) 不要将选题理由与选择方案混淆。

四、 常见问题

常见问题包括：

（1）课题针对的是当前存在的问题进行创新，没有针对需求。

（2）借鉴只概括提及的相关文献，而没有指出借鉴的具体内容。

（3）“创新型”与“问题解决型”课题相混淆。

（4）针对“创新型”课题进行现状调查。

（5）选题理由说明与选择方案混淆。

（6）选择自己 QC 小组能力以外的课题，仅提供思路，完全通过厂家完成课题。

（7）未对现有技术进行透彻分析，从而明确实际需求。

（8）为借鉴而借鉴，未对后续最佳方案的选择提供借鉴依据。

五、 评价标准

在“创新型”课题成果发表评审评分细则中，明确选择课题部分的要求，包含以下几个方面：

（1）题目选定有创新。

（2）选题借鉴已有的知识、经验等。

六、 案例分析

1. 案例一：“光缆断点遥控巡查器的研制”

以下为某 QC 小组的“光缆断点遥控巡查器的研制”课题的选择课题部分。

（1）课题背景

2020 年起，全国高速公路实行“一张网”联网营运，收费系统的所有收费数据均通过专用网络传送至相关部门进行结算和审计。而专用网络则是由光缆传输信号，如果光缆出现故障不能被及时发现处理，会导致收费数据大面积丢失、收费站无法正常营运，并由此造成重大的经济损失。2020 年 8 月，江苏省高速公路联网营运管理中心在苏高网〔2020〕34 号文《江苏联网高速公路收费系统运行维护管理方法》（企业内部文件）的通知中提出，各单位要提升网络通信故障快速查处能力，要以最短的时间发现并处理故障，确保系统网络安全稳定运营。

本 QC 小组所在班组主要负责通启高速公路收费系统的网络维护工作。近年来，由于城市发展，本班组管辖的路段护栏外侧社会施工的情况增多，出现误将光缆挖断损坏的情况，因光缆覆盖里程较长，如何能够快速、精准地发现被损坏光缆的位置，成为当前急需解决的新课题，小组针对现行光缆故障巡查方式落后，不能满足中心提出的缩短故障定位时间的新需求，开展了本次 QC 小组活动。

（2）明确需求

2021 年初，通启高速公路领导在部署落实省营运管理中心关于提升网络通信故障快速查处能力，以最短时间发现并处理故障的要求时，对光缆故障排查时间作出调整，最新规定为：高速公路波形护栏两侧的光缆出现切断或损坏，必须在 2 h 内完成巡查，确定断点位置，比原规定（必须在 4 h 内完成）缩短了 2 h。

按照现行光缆断点巡查采用的“步行目测法”，巡查人员沿高速公路围栏外侧的光缆覆盖区域步行，用眼睛目测巡查该区域沿途是否存在光缆被社会施工挖断的现象，由此确认光缆断点位置。目前，本班组管辖范围内需巡查 8 个路段的光缆，里程最长的 12 km，最短的 5 km，光缆断点位置具有不确定性，根据以往数据，光缆断点巡查定位时间平均需 3 h，无法达到 2 h 内的新要求。

创新需求：QC 小组决定，必须通过创新巡查方法，缩短巡查时间，确保达到通启高速公路领导提出的 2 h 完成光缆断点故障定位的要求。

（3）广泛借鉴

① 借鉴一：遥控玩具车

QC 小组认为，要缩短光缆断点巡查时间的最关键点在于改变步行巡查方式。小组成员××通过查阅学术网站发现，遥控玩具车的技术方法课题有借鉴意义，参见表 4-1。

表 4-1 遥控玩具车借鉴分析表

<table>
<tr><th>文献借鉴</th><th>文献内容</th></tr>
<tr><td>《一种定速遥控玩具车的电路分析与还原》</td><td>应用场景：遥控器玩具车
技术方法：玩家操作遥控器，遥控器内芯片推动红外线二极管发射高频震荡信号，玩具车应答器接收信号后驱动电机行驶</td></tr>
<tr><td>结构图示</td><td>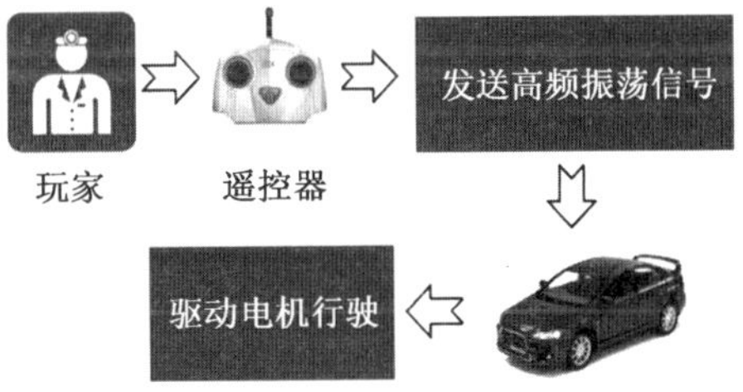

玩具汽车遥控原理图</td></tr>
<tr><td>核心技术参数</td><td><table>
<tr><td>包含设备</td><td>滚动阻力/N</td><td>移动速度/(m·s⁻¹)</td><td>转速/(r·min⁻¹)</td><td>功率/W</td></tr>
<tr><td>遥控终端</td><td>/</td><td>/</td><td>/</td><td>5</td></tr>
<tr><td>驱动电机</td><td>45.2</td><td>0.2</td><td>1 600</td><td>40</td></tr>
</table></td></tr>
<tr><td>借鉴分析</td><td>遥控玩具车是小型设备，电机功率较小，无法直接用于光缆巡查；文献中遥控器发射的高频震荡信号为短波信号，无法用于高速公路长距离，但其技术原理可以借鉴</td></tr>
<tr><td>借鉴启发</td><td>1. 以电机驱动代替双腿，可制作一个具有电机驱动功能的大功率动力推进器，满足长距离移动巡查的动能，用机器移动巡查取代人力步行巡查；
2. 可借鉴遥控汽车电机驱动信号和信号传输技术，用遥控器发送巡查指令，控制动力推进器驱动，但本项目须采用无线网络传输，才能实现长距离远程遥控</td></tr>
</table>

② 借鉴二：轨道灯

QC小组认为，光缆断点巡查必须沿光缆铺设的既定线路前进，为确保前进路线不偏离，要对电机驱动进行线路定位，QC小组发现轨道灯的工作原理，并进行了列表分析，参见表4-2。

表4-2 轨道灯技术原理借鉴分析表

<table>
<tr><th>借鉴</th><th>内容</th></tr>
<tr><td>轨道灯</td><td>应用场景：应用于家居装修中，可随意移动轨道内的灯具，向需要的地方照明；
技术方法：灯具依靠底部定向滑轮可在轨道上滑动，由人力推动其移动</td></tr>
<tr><td>结构图示</td><td>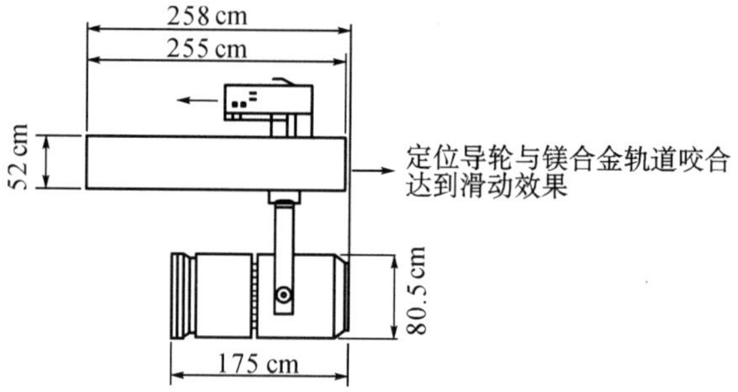

吊轨射灯滑动原理图</td></tr>
<tr><td>核心技术参数</td><td><table>
<tr><td>包含设备</td><td>电压</td><td>滑动滚阻速度</td><td>滑动力矩</td><td>功率</td></tr>
<tr><td>轨道</td><td>5V1A</td><td>$\leqslant 0.2\ m \cdot s^{-1}$</td><td>0.493 N·m</td><td>5 W</td></tr>
<tr><td>金属导轮</td><td>/</td><td>/</td><td>/</td><td>/</td></tr>
</table></td></tr>
<tr><td>借鉴思路</td><td>在断点巡查时，可借鉴轨道灯滑动定位的方法，利用高速公路边的波形护栏作为轨道。在轨道上制作专用的定位滑动设备，以电机驱动滑动设备，达到在护栏上滑动的效果
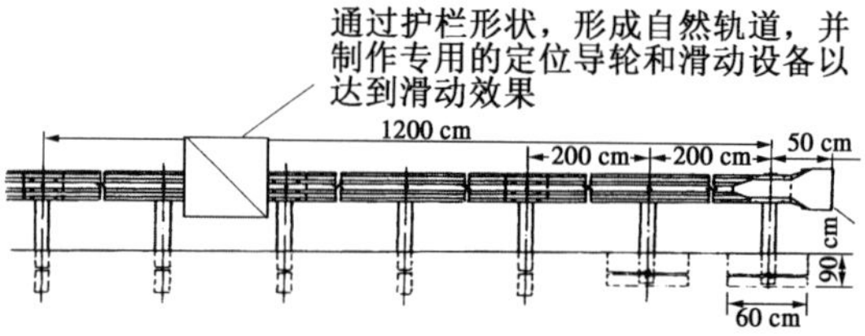

本项目</td></tr>
</table>

③ 借鉴三：行车记录仪

QC小组查询资料后发现，汽车行车记录仪可以完美替代人眼观察，及时发现断点。为了更好地分析行车记录仪的技术原理，QC小组进行了列表分析，参见表4-3。

表 4-3 行车记录仪核心技术原理借鉴分析表

<table>
<tr><th>借鉴</th><th>内容</th></tr>
<tr><td>行车记录仪</td><td>应用场景：能够记录汽车行驶全过程的视频图像和声音，可为交通事故提供证据；
技术方法：镜头模组通过拍摄画面，按帧率由微处理器处理后，将影像传输至显示屏，拍摄画面同步显示</td></tr>
<tr><td>结构图示</td><td>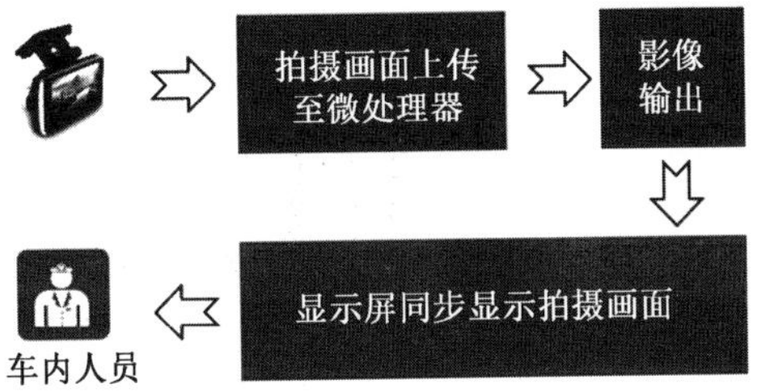

行车记录仪工作原理图</td></tr>
<tr><td>核心技术参数</td><td><table>
<tr><td>包含设备</td><td>电压</td><td>响应速度</td><td>控制距离</td><td>功率</td></tr>
<tr><td>镜头</td><td>5V1A</td><td>≤0.1 s</td><td>有线控制</td><td>25 W</td></tr>
<tr><td>显示屏</td><td>5V1A</td><td>≤0.1 s</td><td>有线控制</td><td>5 W</td></tr>
</table></td></tr>
<tr><td>借鉴思路</td><td>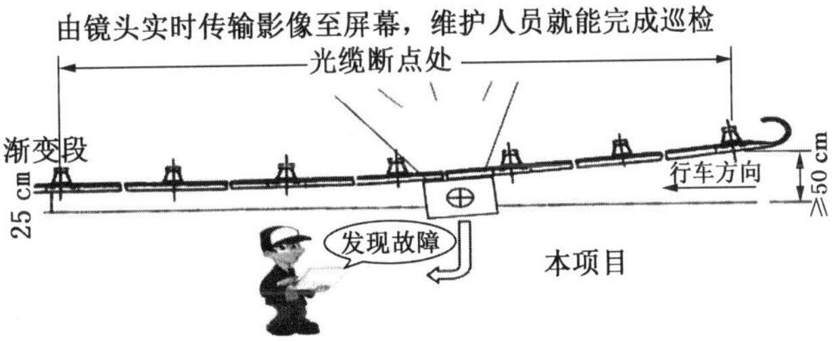

本项目可借鉴影像传输技术，选择合适的图像传输设备，代替人眼视觉，跟随轨道滑动设备运行，通过网络传输影像到维护员眼中，及时发现断点，完成巡查任务，达到远程观察的效果</td></tr>
</table>

(4) 课题确定

受上述技术和实物借鉴的启发，QC 小组成员最终选定课题名称为：光缆断点遥控巡查器的研制。

(5) 案例点评

① 优点：小组根据以往数据进行分析，光缆断点巡查定位时间平均需 3 h，无法达到上级领导要求 2 h 内完成光缆断点故障定位的需求，通过技术借鉴、实物借鉴等方式，找到可借鉴的实物、技术、知识，并确定本次活动课题为“光缆断点遥控巡查器的研制”，选题程序基本规范。

② 不足：光缆断点巡查定位时间平均需 3 h 没有原始统计数据支持；课题名称对于研

制对象的描述还不够具体，应直接说明；"必须通过创新巡查方法，缩短巡查时间"等内容为定性描述，无相应量化指标，不利于课题后期对"2 h 完成光缆断点故障定位"需求目标满足程度进行验证。

2. 案例二："研究网络云的智慧派单新方法"

以下为某 QC 小组的"研究网络云的智慧派单新方法"课题的选择课题部分。

（1）课题背景

随着移动通信的不断发展，业务对网络灵活性要求越来越高。传统网络架构下，软硬件绑定，业务更新速度难以满足 5G 网络业务需求。在此背景下，打破硬件束缚，云资源池的建设应运而生。

华东北大区网络云承载苏、鲁、皖、沪、浙、赣、闽等 7 省市业务，并作为华东南大区的备份网络云。因此，一旦资源池出了重大故障，可能会同时影响多省业务，造成重大影响。故障工单是专业室故障处理的重要依据，现有网络云专业派单规则多延续于传统派单规则。相较于传统专业，资源池节点健康度与上层业务网元联系紧密，同时设备厂家异构，导致告警数量及特征存在较大不同。这导致固有的派单规则应用到网络云专业上"不兼容"，存在优化空间（图 4-3）。

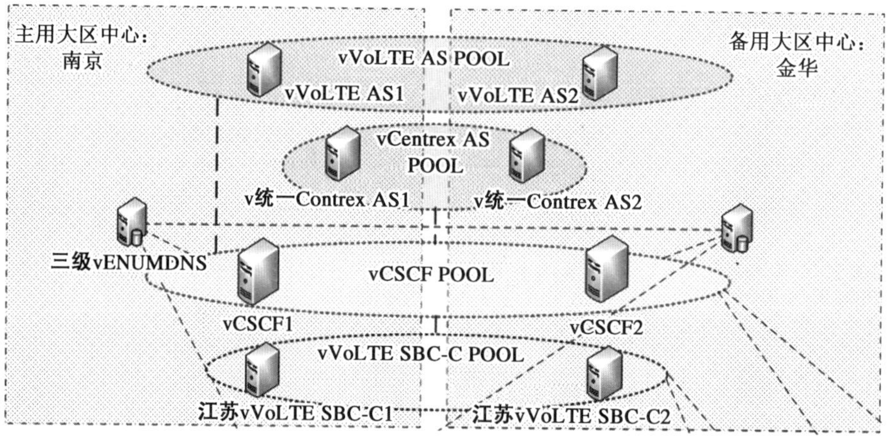

图 4-3　跨大区业务主备承载关系拓扑图

通过对 2020 年告警分析发现，传统专业的告警压缩比为 280∶1，网络云专业为 30∶1（图 4-4）。这意味如果有 10 000 条告警，网络云专业派发 334 张故障处理工单，而传统专业只需派发 36 张，网络云维护人员需花费近 10 倍的时间完成故障工单处理。这越发突显出传统告警派单方式已不适用网络云专业。

（2）需求分析

公司要求网络云故障工单的派单准确率为 95%。QC 小组针对派单准确率进行了分析（图 4-5）。网络云二期入网前、后的派单准确率，参见表 4-4 所示：数据显示，伴随云化加深，单一的延时派单规则，导致派单准确率无法达到公司要求的 95%，因此研究出基于网络云的智慧派单新方法迫在眉睫。

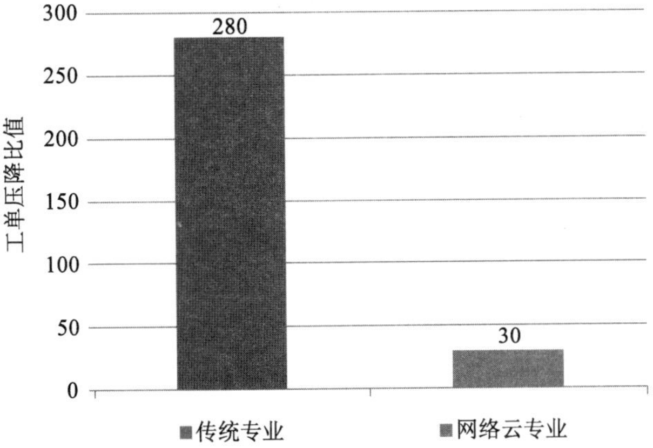

图 4-4 传统专业与网络云专业工单压降比

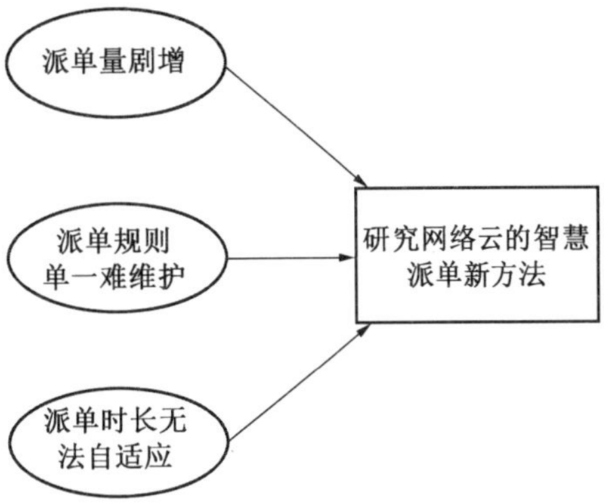

图 4-5 智慧监控派单新方法需求分解图

表 4-4 派单准确率分析表

时间	工单总数/张	无效工单数/张	派单准确率/%
网络云入网前	9 **** 7	1 **** 9	87.0
网络云入网后	1 **** 7	3 **** 1	77.5

注：“ * ”为隐藏数据。

(3) 国内外资料借鉴

国内外资料借鉴如表 4-5 所示。

表 4-5 国内外资料借鉴表

	序号	相关文献	借鉴点
借鉴结果	1	《基于无监督学习的故障分析研究》	该论文利用关联规则挖掘技术来构建关联模板，从而获取关联性告警信息
	2	《基于电信网管告警数据分析的网络故障预测研究》	该论文运用数据挖掘和机器学习手段提出了一个告警数据相关性分析方法，得到告警的时序关系并定位根源告警
	3	《一种模糊加权的孪生支持向量机算法》	该论文通过为每个训练样本赋予不同的样本重要性来提高多分类问题的准确性
	4	《基于 ResNet 和双向 LSTM 融合的物联网入侵检测分类模型构建与优化研究》	将派单对象识别问题转化为多分类问题，借鉴该论文通过提取数据源的各种深层特征，利用 softmax 层解决多分类问题
	5	《基于大数据分析的派单时延设计》	生成告警恢复时间模型，通过计算模型曲线突变拐点位置，以此来指导延时派单
	6	《考虑乘客应答单取消行为的网约车平台派单策略研究》	使用改进的 KM(Kuhn-Munkres)算法构建由不同条件约束的派单策略组成的派单模型，求解权重带约束的加权二分匹配问题来寻求最优解

(续表)

	序号	相关文献	借鉴点
借鉴结果	7	《大数据背景下传输精确派单平台架构研究》	借鉴结合人工智能和大数据核心技术对海量告警工单数据进行预处理
	8	《基于物流云平台的多式联运派单模型及求解策略》	借鉴根据人工经验选择多维有效数据,优化整体框架中每个环节的策略模型,最终实现整体优化

(4) 确定课题

受到借鉴内容的启发,QC小组大胆创新,将本次活动的课题确定为:"研究网络云的智慧派单新方法"。

(5) 案例点评

① 优点:小组通过对以往数据进行调查分析,伴随云化加深,单一的延时派单规则,导致派单准确率无法达到公司要求的95%,研究基于网络云的智慧派单新方法迫在眉睫。通过借鉴国内外技术资料等方式,找到可借鉴的知识、技术,并确定本次活动课题为"研究网络云的智慧派单新方法",选择课题程序基本规范。

② 不足:课题名称对于研制对象的描述还不够具体和直接;"智慧监控派单新方法需求分解图"为定性描述,无相应量化指标,不利于课题后期对"网络云故障工单的派单准确率为95%"需求目标满足程度的验证。

第三节　设定目标及目标可行性论证

一、活动准则

1. 设定目标

设定目标应满足以下要求:

(1) 与课题需求保持一致。

(2) 目标可测量、可检查。

(3) 目标设定不宜多。

2. 目标可行性论证

目标可行性论证时需要:

(1) 与借鉴的具体内容相关连。

(2) 依据事实与数据进行定量分析与判断。

二、标准解读

(1) 课题目标最好1个,最多2个,如果有两个目标值必须是相互制约,也可以设定两个目标值,不要把新产品功能参数列为课题目标。

(2) 依据借鉴的事实和数据进行考虑与判断。

(3) 可以将借鉴对象的实际效果或借鉴相关数据的理论推导作为设定课题目标的依据,并与设定目标值进行对比、分析与论证。

(4) 设定的目标需要与课题目的保持一致。

(5) 课题目标设定不宜过多,且应该转化为可测量的课题目标。

(6) 课题目标值的选择应具有挑战性。

(7) 分析小组所具备的能力及课题难易程度,判断目标值的可行性。

三、关注要点

关注要点包括:

1. 设定目标

(1) 目标应与需求保持一致。

(2) 不要将产品特性值设定为目标。

(3) 目标应量化、可检查。

(4) 目标一个为好,多个应有制约性。

2. 目标可行性论证

(1) 目标可行性论证要考虑借鉴的内容。

(2) 将所借鉴的方法作为支持目标可行的依据。

(3) 从技术或路径方面的不同,考虑目标实现的可行性。

(4) 用事实和数据论证目标的可行性。

(5) 论证时不能仅做假设检验或分析。

四、常见问题

常见问题包括:

(1) 目标与课题所要达到的目的不一致。

(2) 目标不清晰,不可测量、检查。

(3) 目标过多,并且相互间有关联关系,或将产品特性值作为目标值。

(4) 目标可行性分析无可借鉴的相关数据作为依据,仅提供资源保障条件,并且只是定性描述。

(5) 目标可行性分析未通过对借鉴的数据进行对比,仅做假设分析。

(6) 目标不具有挑战性或不可行。

五、评价标准

在“创新型”课题成果发表评审评分细则中,明确设定目标及目标可行性分析部分的要求如下:

(1) 目标具挑战性。

（2）有量化的目标和可行性分析。

六、 案例分析

1. 案例一："光缆断点遥控巡查器的研制"

以下为某 QC 小组的"光缆断点遥控巡查器的研制"课题的设定目标及目标可行性论证部分。

（1）设定目标

QC 小组针对需求，将各路段光缆断点巡查定位平均时间由原来的 3 h 缩短为 2 h，参见图 4-6。

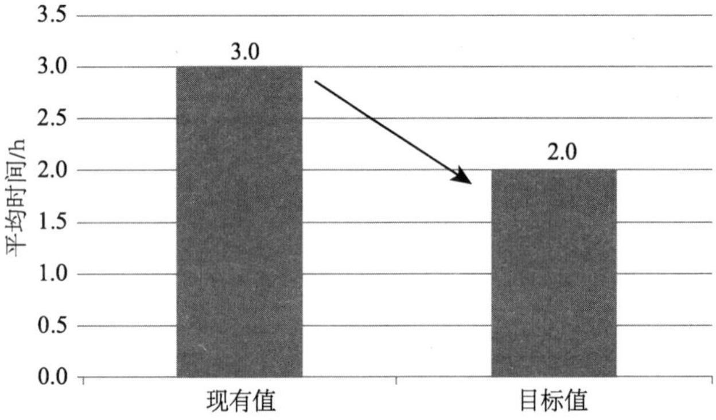

图 4-6 目标对比图

（2）目标可行性论证

借鉴数据转换。QC 小组成员进一步调查了解两个借鉴项目的有关数据进行对比分析和转换，参见表 4-6。

表 4-6 借鉴数据转换分析表

项目	借鉴数据	借鉴数据分析转换
遥控玩具汽车	经进一步了解，通过高频振荡信号传输至车辆主控芯片组，芯片组接收指令后驱动电机行驶，借鉴一般玩具车功率、电机功率、滚动阻力、移动时速等	高速公路在户外，首先算护栏接触面的分力。如果是滚动导向支承，可以忽略摩擦力。则可算出沿接触面的力矩、作用在电机的滚动阻力、电机功率等，与借鉴数据差别不大
吊轨射灯	经进一步了解，借鉴定位导轮在轨道上每米滑动力矩、轨道灯的滑动时间等	目前，高速公路护栏有严格的国家标准，与轨道灯一样，材质为金属。利用护栏形状制作定位导轮，滑动时间应与借鉴一致行车
记录仪	经进一步了解，借鉴行车记录仪从拍摄画面到显示屏同步显示的转换时间	远程影像传输，在使用 4G 网络同步显示时，帧率由 30 FPS 上升至 60 FPS，清晰度增加，略有延迟，处理时间与借鉴数据差别不大

综上所述，借鉴轨道灯的轨道滑动，遥控玩具汽车的信号传输、电机驱动以及行车记录

仪的影像同步显示等技术原理来进行远程遥控目标的研制完全可行。目标可行性论证结论为目标可实现。

(3) 案例点评

① 优点：小组针对需求，设定课题目标“各路段光缆断点巡查定位平均时间 2 h”量化目标；通过“借鉴轨道灯的轨道滑动；遥控玩具汽车的信号传输、电机驱动；行车记录仪的影像同步显示等技术原理”等计算、论证过程，说明目标可行；程序基本规范。

② 不足：创新课题目标需直接说明，需求就是目标，使用柱状图，容易与问题解决型课题目标设定相混淆；没有对目标的挑战性、先进性进行论证。论证结论缺乏有效的实验和数据支持。

2. 案例二：“研究网络云的智慧派单新方法”

以下为某 QC 小组的“研究网络云的智慧派单新方法”课题的设定目标及目标可行性论证部分。

(1) 设定目标

结合当前派单流程和公司需求，将本次活动的目标设为：通过设计新型高效的派单新方法，将派单准确率提升至 95%(图 4-7)。

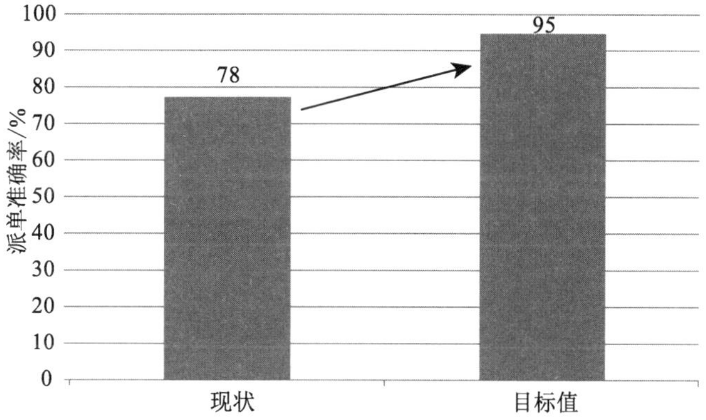

图 4-7 小组活动目标

(2) 可行性论证

① 类比分析。借鉴论文《考虑乘客应答单取消行为的网约车平台派单策略研究》中提出改进的 KM(Kuhn-Munkres)算法来提升平台的派单效益和收益。改进的 KM 算法主要通过构建由不同条件约束的派单策略组成的派单模型，求解权重带约束的加权二分匹配问题来寻求最优解，通过该算法可以实现 98%的网约车派单准确率(表 4-7)。

表 4-7 类比分析表

序号	类目	是否派单	派单对象	派单时长	准确率
1	网约车派单	受空载出租车影响，导致司机应答后乘客又取消订单的情况，占 6%	未充分考虑乘客订单中的行程信息，导致派单给较远司机群体的情况，占 5%	因乘客等待时间过长或派单时间原因导致的乘客出行请求单取消情况，占 12%	98%

（续表）

序号	类目	是否派单	派单对象	派单时长	准确率
2	告警派单	经小组评估，非必要的监控告警派单情况占总派单的 4%	经小组评估，因派单规则未及时更新等原因，派单给非相关对象的情况占 7%	经小组实验推算，派单时长不合适的工单占比为 9%	95%

该论文提出的网约车派单准确率主要受三个方面因素的影响：空载出租车、派给谁和乘客等待时长。小组通过类比分析，将告警派单的各个环节与网约车派单进行对比，分析目标可行。

通过对比网约车派单和告警派单中不合格派单分布情况，95%的派单准确率是可行的。

② 试验验证。小组通过模拟告警派单的流程对 95%派单准确率的设定目标进行验证。首先构建派单必要性策略、派单对象选择策略和延时派单时长策略，然后利用 KM 算法构建不同约束条件，通过权重带约束的二分匹配问题计算最优解，得到最后的派单结果。

小组随机选取 2021 年 1 月中 10 天的告警派单数据作为样本，试验结果参见表 4-8。

表 4-8　试验数据验证表

序号	有效工单数	总工单数	派单准确率/%	派单日期
1	7 ** 1	7 ** 2	95.98	2021 年 1 月 3 日
2	7 ** 2	7 ** 4	97.21	2021 年 1 月 8 日
3	1 ** 84	1 ** 27	96.83	2021 年 1 月 11 日
4	8 ** 3	8 ** 9	95.06	2021 年 1 月 12 日
5	8 ** 3	8 ** 3	93.59	2021 年 1 月 16 日
6	6 ** 4	6 ** 5	96.83	2021 年 1 月 19 日
7	1 ** 42	1 ** 18	98.42	2021 年 1 月 23 日
8	9 ** 0	9 ** 2	97.25	2021 年 1 月 27 日
9	9 ** 8	9 ** 8	95.82	2021 年 1 月 28 日
10	8 ** 1	8 ** 7	94.27	2021 年 1 月 31 日
均值	8 ** 4	8 ** 3	96.13	—

注：“*”为隐藏数据。

试验结果可以看出平均派单准确率达到 96.13%，超过了 95%的设定目标。通过模拟实验证明，大于 95%的设定目标可以实现。

综上所述，小组成员一致认为本次目标可达成。

（3）案例点评

① 优点：小组针对需求，运用类比分析，通过试验的方法，论证了“研究网络云的智慧派单新方法”将派单准确率提升至 95%的课题目标可以实现；程序基本规范。

② 不足：创新课题目标直接说明，需求就是目标，使用柱状图，容易与问题解决型课题目标设定相混淆；小组没有对目标的挑战性、先进性进行论证。

第四节 提出方案并确定最佳方案

一、活动准则

1. 提出方案

小组针对课题目标提出方案时应：

(1) 根据借鉴启发的思路，提出总体方案。

(2) 提出可能实现总体方案的分级方案。

(3) 总体方案具有创新性和相对独立性，分级方案具有可比性，以供比较和选择。

2. 确定最佳方案

小组确定最佳方案时应：

(1) 基于现场测量、试验或调查分析获取事实与数据，对不同方案进行综合评价和比较选择。

(2) 将选定的方案逐层展开到可以实施的具体方案。

二、标准解读

(1) 针对课题目标提出可能达到预定目标的各种方案，并对所有的方案进行整理。这里的各种方案不特指总体方案，包括总体方案和分级方案。

(2) 提出总体方案应注意以下几点：

① 总体方案的数量无限定，可结合所选课题和借鉴内容，确定一个或多个总体方案。

② 不管提出几个总体方案，都必须具有创新性(这是“创新型”课题的本质特征)。创新性应体现在总体方案的核心技术(或称关键技术)方面。

③ 总体方案应当具有相对独立性与创新性。创新性是指总体方案的核心技术及关键路径需是不同的并且都是创新的。独立性是指每个方案的核心技术是不同的，相互独立。

④ 多个总体方案的选择依据是满足课题目标及实际需求。

⑤ 总体方案数量没有限制，如有多个，可进行比较、选择或整合。

⑥ 最佳方案选择时，说明了借鉴后的系统思路和设计灵感来源的结果。

(3) 分级方案是指把选定的，将要实施的总体方案进行分解。总体方案分级时应注意以下几点：

① 要逐层展开细化。

② 展开细化到多少级没有统一规定，应当展开到可实施的具体方案。

③ 每一级的多个分级方案应具有可比性，以供比较、评价和选择。

(4) 确定最佳方案是在总体方案或分级方案有多个时，应用事实和数据，对其进行科学分析和综合评价，方式包括现场测试、试验和调查分析。

(5) 方案评价的依据是围绕课题目标及实际需求指标，运用数据及事实对经过整理的方案逐步进行分析与论证。

(6) 方案选择时，须用客观数据从技术可行性、动作可靠性、经济合理性、预期效果、耗时多少、安全性、对其他工作的影响及对环境影响等多方面进行评价，从中选择确定最佳方案。

三、关注要点

关注要点包括：

1. 提出方案

(1) 针对课题目标提出方案。

(2) 提出可能达到课题目标的各种方案，鼓励多提方案，但“各种”不特指总体方案(是什么)；总体方案只有一个，小组可以根据实际情况进行定量分析判断。

(3) 方案提出要应用借鉴的思路、技术和方法(依据)，多个借鉴时要有选择。

(4) 总体方案应具有创新性、创新点要明确(做什么)。

(5) 总体方案为多个时，各方案在创新特色的同时还应具有独立性。

(6) 分级方案要有可比性(数据、信息比较，比较要一致)。

2. 确定最佳方案

(1) 方案分解逐层展开到可实施具体方案。

(2) 最佳方案的选择应有信息和数据支撑，包括：

① 技术的可行性(含难易程度)。

② 经济的合理性(含需投资多少)。

③ 预期的效果等(实现目标的概率、耗时、对其他业务及环境的影响)。

(3) 数据可通过现场测量、试验或调查分析获取；总体方案应做试验难度较大的，小组依据实际情况作出判断，尊重依据和客观事实。

(4) 两个以上方案做选择时，数据信息应有可比性。

(5) 全部选择完成，最佳方案选择完成后要进行整理。

四、常见问题

常见问题包括：

(1) 提出的总体方案与借鉴信息不一致。

(2) 总体方案中有的不具备创新性和相对独立性。

(3) 仅对总体方案进行评价与选择。

(4) 方案分级不彻底，未将最佳总体方案逐渐分解细化为可以具体实施的方案。方案没有分解到不能再分解，选择到不能再选择。

(5) 不能正确或较少地使用统计工具，对方案的评价、选择缺少事实和数据依据，只是定性分析方案的优缺点，且大多通过打分法、加权平均法进行分析，过于主观判断。

(6) 未开展能够进行的试验或模拟试验。

(7) 提出的方案过少，只有较少的选择机会。

(8) 虽提出多种方案，但方案可比性较差，为了比较而比较。如小组将方案设定为“购置”“外委”“自我开发”，再对这几种方案过于简单地进行主观判断，最后确定最佳方案。

(9) 方案过于简单，没有起到对比的作用。

(10) 方案缺少对关键的特性值数据的比较，仅仅关注了时间、费用等数据。

(11) 将方案评价放到对策中或实施中进行。

五、 评价标准

在“创新型”课题成果发表评审评分细则中，明确提出方案并确定最佳方案部分的要求，包含以下几个方面：

(1) 提出的总体方案具有独立性，分级方案具有可比性。

(2) 方案分解应逐层展开到可以实施的具体方案。

(3) 用事实和数据对经过整理的方案进行逐一分析、论证和评价。

(4) 用现场测量、试验和调查分析的方式确定最佳方案。

(5) 工具运用正确、适宜。

六、 案例分析

1. 案例一：“光缆断点遥控巡查器的研制”

以下为某 QC 小组的“光缆断点遥控巡查器的研制”课题的提出方案并确定最佳方案部分。

(1) 提出总体方案

总体方案示意图如图 4-8 所示。

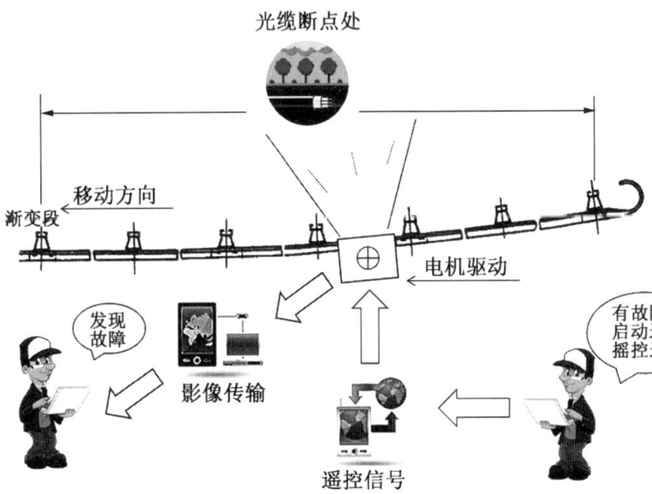

图 4-8 总体方案示意图

通过借鉴分析，QC 小组围绕课题目标，最终将总体方案确定为：“基于电机驱动的远程遥控巡查”。提出总体方案功能中应包含电机遥控模块、定位滑动模块、影像传输模块三个部分，总体方案树图参见图 4-9。

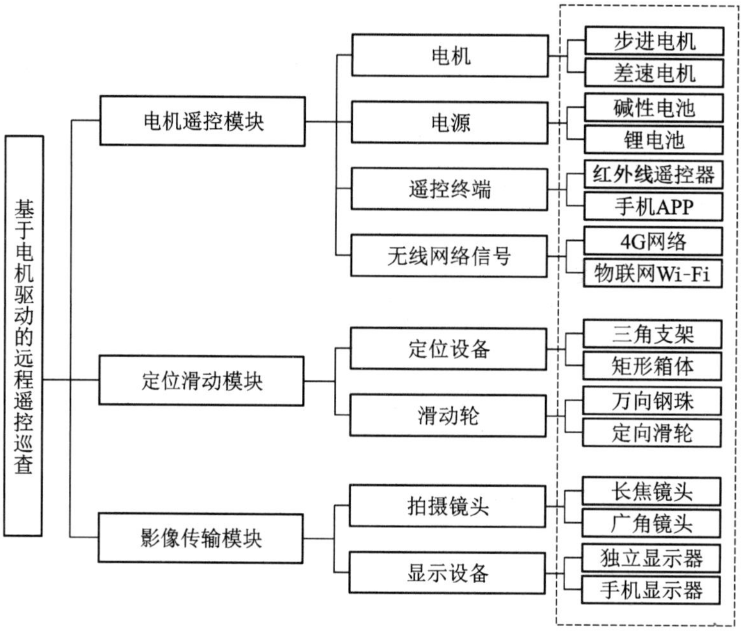

图 4-8　总体方案树图

(2) 方案选择

① 电机的选择

电机对比分析如表 4-9 所示。

表 4-9　电机对比分析表

<table>
<tr><td>技术要求</td><td colspan="2">转速≥1 500 r/min、功率≤220 W</td></tr>
<tr><td>比选项目</td><td>步进电机</td><td>差速电机</td></tr>
<tr><td>方案图例</td><td>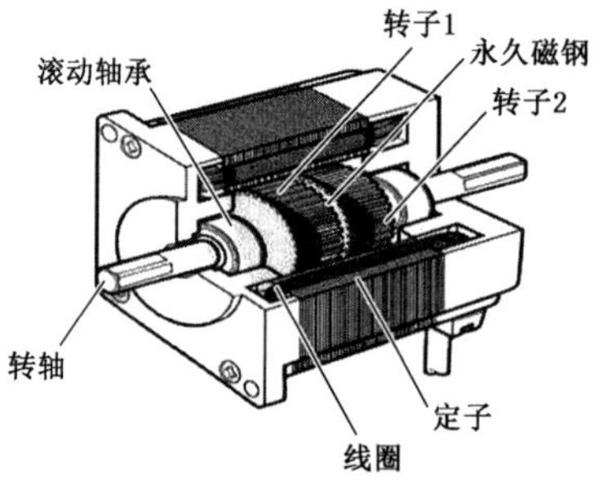
</td><td>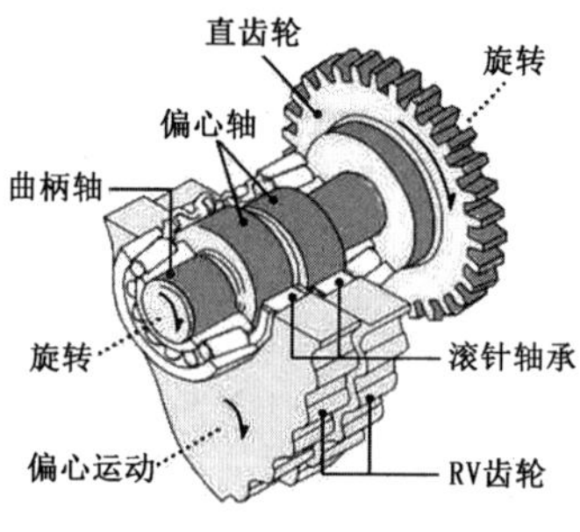
</td></tr>
<tr><td>调查分析</td><td><table><tr><td>转速</td><td>力矩</td><td>电流</td><td>功率</td></tr><tr><td>1 600 r/min</td><td>0.64 Nm</td><td>2.4 A</td><td>180 W</td></tr></table></td><td><table><tr><td>转速</td><td>力矩</td><td>电流</td><td>功率</td></tr><tr><td>1 900 r/min</td><td>0.72 Nm</td><td>2.4 A</td><td>180 W</td></tr></table></td></tr>
</table>

（续表）

	试验方法	通电测试，运行时间为 10 s、20 s、40 s、60 s，使用转速测试仪和万用表测量转速和功率是否存在衰减和超出功率的情况

试验分析：

试验数据			
时间/s	电流/A	转速/（r・min^{-1}）	功率/W
10	2.4	1 503	180
20	2.4	1 525	180
40	2.4	1 568	180
60	2.4	1 574	180
/	/	符合	符合

试验数据			
时间/s	电流/A	转速/（r・min^{-1}）	功率/W
10	2.4	1 900	180
20	2.4	1 895	180
40	2.4	1 893	180
60	2.4	1 899	180
/	/	符合	符合

方案评价	试验结果表明：差速电机在同等电流输出下，功率没有变化，转速更高且保持时间更加稳定，因此，小组决定选用差速电机	
结论	不选用	选用

② 电源的选择

电源对比分析如表 4-10 所示。

表 4-10　电源对比分析表

技术要求	电压≥1.5 V、电力储存时间≥10 h	
比选项目	碱性电池	锂电池
方案图例	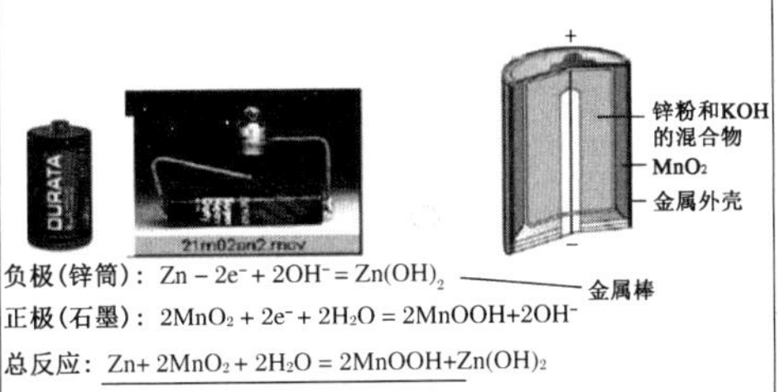	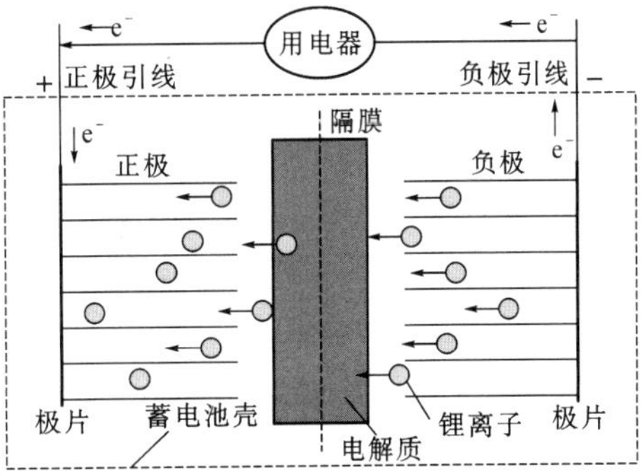
调查分析	电压：1.5 V；成分：锌锰；输入电流：1.6 A	电压：3.7 V；成分：锂离子；输入电流：15 A

（续表）

<table>
<tr><td rowspan="2">试验分析</td><td>试验方法</td><td colspan="2">将两种电池充满电后，进行深放电测试，将电池连接差速电机，采取 5 h、7 h、9 h、11 h 四个时间段测试电力储存时间</td></tr>
<tr><td colspan="2">
<table>
<tr><th colspan="3">试验数据</th></tr>
<tr><th>时间/h</th><th>电压/V</th><th>剩余电量/%</th></tr>
<tr><td>5</td><td>1.58</td><td>61</td></tr>
<tr><td>7</td><td>1.62</td><td>42</td></tr>
<tr><td>9</td><td>1.61</td><td>20</td></tr>
<tr><td>11</td><td>1.61</td><td>3</td></tr>
<tr><td>/</td><td>符合</td><td>符合</td></tr>
</table>
</td><td>
<table>
<tr><th colspan="3">试验数据</th></tr>
<tr><th>时长/h</th><th>电压/V</th><th>剩余电量/%</th></tr>
<tr><td>5</td><td>3.7</td><td>83</td></tr>
<tr><td>7</td><td>3.73</td><td>53</td></tr>
<tr><td>9</td><td>3.71</td><td>32</td></tr>
<tr><td>11</td><td>3.71</td><td>19</td></tr>
<tr><td>/</td><td>符合</td><td>符合</td></tr>
</table>
</td></tr>
<tr><td>方案评价</td><td colspan="3">在同等时间测试下，试验结果表明，锂电池电力持续输出，电压较大较为稳定，且储电时长≥10 h，小组最终决定选用锂电池储存电力</td></tr>
<tr><td>结论</td><td colspan="2">不选用</td><td>选用</td></tr>
</table>

③ 遥控终端的选择

遥控终端对比如表 4-11 所示。

表 4-11　遥控终端对比分析表

<table>
<tr><td>技术要求</td><td colspan="2">动态延迟≤1 s、BUG 数量≤3 个</td></tr>
<tr><td>比选项目</td><td>红外线遥控器</td><td>手机 APP</td></tr>
<tr><td>方案图例</td><td>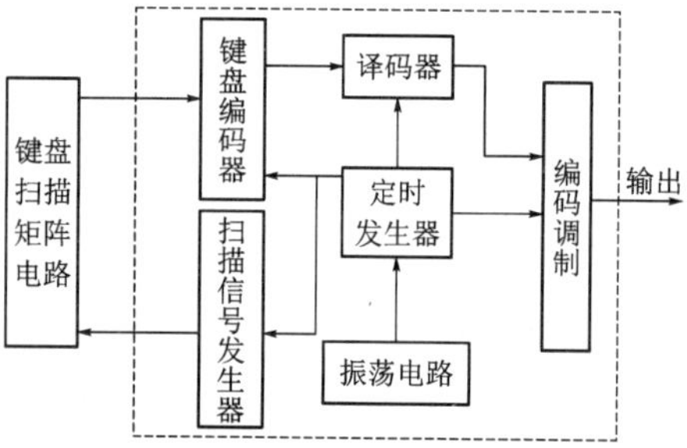
</td><td>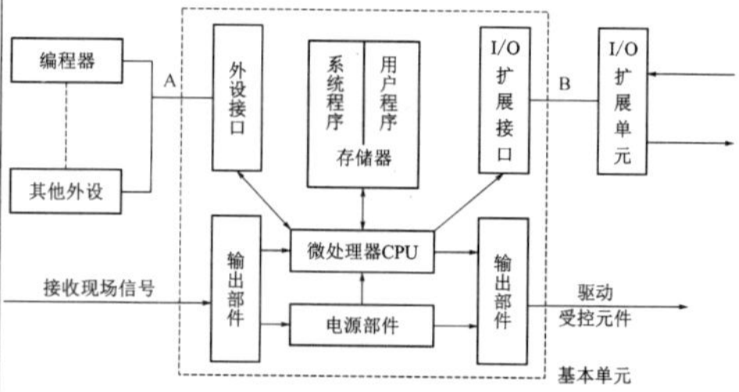
</td></tr>
<tr><td>调查分析</td><td>
<table>
<tr><th>信号源</th><th>代码</th><th>动态延迟</th><th>设备</th></tr>
<tr><td>红外线</td><td>C++</td><td>≤1 s</td><td>计算机</td></tr>
</table>
</td><td>
<table>
<tr><th>信号源</th><th>代码</th><th>动态延迟</th><th>设备</th></tr>
<tr><td>网络</td><td>Java</td><td>≤0.5 s</td><td>手机</td></tr>
</table>
</td></tr>
</table>

(续表)

<table>
<tr><td>试验方法</td><td colspan="2">使用 Java、C++调试软件运行字节 6+1、9+1、20+1、33+1 的遥控代码 10 次，记录动态延迟次数和 BUG 数量</td></tr>
<tr><td>试验分析</td><td>
<table>
<tr><td colspan="4">试验数据</td></tr>
<tr><td>字节</td><td>次数/次</td><td>BUG 数量/个</td><td>动态延迟/s</td></tr>
<tr><td>6+1</td><td>10</td><td>2</td><td>0.90</td></tr>
<tr><td>9+1</td><td>10</td><td>5</td><td>0.95</td></tr>
<tr><td>20+1</td><td>10</td><td>7</td><td>1.00</td></tr>
<tr><td>33+1</td><td>10</td><td>6</td><td>0.99</td></tr>
<tr><td>/</td><td>/</td><td>符合</td><td>符合</td></tr>
</table>
</td><td>
<table>
<tr><td colspan="4">试验数据</td></tr>
<tr><td>字节</td><td>次数/次</td><td>BUG 数量/个</td><td>动态延迟/s</td></tr>
<tr><td>6+1</td><td>10</td><td>0</td><td>0.43</td></tr>
<tr><td>9+1</td><td>10</td><td>1</td><td>0.45</td></tr>
<tr><td>20+1</td><td>10</td><td>0</td><td>0.49</td></tr>
<tr><td>33+1</td><td>10</td><td>0</td><td>0.44</td></tr>
<tr><td>/</td><td>/</td><td>符合</td><td>符合</td></tr>
</table>
</td></tr>
<tr><td>方案评价</td><td colspan="2">根据试验结果，红外线遥控器的开发难度和技术难度较高，且需设备的调试和支持，目前技术力量匮乏。而使用 Java 语言开发手机 APP，开发语言简单，设备是常见的手机，动态延迟稳定，且 BUG 数值失败次数仅 1 次，小组决定选用 Java 语言开发手机 APP</td></tr>
<tr><td>结　论</td><td>不选用</td><td>选用</td></tr>
</table>

④ 无线网络信号的选择

无线网络信号对比如表 4-12 所示。

表 4-12　无线网络信号对比分析表

<table>
<tr><td>技术要求</td><td colspan="2">传输距离≥120 km、丢包率≤1%</td></tr>
<tr><td>比选项目</td><td>4G 网络</td><td>物联网 Wi-Fi</td></tr>
<tr><td>方案图例</td><td>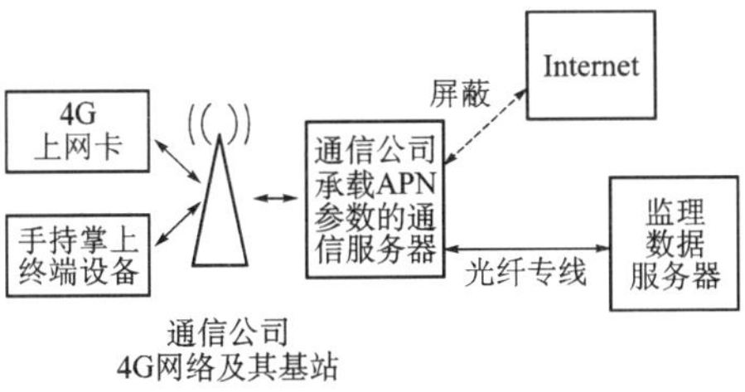
</td><td>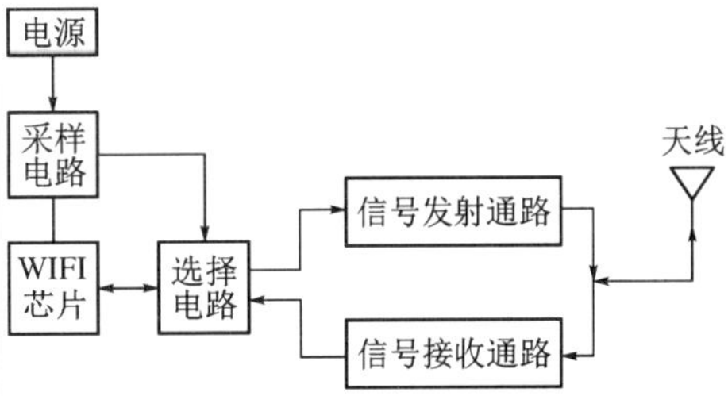
</td></tr>
<tr><td>调查分析</td><td>
<table>
<tr><td>协议</td><td>传输距离</td><td>丢包率</td></tr>
<tr><td>TCP/IP</td><td>无限</td><td>≤1%</td></tr>
</table>
</td><td>
<table>
<tr><td>协议</td><td>传输距离</td><td>丢包率</td></tr>
<tr><td>TCP/IP</td><td>无限</td><td>≤1%</td></tr>
</table>
</td></tr>
</table>

（续表）

<table>
<tr><td></td><td colspan="2">试验方法：购买 4G 手机和物联网 Wi-Fi 手机，进行视频通话试验。邀请泰州、姜堰等其他收费站或兄弟单位配合，在 10 km、30 km、60 km、120 km 距离下测试，并同步使用测速软件测试丢包率</td></tr>
<tr><td>试验分析</td><td>
<table>
<tr><th colspan="4">试验数据</th></tr>
<tr><th>距离/km</th><th>通话次数/次</th><th>成功次数/次</th><th>丢包率/%</th></tr>
<tr><td>10</td><td>10</td><td>10</td><td>0.75</td></tr>
<tr><td>30</td><td>10</td><td>10</td><td>0.83</td></tr>
<tr><td>60</td><td>10</td><td>10</td><td>0.82</td></tr>
<tr><td>120</td><td>10</td><td>10</td><td>0.88</td></tr>
<tr><td>/</td><td>/</td><td>符合</td><td>符合</td></tr>
</table>
</td><td>
<table>
<tr><th colspan="4">试验数据</th></tr>
<tr><th>距离/km</th><th>通话次数/次</th><th>成功次数/次</th><th>丢包率/%</th></tr>
<tr><td>10</td><td>10</td><td>10</td><td>0.25</td></tr>
<tr><td>30</td><td>10</td><td>10</td><td>0.26</td></tr>
<tr><td>60</td><td>10</td><td>10</td><td>0.25</td></tr>
<tr><td>120</td><td>10</td><td>10</td><td>0.23</td></tr>
<tr><td>/</td><td>/</td><td>符合</td><td>符合</td></tr>
</table>
</td></tr>
<tr><td>经济成本</td><td>购买费用 2 000 元以上</td><td>购买费用 100 元</td></tr>
<tr><td>方案评价</td><td colspan="2">试验结果显示，两个网络模块表现相同，信号传输距离均高于预期，但在丢包率上，物联网 Wi-Fi 的丢包率明显较低，且在权衡经济成本方面更便宜，小组最终决定选用物联网 Wi-Fi</td></tr>
<tr><td>结论</td><td>不选用</td><td>选用</td></tr>
</table>

⑤ 定位设备的选择

定位设备对比如表 4-13 所示。

表 4-13　定位设备对比分析表

<table>
<tr><td>技术要求</td><td colspan="2">自重≤50 g、载重≥7 kg、支撑力≤98 N</td></tr>
<tr><td>比选项目</td><td>三角支架</td><td>矩形箱体</td></tr>
<tr><td>方案图例</td><td>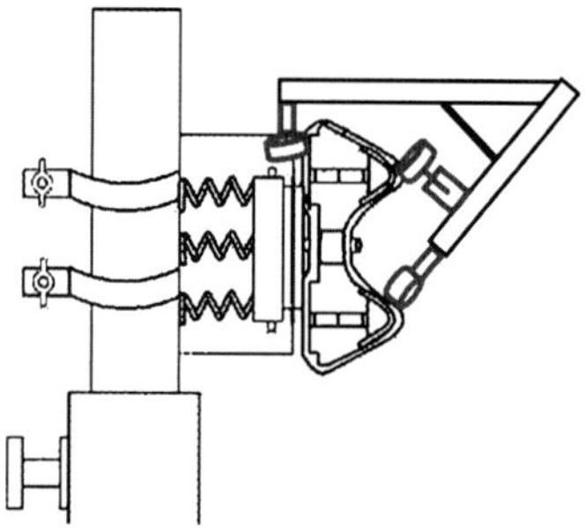</td><td>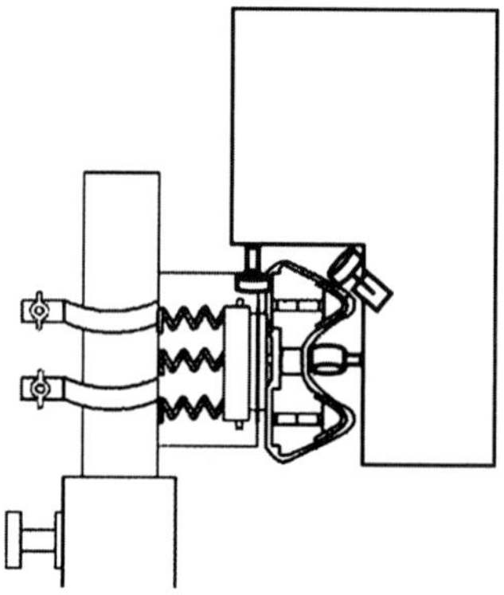</td></tr>
<tr><td>调查分析（现场焊接制作后测量）</td><td>
<table>
<tr><th>材质</th><th>载重</th><th>自重</th><th>核重</th></tr>
<tr><td>金属</td><td>≤5 kg</td><td>155 g</td><td>10 g</td></tr>
</table>
</td><td>
<table>
<tr><th>材质</th><th>载重</th><th>自重</th><th>核重</th></tr>
<tr><td>金属</td><td>≤30 kg</td><td>300 g</td><td>60 g</td></tr>
</table>
</td></tr>
</table>

（续表）

<table>
<tr><td rowspan="2"></td><td>试验方法</td><td colspan="2">使用 10 kg、15 kg、20 kg、25 kg 不等的负重物对两项滑轮进行荷载测试，将负重物固定在设备滑轮上，并进行滑动运行，使用测距仪器测量试验数值</td></tr>
<tr><td colspan="3"></td></tr>
<tr><td>试验数据</td><td colspan="2">
<table>
<tr><td colspan="3">试验数据</td></tr>
<tr><td>载重/kg</td><td>滑动距离/m</td><td>支撑力/N</td></tr>
<tr><td>10</td><td>10</td><td>35</td></tr>
<tr><td>15</td><td>10</td><td>62</td></tr>
<tr><td>20</td><td>10</td><td>83</td></tr>
<tr><td>25</td><td>10</td><td>97</td></tr>
<tr><td>/</td><td>/</td><td>符合</td></tr>
</table>
</td><td>
<table>
<tr><td colspan="3">试验数据</td></tr>
<tr><td>载重/kg</td><td>滑动距离/m</td><td>支撑力/N</td></tr>
<tr><td>10</td><td>10</td><td>23</td></tr>
<tr><td>15</td><td>10</td><td>46</td></tr>
<tr><td>20</td><td>10</td><td>66</td></tr>
<tr><td>25</td><td>10</td><td>82</td></tr>
<tr><td>/</td><td>/</td><td>符合</td></tr>
</table>
</td></tr>
<tr><td>方案评价</td><td colspan="3">试验结果显示，在支撑力方面，两种方案均达到技术要求，但矩形箱体的支撑力明显要优于三角支架，且制作出的设备更加稳固，QC 小组最终决定选用矩形箱体</td></tr>
<tr><td>结论</td><td colspan="2">不选用</td><td>选用</td></tr>
</table>

⑥ 滑动轮的选择

滑动轮对比如表 4-14 所示。

表 4-14 滑动轮对比分析表

<table>
<tr><td>技术要求</td><td colspan="2">轮直径≥7 cm、滑动力矩≤1 000 Nm</td></tr>
<tr><td>比选项目</td><td>万向钢珠</td><td>定向滑轮</td></tr>
<tr><td>方案图例</td><td>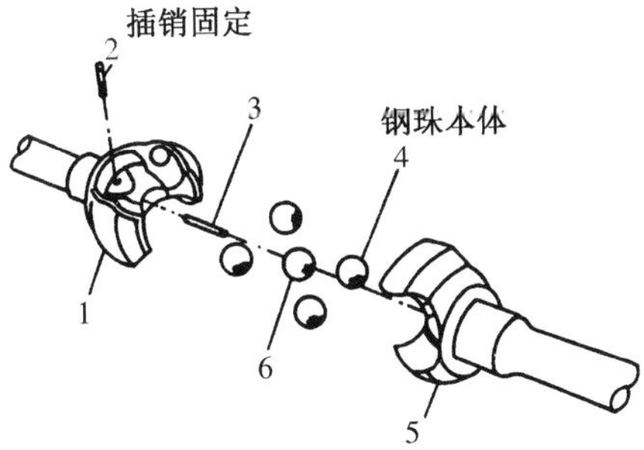
</td><td>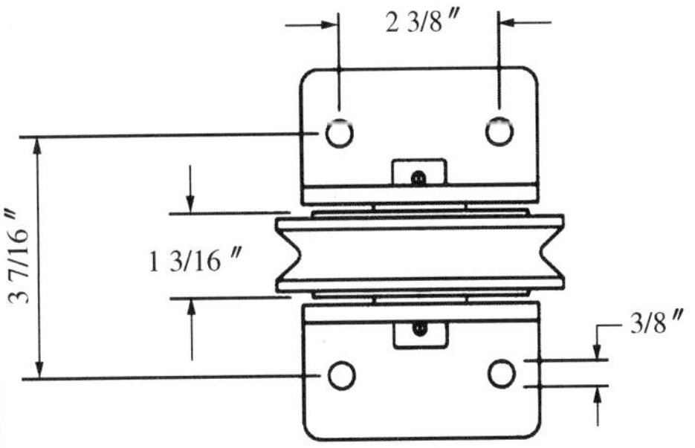
</td></tr>
<tr><td>调查分析</td><td>
<table>
<tr><td>材质</td><td>载重</td><td>自重</td><td>直径</td></tr>
<tr><td>全碳钢</td><td>≈20 kg</td><td>20 g</td><td>10 cm</td></tr>
</table>
</td><td>
<table>
<tr><td>材质</td><td>载重</td><td>自重</td><td>直径</td></tr>
<tr><td>碳钢、尼龙</td><td>≈20 kg</td><td>45 g</td><td>12 cm</td></tr>
</table>
</td></tr>
</table>

（续表）

<table>
<tr><td rowspan="2">试验数据</td><td>试验方法</td><td colspan="2">使用 10 kg、15 kg、20 kg、25 kg 不等的负重物对两项滑轮荷载测试，将负重物固定在滑轮上，并进行滑动运行，使用测距仪器测量试验数值，使用钢制尺测量轮直径</td></tr>
<tr><td colspan="2">
<table>
<tr><th colspan="4">试验数据</th></tr>
<tr><td>载重/kg</td><td>滑动距离/m</td><td>直径/cm</td><td>滑动力矩值/Nm</td></tr>
<tr><td>10</td><td>10</td><td>10</td><td>435</td></tr>
<tr><td>15</td><td>10</td><td>10</td><td>695</td></tr>
<tr><td>20</td><td>10</td><td>10</td><td>855</td></tr>
<tr><td>25</td><td>10</td><td>10</td><td>905</td></tr>
<tr><td>/</td><td>/</td><td>符合</td><td>符合</td></tr>
</table>
</td><td>
<table>
<tr><th colspan="4">试验数据</th></tr>
<tr><td>载重/kg</td><td>滑动距离/m</td><td>直径/cm</td><td>滑动力矩值/Nm</td></tr>
<tr><td>10</td><td>10</td><td>12</td><td>332</td></tr>
<tr><td>15</td><td>10</td><td>12</td><td>422</td></tr>
<tr><td>20</td><td>10</td><td>12</td><td>525</td></tr>
<tr><td>25</td><td>10</td><td>12</td><td>600</td></tr>
<tr><td>/</td><td>/</td><td>符合</td><td>符合</td></tr>
</table>
</td></tr>
<tr><td>方案评价</td><td colspan="3">根据试验结果显示，在支撑力值和轮直径方面，两种方案均达到技术要求，但在关键指标滑动力矩值方面，定向滑轮在稳定性上要优于万向钢珠，摩擦力更小。QC 小组最终决定选用定向滑轮</td></tr>
<tr><td>结论</td><td colspan="2">不选用</td><td>选用</td></tr>
</table>

⑦ 拍摄镜头的选择

拍摄镜头对比如表 4-15 所示。

表 4-15　拍摄镜头对比分析表

<table>
<tr><td>技术要求</td><td colspan="2">视场角度≥100°、分辨率≥1 920×1 080</td></tr>
<tr><td>比选项目</td><td>长焦镜头</td><td>广角镜头</td></tr>
<tr><td>方案图例</td><td>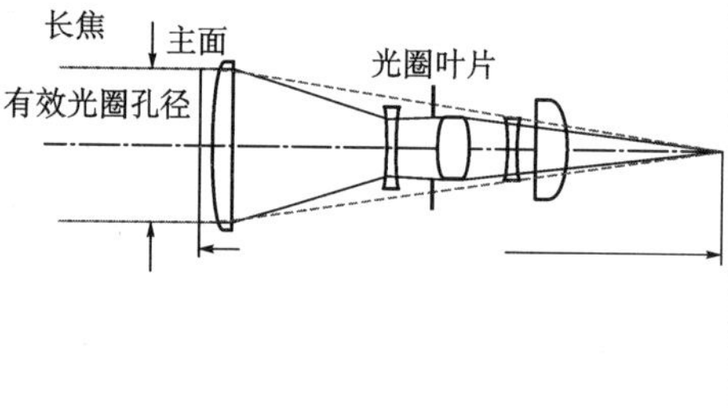
</td><td>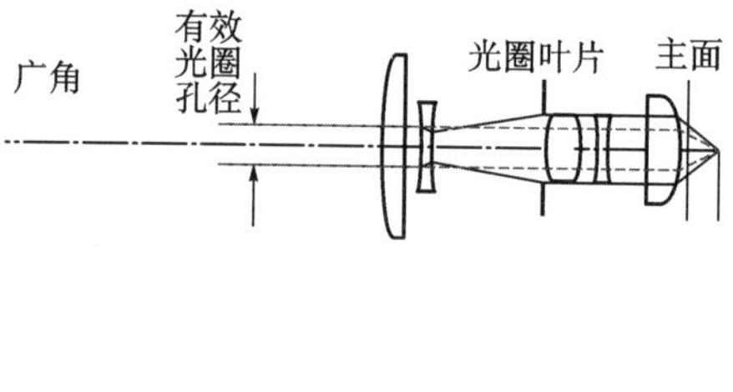
</td></tr>
<tr><td>调查分析</td><td>
<table>
<tr><th>微距倍数</th><th>畸变角</th><th>分辨率</th></tr>
<tr><td>10X</td><td>无</td><td>1 920×1 080</td></tr>
</table>
</td><td>
<table>
<tr><th>微距倍数</th><th>畸变角</th><th>分辨率</th></tr>
<tr><td>8X</td><td>无</td><td>3 840×2 160</td></tr>
</table>
</td></tr>
</table>

（续表）

<table>
<tr><td rowspan="2"></td><td>试验方法</td><td colspan="2">购买两种镜头，使用同一款型号的摄像机，进行更换镜头拍摄，使用角度尺测量拍摄角度，通过草坪、路面、立交、坑洼等不同环境的取景进行测试</td></tr>
<tr><td colspan="2"></td></tr>
<tr><td>试验数据</td><td colspan="2">
<table>
<tr><th colspan="4">试验数据</th></tr>
<tr><th>场景</th><th>次数</th><th>视场角度</th><th>分辨率</th></tr>
<tr><td>草坪</td><td>1</td><td>90°</td><td>1 920×1 080</td></tr>
<tr><td>路面</td><td>1</td><td>90°</td><td>1 920×1 080</td></tr>
<tr><td>立交</td><td>1</td><td>90°</td><td>1 920×1 080</td></tr>
<tr><td>坑洼</td><td>1</td><td>90°</td><td>1 920×1 080</td></tr>
<tr><td>/</td><td>/</td><td>符合</td><td>符合</td></tr>
</table>
</td><td>
<table>
<tr><th colspan="4">试验数据</th></tr>
<tr><th>场景</th><th>次数</th><th>视场角度</th><th>分辨率</th></tr>
<tr><td>草坪</td><td>1</td><td>130°</td><td>2 160×1 080</td></tr>
<tr><td>路面</td><td>1</td><td>130°</td><td>2 160×1 080</td></tr>
<tr><td>立交</td><td>1</td><td>130°</td><td>2 160×1 080</td></tr>
<tr><td>坑洼</td><td>1</td><td>130°</td><td>2 160×1 080</td></tr>
<tr><td>/</td><td>/</td><td>符合</td><td>符合</td></tr>
</table>
</td></tr>
<tr><td>经济成本</td><td colspan="2">2 000 元～20 000 元不等</td><td>1 000 元</td></tr>
<tr><td>方案评价</td><td colspan="3">根据试验结果分析，广角镜头的视场角度更加广阔，分辨率更高，更符合实现要求，且经济成本更低。QC 小组决定选用广角镜头</td></tr>
<tr><td>结论</td><td colspan="2">不选用</td><td>选用</td></tr>
</table>

⑧ 显示设备的选择

显示设备对比如表 4-16 所示。

表 4-16 显示设备对比分析表

<table>
<tr><td>技术要求</td><td colspan="2">画面延迟时间≤0.3 ms</td></tr>
<tr><td>比选项目</td><td>独立显示器</td><td>手机显示器</td></tr>
<tr><td>方案图例</td><td></td><td></td></tr>
<tr><td>调查分析</td><td>
<table>
<tr><th>延迟</th><th>传输距离</th><th>显示面板</th></tr>
<tr><td>0.3 ms</td><td>/</td><td>LCD</td></tr>
</table>
</td><td>
<table>
<tr><th>延迟</th><th>传输距离</th><th>显示面板</th></tr>
<tr><td>0.1 ms</td><td>/</td><td>OLED</td></tr>
</table>
</td></tr>
</table>

（续表）

	试验方法	使用独立显示器和手机，进行实时拍摄试验。请维护人员在光缆覆盖区域手动拍摄，小组成员在办公大楼内切换画面，分别在 1 km、3 km、5 km、7 km 的距离下测试延迟时间				
试验数据	试验数据			试验数据		
	距离/km	拍摄时间/min	延迟时间/ms	距离/km	拍摄时间/min	延迟时间/ms
	1	10	0.25	1	10	0.09
	3	10	0.26	3	10	0.08
	5	10	0.26	5	10	0.08
	7	10	0.27	7	10	0.08
	/	/	符合	/	/	符合
方案评价	试验结果显示，独立显示器由于硬件问题导致延迟时间较长，延迟时间平均达到 0.25 ms。而手机显示器则延迟低，延迟时间均更低更稳定，由于本项目需实时传输图像，且精确还原现场情况，小组最终选用手机显示器作为显示设备					
结论	不选用			选用		

（3）确定最佳方案

经过小组成员的层层对比分析，排除不利方案，最终确认了最佳设计方案，并整理出最佳方案系统图，参见图 4-9。

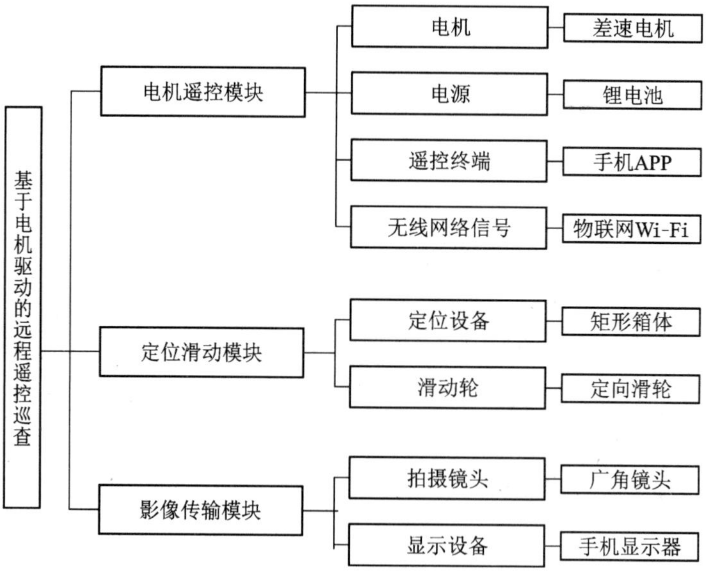

图 4-9　最佳方案系统图

（4）案例点评

① 优点："光缆断点遥控巡查器的研制"通过借鉴分析；提出了基于电机驱动的远程遥控巡查总体方案，并将总体方案分解为电机遥控模块、定位滑动模块、影像传输模块三个部分，针对每

个部分进行方案细化和比选后，确定了最佳方案，活动程序规范，数据详细，试验过程清晰。

② 不足：对方案特性、综合分析方面还缺乏要求与指标，如“滑动轮”就缺乏稳定性方面的评价要求与指标，“显示设备”也缺乏对便利性方面的评价要求与指标；在电机方案选择方面，小组决定选用差速电机的理由是差速电机在同等电流输出下，功率没有变化，转速更高且保持时间更加稳定，属于主观判断，缺乏选择依据；对总体方案与最佳方案的命名也需要规范，“基于电机驱动的光缆断点远程遥控巡查器研制总体方案”“基于电机驱动的光缆断点远程遥控巡查器研制最佳方案”表述会更好。

2. 案例二：“研究网络云的智慧派单新方法”

以下为某 QC 小组的“研究网络云的智慧派单新方法”课题的提出方案并确定为最佳方案的部分。

（1）提出方案

小组根据借鉴论文得到两个可行方案。

① 方案一：基于异常检测和派单对象识别的自适应延时派单方法。

思路来源：借鉴论文《考虑乘客应答单取消行为的网约车平台派单策略研究》《大数据背景下传输精确派单平台架构研究》，结合人工智能和大数据核心技术，去除异常派单检测、进行派单对象识别、设置延时派单策略，挖掘根源故障点，提高派单有效性，加快故障闭环。方案一选择树图如图 4-10 所示。

关键路径：通过异常派单检测提高告警关联率。然后结合设备拓扑、包机关系、设备健康状态精确定位派单对象，最后根据告警重要性特征，利用后置故障处理时长确定延时派单策略，实现智能化派单全流程。方案一的核心创新点见表 4-17。

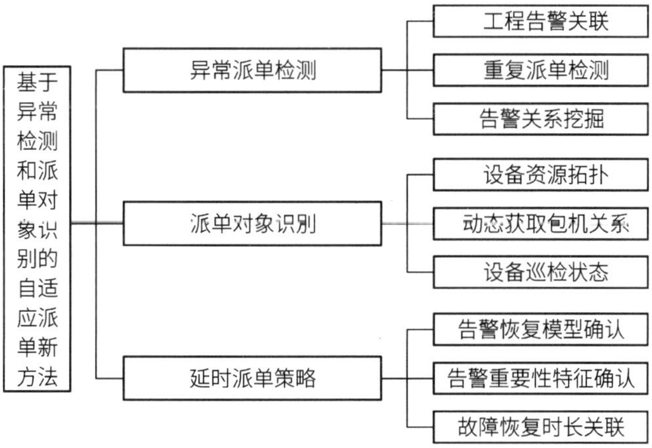

图 4-10 方案一选择树图

表 4-17 基于异常检测和派单对象识别的自适应延时派单方法

核心创新点	1	异常派单检测。提出一种基于无监督学习的异常派单相关性分析方法，利用工单时序性特征，挖掘同期同频异常派单，达到减少异常派单的目的
	2	基于卷积神经网络的派单对象识别。利用卷积神经网络对当前告警的多份相关数据结合起来训练出一个多分类模型，分类的结果指向派单对象

② 方案二：基于多维数据融合的派单新策略。

思路来源：借鉴论文《基于物流云平台的多式联运派单模型及求解策略》，通过根据人工经验选择多维有效数据，优化整体框架中每个环节的策略模型，构建关联模板，最终实现整体优化的目标。方案二选择树图如图 4-11 所示。

关键路径：基于当前派单流程中的三大环节，利用告警正文和设备操作日志等数据建立派单规则模板，结合本端和对端信息对全量工单扫盲式派发，最后通过采集超频超短告警时序特征来设置延时闭环工单阈值，让更多同期同因工单合并在一起。方案二的核心创新点见表 4-18。

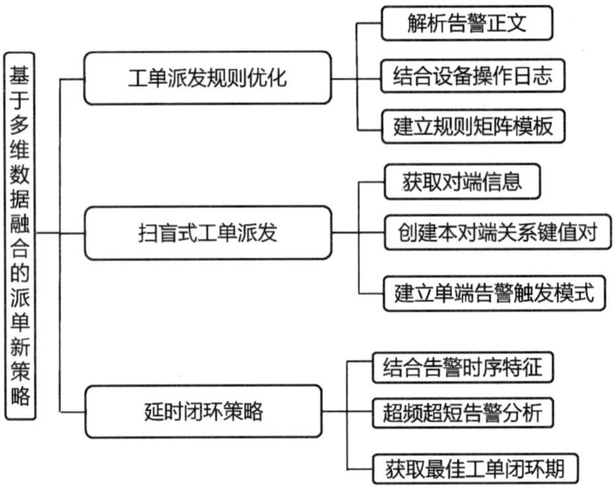

图 4-11 方案二选择树图

表 4-18 基于多维数据融合的派单新策略

核心创新点	1	规则矩阵模板。通过告警的多维数据，结合专家人工经验辅助制定规则矩阵模板，将一维规则数据提升为多维，提高派单规则有效性
	2	告警时序特征获取。利用告警的时序特征，针对当前告警派单中的超频超短告警工单问题，设置延时闭环阈值，让更多同因工单追加合并为一张

(2) 评估新方案

故障工单派发全流程包含三个环节：派不派，派给谁，多久派。QC 小组围绕上述三个核心维度对两个方案进行评估，同时也将开发成本纳入评估。

① 派单必要性准确率。华东北大区不同资源池计算、存储、网络设备来自不同厂家。因此本次研究需分资源池比对，衡量方案异常派单情况（表 4-19）。此模块使用的派单必要性准确率公式如下：

$$派单必要性准确率=\left(1-\frac{被退回工单总数}{总派单数}\right)\times 100\%$$

表 4-19 派单必要性准确率

方案	方案一			方案二		
资源池	有效工单数	总工单数	派单必要准确率/%	有效工单数	总工单数	派单必要准确率/%
DMZ	8 ** 8	8 ** 3	98.32	8 ** 8	8 ** 3	94.26
01A	7 ** 7	7 ** 5	98.97	7 ** 8	7 ** 5	93.82
02A	7 ** 6	8 ** 1	98.82	7 ** 8	8 ** 1	97.34
03A	8 ** 2	8 ** 7	99.45	7 ** 9	8 ** 7	94.73
04A	8 ** 4	8 ** 1	99.18	7 ** 8	8 ** 1	93.52
06A	7 ** 6	7 ** 9	98.94	7 ** 8	7 ** 9	94.47
07A	8 ** 4	8 ** 2	99.07	7 ** 1	8 ** 2	93.69
均值	8 ** 7	8 ** 1	98.96	7 ** 6	8 ** 1	94.55

注:“ * ”为隐藏数据。

从试验结果可以看出,针对现网 7 个资源池,方案一的平均派单必要性准确率为 98.96%,且方案一的派单准确率相对稳定,因此选择方案一。

小结:根据派单准确率结果分析,方案一准确率更高更稳定。

② 派单对象准确性。针对不同设备类型,汇聚 10 份乱序数据集,每份试验数据都对应有不同专业和不同的派单对象。派单对象准确率公式:

$$派单对象准确率=\left(1-\frac{派错对象工单数}{总派单数}\right)\times 100\%$$

我们对两个方案的派单对象准确率进行对比,结果参见表 4-20。

表 4-20 派单对象准确率对比

方案	方案一			方案二		
试验序号	有效工单数	总工单数	派单对象准确率/%	有效工单数	总工单数	派单对象准确率/%
1	6 ** 3	7 ** 2	98.46	6 ** 7	7 ** 2	91.34
2	7 ** 9	8 ** 3	98.23	7 ** 0	8 ** 3	92.45
3	8 ** 5	8 ** 8	99.14	7 ** 0	8 ** 8	92.64
4	8 ** 3	8 ** 0	98.82	7 ** 9	8 ** 0	91.45
5	8 ** 1	8 ** 6	98.50	7 ** 6	8 ** 6	93.52
6	7 ** 9	8 ** 6	98.30	7 ** 3	8 ** 6	92.64
7	7 ** 3	7 ** 9	98.67	6 ** 8	7 ** 9	92.49

(续表)

方案	方案一			方案二		
8	8 ** 5	8 ** 6	99.52	7 ** 2	8 ** 6	91.34
9	6 ** 7	6 ** 7	98.84	6 ** 6	6 ** 7	91.45
10	7 ** 5	7 ** 6	99.05	6 ** 1	7 ** 6	89.35
均值	7 ** 2	7 ** 9	98.75	7 ** 4	7 ** 9	91.87

注:“ * ”为隐藏数据。

试验结果显示,方案一的派单对象准确率表现更优,平均派单对象准确率为 98.75%。

结果显示,方案一的派单对象准确率高于方案二。

③ 延时合理性。延时派单是针对不同告警进行时延派单后置。考虑到告警存在闪断情况,合理的延时派单时长十分关键。本节从派单时延的角度,对比两个方案(见表 4-21)。延时派单有效定义如下:派单时延与人工梳理估算的时延之差小于 5 min 时判断时延设定准确有效。

$$延时派单准确率=\left(1-\frac{有效延时派单总数}{总派单数}\right)\times 100\%$$

表 4-21 延时派单有效率对比

方案	方案一			方案二		
试验序号	有效工单数	总工单数	延时派单准确率/%	有效工单数	总工单数	延时派单准确率/%
1	8 ** 8	8 ** 6	98.32	7 ** 1	8 ** 6	89.42
2	9 ** 7	9 ** 0	98.47	8 ** 0	9 ** 0	92.52
3	7 ** 3	7 ** 3	98.86	7 ** 4	7 ** 3	97.35
4	8 ** 4	9 ** 3	98.15	8 ** 9	9 ** 3	96.23
5	7 ** 8	7 ** 7	98.36	7 ** 8	7 ** 7	98.35
6	8 ** 2	8 ** 3	98.64	7 ** 3	8 ** 3	92.63
7	7 ** 8	7 ** 6	99.13	7 ** 2	7 ** 6	95.71
8	9 ** 3	9 ** 3	98.06	8 ** 9	9 ** 3	94.58
9	7 ** 9	7 ** 0	98.74	6 ** 8	7 ** 0	95.27
10	8 ** 6	8 ** 5	99.52	7 ** 4	8 ** 5	94.27
平均值	8 ** 8	8 ** 4	98.63	7 ** 8	8 ** 4	94.63

注:“ * ”为隐藏数据。

结果显示,方案一的延时派单准确率表现更优。

④ 开发成本评估。小组成员对两种方案的开发成本进行评估(见表 4-22)。

表 4-22 开发成本预估表

单位/万元	运算平台建设成本			运维成本		合计/万
	数据处理	算法实现	软件开发	运营	维护	
方案一	20	30	15	15	15	95
方案二	15	25	35	20	20	115

根据成本预估结果,方案一成本较低,所以选择方案一。

⑤ 综合结果评估。综合上述四个维度,小组制定了方案评估表(见表 4-23)。

表 4-23 方案评估表

方案	派单必要性准确率/%	派单对象准确率/%	延时派单准确率/%	开发成本/万元	方案选取
方案一	98.96	98.75	98.63	95	√
方案二	95.55	91.87	94.63	105	×

从表 4-23 中可以看出,方案一在各方面都胜出,所以小组选择方案一:基于异常检测和派单对象识别的自适应派单新方法。

根据综合评估得出,选择各方面均表现更优的方案一。

(3) 最佳方案细化与展开

① 一级方案选择

小组对最佳方案进行了细化分解,分别从异常派单检测、结合根因定位的派单对象识别和基于大数据分析的延时派单策略三方面入手,制作了一级方案分解树形图,参见图 4-12。

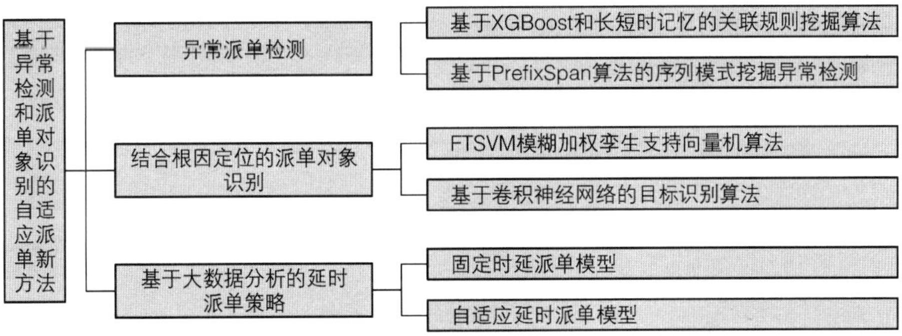

图 4-12 一级方案分解树形图

a. 异常派单检测

借鉴论文《基于无监督学习的故障分析研究》《基于电信网管告警数据分析的网络故障预测研究》中提出的关联技术与机器学习手段,对海量数据进行数据分析,发现某些数据模式出现的频率明显高于其他模式，逻辑关系获取需通过特定的算法来对数据进行探索和挖掘，异常派单之间也存在某种关联关系，参见图 4-13。

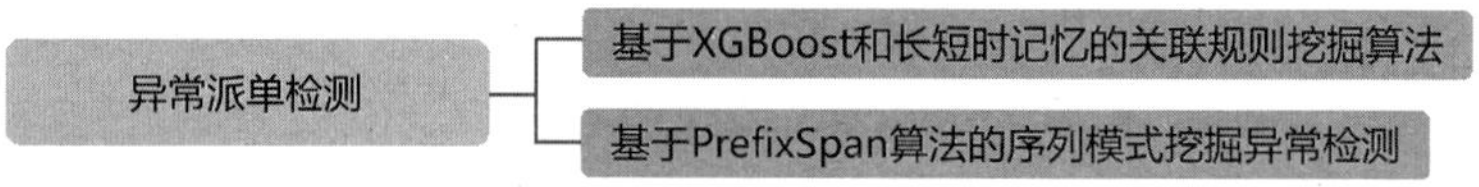

图 4-13　异常派单检测分解树形图

目前被广泛应用的挖掘算法分为两类：关联规则挖掘算法和序列模式挖掘算法。

表 4-24 给出了两类挖掘算法的比较。在关联规则挖掘算法中，序列集称为事务集，其中一个序列由对象的一系列行为事件构成，每一项代表该对象的一个行为，所以项集中没有重复项，且没有顺序的概念，即 A 出现在 B 前面和 A 出现在 B 后面最后挖掘得到的关联规则是一样的，关注的是两者共同出现的频繁程度。而序列模式挖掘算法则是关注研究对象在时间顺序上表现的频繁模式，以该对象在不同时间段发生的行为事件集合作为一个序列集进行挖掘，得到的相关关系体现了事件间的时序关系，同时也体现了事件出现的频繁关系。

表 4-24　关联规则挖掘算法与序列模式挖掘算法的比较

项目	关联规则挖掘算法	序列模式挖掘算法
算法核心	空间中不同对象共同出现的紧密程度	时序关系和出现的频繁关系
研究对象	同一时间发生动作的所有主体	一段长时间内发生动作的某个主体
序列集	同一时间每个对象发生的一系列事件	该研究对象在不同时间段发生的行为事件集合
项集	没有重复项，且没有顺序的概念	有重复项，存在时间概念
选择	不选用	选用

由于工单具有伴随性，源工单与追加工单不仅在空间中紧密联系，同时在时间上也存在相关关系。工程类工单因为操作时间均为夜间，也具有时间上的相关关系。因此，选用序列模式挖掘算法更能充分地考虑告警数据的特性，有利于挖掘工单在时间和空间上的相关关系，试验结果参见表 4-25。

表 4-25　挖掘算法实验数据表

项目	关联规则挖掘算法	序列模式挖掘算法
实验数据处理	速率：256 bit/s 存储：2 G 噪声：高 效果：好	速率：512 bit/s 存储：1.5 G 噪声：低 效果：较好
平均挖掘时间/min	15.1	9.84

（续表）

项目	关联规则挖掘算法	序列模式挖掘算法
挖掘时间稳定性	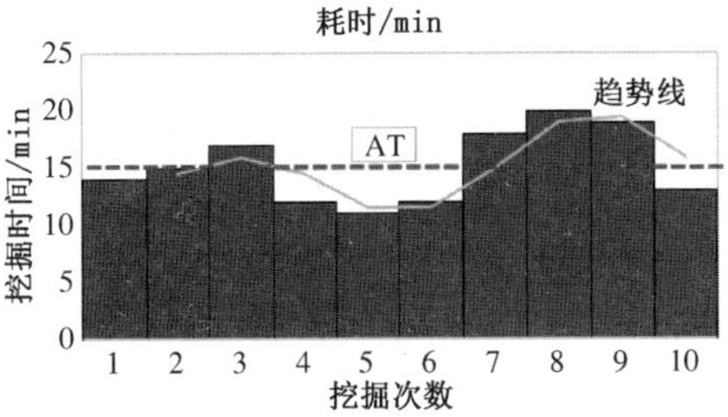 方差为 3.57，算法挖掘时间波动较大，对不同样本挖掘时呈现的稳定性差	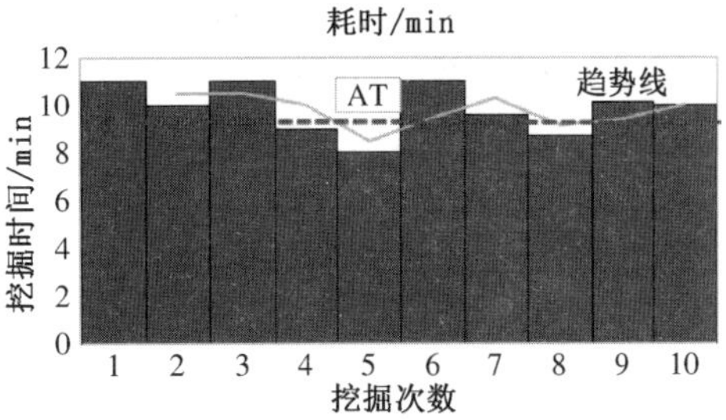 方差为 1.92，算法挖掘时间波动较小，对不同样本挖掘时花费的时间相对平稳
选择结果	不选用	选用

小组决定选择基于 PrefixSpan 算法的序列模式挖掘算法。

b. 结合根因定位的派单对象识别

借鉴论文《一种模糊加权的孪生支持向量机算法》《基于 ResNet 和双向 LSTM 融合的物联网入侵检测分类模型构建与优化研究》中提出的样本分类与 softmax 技术，小组选取了当前比较受欢迎的两个算法来解决派单对象的精确识别问题，分别是模糊加权孪生支持向量机算法（FTSVM）和基于卷积神经网络的目标识别算法（图 4-14）。

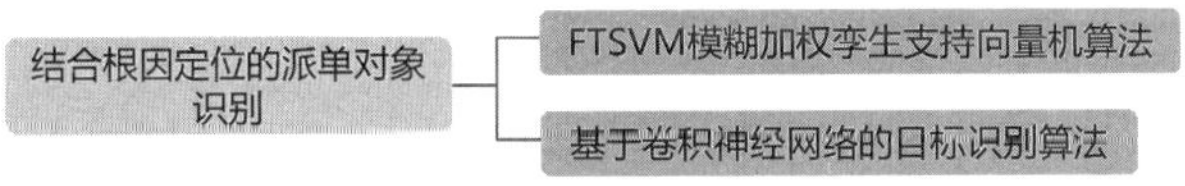

图 4-14　结合根因定位的派单对象识别算法分解树形图

衡量分类算法好坏的指标主要有：真阳性率、假阳性率以及 ROC 曲线。其中，真阳性率代表正确分类的样本数与总样本数之比；假阳性率代表被判断为正类样本的总数与总样本总数之比；ROC 曲线：曲线下面积越大代表准确率越高。FTSVM 和卷积神经网络算法选取如表 4-26 所示。

表 4-26　FTSVM 和卷积神经网络算法选取

项目	FTSVM	卷积神经网络
算法架构		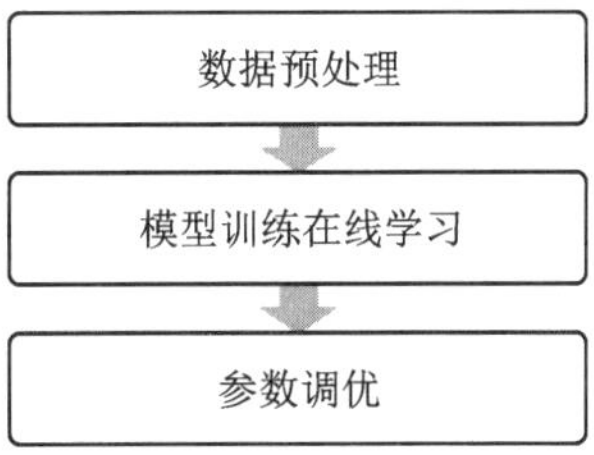

（续表）

<table>
<tr><td>项目</td><td>FTSVM</td><td>卷积神经网络</td></tr>
<tr><td>算法描述</td><td>通过对不同输入样本数据进行加权，减少样本数据不平衡对派单对象识别准确率的影响</td><td>通过模型训练对输入数据特征进行深度学习，利用学习到的深层特征提升派单对象识别准确率</td></tr>
<tr><td rowspan="2">实验结果</td><td>
<table>
<tr><td>序号</td><td>真阳性率/%</td><td>假阳性率/%</td><td>T2 退回率/%</td></tr>
<tr><td>1</td><td>93.25</td><td>6.75</td><td>2.48</td></tr>
<tr><td>2</td><td>94.19</td><td>5.81</td><td>4.29</td></tr>
<tr><td>3</td><td>92.48</td><td>7.52</td><td>3.59</td></tr>
<tr><td>4</td><td>95.28</td><td>4.72</td><td>4.72</td></tr>
<tr><td>5</td><td>94.58</td><td>5.42</td><td>3.48</td></tr>
<tr><td>6</td><td>93.55</td><td>6.45</td><td>4.75</td></tr>
<tr><td>7</td><td>93.54</td><td>6.46</td><td>4.24</td></tr>
<tr><td>8</td><td>94.29</td><td>5.71</td><td>3.86</td></tr>
<tr><td>9</td><td>95.72</td><td>4.28</td><td>4.19</td></tr>
<tr><td>10</td><td>94.04</td><td>5.96</td><td>3.81</td></tr>
<tr><td>均值</td><td>94.09</td><td>5.91</td><td>3.94</td></tr>
</table>
</td><td>
<table>
<tr><td>序号</td><td>真阳性率/%</td><td>假阳性率/%</td><td>T2 退回率/%</td></tr>
<tr><td>1</td><td>93.17</td><td>6.83</td><td>2.52</td></tr>
<tr><td>2</td><td>94.82</td><td>5.18</td><td>2.13</td></tr>
<tr><td>3</td><td>93.45</td><td>6.55</td><td>1.98</td></tr>
<tr><td>4</td><td>96.14</td><td>3.86</td><td>2.06</td></tr>
<tr><td>5</td><td>95.82</td><td>4.18</td><td>2.31</td></tr>
<tr><td>6</td><td>95.39</td><td>4.61</td><td>1.82</td></tr>
<tr><td>7</td><td>94.68</td><td>5.32</td><td>2.26</td></tr>
<tr><td>8</td><td>95.03</td><td>4.97</td><td>2.17</td></tr>
<tr><td>9</td><td>94.79</td><td>5.21</td><td>1.93</td></tr>
<tr><td>10</td><td>95.38</td><td>4.62</td><td>2.05</td></tr>
<tr><td>均值</td><td>94.87</td><td>5.13</td><td>2.12</td></tr>
</table>
</td></tr>
<tr><td colspan="2">
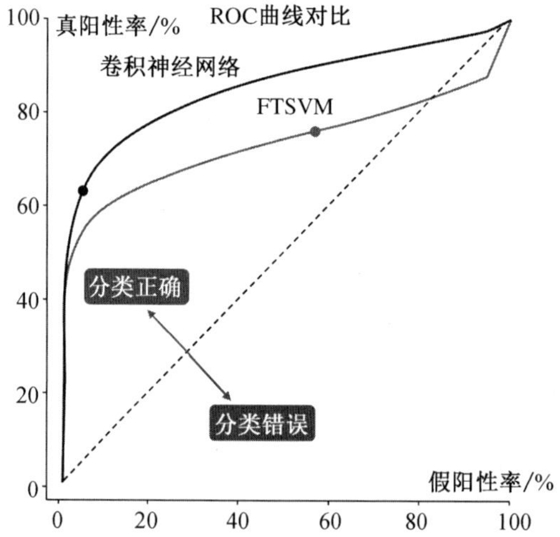

从 ROC 曲线直观可以看出，基于卷积神经网络的目标识别的 ROC 曲线下面积更大，表征准确率更高。</td></tr>
<tr><td>选择方案</td><td>不选用</td><td>选用</td></tr>
</table>

小组决定选择卷积神经网络派单对象识别算法。

c. 基于大数据分析的延时派单策略

借鉴论文《基于大数据分析的派单时延设计》提出的告警恢复模型与突变拐点分析技

术，延时派单需要根据多参数制定相应的延时派单策略，具体分为固定时延派单模型和自适应时延派单模型(图 4-15)。固定时延派单模型管理方便，但相对固化；而可变时延派单模型较为灵活，但模型复杂，维护成本较高。自适应时延派单模型会对告警工单带来移峰填谷效应，表现为无故障情况下变化平稳，而有故障情况下变化显著，这对故障处理工作带来了很大便利。

考虑到设备在不同时间段负载不同，告警量差别较大，因此派单量及派单稳定度就成了时延策略优劣的衡量指标。

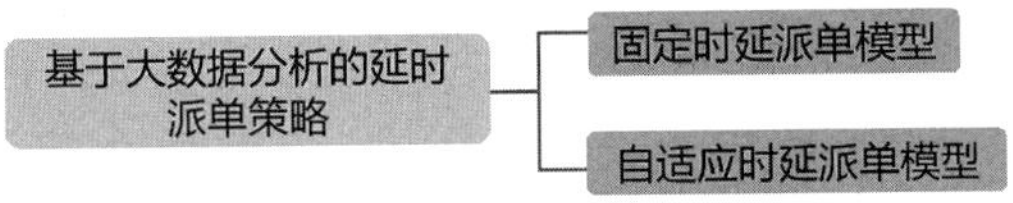

图 4-15 延时派单模型分解树形图

小组设计试验：以一周的原始告警进行测试，统计不同策略下，派单量的增长情况。基于大数据分析的延时派单模型对比实验如表 4-27 所示。

表 4-27 基于大数据分析的延时派单模型对比实验表

告警量/万条	工单量(固定时延)	派单压缩比(固定时延)	工单量(可变时延)	派单压缩比(可变时延)	告警量/万条	工单量(固定时延)	派单压缩比(固定时延)	工单量(可变时延)	派单压缩比(可变时延)
10	1 ** 3	99.988 7	1 ** 5	99.989 5	260	3 ** 9	99.986 0	3 ** 8	99.988 3
20	2 ** 1	99.989 5	1 ** 3	99.990 3	270	3 ** 5	99.986 4	3 ** 5	99.988 4
30	3 ** 9	99.986 7	3 ** 3	99.988 2	280	3 ** 5	99.986 6	3 ** 4	99.988 6
40	4 ** 5	99.988 4	4 ** 0	99.987 7	290	3 ** 3	99.986 5	3 ** 9	99.988 5
50	5 ** 3	99.988 5	6 ** 6	99.987 7	300	3 ** 6	99.987 0	3 ** 5	99.988 7
60	6 ** 9	99.989 5	6 ** 6	99.989 7	310	4 ** 2	99.985 6	3 ** 8	99.988 7
70	8 ** 0	99.988 0	8 ** 5	99.987 8	320	4 ** 0	99.984 0	3 ** 8	99.988 9
80	9 ** 7	99.988 4	8 ** 5	99.989 2	330	4 ** 3	99.985 2	3 ** 8	99.988 9
90	1 ** 7	99.986 1	9 ** 3	99.989 2	340	4 ** 9	99.985 5	3 ** 9	99.988 3
100	1 ** 7	99.984 9	1 ** 0	99.988 3	350	5 ** 4	99.984 9	4 ** 2	99.987 9
110	1 ** 6	99.986 2	1 ** 0	99.989 4	360	5 ** 4	99.985 4	4 ** 6	99.988 0
120	1 ** 7	99.985 2	1 ** 1	99.990 2	370	5 ** 3	99.985 0	4 ** 5	99.988 2
130	1 ** 6	99.986 3	1 ** 0	99.989 5	380	5 ** 3	99.985 4	4 ** 7	99.988 4
140	1 ** 9	99.987 1	1 ** 6	99.989 8	390	6 ** 9	99.984 5	4 ** 6	99.988 3
150	2 ** 0	99.984 9	1 ** 8	99.989 8	400	6 ** 9	99.984 9	4 ** 3	99.988 3
160	2 ** 6	99.985 8	1 ** 4	99.989 7	410	6 ** 7	99.984 7	4 ** 4	99.988 4

（续表）

告警量/万条	工单量（固定时延）	派单压缩比（固定时延）	工单量（可变时延）	派单压缩比（可变时延）	告警量/万条	工单量（固定时延）	派单压缩比（固定时延）	工单量（可变时延）	派单压缩比（可变时延）
170	2 ** 1	99.986 1	1 ** 4	99.990 3	420	6 ** 5	99.983 4	4 ** 3	99.988 5
180	2 ** 7	99.986 5	1 ** 9	99.989 7	430	6 ** 5	99.983 8	4 ** 6	99.988 6
190	2 ** 4	99.987 1	2 ** 0	99.989 1	440	7 ** 8	99.984 0	5 ** 1	99.988 5
200	2 ** 6	99.987 6	2 ** 7	99.989 1	450	7 ** 4	99.984 4	5 ** 9	99.988 5
210	2 ** 8	99.988 0	2 ** 2	99.987 7	460	7 ** 4	99.984 1	5 ** 8	99.988 6
220	2 ** 8	99.987 7	2 ** 2	99.988 2	470	7 ** 8	99.984 2	5 ** 9	99.988 4
230	3 ** 2	99.986 1	2 ** 4	99.988 6	480	8 ** 4	99.983 3	5 ** 0	99.988 6
240	3 ** 3	99.985 8	2 ** 4	99.988 1	490	8 ** 0	99.983 4	5 ** 0	99.988 5
250	3 ** 5	99.986 3	2 ** 4	99.988 6	500	8 ** 4	99.983 4	5 ** 5	99.988 5

注：“ * ”为隐藏数据。

从试验结果中可以看出，基于可变时延的派单策略在派单量、派单压缩比上均要优于固定时延策略（图 4-16）。针对两种时延策略的派单情况，结合对原始告警的时序分析，我们发现在网络平稳情况下，告警及工单量呈稳步增长状态，而其他情况下（一般是夜间，各专业割接较多），固定时延策略下工单量的波动较大（图 4-17）。经梳理突增工单所涉及的告警，发现大部分为外省或外专业的操作导致，一旦在工程识别环节中被漏过，就会被当作故障进行派单。跨专业工程导致的告警往往较难识别，因此如果基于固定时延策略的话，这些告警难以适配规则。综上，小组认为基于可变时延的派单策略更适合当前的网络环境。

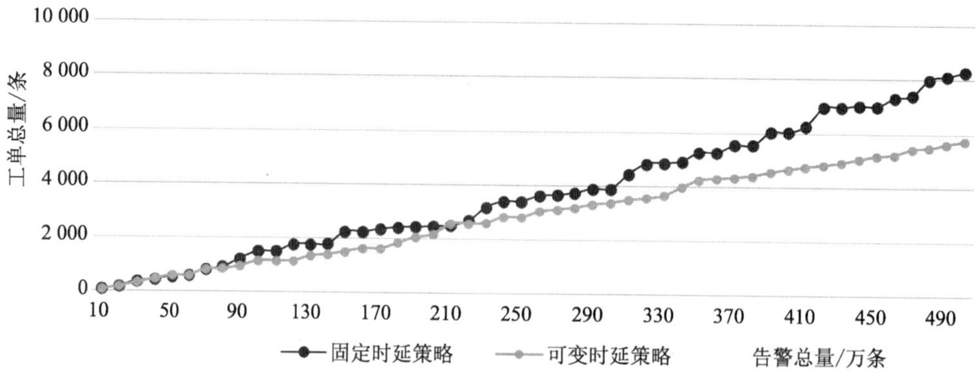

图 4-16　固定时延和可变时延派单模型派单增长情况对比图

小组决定选择可变时延策略作为延时派单策略。

d. 一级方案确定

小组从告警数据采集架构、存储架构、计算框架等几个方面确定了一级方案（图 4-18）。

② 二级方案选择

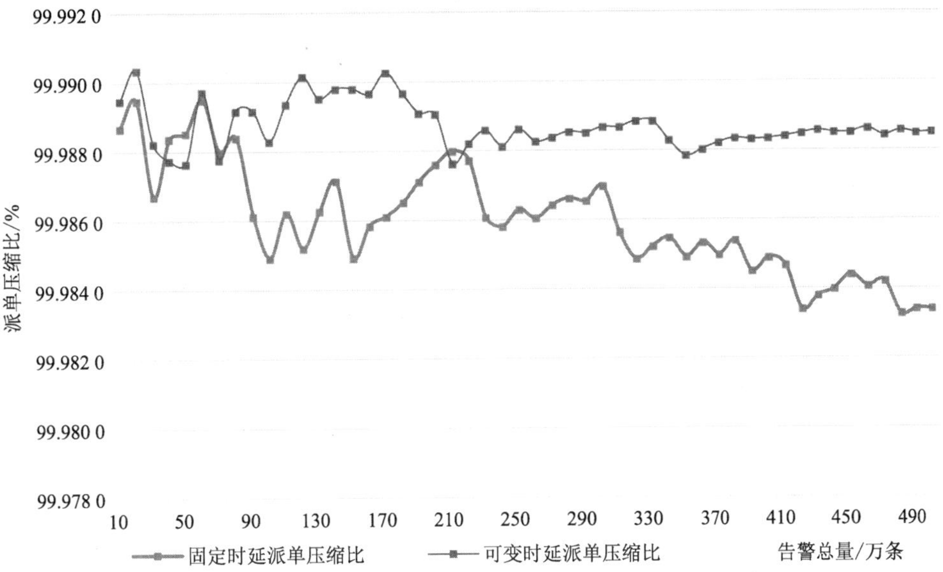

图 4-17 固定时延和可变时延派单模型派单压缩情况对比图

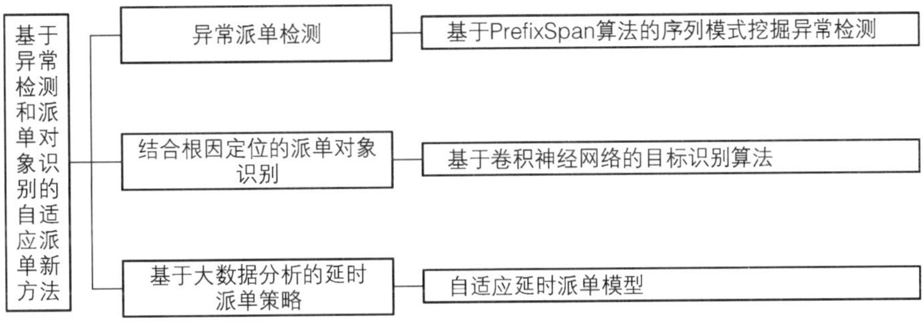

图 4-18 一级方案确定选择图

为了提高告警关联率，在选定一级方案基础上，小组进一步优化。二级方案分解树形图如图 4-19 所示。

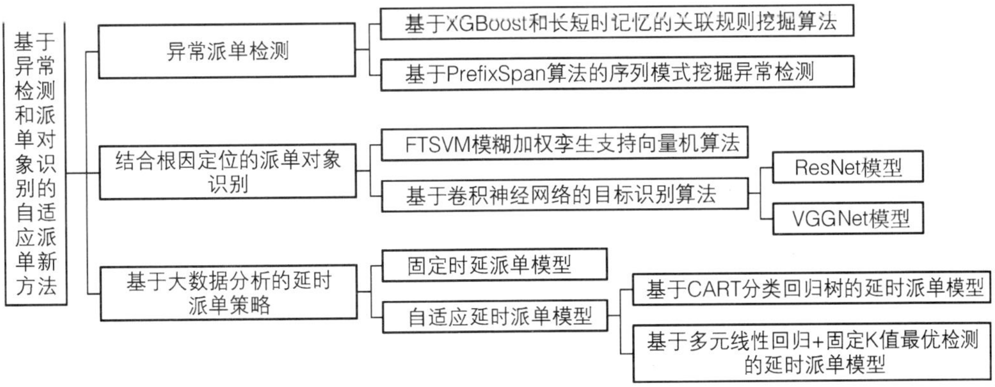

图 4-19 二级方案分解树形图

a. 基于卷积神经网络的派单对象识别模型(图 4-20)

图 4-20　基于卷积神经网络的派单对象识别模型分解树形图

为了确定两种模型的性能，小组借鉴论文《基于 ResNet 和双向 LSTM 融合的物联网入侵检测分类模型构建与优化研究》中的 ResNet 网络，对比当前主流的 VGGNet 模型并结合试验验证的方式进行比较，两个模型对比如表 4-28 所示。

表 4-28　ResNet 和 VGGNet 模型对比图

项　目	ResNet 模型	VGGNet 模型
模型复杂度	相对复杂	相对简单
收敛速度	较快	相对较慢
网络深度	提出残差块的概念，利用残差块训练得到更深层特征 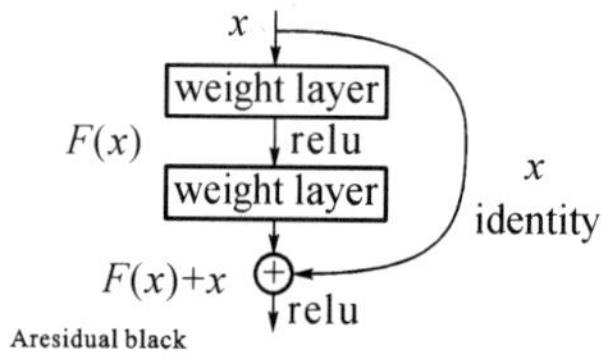 	仅通过增加网络层数学习深层特征，易导致梯度爆炸
计算量	利用小卷积核，同时每次只需要学习与上一次不同的残差部分，有效减少计算量	利用小卷积核，在增加网络层数的同时，计算量增加不大
训练时间	需 4 h(100 万工单＋网络拓扑)	需 5 h(100 万工单＋网络拓扑)

此外，小组还通过试验对两个模型的精度进行了对比，采用的激活函数和损失函数如下：

ReLU 激活函数：

$$y=\begin{cases}0 & (x\leqslant 0)\\ x & (x>0)\end{cases}$$

交叉熵损失函数：

$$L=\frac{1}{N}\sum_{i}L_i=-\frac{1}{N}\sum_{i}\sum_{c=1}^{M}y_{ic}\log(p_{ic})$$

试验结果参见表 4-29。

表 4-29 ResNet 模型与 VGGNet 模型实验统计

数据量/万条	DICE 准确率/%		训练时间/h	
	ResNet	VGGNet	ResNet	VGGNet
40	87.33	88.50	0.8	0.6
60	90.71	91.10	1.4	1.8
80	95.50	93.50	2.3	3.0
100	97.60	95.60	4.0	5.1
200	98.24	96.30	9.3	11.9

两种算法的 DICE 准确率和训练时间详细对比如图 4-21 所示。

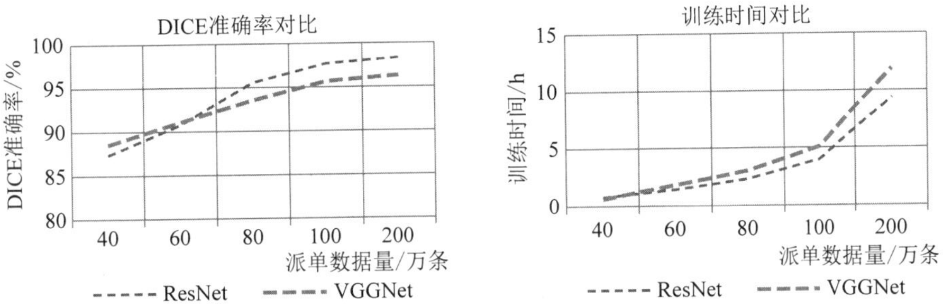

图 4-21 DICE 准确率和训练时间对比图

从试验得出，随着训练数据集的增长，ResNet 模型在准确率和训练时长上均表现更优，因此小组选择 ResNet 模型。

小组最终选择 ResNet 模型作为派单对象识别算法。

b. 自适应延时派单模型(图 4-22)

图 4-22 自适应延时派单模型分解树形图

在一级方案对比中，小组选择了自适应延时派单策略。经过调研发现基于 CART 分类回归树的延时派单模型和基于多元线性回归+固定 K 值最优检测的延时派单模型是两种主流算法。

经过分析发现每类告警存在序列特征，小组成员对近一个月的网络云告警的恢复时间进行整理，生成一个以告警恢复时间为横坐标，以告警恢复占比为纵坐标的下落曲线模型(图 4-23)。此模型是基于全量告警的平均恢复时长统计得到的，对于个别告警，虽然时间曲线存在不同，但是其恢复时间序列整体趋势却与此模型有一定相关。因此小组决定以此模型为基础进行模拟，以测算哪种算法的拟合效果更适配此模型。针对该模型，小组分别采用 2 层决策树、4 层决策树、单一线性回归、多无线性回归算法进行数据拟合并计算误差值（表 4-30）。

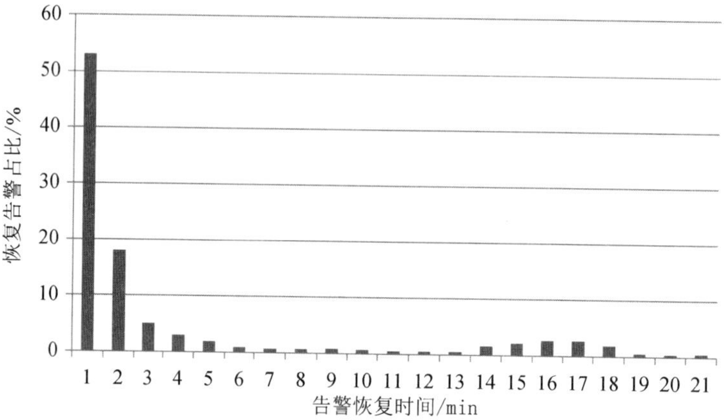

图 4-23　告警恢复模型

表 4-30　算法参数对比表

项目	CART 回归树模型		多元线性回归模型	
参数选择	2 层决策树	4 层决策树	单一线性回归	多元线性回归
平均绝对值误差	0.008 7	0.004 2	0.063 7	0.056 7
平均平方误差	0.000 1	3.767 7	0.009 9	0.011 4
中位绝对值误差	0.008 2	0.002 5	0.049 7	0.022 6
R^2 得分	0.990 4	0.997 1	0.238 9	0.218 3

从试验可以看出，两种决策树模型的 R^2 值都异常高（1 为满分，表示完全拟合），表示过拟合情况较严重。而线性回归模型则是 R^2 值偏低、同时中位绝对值误差较高，同样存在较大偏离。多元线性回归模型，考虑到首尾端数据收敛时带来的较大偏差，R^2 得分及误差值均处于可控程度，具备优化空间。

小组最终选择基于多元线性回归＋固定 K 值最优检测的延时派单模型。

③ 最佳方案确定

最佳方案如图 4-24 所示。

（4）案例点评

① 优点："研究网络云的智慧派单新方法"通过借鉴分析；提出了"基于异常检测和派单

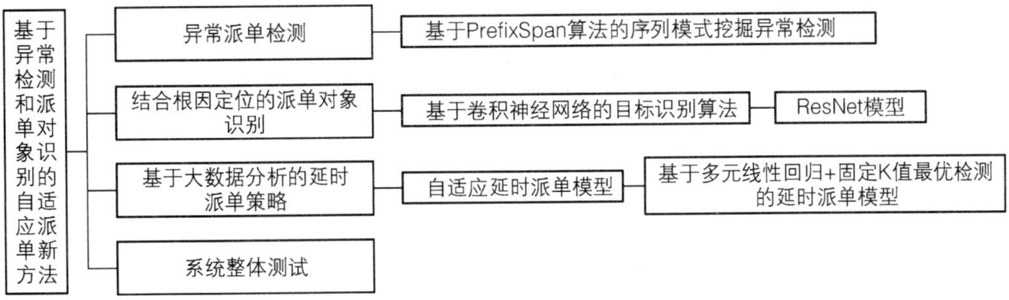

图 4-24 最佳方案树图

对象识别的自适应派单新方法”和“基于多维数据融合的派单新策略”2 个方案，从“派单必要性准确率、派单对象准确率、延时派单准确率、开发成本”4 个维度，对方案进行评估、比选，最后选择了“基于异常检测和派单对象识别的自适应派单新方法”总体方案，并将总体方案分解为“异常派单检测、结合根因定位的派单对象识别和基于大数据分析的延时派单策略”三个部分，针对每个部分进行方案细化和比选后，确定最佳方案，活动程序规范，数据详细，试验过程清晰。

② 不足：总体方案与最佳方案的名称，还需要进一步规范，这样表述“基于异常检测和派单对象识别的自适应派单研究网络云的智慧派单新方法总体方案”“基于异常检测和派单对象识别的自适应派单研究网络云的智慧派单新方法最佳方案”可能会更好。

第五节 制定对策

一、活动准则

小组制定对策时应：

(1) 按“5W1H”要求制定对策表。

(2) 将选定的具体方案逐项纳入对策。

(3) 对策目标可测量、可检查，措施可操作。

二、标准解读

(1) “最佳方案”是指总体方案。“具体方案”是指最佳总体方案分解至最末一节的方案，也就是对策表中的对策。

(2) 若研发、研制新产品或新系统，可将产品组装调试，系统的整合、试运行纳入对策表。

(3) 制定对策中所有目标应与相应方案的选择依据相吻合。

(4) 针对最佳方案分解中确定的可实施具体方案逐项制定对策，以免遗漏。

三、关注要点

关注要点包括：

(1) 明确总体方案、分方案、具体方案、最佳方案和对策分别是什么。

① 总体方案：小组提出可供选择的总方案。

② 分方案：总体方案进行逐层分解中所提出的方案。

③ 具体方案：总体方案最末端一层的方案。

④ 最佳方案：最终选择确定的总体方案。是从技术难易程度，经济合理性，预期效果，可靠性等方面进行比选的结果。

⑤ 对策：具体方案。

(2) 正确应用对策表。

(3) 按“5W1H”要求填写对策表。

(4) 对策目标可测量、可检查，措施具体，可操作。

四、常见问题

常见问题包括：

(1) 对策表中的对策与选定的最佳方案的末一级方案不一致。

(2) 对策目标不可测量，措施不具体。

(3) 对策目标与方案选择评价的依据不吻合。

(4) 对策与措施混淆且不具体。

(5) 对策表制定未遵循“5W1H”原则，不正确、缺项，未确定最佳方案的分解步骤，逐一制定对策。

(6) 在制定对策时又进行方案展开，以至颠倒步骤顺序，影响方案选择以及活动的实施效果达到最佳。

(7) 对策未按照所选的可实施方案进行。

(8) 对策目标值设定过多且与课题的相关度不大。

五、评价标准

在创新型课题成果发表评审评分细则中，明确制定对策部分的要求，包含以下几个方面：

(1) 按“5W1H”原则制定对策表，对策明确、对策目标可测量、措施具体。

(2) 针对在最佳方案分解中确定的可实施的具体方案，逐项制定对策。

六、案例分析

1. 案例一：“光缆断点遥控巡查器的研制”

以下为某 QC 小组的“光缆断点遥控巡查器的研制”课题的制定对策表部分。

(1) 对策表。QC 小组成员认真研制，反复讨论，针对每一步深入细化，使之更具备可操作性并按照“5W1H”原则对上述对策方案制定详细的实施对策表，参见表 4-31。

表 4-31 对策表

序号	对策	目标	措施	负责人	完成时间
1	差速电机	① 转速≥1 500 r/min ② 功率≤220 W	① 购买符合要求的差速电机 ② 测试差速电机	×××	2020 年 7 月 1 日
2	锂电池	① 电压≥1.5 V ② 电力使用时间≥10 h	① 相关厂家定制锂电池 ② 测试锂电池储电时间及电压	××	2020 年 7 月 3 日
3	手机 APP	① 动态延迟≤1 s ② BUG 数值≤3 个	① 设计 APP 功能部署图 ② 使用 Java 语言进行开发并运行调试	××	2020 年 7 月 12 日
4	物联网 Wi-Fi	① 传输距离不低于 120 km ② 丢包率≤1%	① 向相关商家购买或定制 ② 测试传输距离及丢包率	××	2020 年 7 月 16 日
5	矩形箱体	① 支撑力≤98 N ② 自重≤50 g ③ 载重≥7 kg	① 绘制平面结构图纸 ② 制作矩形箱体并称重 ③ 测量支撑力	××	2020 年 7 月 21 日
6	定向滑轮	① 滑动力矩≤600 Nm ② 轮直径≥7 cm	① 绘制结构图纸 ② 固定定向滑轮的滑动位置并测试	××	2020 年 7 月 25 日
7	广角镜头	① 视场角度≥100° ② 分辨率≥1 920×1 080	① 向相关商家购买或定制 ② 固定安装位置并测试	××	2020 年 7 月 27 日
8	手机显示器	画面延迟时间≤0.1 ms	① 调试手机显示屏幕 ② 专业软件测试延迟时间	××	2020 年 7 月 28 日
9	安装调试	平均时速≤0.3 s/m	① 组装调试并试运行 ② 测试平均时速	××	2020 年 7 月 30 日

(2) 案例点评

① 优点：“光缆断点遥控巡查器的研制”课题，针对最佳方案的末一级方案，一一对应地制定对策和措施，设立了明确、量化的对策目标，按照“5W1H”原则制定对策表，对策明确、对策目标可测量、措施具体。

② 不足：对策目标过多，技术参数是方案评价、比选的依据，全部作为对策目标不妥，最好设立一个综合评价指标。

2. 案例二：“研究网络云的智慧派单新方法”

以下为某 QC 小组的“研究网络云的智慧派单新方法”课题的制定对策部分。

(1) 制定对策表。小组根据“5W1H”原则制定了对策实施表，参见表 4-32。

表 4-32 对策实施表

对策 WHAT	目标 WHY	措施 HOW	责任人 WHO	地点 WHERE	完成时间 WHEN
基于 PrefixSpan 算法的序列模式挖掘异常检测	平均派单必要性准确率＞99%	① 利用 KM 算法进行数据预处理 ② 通过动态滑动时间窗口输出序列 ③ 利用 PrefixSpan 算法完成异常数据挖掘	××	网络部	2021 年 5 月
基于 ResNet 模型的派单对象识别算法	平均派单对象准确率＞98%	① 工单、告警、拓扑数据预处理 ② 训练 ResNet 模型，提取数据深度特征 ③ 根据数据深度特征识别告警对象	×××	网络部	2021 年 5 月
基于多元线性回归＋固定 K 值最优检测的延时派单模型	平均延时派单准确率＞98%	① 针对标签化后的多维历史数据进行计算，生成多元线性回归模型 ② 固定 K 值最优检测算法针对模型拟合曲线执行最优拐点探测	××	网络部	2021 年 6 月
系统整体测试	平均派单准确率＞95%	① 制定系统整体测试流程图 ② 打通接口完成模块对接	×××	网络部	2021 年 6 月

（2）案例点评

① 优点：“研究网络云的智慧派单新方法”课题，针对最佳方案的末一级方案，一一对应地制定了对策和措施，设立了明确、量化的目标，按照“5W1H”原则制定了对策表，对策明确、对策目标可测量、措施具体。

② 不足：系统整体测试方案具体措施为“制定系统整体测试流程图、打通接口完成模块对接”，与平均派单准确率＞95%对策目标实现，似乎没有直接关系，这两条措施如何影响“平均派单准确率＞95%”对策目标实现？派单准确率＞95%是课题目标，不能作为对策目标来进行设立和检查，这里的对策目标，应当是整体系统的稳定性或可用性等指标。

第六节 对策实施

一、活动准则

小组实施对策时应：

（1）按照制定的对策表逐条实施。

（2）每条对策实施完毕，及时收集事实与数据，确认对策目标的完成情况；未达到对策目标时，修改措施，并按新的措施实施。

(3) 必要时,验证对策实施结果在安全、质量、管理、成本、环保等方面的负面影响。

二、 标准解读

(1) 对策表中的方案均是指对策表中的对策。

(2) 当对策目标未达到时,应对该对策的具体措施作出调整或修改,然后再实施,再确认实施效果。

(3) 是否需要验证对策实施结果在安全、质量、管理、成本等方面的负面影响,应根据课题和对策的实际情况决定。

(4) 对策表中的对策及措施应当逐项实施。

(5) 每条方案措施实施后,检查相应方案目标的实施效果及有效性,若出现未达到对策目标时需认真总结,应当进行调整与修正措施,并反复验证以达到对策目标。

(6) 若创新成果对生产产生一定影响的,必要时可验证对策实施结果在安全、环境、质量、成本、管理等方面的负面影响以评价对策综合有效性。

(7) 不涉及方案的材料与型号等内容的选择可放在对策实施步骤中完成。

三、 关注要点

关注要点包括:

(1) 按对策表的内容逐条实施对策措施,没有遗漏。

(2) 每项对策实施完后,立即检查对策目标达成情况。

(3) 未达到对策目标,及时分析原因,调整并确定新的思路,修订措施并组织实施。

(4) 必要时,对对策实施后的负面影响进行分析评价,确保创新成果安全、可靠、经济、环保。

(5) 具体方案就是对策,制定对策后统一用词,不再用方案表示。

(6) 每条对策实施后应确认相应目标的完成情况,相应目标值所对应的对策目标。

(7) 当对策未达到目标时,说明措施有问题,所以应分析措施中导致问题发生的原因,修改措施并按新的措施实施。

(8) 实施效果,要有收集数据的具体时间,不能只定性地用实施后表述。

四、 常见问题

常见问题包括:

(1) 没有按照对策制定的对策表逐条实施方案。

(2) 对策实施阶段未记录实验数据,缺少具体数据、没有具体的时间。

(3) 没有逐条确认对策目标完成情况,而是检查课题总目标实现情况,或者到效果检查阶段直接检查课题的总体效果。

(4) 对策实施过程缺少实质性的内容,过程描述不正确、不具体。

(5) 统计学方法与工具运用少或运用不当。

五、 评价标准

在“创新型”课题成果发表评审评分细则中，明确对策实施部分的要求，包含以下几个方面：

(1) 按照制定的对策表逐条实施方案。

(2) 每条方案措施实施后，检查相应方案目标的实施效果及其有效性，必要时应调整修正措施。

(3) 工具运用正确、适宜。

六、 案例分析

1. 案例一："光缆断点遥控巡查器的研制"

以下为某 QC 小组的“光缆断点遥控巡查器的研制”课题的对策实施部分。

(1) 对策实施

① 实施一：差速电机

措施 1	购买符合要求的差速电机

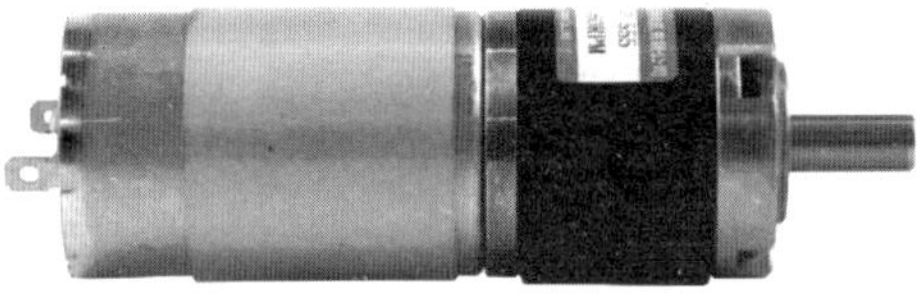

差速电机实拍图

措施 2	测试差速电机

通电测试电机功率

（续表）

表 33 实施一 对策目标检查

检查工具	检查目标	检查次数/次	成功次数/次	成功率/%
马力机	转速≥1 500 r/min	5	5	100
万用表	功率≤220 W	5	5	100
结论	检查合格			

测试成功，共测试 10 次，经马力机测试，转速≥1 500 r/min，经万用表测试，电压稳定值为 180 W。对策实施目标实现。

② 实施二：锂电池

措施 1	相关厂家定制锂电池

锂电池包

锂电池定制现场

措施 2	固测试锂电池储电时间及电压

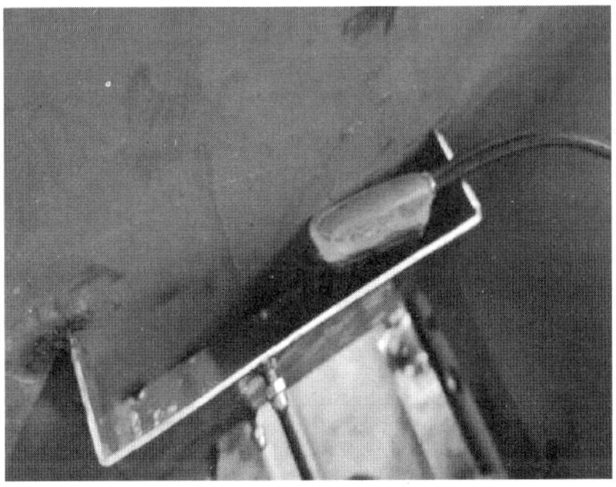

测试锂电池储电时间

测试锂电池电压

（续表）

表 34 实施二 对策目标检查

检查工具	检查目标	检查次数/次	成功次数/次	成功率/%
万用表	电压≥1.5 V	1	1	100
电池检测仪	充放电深循环一次、消耗时间≥10 h	1	1	100
结论	检查合格			

测试成功，测试 1 次，进行充放电深循环一次，消耗时间≥10 h。采用万用表测试点烟，稳定输入电压为3.7 V。对策实施目标实现。

③ 实施三：手机 APP

措施 1	设计 APP 功能部署图

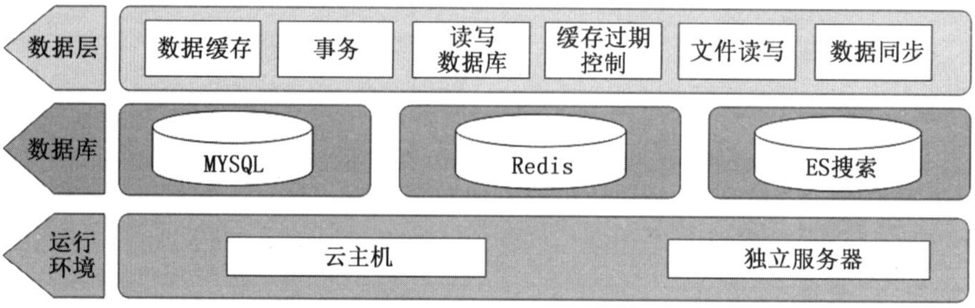

软件功能架构搭建

措施 2	使用 Java 语言进行开发并运行调试

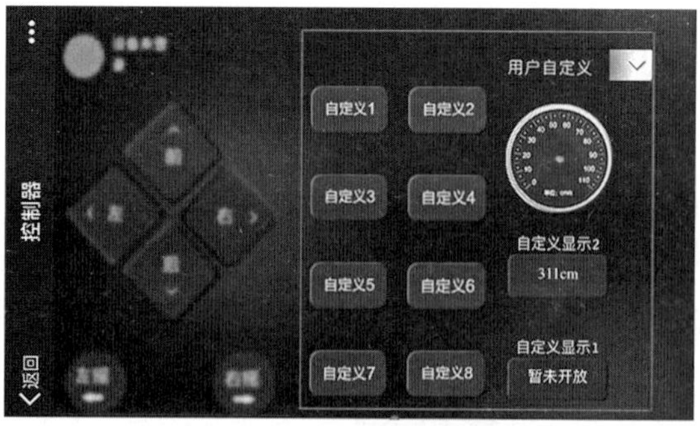

手机 APP 动态界面测试

（续表）

表 35 实施三 对策目标检查

检查工具	检查目标	测试次数/次	字节数	数值
测试软件	动态延迟≤1 s	20	2 064	0.89 s
编译器	BUG 数值≤3	20	2 064	0
结论	检查合格			

测试成功，测试 20 次，动态延迟时间 0.89 s，代码拼写 BUG 数值=0。运行稳定，符合技术要求。对策实施目标实现。

④ 实施四：物联网 Wi-Fi

措施 1	向相关商家购买或定制

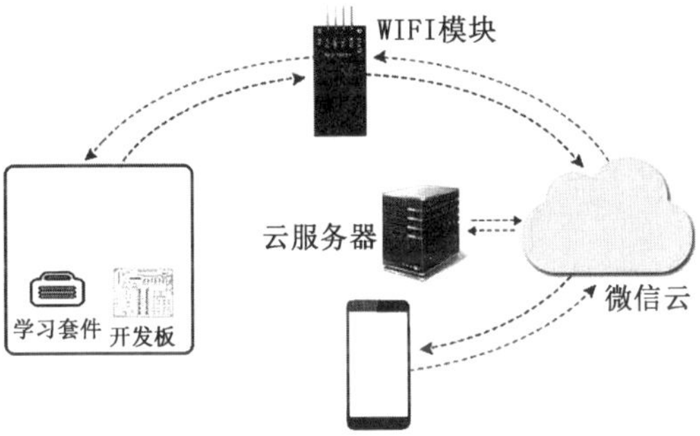

物联网 Wi-Fi 原理图

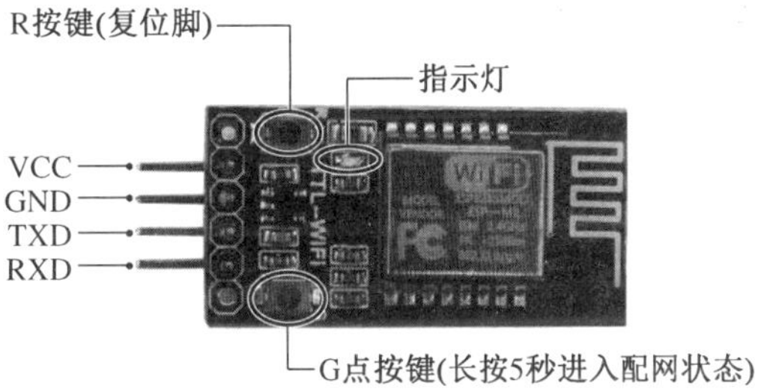

4 针 TTL 串口

措施 2	测试传输距离及丢包率

焊接主板通电测试

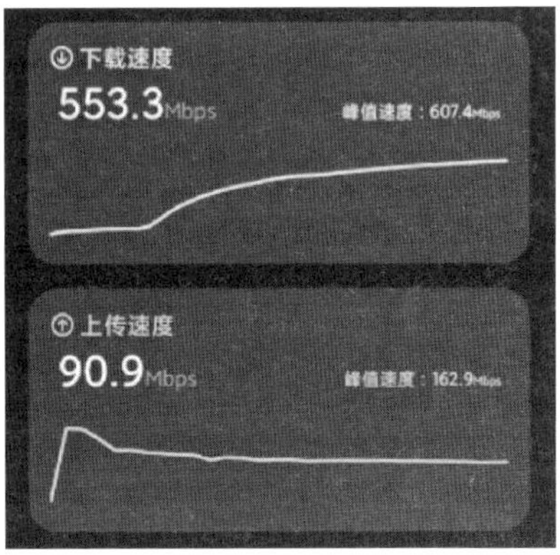

软件测试丢包率

（续表）

表 36　实施四　对策目标检查

检查工具	检查目标	检查次数/次	成功次数/次	成功率/%
传输距离	120 km	10	10	100
测速软件	丢包率≤1%	10	10	100
结论	检查合格			

测试成功，测试 10 次，模块拥有 4 针 TTL 串口，通电正常。配网成功后，使用网速测试软件 ADA64 测试后发现：丢包率≤1%。对策实施目标实现。

⑤ 实施五：矩形箱体

措施 1	绘制平面设计图纸
措施 2	根据护栏尺寸，制作矩形箱体并测量支撑力和载重

测量尺寸距离

制作矩形箱体

表 37　实施五　对策目标检查

检查工具	检查目标	检查次数/次	成功次数/次	成功率/%
支架径向支撑力测试仪	支撑力≥98 N	15	15	100
弹簧秤	载重≥7 kg	10	10	100
弹簧秤	自重≤500 g	1	1	100
结论	检查合格			

测试成功，分别测试 15 次支撑力，10 次载重，1 次自重，经支架径向支撑力测试仪测试，支撑力≥98 N。弹簧秤测试载重≥7 kg，自重≤500 g，对策实施目标实现。

⑥ 实施六：定向滑轮

措施 1	绘制结构设计图纸

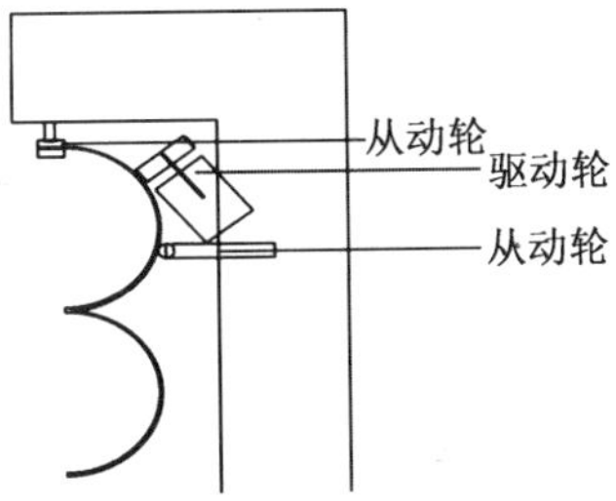

绘制结构设计图纸

措施 2	固定定向滑轮的滑动位置并测试

固定滑轮位置

固定滑轮位置

表 38 实施六 对策目标检查

检查工具	检查目标	检查次数/次	成功次数/次	成功率/%
力矩扳手	滑动力矩≤600 Nm	15	15	100
钢尺	轮直径≥7 cm	15	15	100
结论	检查合格			

测试成功，分别测试 15 次，经力矩扳手测试，滑动力矩≤600 Nm。经钢尺测量，轮直径≥7 cm，对策实施目标实现。

⑦ 实施七：广角镜头

措施 1	向相关商家购买广角镜头

广角镜头实物图

措施 2	固定安装位置并测试

固定安装广角镜头

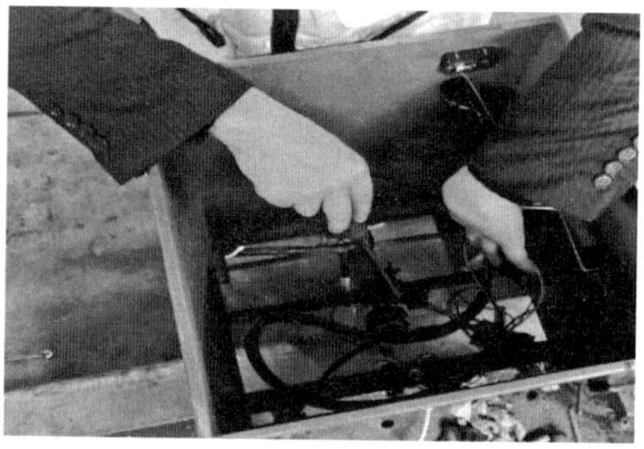

接口对插，通电测试

表 39　实施七　对策目标检查

检查工具	检查目标	检查次数/次	成功次数/次	成功率/%
显示器	视场角度≥100°	30	30	100
显示器	分辨率≥1 920×1 080	1	1	100
结论	检查合格			

测试成功，测试检查 30 次，视场角度 130°，通电正常。分辨度为 2 160×1 080。对策实施目标实现。

⑧ 实施八：手机显示器

措施 1	调试手机屏幕

固定安装广角镜头

调试手机屏幕

措施 2	软件测试画面延迟时间

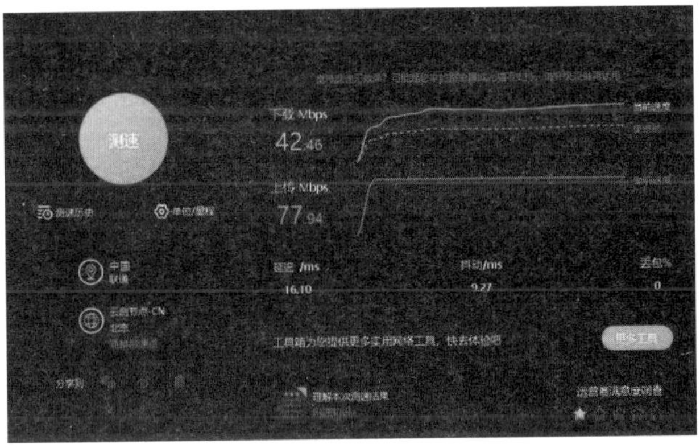

测试延迟时间

表 40 实施八 对策目标检查

检查工具	检查目标	检查次数/次	成功次数/次	成功率/%
测试软件	画面延迟时间≤0.1 ms	10	10	100
结论	检查合格			

测试成功，测试检查 10 次，画面切换速率及点对点速率均符合要求，画面延迟时间≤0.1ms。对策实施目标实现。

⑨ 实施九：安装调试

措施 1	护栏实际操作

现场滑动效果

现场滑动效果

措施 2	测试平均时速

秒表测试

表 41　实施九　对策目标检查

检查工具	检查目标	检查次数/次	成功次数/次	成功率/%
手机	前、后移动指令是否执行	20	20	100
	影像同步传输正常运作	20	20	100
秒表	平均时速≤0.3 m/s	20	20	100
结论	检查合格			

测试成功，测试检查 20 次，前、后移动指令执行正确，手机 APP 操作正常。实测平均时速≤0.3 m/s，对策实施目标实现。

(2) 案例点评

① 优点:“光缆断点遥控巡查器的研制”课题,按照对策表,逐一进行对策实施并进行对策目标确认,活动过程事实清晰、数据翔实、程序规范。

② 不足:对策实施过程缺少实质性内容,怎样进行测试描述得不够;表格、图片可以非常简洁地呈现结果,但必要的文字描述和过程叙述,不能省略;现场测试的次数,分别有10次、15次、20次、30次等不同次数,试验次数应该符合统计学要求,也不是越多越好,这里的试验结果,显得不够严谨和科学。

2. 案例二:“研究网络云的智慧派单新方法”

以下为某QC小组的“研究网络云的智慧派单新方法”课题的对策实施部分。

(1) 对策实施

① 实施一:基于PrefixSpan算法的序列模式挖掘异常检测

a. 实施目标

对资源池告警数据预处理,通过序列模式挖掘出完整全面的工单相关性关系,平均派单必要性准确率高于99%。

b. 实施数据

小组选择2021年5—6月宁丹路网管中心556 672条工单数据进行试验分析。

定义一个Alarms={}方便数据映射,首先使用哈希表存储告警样本集,然后进行存储类型转换。将Alarms转换成DataFrame数据类型,得到最后输出的样本聚类样本集C(图4-25)。

```
for d in D:
    if d not in Alarms:
        Alarms[d] = D['CIR_NAME']
    else:
        Alarms[d].append(D['CIR_NAME'])
    end if
end for
```

图4-25 数据映射代码

告警样本集处理后输出的每个向量的长度不完全一致。因此,有必要使用冗余字节对向量进行填充,使向量获得统一的固定长度。将处理完成后的数据送入到K-MNT聚类算法中,并根据图4-26得到最终具有相似网络属性的异常告警聚类结果,为后续序列模式挖掘提供适用的数据集。

c. 实施过程

基于第一步聚类得到具有相似拓扑结构的聚类簇后,在构建选取工单序列的滑动窗口时,需要考虑相关工单的时间关系。因此需要构建一个适应数据分布的动态滑动时间窗口,分别对每一类工单进行时间间隔统计,从而得到一个可以区分有效工单集合的时间间隔对滑动时间窗口步长进行约束。

由于网络协议和拓扑，当一个设备故障时会在短时间内引起传播或扩散，造成其他设备产生工单。也就是说，只有在这一段短时间内由于告警产生的工单是存在关联关系的，但对于长时间间隔来说，两个时间段的告警工单是没有关系的。

工单之间的关系和其发生的时间先后顺序有关，因此可以把整个数集看作是一系列带有时间标签的工单 $A(t)$ 表示的时间序列。假设告警序列的开始时间是 T_s，终止时间为 T_e，则一个工单序列可以表示为 $S=(A,\ T_s,\ T_e)$。该工单序列由多个有序的工单 $A(t)$ 组成，$A(t)$ 表示工单在 t 时刻发生。图 4-27 给出了告警序列示例。

标号 1 表示序列从 0 s 开始至 13 s 结束的告警序列，其可以表示为：

$$S_1=[A(5),\ D(5.1),\ B(5.5),\ A(11),\ C(13)]$$

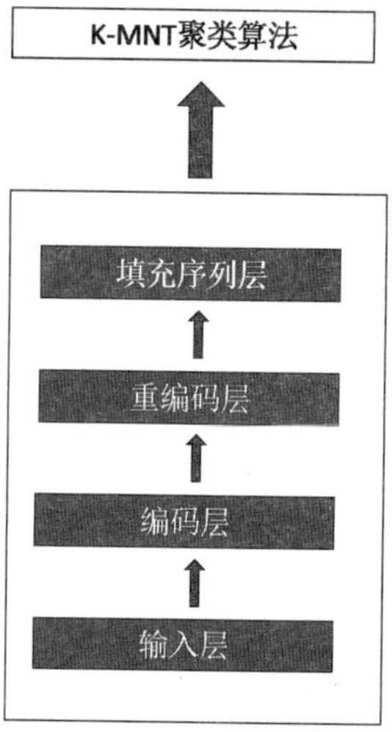

图 4-26 K-MNT 数据聚类原理图

序列集示例如表 4-42 所示：

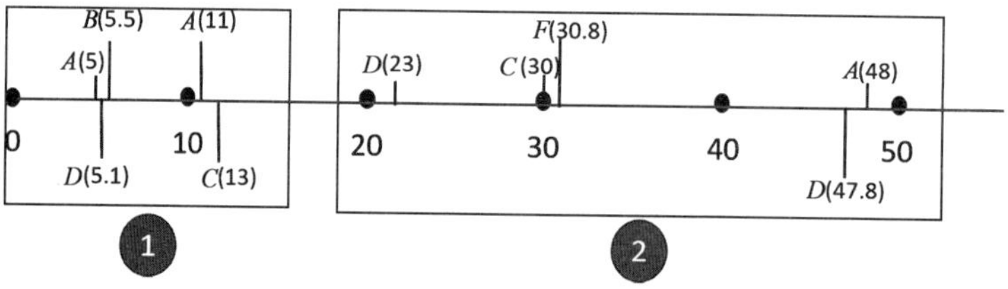

图 4-27 告警序列示例

表 4-42 告警序列内容汇总表

序列 ID	告警序列
1	[[$A(5)$, $D(5.1)$, $B(5.5)$], $A(11)$, $C(13)$]
2	[$D(24)$, $C(31)$, $F(30.8)$, [$D(47.8)$, $A(48)$]]
3	[$C(55)$, $B(57)$, $A(63)$, $E(63.5)$]
4	……

因此，实施动态滑动时间窗口后的输入输出为：

输入：由聚类算法得到的 K 个告警。

输出：所有告警序列 Total_alarm_sequence。

d. 基于 PrefixSpan 算法的序列模式挖掘

序列模式挖掘算法中，序列包含时间顺序关系，所以需要明确时序关系的表现形式。根据序列模式算法如下：

将告警序列集作为 PrefixSpan 算法输入，从长度为 1 的前缀开始挖掘序列模式，得到

1—频繁序列，并构造对应的投影数据库，然后递归建立 K -项前缀的投影数据库，并挖掘对应的频繁序列，得到完备的告警频繁序列集(图 4-28)。

告警名称为['[33 -南京虎踞路-鼓楼- 111 -万安东路]']共发生了 1 770 次，告警名称['[33 -南京虎踞路-鼓楼- 123 -江浦]']共发生了 1 773 次，告警名称['[33 -南京鼓楼区火车站-南京雨花台区宁丹路]']发生了 1 784 次。而这三个告警共同出现的次数达到了1 515 次，占比达到 84.92%，说明它们的共同出现不是偶然发生的事件，有理由认为它们之间存在强相关的并行关系。因此可以将工单压缩派发至相应专业室。

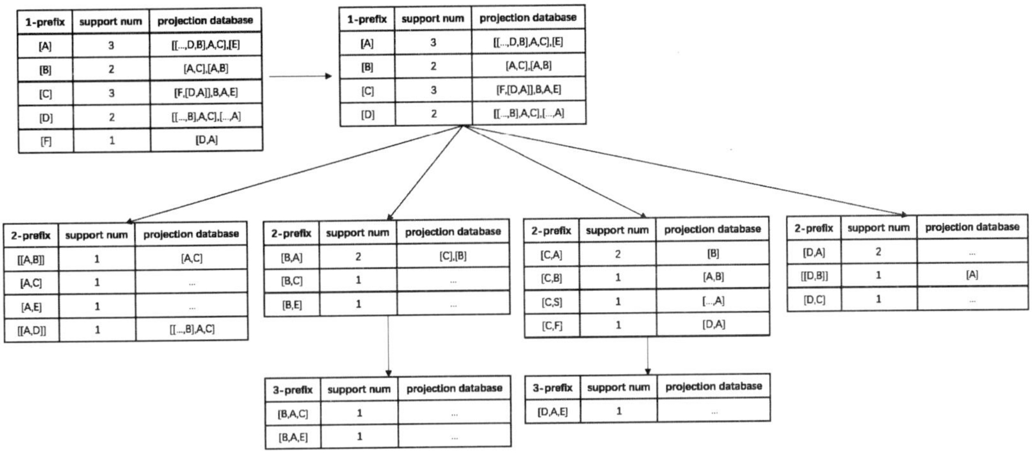

图 4-28 序列模式挖掘示意图

e. 效果检查

我们将 5～6 月的网络云专业告警总量共计 8.6 万条等分成 10 份样本数据计算平均派单必要性准确率，并将 10 份样本数据标记为：试验 1—试验 10，对应的故障工单派发总量为 556 672 条。经过 10 次异常工单关联性验证，平均派单必要性准确率为 99.2%(图 4-29)。目标“平均派单必要性准确率高于 99%”达成。

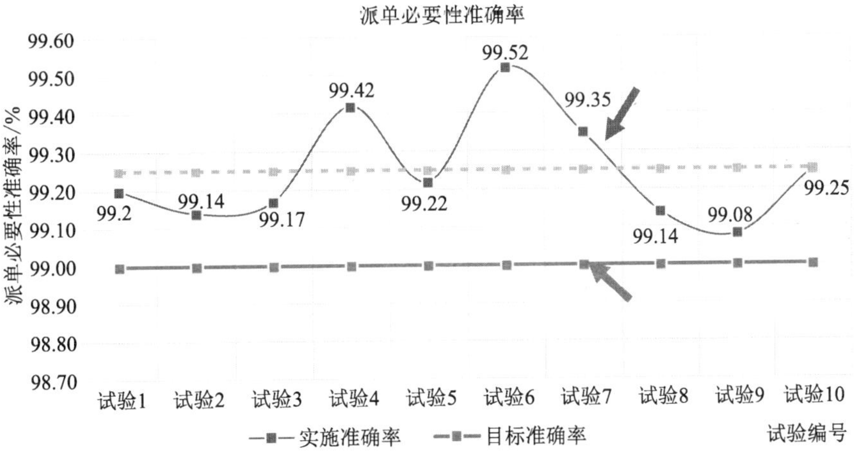

图 4-29 派单必要性准确率

② 实施二：基于 ResNet 模型的派单对象识别算法

a. 实施目标

平均派单对象准确率>98%。

b. 试验数据

现网的告警工单派发对象是通过静态包机表确定派发组别，但网络结构庞大而复杂，真正的故障点可能并不在出告警的设备本身，换句话而言，互连的设备、端口等均会收到对端或外界故障影响而上报告警，若只按照静态包机表进行工单派发，会增加冗余环节，不利于提高派单有效性。因此，本模块小组结合了告警本身、网络拓扑信息和设备健康数据等，同时利用以往精确派单的工单数据作为分类标签，训练 ResNet 模型，提取输入数据之间的信息特征，从而提高派单对象的准确率。

具体的输入数据如下：

业务侧以单个网元为一个 block，该 block 存储了当前网元的全量告警信息（以多个一维字段形式存储），与该网元相连的其他网元拓扑信息，网元的当天、7 天内、30 天内设备运行健康数据等，形成一个 N 维矢量；同理，资源池软硬件设备则以最小计量单位为一个 block，记录端口信息、告警信息、设备当天、7 天内、30 天内的运行指标数据等，形成一个 N 维矢量；此外，不同资源以设备类型为单位，由单个 block 组成不同的切片，汇聚成不同尺度的训练数据集和测试数据集，小组将最终预处理完毕的数据集，按 8∶2 的比例随机分为训练数据集和测试数据集。

c. 实施流程

深度学习的关键核心是训练卷积神经网络模型中的卷积层、池化层、softmax 层等各层参数，通过提取输入数据的各项深度特征，来实现最佳的分类效果，ResNet 模型的训练流程如图 4-30 所示。

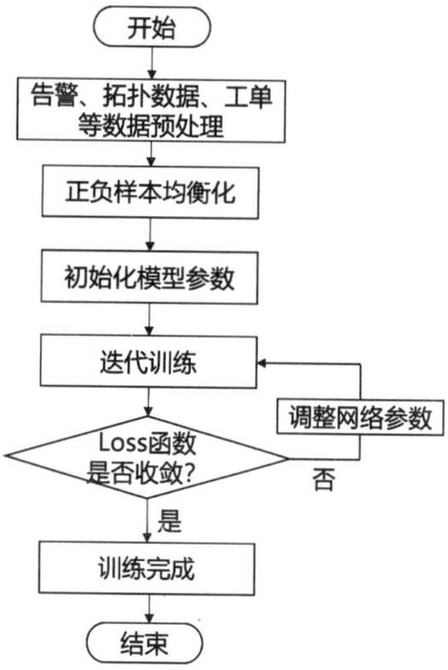

图 4-30　ResNet 模型训练流程图

其中，考虑到派错对象的工单数据，如果不进行样本均衡化，会导致损失函数在收敛的过程中发生倾斜。对此，小组通过加权的方法来解决样本不均衡的问题，将交叉熵损失函数修正为平衡交叉熵损失函数：

$$L=\frac{1}{N}\left(\sum_{y_i=1}^{m}-\alpha\log(\hat{p})+\sum_{y_i=0}^{n}-(1-\alpha)\log(1-\hat{p})\right)$$

式中，$\frac{\alpha}{1-\alpha}=\frac{n}{m}$，即权重的大小根据正负样本的分布进行设置。

d. 效果检查

小组的模型训练数据集是 2021 年 1—6 月的告警数据、设备运行健康数据、动态拓扑信息及工单数据，小组将 5—6 月的网络云专业告警总量共计 8.6 万条等分成 10 份样本数据计算平均派单对象准确率,并将 10 份样本数据标记为:测试集 1—测试集 10,对应的故障工单派发总量为 556 672 条。对训练好的模型进行测试,试验结果为:平均派单对象准确率为 98.72%(图 4-31)。目标“平均派单对象准确率高于 98.00%”达成。

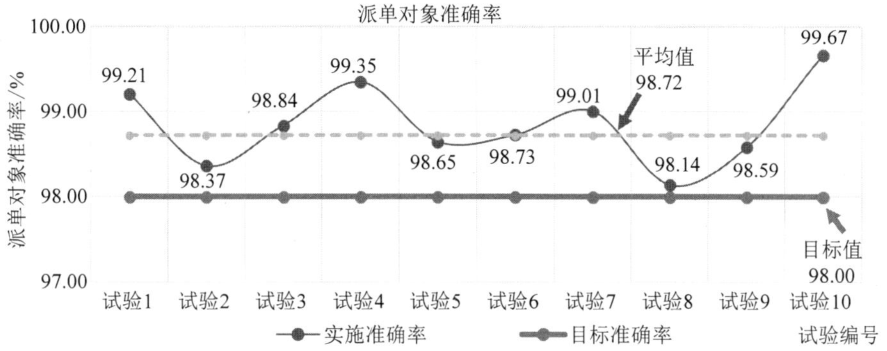

图 4-31 派单对象准确率

③ 实施三:基于多元线性回归+固定 K 值最优检测的延时派单模型

A. 实施目标

针对标签化后的多维历史数据进行计算,生成多元线性回归模型,然后应用固定 K 值最优检测算法针对模型拟合曲线执行最优拐点探测,以此作为派单延时依据,最终实现平均延时派单准确率>98%。

B. 实施过程

a. 模型构建

a) 数据分类

小组根据告警“归属资源池”“设备类型”“告警级别”“告警标题”“发生时间段”5 个维度将全量告警分类,每类告警分别进行多元线性拟合。

b) 训练数据准备

为了方便系统进行运算,需要将告警重构为可以计算的矢量模型。因为告警包含众多字段,其中部分字段(如厂家告警 ID、工单号)并无数据分析价值,所以需要从所有字段中选取出可以代表告警特性的特征字段。同时,考虑到实际告警场景,小组基于多维度数据,最后选择了如表 4-43 所示的特征字段。这些特征字段对于告警恢复时间序列的影响程度各不相同,在计算时需要对相应的特征值进行加权处理。下一节小组将对这些特征值进行正交试验测试,以确定各指标权重值。

表 4-43 特征数据来源

特征	数据来源	特征	数据来源
设备类型	自身告警数据	对端设备	自身告警数据
厂家	自身告警数据	设备性能指标	指标平台

（续表）

特征	数据来源	特征	数据来源
告警标题	自身告警数据	业务负荷情况	设备网管
网元名称	自身告警数据	工程相关信息	EOMS
定位对象名称	自身告警数据	敏感操作日志	日志采集系统
告警级别	自身告警数据	其他专业告警	故障管理系统

c）算法实现流程

Ⅰ. 多元线性回归模型构建

小组选用梯度下降法来实现模型训练，选取残差平方和最小化作为损失函数，对应为

$$J(\theta)=\frac{1}{2}\sum_{i=1}^{m}[h_\theta(x^{(i)})-y^{(i)}]^2,$$

基于此损失函数，得到梯度：

$$\theta_j:=\theta_j+\alpha[y^{(i)}-h_\theta(x^{(i)})]x_j^{(j)},$$

以此为基础不断训练迭代。

具体算法流程如图 4-32 所示。

Ⅱ. 固定 K 值最优检测模型

与回归模型一致，本模型继续选用残差平方和最小化作为损失函数

$$c_{L2}(y_{a..b}):=\sum_{t=a+1}^{b}\|y_t-\bar{y}_{a..b}\|_2^2$$

运用动态规划思路，观察函数如下：

$$\min_{|t|=K}V(t,\ y=y_{0..T})$$
$$=\min_{t\leqslant T-K}[c(y_{0..t})+\min_{|t|=K-1}V(t,\ y_{t..T})]$$

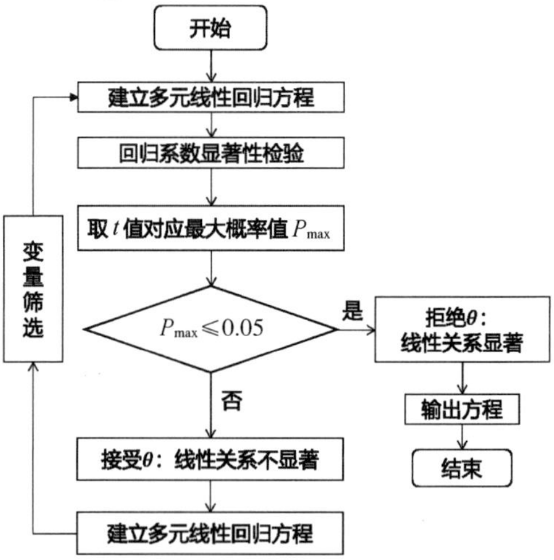

图 4-32　算法流程图

b. 正交试验设计

a）试验因素确定

在实际场景下，告警的恢复时间序列除了受自身设备运行的影响外，外部环境数据也是一个重要的影响条件，下面小组将通过正交试验对这些外部数据进行权重划分。用于模型训练数据的 12 个维度中，外部环境维度包括“性能指标”“业务负荷情况”“工程情况”“敏感操作”“外专业告警”，其中“工程情况”和“敏感操作”存在相关性，且后者某种程度上包含了前者，故而本次试验以“敏感操作”作为影响因素之一。

Ⅰ. 制定因素选择表(表 4-44)

表 4-44 因素选择表

因素		因素选择说明
A	性能指标	设备告警往往伴随性能劣化
B	外专业告警	传输、承载等专业故障也会触发网络云告警
C	敏感操作	误操作或配错数据等情况均会触发大量告警
D	业务负荷情况	满载情况下告警量明显多于空载情况

Ⅱ. 制定因素位级表(表 4-45)

以下权重均以告警本身数据维度权重为 1 时的权重设置。各因素之间相互独立,互不影响。

表 4-45 因素位级表

项目	性能指标权重	外专业告警权重	敏感操作权重	业务负荷情况权重
位级 1	0.75	0.75	0.75	0.75
位级 2	1	1	1	1
位级 3	1.25	1.25	1.25	1.25

b) 制定正交试验表

前期小组成员已选定近一周告警及工单数据,经过人工梳理确定出实际需要派单的告警及相应的派单时延估算值。然后小组根据影响因素制定正交试验计划,针对四因素三位级的试验,按照 $L9(3^4)$进行正交试验,共计 9 次试验,再导入该告警数据。正交试验结果参见表 4-46。

表 4-46 正交试验结果

试验计划					试验结果
实验号	A	B	C	D	延时派单准确率/%
1	1	1	3	2	98.20
2	2	1	1	1	98.31
3	3	1	2	3	98.52
4	1	2	2	1	98.14
5	2	2	3	3	98.72
6	3	2	1	2	98.85

（续表）

试验计划					试验结果
7	1	3	1	3	98.13
8	2	3	2	2	98.21
9	3	3	3	1	98.31
位级 1 准确率之和/%	294.47	295.03	295.29	294.76	8.854
位级 2 准确率之和/%	295.24	295.71	294.87	295.26	
位级 3 准确率之和/%	295.68	294.65	295.23	295.37	
极差/%	1.21	1.06	0.42	0.61	—

c）试验结果分析

各因素对延时派单准确率的重要程度，按照极差排序：A-B-D-C。

看一看：第 6 组试验的延时派单准确率最高，各因素的位级为 A3B2D2C1。

算一算：根据各位级结果之和，最优组合条件为：A3B2D3C1。

“看一看”与“算一算”的结果并不一致，因此小组按照“算一算”得出的组合条件做一次试验，观察试验结果如表 4-47 所示。

表 4-47　按“算一算”结果进行试验

试验条件	关联率/%
A3B2D3C1	98.37

根据表 4-47 中的试验结果，发现“算一算”条件下的延时派单准确率为 98.37%，优于“看一看”的结果，因此最优参数组合为 A3B2D3C1，D 因素的最优取值为 1.25。

d）跟踪试验

为了验证上述最优参数组合的稳定性，小组按上述试验中得出的参数组合进行 15 次跟踪试验，试验结果参见表 4-48。

表 4-48　跟踪试验结果表

试验次数	试验条件	是否合格
	A=1.25，B=1，D=1.25，C=0.75	
1	98.8%	合格
2	98.9%	合格
3	98.8%	合格
4	98.8%	合格

（续表）

试验次数	试验条件	是否合格
	A=1.25，B=1，D=1.25，C=0.75	
5	98.9%	合格
6	98.9%	合格
7	98.8%	合格
8	98.9%	合格
9	98.9%	合格
10	98.9%	合格
11	98.9%	合格
12	98.9%	合格
13	98.8%	合格
14	98.9%	合格
15	98.8%	合格

上述跟踪试验结果表明，延时派单准确率符合制定的目标，均在98%以上，可以按照上述试验确定最优参数组合。

e）确定最优参数组合（表4-49）

表4-49 最优参数组合

性能指标权重	外专业告警权重	敏感操作权重	业务负荷权重
1.25	1	0.75	1.25

C. 效果检查

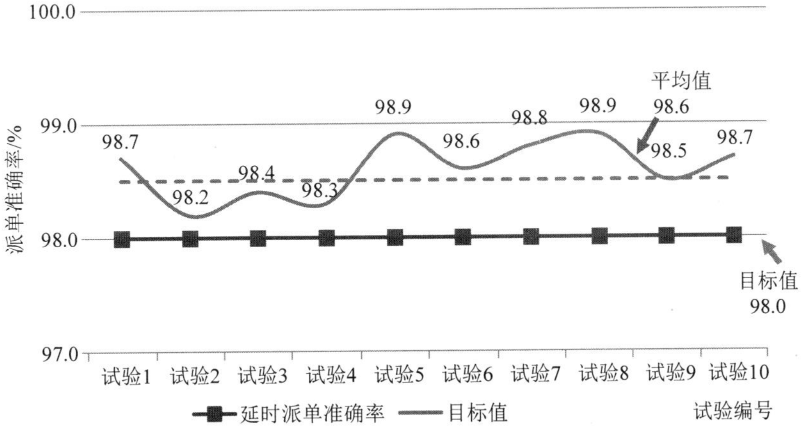

图4-33 延时派单有效率

小组将5—6月的网络云专业告警总量共计8.6万条等分成10份样本数据计算平均延时派单准确率，并将10份样本数据标记为：试验1—试验10，对应的故障工单派发总量为556 672条。经过10次2万条告警切片数据的数据采集试验，平均延时派单准确率为98.6%，如图4-33所示。目标“派单延时准确率高于98.0%”达成。

④ 实施四：系统整体测试

a. 实施过程

首先小组制定了系统测试流程图，如图4-34所示，然后按照系统流程图，小组将系统中的各个模块打通，并完成上线调试和结果测试。

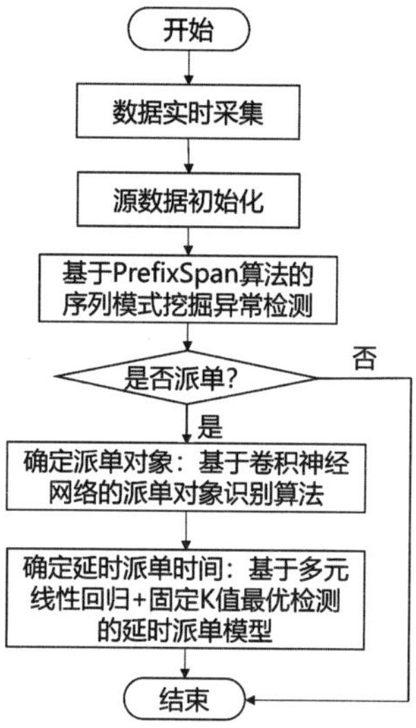

图4-34 系统测试流程图

b. 效果检查

小组将5—6月的网络云专业告警总量共计8.6万条等分成10份样本数据计算平均派单准确率，并将10份样本数据标记为：试验1—试验10，对应的故障工单派发总量为556 672条。经过10次试验样本告警数据的故障工单派发准确率跟踪，平均派单准确率为96.68%，如图4-35所示。目标“派单准确率高于95.00%”达成。

(2) 案例点评

① 优点：“研究网络云的智慧派单新方法”课题，按照对策表，逐一进行对策实施并进行对策目标确认。

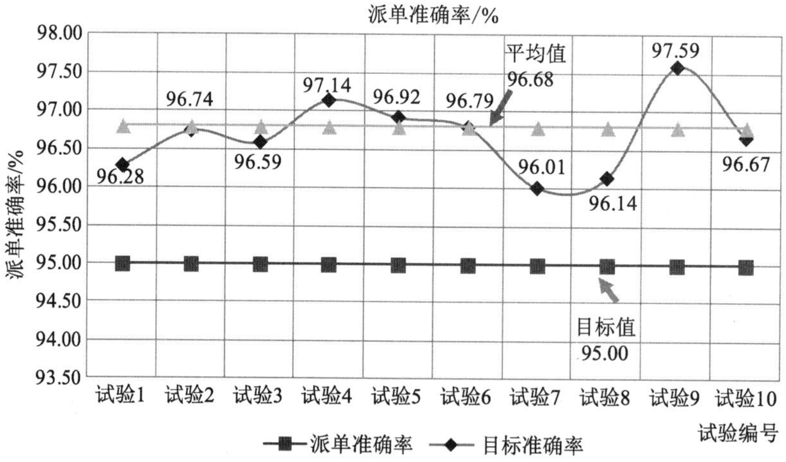

图4-35 整体派单有效率

② 不足：对策实施过程建议设计成表格的方式，逐一对策实施过程进行记录，统一呈现，这样可以统一实施过程的流程、数据收集、统计分析等。成果报告在对策实施描述中，并没有按照对策表中的措施逐步展开，看不到措施的有效性。

第七节 效果检查

一、活动准则

所有对策实施完成后，小组应进行效果检查：

(1) 检查课题目标的完成情况。

(2) 必要时，确认成果的经济效益或社会效益。

二、标准解读

(1) 所有对策实施完成并达到对策目标后，小组成员要收集数据检查课题的目标是否达到。若达到目标，则说明已经满足现场需求可进入下一步骤。若未达到目标，则说明未满足现场需求，则需要回到第三步提出方案并确定最佳方案，重新开始并往下进行，直至实现目标。

(2) 是否需要计算创新成果的经济效益和社会效益，由小组根据课题情况自行决定。

(3) 创新型课题在效益检查前是看不到效益的；计算经济效益要说明时长，并减去活动成本。

(4) 检查活动是否有意外收获和副作用。

三、关注要点

关注要点包括：

(1) 要与设定的目标值进行对比。

(2) 用量化的数据说明课题目标实现。

(3) 经济效益计算要有依据。

(4) 提供相关部门的证明材料。

(5) 效益计算，创新型课题在效益检查前是看不到效益的；计算经济效益要说明时长。

四、常见问题

常见问题包括：

(1) 没有与目标值进行对比，确定目标是否达到。

(2) 计算经济效益不实事求是或经济效益计算依据不足。

(3) 没有量化的数据说明课题目标实现。

(4) 缺乏相关部门的证明材料。

五、评价标准

在创新型课题成果发表评审评分细则中，明确效果检查部分的要求，包含以下几个方面。

(1) 检查小组设定的目标,确认课题目标的完成情况。

(2) 必要时,确认小组创新成果的经济效益和社会效益。

六、案例分析

1. 案例一:“光缆断点遥控巡查器的研制”

以下为某 QC 小组的“光缆断点遥控巡查器的研制”课题的效果检查部分。

(1) 效果检查

① 目标检查

小组成员协同系统承包商,使用组装成功的光缆断点巡查器对所需时间进行试验并记录,统计分析参见表 4-50。

表 4-50 通启高速公路光缆区间断点巡查定位耗时统计表

流程做法	故障区间	里程/km	时速/(s·m^{-1})	天气	时段	次数/次	耗时/h
巡查器巡查	陈桥—南通北	8	0.55	晴	昼	1	1.20
	南通北—兴仁	6	0.55	晴	昼	1	0.91
	兴仁—先锋	7	0.55	雨	夜	1	1.06
	先锋—小海	5	0.55	晴	夜	1	0.76
	小海—叠石桥	9	0.55	晴	夜	1	1.37
	叠石桥—海门	10	0.55	雨	昼	1	1.52
	海门—悦来	12	0.55	雾	昼	1	1.80
	悦来—大生	11	0.55	晴	昼	1	1.68
平均耗时/h	1.30						

光缆巡查的平均耗时为 1.30 h,目标达成,参见图 4-36。

② 社会效益

a. 帮助社会性施工单位减少损失。经核算,2020 年通启高速公路管辖路段内,因社会性施工导致光缆断点事故约为 18 起,因未提前发现并制止破坏行为的约为 18 起,平均每起损失为 1.1 万元。在应用成果后,可使社会性施工单位避免类似事故,得到了满意好评。

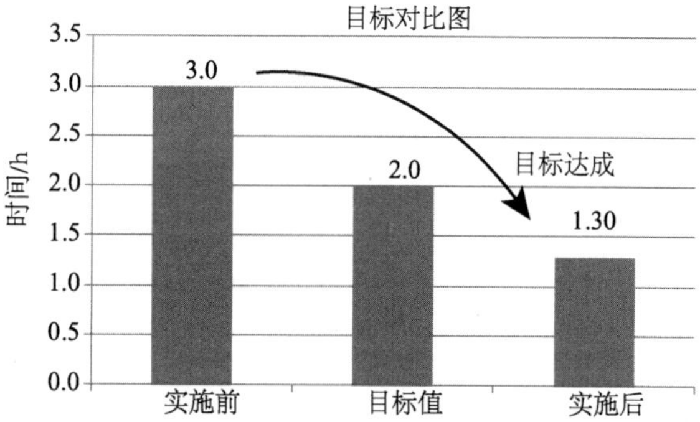

图 4-36 目标值与实际对比

b. 促进车流畅通,节能减排,环保效益有所提升。光缆断点后,收费车道数据终止传输,导致现场等待处理,车辆积压。根据相关部门解释，每辆车每一万次车道或 ETC 交易，节省 314 L 燃油；每一万次车道或 ETC 交易，将减少 55.96 kg 各类污染物排放。经粗略估算减少油耗约 20%，减少各类污染排放约 30%。

c. 人员安全效果显著提升。未研制光缆断点遥控巡查器前，采取纯“步行目测”的方式，如遇恶劣天气或夜间断点，巡查阻力将更加巨大，且存在安全隐患，极为危险。在实施应用后，维护人员无需盲目寻找，而是在使用巡查器后，快速定位断点并抢修，受到了众多维护人员的好评。

d. 协作单位之间相互促进意义较大。2021 年 11 月，江苏省高速公路“一路三方”小组，组织了相关单位观摩学习，使用效果受到一致好评，示范意义良好，具有较高的推广价值，进一步提升了指挥调度中心的社会形象。

（2）案例点评

① 优点：“光缆断点遥控巡查器的研制”课题在效果检查过程中，对课题目标进行了检查，分析了社会效益。

② 不足：小组使用组装成功的光缆断点巡查器在所需时间进行试验并记录的次数只有 8 次，也没有时间区间说明，存在数据量不足的现象；“根据相关部门解释，每辆车每一万次车道或 ETC 交易，节省 314 L 燃油；每一万次车道或 ETC 交易，将减少 55.96 kg 各类污染物排放。经粗略估算减少油耗约 20%，减少各类污染排放约 30%”结论与本课题并无直接关系；课题目标检查用柱状图比较，是问题解决型课题思想。

2. 案例二：“研究网络云的智慧派单新方法”

以下为某 QC 小组的“研究网络云的智慧派单新方法”课题的效果检查部分。

（1）效果检查

① 目标值完成情况

基于 PrefixSpan 算法和卷积神经网络的自适应派单方法方案实施后，QC 小组持续跟踪 7 月、8 月、9 月的工单派发情况，三个月的派单准确率高于 95%，达到活动目标。

② 提升经济效益

经过异常派单检测、根因对象派单识别、自适应压实派单环节处理后，设备维护专业室每月待处理的工单数量从 1 *** 0 条降低至 7 ** 0 条。按 4 条工单需要 1 个人时进行处理，那么每月可减少 700 个人时。其中每个人时按 200 元人力成本进行计算，则每月共可节省 200×700＝140 000(元)，每年可节省 168 万元。

③ 提升社会效益

新方法部署之后，极大地提高了工单转派的效率，减少了专业室二次故障定位时长，有效提高了资源池的计算、存储、网络可用率。当前，网络云三期即将上线，在面对更宏大的网络资源和构建面向客户的服务型网络方面，故障工单派发的有效性有助于提升承载在资源池上的 vIMS、vEPC 与 5G 相关业务质量，提升用户满意度。

（2）案例点评

① 优点：“研究网络云的智慧派单新方法”课题在效果检查过程中，对课题目标进行检

查，也对经济效益、社会效益进行检查。

② 不足：对于7月、8月、9月三个月的派单准确率高于95%的统计，没有原始数据，仅用一张统计图来阐述，缺乏说服力；效益计算时，虽可采用推算的方法计算全年的经济效益，但需要相关部门的证明材料；课题目标检查用柱状图比较，仍是“问题解决型”课题思想。

第八节 标 准 化

一、 活动准则

实现课题目标后，应对成果的推广应用价值进行评价并处置：

（1）对有推广应用价值的成果进行标准化，形成相应的技术标准或管理制度，并报主管部门批准。

（2）对创新过程相关资料整理存档。

二、 标准解读

（1）对创新需求在行业内具有普遍性、创新成果具有推广价值并经实践证明有效的，要形成相应的技术标准（包括设计图纸、工艺文件、操作规程或管理制度）。

（2）对创新需求不具备普遍性的专项和一次性的创新成果，将创新过程相关材料整理归档，以供使用中参考。

（3）评价创新成果的推广意义和价值。

三、 关注要点

关注要点包括：

（1）对创新成果的推广应用价值进行评估及处置。

（2）标准化的内容是创新成果本身。

（3）有推广价值的成果一定要进行标准化。

（4）不要与“问题解决型”课题的巩固措施混淆。

（5）不要把专利作为标准化内容。

（6）标准化与巩固措施异同之处如下：

① 目的相同，将好的方法持续推广应用。

② 不同之处如下：

a. “问题解决型”课题大多数情况下已建立标准，需修订标准。

b. “问题解决型”课题，如果对策中有创新内容，可能会产生新的标准。

c. “创新型”课题的成果是全新产品、方法等，如需要持续推广应用，需要形成相应的标准。

③ 怎样进行标准化？

a. 对创新成果的推广应用价值进行评价。

b. 评价后进行处置。
c. 对有推广价值的创新成果进行标准化。
d. 对专项或一次性的创新成果，将创新过程相关资料整理存档。

四、常见问题

常见问题包括：
（1）标准化形式不具体。
（2）标准化的内容不是创新成果本身。
（3）将成果应用推广、获得的奖励、论文和申请专利等作为标准化的内容。
（4）有推广价值的成果没有进行标准化。
（5）标准化的成果不具有推广价值。
（6）与“问题解决型”课题的巩固措施混淆。

五、评价标准

在创新型课题成果发表评审评分细则中，明确标准化部分的要求，包含以下几个方面：
（1）将有推广价值的创新成果进行标准化，形成相应的技术标准、图纸、工艺文件、作业指导书或管理制度等。
（2）对专项或一次性的创新成果，将创新过程相关材料存档备案。

六、案例分析

1. 案例一：“光缆断点遥控巡查器的研制”

以下为某QC小组的“光缆断点遥控巡查器的研制”课题的标准化部分。
（1）标准化
① 推广价值评价。经过此次QC活动，研制的远程遥控巡查器在光缆断点巡查工作中得到了有效应用，主管单位作出了推广应用评价，认为该巡查器具有很好的推广价值。

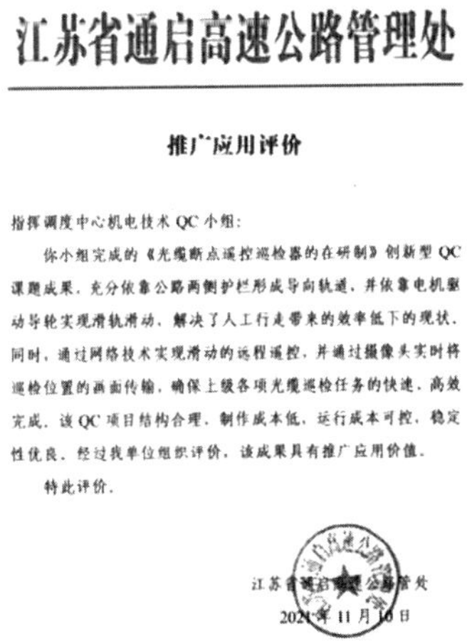

江苏省通启高速公路管理处

推广应用评价

指挥调度中心机电技术QC小组：

你小组完成的《光缆断点遥控巡检器的在研制》创新型QC课题成果，充分依靠公路两侧护栏形成导向轨道，并依靠电机驱动导轮实现滑轨滑动，解决了人工行走带来的效率低下的现状，同时，通过网络技术实现滑动的远程遥控，并通过摄像头实时将巡检位置的画面传输，确保上级各项光缆巡检任务的快速、高效完成，该QC项目结构合理，制作成本低，运行成本可控，稳定性优良，经过我单位组织评价，该成果具有推广应用价值。

特此评价。

江苏省通启高速公路管理处
2021年11月10日

图4-37 推广应用评价

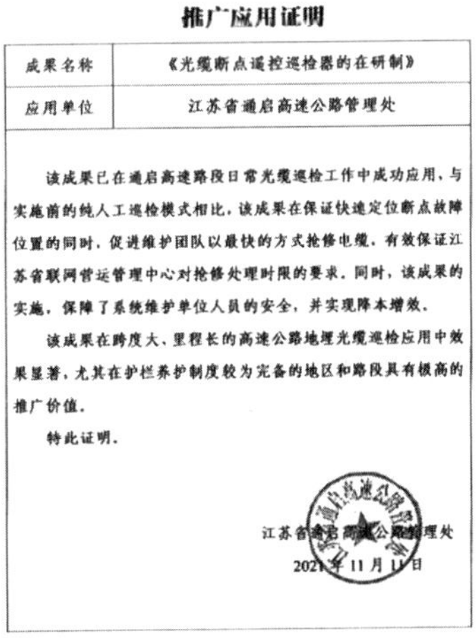

推广应用证明

成果名称	《光缆断点遥控巡检器的在研制》
应用单位	江苏省通启高速公路管理处

该成果已在通启高速路段日常光缆巡检工作中成功应用，与实施前的纯人工巡检模式相比，该成果在保证快速定位断点故障位置的同时，促进维护团队以最快的方式抢修电缆，有效保证江苏省联网营运管理中心对抢修处理时限的要求，同时，该成果的实施，保障了系统维护单位人员的安全，并实现降本增效。

该成果在跨度大、里程长的高速公路地埋光缆巡检应用中效果显著，尤其在护栏养护制度较为完备的地区和路段具有极高的推广价值。

特此证明。

江苏省通启高速公路管理处
2021年11月11日

图4-38 推广应用证明

② 形成标准化文件

小组成员根据活动成果，编写了《光缆断点遥控巡查器安装规范》《光缆断点遥控巡查器使用说明》《光缆断点遥控巡查器使用管理规定》《光缆断点遥控巡查器日常维护规范》，经调度中心领导批准印发各维护单位，并将上述规范、规定纳入《通启高速公路管理处系统设备管理要求》，纳入《通启高速公路管理处系统故障处置预案》，参见表 4-51、图 4-39。

表 4-51　光缆断点遥控巡查器相关管理、使用规范汇总表

序号	项目	标准化形式	文件名称	文件编号
1	设计安装规范	纳入通启高速公路管理处系统设备管理要求	印发《光缆断点遥控巡查器安装规范》	通启调【1】1 号
2	使用规范	纳入通启高速公路管理处系统设备管理要求	印发《光缆断点遥控巡查器使用说明》	通启调【2】2 号
3	管理规范	纳入通启高速公路管理处系统设备管理要求、通启高速公路管理处系统故障特情处置预案	印发《光缆断点遥控巡查器使用管理规定》	通启调【3】3 号
4	保养规范	纳入通启高速公路管理处系统设备管理要求	印发《光缆断点遥控巡查器日常维护规范》	通启调【4】4 号

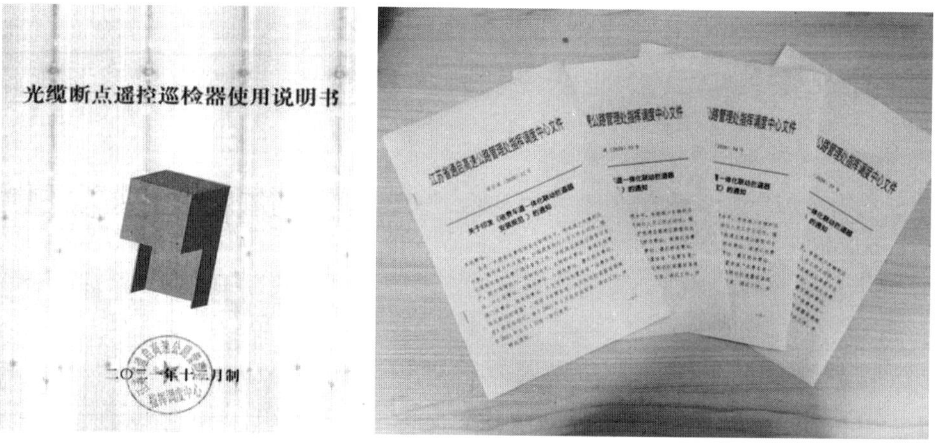

图 4-39　光缆断点遥控巡查器相关使用规范及说明

（2）案例点评

① 优点："光缆断点遥控巡查器的研制"课题对推广价值评价和形成标准化文件等制定、发布情况进行了描述。

② 不足：没有深入挖掘课题在行业内外部的推广价值。

2. 案例二："研究网络云的智慧派单新方法"

以下为某 QC 小组的"研究网络云的智慧派单新方法"课题的标准化部分。

（1）标准化

① 推广价值评估。本方案经过行业内多位技术专家的评估，具有较高的推广价值，目

前已在华东北地区正式投入应用。本方案有效提升了网络云工单准确率，极大缩短了故障判断时长。

② 标准化文档输出。为了有效巩固活动成果，进一步提升成果的推广效率，小组把此次活动的相关成果进行了标准化，并将核心内容编撰成专利，便于持续执行、如表 4-52 所示。

表 4-52 标准化文档输出

序号	方案输出	具体内容	责任人
1	网络云系统架构说明	华东北大区网络云系统架构与业务文档	××
2	网络云工单算法部署说明	网络云数据挖掘算法接口文档	×××
3	工单流转逻辑设计说明	网络云工单智能关联系统设计文档	×××
4	资料存档	各类方案、相关资料、图片存档文件	×××

(2) 案例点评

① 优点:“研究网络云的智慧派单新方法”课题对成果的推广价值评价和标准化文件等制定、发布情况进行了描述。

② 不足：没有深入挖掘课题在行业内外部的推广价值。“本方案经过行业内的多位技术专家的评估，具有较高的推广价值，目前已在华东北地区正式投入应用”的描述，缺乏佐证材料；也没有说明标准化文档输出的具体情况。

第九节 总结和下一步打算

一、活动准则

小组应对活动全过程进行回顾和总结，并提出今后打算。包括：

(1) 从创新角度对小组在专业技术、管理方法或综合素质等方面进行回顾，总结本课题活动的创新特色与不足。

(2) 提出下一次活动方向。

二、标准解读

(1) 小组应结合课题活动设计，实事求是地总结小组成员在专业技术、管理方法和综合素质等方面有哪些提高和不足，提炼创新点与创新特色，找出不足和改进的方向。

(2) 下一步打算应继续寻求管理和现场的创新机会，明确下一个改进与创新的目标与方向，开展新一轮的 PDCA 循环，向新的高峰继续攀登。

(3) 总结可以从专业技术、管理方法和小组成员的综合素质三个方面进行。

① 专业技术方面。QC 小组在活动中分析问题存在的原因，确定主要原因、制定对策、

进行改进都需要用到专业技术。通过活动，使小组成员的哪些专业技术得到了提高，这一切都需要小组成员一起认真总结。通过总结必然会使小组成员在专业技术方面得到一定程度的提高。

② 管理方法方面。在解决问题的全过程中，小组活动是否按照科学的 PDCA 程序进行；解决问题的思路是否一环扣一环，具有严密的逻辑性；在各个阶段是否都能够以客观事实和数据作为依据，进行科学的判断分析与决策；改进方法的应用方面是否正确且恰当，这一切都需要通过总结得以体现。通过对管理方法的总结，能进一步提高小组成员分析问题和解决问题的能力。

③ 小组成员的综合素质方面。QC 小组在对活动过程总结时，可从以下几个方面对小组成员的综合素质进行评价：质量意识是否提高（或安全、环保、成本、效率等意识）；问题意识、改进意识是否加强；分析问题与解决问题的能力是否提高；QC 方法是否掌握得更多些，且运用得更正确和自如；团队精神、协作意识是否树立或增强；工作干劲和热情是否高涨；创新精神和能力是否增强等。

通过综合素质的自我评价，使小组成员明确自身的进步，从而更好地调动小组成员质量改进的积极性和创造性。

三、 关注要点

关注要点包括：

（1）明确成果的创新特色。

（2）总结小组成员创新思维方案及能力的提升。

（3）问题解决型总结的相关要求在创新课题中要一并考虑。

（4）小组要重视总结的过程，进行认真总结。

（5）正确应用统计方案，如雷达图等。

（6）为什么要进行总结和下一步打算，这一步阐明了小组活动的两个重要观念，即：

① 小组活动过程是个学习的过程。

② 持续学习，改进与创新永无止境。

四、 常见问题

常见问题包括：

（1）小组没有针对课题活动实际情况进行总结，而是套用某些模板。

（2）总结文字过多，数据少。

（3）使用雷达图等工具，但缺乏相关具有说服力的数据溯源，缺乏打分依据，不能客观进行总结。

（4）总结的过程泛泛而谈，没有根据小组创新课题的设计、管理方法和小组成员的综合素质进行回顾与总结，没有总结出创新过程的特色和不足之处。

（5）没有提出下一步活动的新课题、新的创新点与方向。

五、评价标准

（1）对活动全过程进行回顾和总结，包括专业技术、管理方法和小组成员的综合素质等方面。

（2）在全面总结的基础上，有针对性地提出今后打算，提出下一次活动课题。

六、案例分析

1. 案例一：“光缆断点遥控巡查器的研制”

以下为某QC小组的“光缆断点遥控巡查器的研制”课题的提出方案并确定最佳方案部分。

（1）总结及下一步打算

① 总结回顾

创新点总结：本次活动中，QC小组通过广泛借鉴，获得创新灵感，提出用机器移动巡查取代人力步行巡查方式，用无线远距离遥控，发布巡查指令，控制驱动器运行，借鉴轨道灯滑动定位的方法，利用高速公路边的波形护栏作为轨道。在轨道上制作专用的定位滑动设备，以电机驱动滑动设备，借鉴影像传输技术，采用图像传输设备，代替人眼视觉，跟随轨道滑动设备运行，通过网络传输影像到维护员眼中，及时发现断点，完成巡查任务。

② 小组综合素质总结

通过此次QC小组活动，小组通过成功研制光缆断点遥控巡查器，创造性地解决了日常系统维护工作面临的实际问题，在创新能力、技术能力、管理能力等方面均有不同程度的提高，为小组在今后工作中解决问题积累了宝贵经验，参见表4-53。

表4-53 QC小组活动总结表

创新能力	光缆断点遥控巡查器依靠公路两侧护栏，形成导向轨道，在依靠电机驱动导轮后，实现滑轨滑动。解决人工行走带来的效率低下问题。并通过网络技术，完成远程遥控其滑动，再通过摄像头实时将巡查位置的画面同步传输
技术能力	① 解决问题，深度思考借鉴技术的特点，并充分利用于此次活动中 ② 能熟练掌握电子元器件的安装调试，并进行测试基础性能；能熟练掌握和使用各种制图、制表软件 ③ 能够熟练使用各种电动工具；熟练组装光缆断点遥控巡查器
管理能力	能够按照PDCA循环思考，通过团队协作，较好地完成此次课题研制，在研制过程中增进了小组成员之间的交流和了解，提升了小组的凝聚力和战斗力，为继续开展好QC小组活动夯实了队伍建设基础，几位核心小组成员完成了从书本知识到实践技能的转变
不足之处及今后努力方向	此次活动中大部分工作依靠几位核心小组成员完成，部分组员还存在对常用统计方法掌握不熟练的问题，今后将加强对核心小组成员外的其他组员的教育、培训工作，增强小组成员的参与意识和质量改进意识

③ 下一步打算

为加快构建数字化、网络化、智能化高速公路智慧调度体系，下一步小组成员计划针对高速公路屡禁不止的车辆闯卡逃费行为，以“闯卡车辆沿途识别取证系统的研制”作为课题继续开展 QC 小组活动。

（2）案例点评

① 优点：“光缆断点遥控巡查器的研制”课题从“创新能力、技术能力、管理能力、不足之处及今后努力方向”进行了总结分析，提出了下一步课题“闯卡车辆沿途识别取证系统的研制”。

② 不足：没有对小组成员综合素质如“团队精神、质量意识、个人能力、QC 工具运用、解决问题的信心能力”进行总结。下一步课题的选择依据不充分，缺少选题依据。

2. 案例二：“研究网络云的智慧派单新方法”

以下为某 QC 小组的“研究网络云的智慧派单新方法”课题的提出方案并确定最佳方案部分。

本方案经过行业内的多位技术专家的评估，具有较高的推广价值，目前已在华东北地区正式投入应用。本方案有效提升了网络云工单准确率，极大地缩短了故障判断时长。

（1）总结和下一步打算

① 主要创新点

回顾整个 QC 小组活动过程，小组成员总结了活动的主要创新点，参见图 4-40。

在方案设计阶段，创新性地借鉴了 ResNet 深度学习算法和线性回归模型，利用大数据分析技术解决了派单准确率低的情况。同时利用了大数据技术和人工智能算法完成了功能部署，实现了小组目标。

② QC 活动总结

本次活动通过研究告警工单派发的三个环节：是否派单、派单对象、延时派单时长，从不同环节上利用现有数据提出了提升整体派单准确率的方法，最后各模块融合打通，形成研究网络云的智慧派单新方法，成功将派单准确率提升至 95%以上。

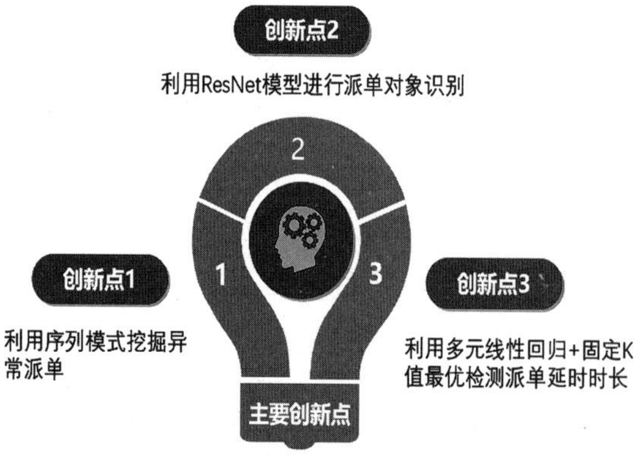

图 4-40　主要创新点

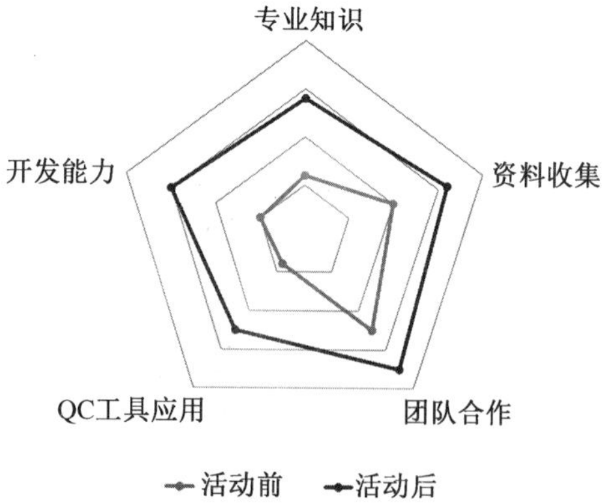

图 4-41　小组成员自评雷达图

此外，小组成员在专业知识、开发能力、资料收集、团队合作、QC 工具运用等各方面的能力都得到了提升。

但在以下方面仍存在不足之处，如图 4-42 所示。

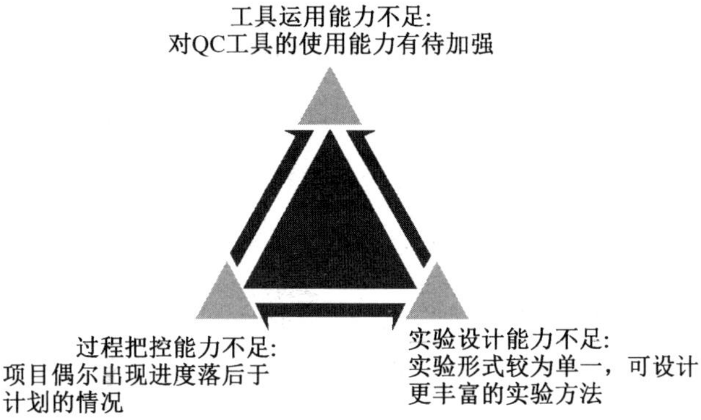

图 4-42 小组不足总结

③ 下一步计划

经过本次创新性活动，实现了 95%的派单准确率目标。但是不同专业的派单异常情况、本对端派单需求都不同，因此经过小组讨论和研究，计划以“研究面向全专业的智慧派单的新方法”为课题开展研究。

(2) 案例点评

① 优点：“研究网络云的智慧派单新方法”课题从专业知识、开发能力、资料收集、团队合作、QC 工具运用等各方面进行了总结描述，认识到小组在“工具运用能力、过程把控能力、实验设计能力”等方面还存在不足；提出了下一步课题“研究面向全专业的智慧派单的新方法”。

② 不足：小组没有针对课题活动实际情况进行总结，基本是在套用模板内容；总结文字过多，数据少；使用了雷达图等工具，但缺乏相关具有说服力的数据和打分依据；总结的过程泛泛而谈，没有根据小组创新课题的设计、管理方法和小组成员综合素质等方面进行全面回顾与总结，没有总结出创新过程的特色。下一步课题的选择依据不充分，缺少选题依据。

第五章 常用统计方法和工具

第一节 总　　则

“统计”(Statistics)一词是由“国家”(State)一词演化而来,它的意思是指收集和整理国情资料、信息的一种活动。

随着近代科学技术和工农业生产的飞速发展,统计方法得到了日益广泛和深入的应用,对人类认识和改造世界产生了重大影响。第二次世界大战后,日本在经济恢复和高速发展中,运用统计方法所起的作用已经引起世界各国的瞩目和议论。用统计方法分析各种社会调查和工农业生产状况的资料而引出的结论,日益成为有关当局决策的重要依据。

美国著名的质量管理专家费根堡姆指出,在全面质量管理中,“无论何时、何处都会用到数理统计方法”,“这些统计方法所表达的观点对于全面质量管理的整个领域都有深刻的影响。”日本著名的质量管理专家石川馨把引入统计方法后的质量管理称为新的质量管理。

一、 统计方法的概念

所谓统计方法,是指有关收集、整理、分析和解释统计数据,并对其所反映的问题作出一定结论的方法。

统计方法一般分成描述性统计方法和推断性统计方法两类。描述性统计方法是对统计数据进行整理和描述的方法。例如,一位教师计算一个班级的数学平均成绩和最高分与最低分的差距,就是描述性统计方法的一个例子。描述性统计方法常用曲线、表格、图形等反映统计数据和描述观测结果,以使数据更加容易理解。又例如,可将统计数据整理成折线图和频数直方图等等。

二、 统计方法的性质

统计方法有以下三种性质:

(1) 描述性。利用统计方法对统计数据进行整理和描述,以便展示出统计数据的规律,这就是统计方法的描述性。统计数据可用数量值加以度量,如平均数、中位数、极差和标准偏差等;亦可用统计图表予以显示,如条形图、折线图、圆形图、频数直方图等。

(2) 推断性。统计方法都要通过详细研究样本来达到了解、推测总体状况的目的,因此它具有由局部推断整体的性质。例如,某教师利用一个班级的数学平均成绩去估计整个年级学生学习同样数学课程的平均成绩,就是推断性表达。

(3) 风险性。统计方法既然要用部分去推断全体,那么这种由推断而得出的结论就不会是百分之百正确,即可能有错误。犯错误就要担风险。不过,正确地使用统计方法,可以最大限度地减少带来的风险,并对犯错误的可能性和风险大小作出有效的估计。

三、 统计方法的用途

在质量管理活动过程中,统计方法一般有以下几方面的用途:

1. 提供表示事物特征的数据

在质量管理活动中收集到的数据大都表现为杂乱无章,这就需要运用统计方法计算其特征值,以显示出事物的规律性。如平均值、中位数、标准偏差、方差、极差等。

2. 比较两事物的差异

在质量管理活动中,实施质量改进或应用新材料、新工艺,均需要判断所取得的结果同改进前的状态有无显著差异,这就需要用到假设检验、显著性检验、方差分析和水平对比法等。

3. 分析影响事物变化的因素

为了对症下药,有效地解决质量问题,在质量管理活动中可以应用各种方法,分析影响事物变化的各种原因。如因果图、调查表、散布图、分层法、树图(系统图)、方差分析等等。

4. 分析事物之间的相关关系

在质量管理活动中,常常遇到两个甚至两个以上的变量之间虽然没有确定的函数关系,但往往存在着一定的相关关系。运用统计方法确定这种关系的性质和程度,对于质量活动的有效性就显得十分重要。这里可利用散布图、试验设计法等。

5. 研究取样和试验方法,确定合理的试验方案

用于这方面的统计技术有:抽样方法、抽样检验、试验设计、可靠性试验等。

6. 发现质量问题,分析和掌握质量数据的分布状况和动态变化

用于这方面的统计技术有:频数直方图、控制图、散布图、排列图等。

7. 描述质量形成过程

用于这方面的统计技术有:流程图、控制图等。

应当指出,统计方法在质量管理活动中起到的是归纳、分析问题,显示事物的客观规律的作用,而不是具体解决质量问题的方法。这如同医生为病人诊断一样,体温表、血压计、X光透视机、心电图仪、B超仪、核磁共振仪等仪表器具,只是帮助医生作出正确诊断的工具,诊断并不等于治疗。要想治好病,还应当采取打针、服药或其他治疗方法。因此,统计方法在质量管理活动中的作用,在于利用这些方法探索质量症结所在,分析产生质量问题的原因,但要解决质量问题和提高产品质量还需依靠专业技术和组织管理措施。

总之,通过对统计方法的学习,应认识到,在质量管理活动的现场,到处都要与变量、波动和风险打交道。因此必须在头脑里经常形成统计调查、统计分析、统计判断等统计思考方法去考虑问题。

四、 产品质量波动

产品质量具有波动性和规律性。在生产实践中，即便操作者、机器、原材料、加工方法、测试手段、生产环境等条件相同，生产出的每一批产品的质量特性数据却并不完全相同，总是存在着差异，这就是产品质量的波动性。因此，产品质量波动具有普遍性和永恒性。当生产过程处于统计控制状态时，生产出来的产品的质量特性数据，其波动服从一定的分布规律，这就是产品质量的规律性。

从统计学的角度来看，可以把产品质量波动分为正常波动和异常波动两类。

1. 正常波动

正常波动是由随机原因引起的产品质量波动。这些随机因素在生产过程中大量存在，对产品质量经常造成影响，但它所造成的质量特性值波动往往比较小。例如，原材料的成分和性能上的微小差异，机器设备的轻微振动，温度、湿度的微小变化，操作方法、测量方法、检测仪器的微小差异，等等。要消除造成这些波动的随机因素，在技术上难以达到，在经济上的代价也很大。因此，一般情况下这些质量波动在生产过程中是允许存在的，所以称为正常波动。公差就是承认这种波动的产物。把仅有正常波动的生产过程称为处于统计控制状态，简称为控制状态或稳定状态。

2. 异常波动

异常波动是由系统原因引起的产品质量波动。这些系统因素在生产过程中并不是大量存在的，对产品质量也不是经常发生影响，一旦存在，它对产品质量的影响就比较显著。比如原材料的质量不符合规定要求，机器设备带病运转，操作者违反操作规程，测量工具带系统性误差，等等。由于这些原因引起的质量波动大小和作用方向一般具有一定的周期性或倾向性，因此比较容易查明，容易预防和消除。又由于异常波动对质量特性值的影响较大，因此，一般说来在生产过程中是不允许存在的。把有异常的生产过程称为处于非统计控制状态，简称失控状态或不稳定状态。

质量管理的一项重要工作，就是要找出产品质量波动规律，把正常波动控制在合理范围内，消除系统原因引起的异常波动。从微观角度看，引起产品质量波动的原因主要来自以下 6 个方面：

人(Man)：操作者的质量意识、技术水平、文化素养、熟练程度和身体素质等。

机器(Machine)：机器设备、工夹具的精度和维护保养状况等。

材料(Material)：材料的化学成分、物理性能和外观质量等。

方法(Method)：加工工艺、操作规程和作业指导书的正确程度等。

测量(Measure)：测量设备、试验手段和测试方法等。

环境(Environment)：工作场地的温度、湿度、含尘度、照明、噪声和震动等。

通常把上述因素称为引起产品质量波动的 6 大因素或简称“5M1E”因素。

五、统计数据及其分类

在工厂、车间、生产现场，经常会统计的数据有职工人数、职工工资总额、产量、尺寸、质量、化学成分、硬度、纯度、强度、压力、温度、时间、耗电量、用水量、气孔数、砂眼数、疵点数、假焊数、色斑数、不合格品数、不合格品率、合格品数、合格品率，等等。这些统计数据，有的是可以测量出来的，有的是能够数出来的，有的是由两个数相除得到的。从统计的角度来看，一般把上述形形色色的统计数据归成两大类，即计量数据和计数数据。

1. 计量数据

凡是可以连续取值的，或者说可以用测量工具具体测量出小数点以下数值的这类数据，就叫做计量数据。如长度、容积、质量、化学成分、温度、产量、职工工资总额等。以长度为例，在 1～2 mm 之间，还可连续测出 1.1 mm、1.2 mm、1.3 mm 等数值来，而在 1.1～1.2 mm之间，还可以进一步测得 1.11 mm、1.12 mm、1.13 mm 等数值来。

计量数据一般服从正态分布。

2. 计数数据

凡是不能连续取值的，或者说即使用测量工具也得不到小数点以下数值的数据，而只能得到 0 或 1、2、3 等自然数的这类数据，就叫做计数数据。如不合格品数、疵点数、缺陷数，等等。以不合格品数为例，当用测量工具去测量时，就只能得到 1 件、2 件、3 件……不合格品数。计数数据还可以细分为计件数据和计点数据。计件数据是指按件计数的数据，如不合格品数、彩色电视机台数、质量检测项目数等。计点数据是指按缺陷点(项)计数的数据，如疵点数、砂眼数、气泡数、单位(产品)缺陷数等。

应当注意，当数据以百分率表示时，要判断它是计量数据还是计数数据，应取决于给出数据的计算公式的分子。当分子是计量数据时，则求得的百分率数据为计量数据；当分子是计数数据时，即使得到的百分率不是整数，它也应属于计数数据。例如，生产出的 1 000 台电动机中，有 12 台为不合格品，其不合格品率为 12(台)/1 000(台)×100%＝1.2%。从数据 1.2%来看，它虽然有小数点以下的数值，但因为计算公式中分子 12 台是计数数据，所以电动机不合格品率 1.2%应是计数数据。

计件数据一般服从二项式分布，计点数据一般服从泊松分布。

第二节　常用方法工具

QC 小组成员能正确、灵活地运用各种统计方法、工具，准确地发现问题、分析问题、解决问题，是有效开展 QC 小组活动、完成活动课题的基础和保障。本章就 QC 小组活动中常用的统计方法进行简要阐述，并结合实例说明方法的运用步骤和注意事项，以帮助小组成员提升 QC 小组活动质量和创新能力。

用好统计方法，在实际工作中可以起到事半功倍的效果，同时也是 QC 小组成员的一项基本素质。通过近年来参与 QC 小组成果发布的情况发现，很多 QC 小组对于统计方法的掌握存在较多薄弱项。常用统计方法是 QC 小组活动中必不可少的方法,工具。

《质量管理小组活动准则》中关于质量管理小组活动常用的统计方法的应用范围进行了阐述,见表 2-5。本书重点介绍常用、特别有效的统计方法。

QC 工具的特性包括:

(1) 是整理语言资料的手法。

(2) 是能有效解决零乱问题的手法。

(3) 是能充实计划内容,减少遗漏、疏忽的手法。

(4) 是使相关人员能够了解且协力推行的手法。

(5) 是淋漓尽致表达过程的手法。

工具选用原则,一是适宜:工具选用适合、恰当、准确;二是正确:工具运用过程的方法、步骤无差错;三是有效:工具使用有收获,达到预期效果。

一、 调查表

1. 概念

调查表(Data-collection Form)又称检查表、核对表或统计分析表,是系统地收集数据,以获取对事实的明确认识的一类事先设计好的表格。它是用来系统地收集资料和积累数据,确认事实并对数据进行粗整理和分析的统计图表。由于调查表使用简便,既能够促使成员按统一的方式收集资料,又便于直观分析,因此,它在质量管理活动中,特别是在 QC 小组活动、质量分析和质量改进活动中得到了广泛的应用。

调查,是为一定的目的去了解情况,弄清事实并推求研究的活动。因此,先要明确调查目的,即所收集的数据和信息干什么用,然后再精心设计表格的栏目,要考虑收集和提供资料者的方便及习惯。适当时,可以进行预调查、预评价,以确认调查表设计的科学性、有效性、完整性。

2. 应用步骤

调查表是一种收集和记录数据的形式,通过系统地收集数据,并进行分析,以获得对事实的明确认识。由于调查的对象不同,调查的目的不同,调查表也就不同。因此调查表没有固定的格式,而是调查者根据调查内容需要自行设定。应用调查表主要按以下步骤进行:

(1) 明确收集数据资料的目的。收集数据的目的不同,将直接影响到收集数据的类型、方法等具体工作。因此在应用调查表时首先要明确收集数据资料的目的,是为了找出问题出在哪里,以解决、减少直至消灭这些问题的发生;还是要了解顾客的需求,以预测市场的产品走向趋势,开发适销对路的新产品和服务业务等。

(2) 确定为达到目的所需收集的数据资料。

(3) 确定对资料的分析方法,如运用哪种统计方法。

(4) 根据不同目的,设计用于记录资料的调查表格式,其内容应包括:调查者、调查的时间、地点和方式等栏目。

(5) 用收集和记录的部分资料进行表格试用,目的是检查表格设计的合理性。

(6) 如有必要,应评审和修改该调查表。

3. 调查表类型

调查表的样式多种多样,可根据需要调查的项目灵活设计。调查表主要用于数据收集的统计处理和汇总,统计数据按不同的分类规则可分为不同的类型,主要按三种分类规则进行分类。

按照所采用的计量尺度不同,可以将统计数据分为分类数据、顺序数据和数值型数据。分类数据是指只能归于某一类别的非数字型数据,比如性别中的男女就是分类数据。顺序数据是只能归于某一有序类别的非数字型数据,比如产品的等级。数值型数据是按数字尺度测量的观察值,它是自然或度量衡单位对事物进行测量的结果。

按照统计数据的收集方法,可以将其分为观测数据和实验数据。观测数据是通过调查或观测而收集到的数据,它是在没有对事物进行人为控制的条件下得到的,有关社会经济现象的统计数据几乎都是观测数据。在实验中控制实验对象而收集到的数据则称为实验数据。

按照被描述的对象与时间的关系,可以将统计数据分为截面数据和时间序列数据。在相同或近似相同的时间点上收集到的数据称为截面数据。在不同时间点上收集到的数据,称为时间序列数据。

下面从数字与非数字两种数据类型调查表进行展开说明,以供参考。

(1) 数字数据型调查表

数字数据型调查表的作用,主要用来调查生产现场不合格品项目频数和不合格品率,继而用于排列图等分析研究。如××卷烟厂对烤烟型产品外观不合格项目进行调查,整体设计如下:

① 调查目的:调查××卷烟厂烤烟型产品外观不合格项目。

② 调查设计:从批次、型号、抽样数量、不合格品数进行数据收集,反映了数据的来源及总体情况。

③ 结果描述:对外观不合格项进行分类统计,能清晰地看出各类别的不合格项数据情况。由调查表可以清楚地看出抽样的不合格品数共 990 个,其中"空松、贴口、切口"3 项不合格数量分别达到 485 个、297 个、80 个,问题突出,参见表 5-1。

④ 调查结果:根据此表格中外观不合格项目分类可以绘制排列图进一步分析,查找重点。

表 5-1 成品抽样检验及外观不合格品项目调查表

批次	产品型号	成品量/箱	抽样数/个	不合格品数/个	批不合格品率/%	外观不合格项目								
						切口	贴口	空松	短烟	过紧	钢印	油点	软腰	表面
1	烤烟型	10	500	3	0.6	1	1							1
2	烤烟型	10	500	8	1.6	1	1	2	2			2		
3	烤烟型	10	500	4	0.8		1	2					1	

（续表）

批次	产品型号	成品量/箱	抽样数/个	不合格品数/个	批不合格品率/%	外观不合格项目								
						切口	贴口	空松	短烟	过紧	钢印	油点	软腰	表面
4	烤烟型	10	500	3	0.6		2			1				
5	烤烟型	10	500	5	1	1		1		1			1	1
…	…	…	…	…	…	…	…	…	…	…	…	…	…	…
250	烤烟型	10	500	6	1.2	1	1		2			1	1	
合计		2 500	125 000	990	0.8	80	297	485	35	28	10	15	12	28

调查者：王××　　　　　　　　　　调查日期：××××年×月×日
地点：卷烟车间

如某QC小组运用调查表对电话机插头的焊接缺陷进行调查，按照“插头槽径大、插头假焊、插头焊化、插头内有焊锡、绝缘不良、芯线未露”等缺陷进行调查设计，对电话机插头焊接缺陷进行调查统计，调查结果参见表5-2。

表5-2　电话机插头焊接缺陷调查表

序号	缺陷项目	频数	累计频数	累计/%
1	插头槽径大	3 367	3 367	69.14
2	插头假焊	521	3 888	79.84
3	插头焊化	382	4 270	87.68
4	插头内有焊锡	201	4 471	91.80
5	绝缘不良	156	4 672	95.93
6	芯线未露	120	4 747	97.47
7	其他	123	4 870	100.00

结论：“插头槽径大、插头假焊”缺陷是电话机插头焊接缺陷的主要原因，占比约80%。其中“插头槽径大”占比约70%，是重点关注和改进对象。

（2）非数字数据型调查表

非数字数据只能反映现象的属性特点，而不能刻画出数量的差异，又分为分类数据和顺序数据。

- 分类数据：如果各分类类别之间没有顺序或程度上的差别，这种变量的观察结果就是分类数据。如合格与不合格，
- 顺序数据：如果类别具有一定的顺序，通常称为顺序数据。

相比分类数据，顺序数据不仅能用来区分客观现象的不同类别，而且还可以表明现象之间的大小、高低、优劣关系。因此，顺序数据对事物的划分更精细，其功能性比分类数据要强一些。例如：产品的质量可以分为优质品、合格品、不合格品等，学历可以分为博

士、硕士、本科等，可以用来说明现象之间的大小、高低、优劣关系，这些是分类变量不能体现的。

某商场对顾客满意度情况的调查表，参见表5-3；汽车车身喷漆质量的缺陷位置调查表，参见表5-4及图5-1。

表5-3 某商场对顾客满意度情况的调查表

序号	调查项目	满意情况			具体意见
		满意	较满意	不满意	
1	商品品种规格			√	
2	商品档次		√		
3	价格定位				√
4	柜台陈设			√	
5	购物环境			√	
6	售货员服务态度				√

调查者：×××　　　　调查日期：××××年×月×日
调查地点：××××　　　　调查方式：××××

表5-4 汽车车身喷漆质量的缺陷位置调查汇总表

车型	SL-300	检查处	车身
工序	喷漆	检查者	刘×
调查目的	喷漆缺陷	调查数	2 139辆

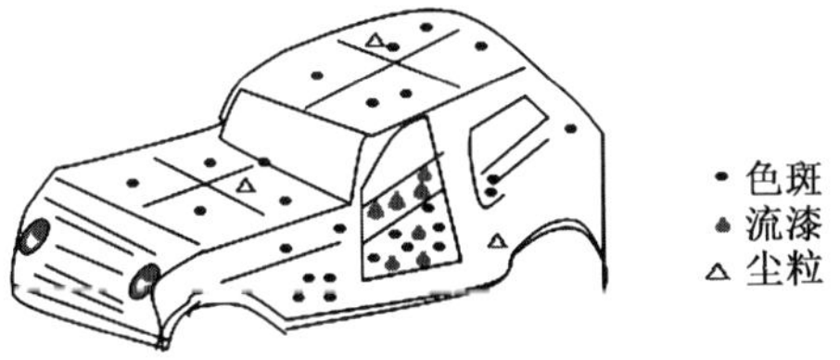

图5-1 SL-300汽车车身喷漆质量的缺陷位置图

4. 常见问题

(1) 注意事项

① 调查表要围绕调查目的来设计，能达到调查效果。

② 调查表应尽可能将调查对象的类别、具体种类等分开，使调查数据能清晰反映问题。

③ 数据收集要客观、有依据，不能只收集对自己有利的数据。

④ 调查表要有调查人员、调查地点、调查时间。

(2) 注意问题

调查表在应用中常见的问题，主要是调查表设计不当和记录数据上的差错，这是由于设计调查表时未能正确地分层或分层项目的概念混淆，使分类数据混杂，从而无法对数据进行归纳、分析。

二、分层法

1. 概念

分层法又叫分类法、分组法，是按照一定的标志，把搜集到的大量有关某一特定主题的统计数据加以归类、整理和汇总的一种方法。由于引起质量波动的原因是多种多样的，因此搜集到的质量数据往往带有综合性。这些综合性的质量数据可按其来源、特征、属性等分成两个以上的组，这样的组就称作“层”。

例如：某工序产生了若干不合格品，由于该工序是由白班、夜班两个班生产，为弄清哪一个班不合格品产生得多，就可将这批不合格品按白班、夜班两个组分层进行统计。为了能真实地反映产品质量波动的原因和变化规律，就必须对质量数据进行适当归类和整理。

分层是按照一定的标志，把搜集到的大量有关某一特定主题的统计数据，按照不同的目的、特征加以归类、整理和汇总。

分层的目的在于把杂乱无章和错综复杂的数据加以归类汇总，使之能确切地反映客观事实。

分层的作用是可以提高数据的使用价值，是分析数据、利用数据的基础，便于找到主要问题和采取有效的措施，为更加有效地应用其他统计方法创造条件。

分层的原则是使同一层内的数据波动幅度尽可能小，将相同、相近类型或同性质的数据分在同一层。而层与层之间的差别尽可能大，否则就起不到归类、汇总的作用。分层的目的不同，分层的标志也不一样。一般来说，可采用以下类别来进行分层分析：

- 人员。可按年龄、工级、性别、班组等分层。
- 设备。可按设备类型、新旧程度、不同的生产线和工装夹具类型等分层。
- 材料。可按产地、批号、制造厂、规格、成分等分层。
- 方法。可按不同的工艺要求、操作参数、操作方法、生产速度等分层。
- 测量。可按测量设备、测量方法、测量人员、测量取样方法和环境条件等分层。
- 时间。可按不同的班次、日期等分层。
- 环境。可按照明度、清洁度、温度、湿度等分层。
- 其他。可按地区、使用条件、缺陷部位、缺陷内容等分层。

分层方法很多，可根据具体情况灵活运用。

2. 应用步骤

应用步骤包括：

（1）收集数据。

（2）将采集到的数据根据不同目的，按照分层原则选择分层类别。

（3）将数据按选定的分层类别进行分层。

（4）将数据按层进行归类。

(5) 根据归类结果绘制分层归类图或表。

(6) 根据归类图或表寻找规律，发现问题。

3. 应用案例

某装配厂的汽缸体与汽缸盖之间经常漏油。经过对50套产品进行调查后发现两种情况：①3个操作者在涂黏结剂时，操作方法不同；②所使用的汽缸垫是由两个制造厂提供。于是对漏油原因进行分层分析：①按操作者分层，参见表5-5；②按汽缸垫生产厂家分层，参见表5-6。

表5-5　按操作者分层调查表

操作者	漏油/套	不漏油/套	漏油率/%
王××	6	13	32
李××	3	9	25
张××	10	9	53
合计	19	31	38

从表5-5中可看出，李××的涂胶方法效果虽然比王××好，比张××更好，但25%的漏油率仍是完全不能接受的。再从表5-6来看，两个厂的汽缸垫没有多大区别。

表5-6　按汽缸垫生产厂家分层调查表

供应厂	漏油/套	不漏油/套	漏油率/%
南方厂	9	14	39
北方厂	10	17	37
合计	19	31	38

表5-7　按两种因素交叉分层调查表

操作者	漏油情况	汽缸垫生产厂		合计/套
		南方厂	北方厂	
王××	漏油	6	0	6
	不漏油	2	11	13
李××	漏油	0	3	3
	不漏油	5	4	9
张××	漏油	3	7	10
	不漏油	7	2	9
小计/套	漏油	9	10	19
	不漏油	14	17	31
合计/套		23	27	50

再进行第三种交叉分层，参见表 5-7，从交叉分层中可看到以下的情况：①王××用北方厂的汽缸垫装了 11 台，一台都不漏油；②李××用南方厂的汽缸垫装了 5 台，也是一台都不漏油。于是从表 5-7 的交叉分层中找到了处理方案，即：在当前情况下，当装北方厂汽缸垫时，三人都用王××的涂胶方法；而装南方厂汽缸垫时，三人都用李××的涂胶方法，就能把漏油率降到最低。

因此，分层法是一种分析、思考的方法，对收集到的数据从各个角度对它进行分层分析，就可暴露出问题的症结所在，从而对症下药、药到病除地解决问题。

分层分析不仅分析一层，还可以一层一层地展开分析下去，就像俗话所说的“层层剥皮，直到露出本质”。

此外，分层法还可与其他方法结合起来用，如分层排列图、分层直方图、分层控制图等。

4. 常见问题

常见问题包括：

(1) 没有严格遵循按同一层级进行分层，不同层级的项目不能放在同一层级里面的原则；如按缺陷分层和按工序分层相混，不在同一层面上，存在包含关系，分层不正确。

(2) 分层项存在不具体、不可量化，人为编造数据的现象。

(3) 没有把问题搞清楚。分层分析，应该是立体、完整的，目的是把问题搞清楚。横向上，要从多个角度对其进行分层分析，直到把不同层级之间波动幅度最大的因素找出来；纵向上，要一层一层往下分析，直到把问题查找清楚，找到问题。

三、排列图

1. 概念

排列图，即帕累托图，是为寻找主要问题或影响质量的主要原因所使用的图。它是由两个纵坐标、一个横坐标、几个按高低顺序依次排列的长方形和一条累计百分比折线所组成的图。排列图最早被意大利经济学家帕累托用来分析社会财富的分布状况。后来，美国质量管理专家朱兰，把这个“关键的少数、次要的多数”的原理应用于质量管理中。排列图用双直角坐标系表示，左边纵坐标表示频数，右边纵坐标表示频率，分析线表示累积频率，横坐标表示影响质量的各项因素，按影响程度的大小(即出现频数多少，“其他”除外)从左到右排列，通过对排列图的观察分析可以抓住影响质量的主要因素。

因此，在 QC 小组活动中，排列图是将质量改进项目从最重要到最次要顺序排列的一种图表，如图 5-2 所示。通过排列图区分最重要的和次要的项目，就可以用最少的人力、物力、财力的投入，获得最大的质量改进效果。

排列图的主要用途：

(1) 识别重点。按重要顺序显示出每个质量改进项目对整个质量问题的影响。

(2) 识别进行质量改进的机会。

(3) 检查改进效果。在实施改进措施后，用排列图进行前后对比，以此来说明改进措施的有效性。

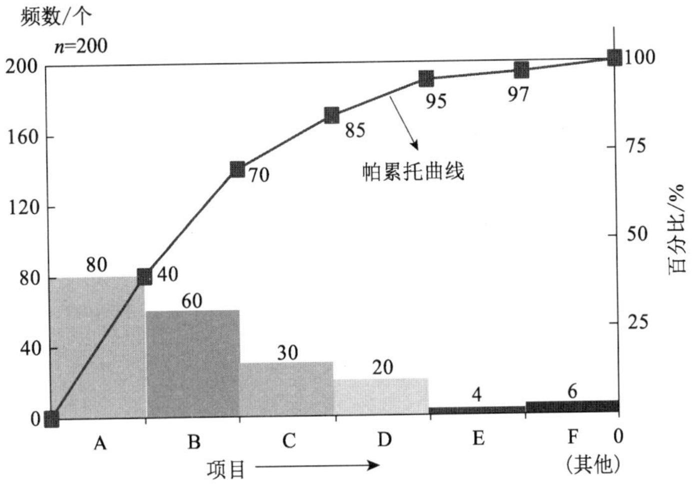

图 5-2 排列图示意图

2. 应用步骤

(1) 确定分析项目。选择要进行质量分析的项目或质量问题。

(2) 明确度量。选择用来进行质量分析的度量单位,如出现的次数(频数、件数)、成本、金额或其他。

(3) 确定分析周期。选择进行质量分析数据的时间间隔。

(4) 收集数据制作统计表。按照确定的时间周期及进行分析的变量项目,收集整理相关数据,编制数据统计表,参见表 5-2。计算出各变量项目的百分比及累计百分数。

(5) 绘制排列图。

① 画横坐标。按度量单位量值递减的顺序自左至右在横坐标上列出项目,将量值最小的一个项目,或几个项目归并成"其他"项,放在最右端。

② 画纵坐标。在横坐标的两端画两个纵坐标,左边的纵坐标为频数坐标,高度按度量单位标定,其高度必须与所有项目的量值总和相等。右边的纵坐标为百分比坐标,其高度与左边的纵坐标量值总和等高,并从 0 到 100%进行标定。

③ 画矩形。在每个项目上画长方形,它的高度表示该项目度量单位的量值,显示出每个项目的影响大小。

④ 画累计百分比曲线。由左到右累加每个项目的量值(以%表示),并画出累计频率曲线(帕累托曲线),用来表示各个项目的累计影响。

(6) 确定结论。用排列图确定质量改进最为重要的项目(关键的少数项目)。

3. 应用案例

某 QC 小组对产品缺陷进行调查、统计后,绘制出排列图,参见图 5-3。排列图中的缺陷类型共 4 项,其中仅"70 工序"一项的产品缺陷频数为 586,对产品不合格的影响程度就达到了 85.05%。因此,"70 工序"是关键少数项,其余三项工序对产品不合格的影响程度一共才占 14.95%,为次要多数项。

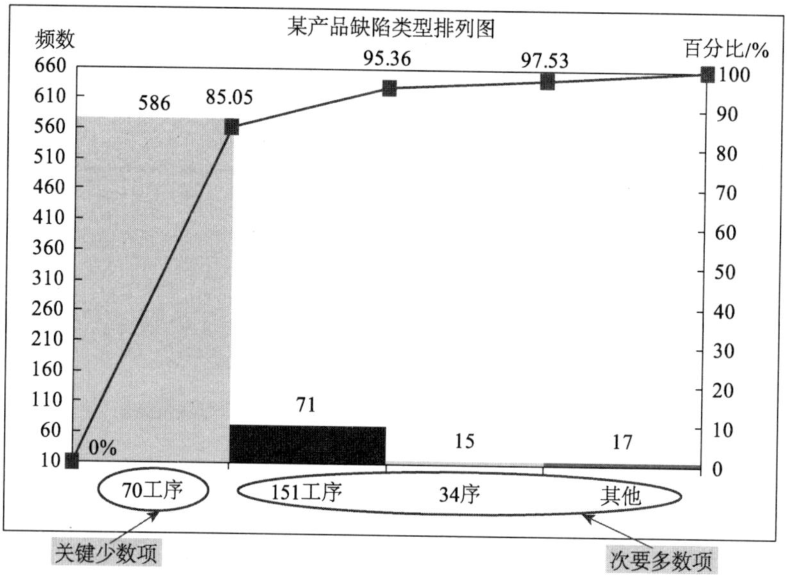

图 5-3　产品缺陷排列图示意图

排列图一般都是手工绘制，占用时间较长。目前有许多统计分析软件都能自动绘制排列图。如 Minitab 统计分析软件，就是目前应用较为广泛的工具软件，它自动绘制的排列图，基本能满足 QC 小组活动的需要。

再如某卷烟厂从批次、型号、抽样数量、不合格品项目数等，对产品情况进行抽样分析，通过数据收集，对外观不合格项进行分类统计，能清晰地看出各类别的不合格项数据情况。由调查表可以清楚地看出抽样的不合格品数共 990 支，其中“空松、贴口、切口”3 项不合格数量分别达到了 458、297、80，问题突出。通过绘制排列图，参见图 5-4，可直观反映该卷烟

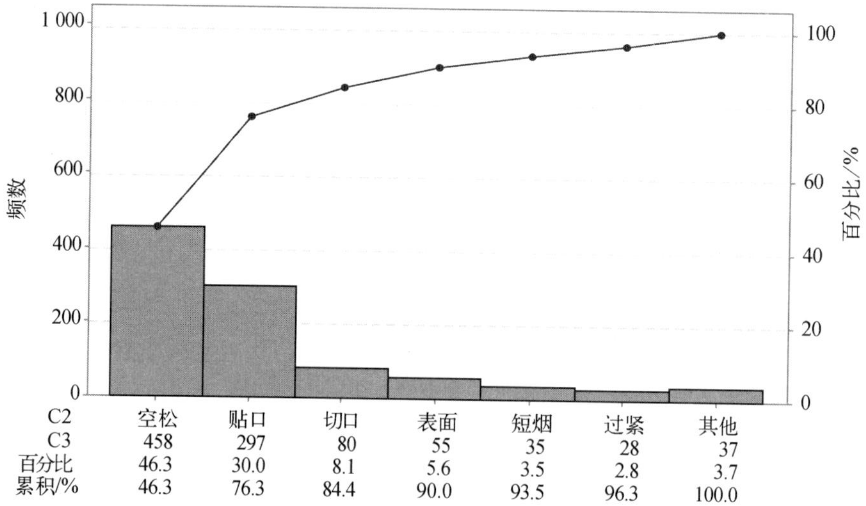

图 5-4　某卷烟厂产品外观不合格排列图示意图

厂某烤烟型产品的外观不合格项目的组成和突出问题项。小组最后确定“空松、贴口”为改进方向和“某烤烟型产品外观不合格”的症结。

4. 常见问题

(1) 在数据量较少的情况下使用排列图，使得调查可信度不高。一般情况下，收集的数据量应在 50 个以上。

(2) 将不太重要的项目如占比在 5%以下的项目一一列出，未归并到“其他”项目中。

(3) 排列图项目一般应多于 3 项，小于 9 项，除此之外，最好用简易图表。

(4) 排列图画法有误。未标明原点、百分比曲线起点和重点位置错误，未标明各项目的累计百分比、未标明各项目的量值、纵坐标端点超过总频数和总频率(100%)。

(5) 频数是整数，若有存在小数点的数据，最好不要用排列图，改用简易图表。

四、 因果图

1. 概念

因果图由日本管理大师石川馨所发明，因此又叫石川图，是一种发现问题“根本原因”的分析方法，因其形状如鱼骨，所以又叫鱼骨图。

小组成员在 QC 小组活动中，针对大原因，找到中原因，层层分解，直至末端原因。通过因果关系分析，找到影响问题的原因，促进问题解决。

2. 应用步骤

(1) 明确问题。找到需要解决的问题(症结)，即明确需要解决的质量问题。因果图只能用于单一目标的分析。一个主要质量问题只能画一张因果图；多个主要质量问题则应画多张因果图。另外，确定要分析的主要质量问题(特性)要具体，不能笼统。如“主轴颈出刀痕”“烟支空松”“电话机插头槽径大”“青霉素瓶消毒后胶塞水分高”等。

(2) 确定原因类别。即规定可能发生的原因的主要类别。分析生产和服务现场的质量问题，一般从人、机、料、法、环、测几个方面设置类别。设定原因类别的目的，能使原因分析得更加系统，避免遗漏和遗忘。但也不能一概而论，可根据分析问题的不同而自行设置原因类别。

(3) 召集小组成员，共同讨论导致问题出现的可能的原因，尽可能细致地查找出原因。

(4) 画框架图。将问题(症结)画在右侧鱼头上，把原因的类别在左侧鱼骨上标出，层层展开完成全图。

(5) 层层展开完成全图。寻找每个主要类别原因的所有下一个层次的原因，并画在相应的枝上，一层层地展开分析下去，直到可以直接采取对策为止。一张完整的因果图展开的层次至少应有两层，一般情况下有三层。

(6) 所有潜在(隐含)原因，只要是对结果(质量问题)有影响的原因都要客观、认真地分析出来并纳入因果图中，尽量避免遗漏或主观的取舍，以使因果图能反映原因的全貌。

(7) 确认末端原因。通过绘制因果图，展示出影响问题的全部末端因素，对图中所有末端原因进行确认。

3. 应用实例

某公司主要为汽车制造厂配套生产汽车 EPS 系统(Electric Power Steering,电动助力转向系统)及 MSG(Manual Steering Gear,机械转向机),随着客户增多,产量增大,生产过程也暴露出许多问题。如 MSG 总成装配过程中一次合格率较低,而其中 MSG 拉杆球头装配问题是影响一次合格率的主要因素,造成内部返工浪费和潜在质量风险增加。小组成员用因果图对“拉杆球头无法旋入”进行原因分析,参见图 5-5。

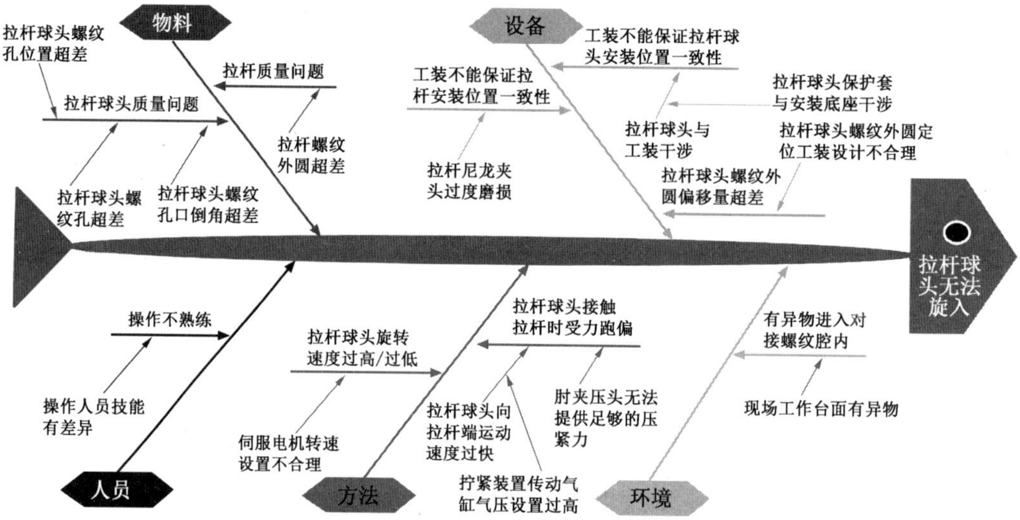

图 5-5 “拉杆球头无法旋入”原因分析因果图

小组成员梳理出“拉杆球头无法旋入”12 条末端原因:“拉杆球头螺纹孔位置超差、拉杆球头螺纹孔超差、拉杆球头螺纹孔口倒角超差、拉杆螺纹外圆超差、拉杆尼龙夹头过度磨损、拉杆球头保护套与安装底座干涉、拉杆球头螺纹外圆定位工装设计不合理、操作人员技能有差异、伺服电机转速设置不合理、肘夹压头无法提供足够的压紧力、拧紧装置传动气缸气压设置过高、现场工作台面有异物。”

点评:末端原因描述不够简练;“拉杆球头保护套与安装底座干涉”是 2 个原因,问题分析也不彻底。

3. 常见问题

(1) 分析多个问题(症结),将多个质量问题画在一张图上。

(2) 因果图的展开不够,问题分析不彻底。一张完整的因果图展开的层次至少应该有两层,一般不超过四层。

(3) 原因描述模糊,无法根据末端原因直接采取对策。

(4) 各层级之间的逻辑关系混乱、错误。

(5) 画法错误,如未使用箭头、箭头方向错误等。

(6) 原因之间有交叉关系。

五、树图

1. 概念

树图又称树形图或系统图，用来描述质量问题及其相关的组成要素之间的关系，将事物或现象分解成树枝状，把要实现的目的与需要采取的措施或手段，系统地展开，并绘制成图，以明确问题的重点，寻找最佳手段或措施。一般自上而下或者自左至右展开。树图用于原因分析时，主题、主要类别、组成要素、子要素之间是上下层因果关系。常见树图类型有宝塔型和侧向型，参见图 5-6、图 5-7。

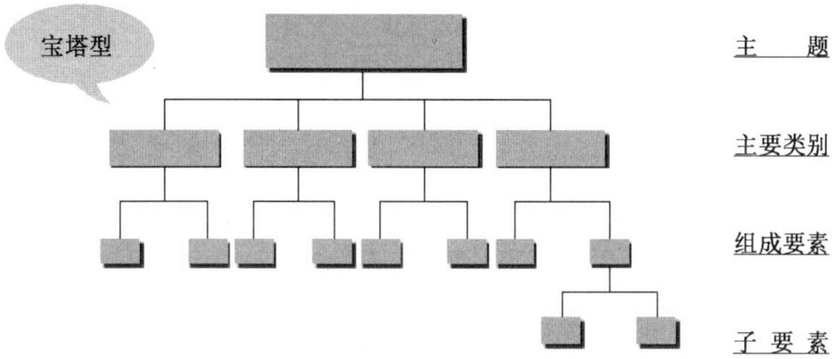

图 5-6　宝塔型树图示意图

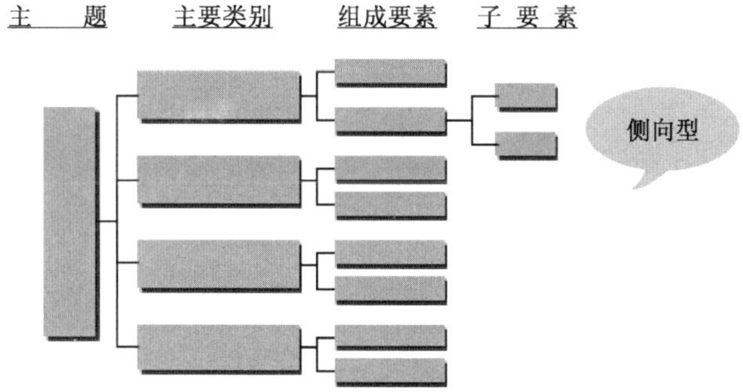

图 5-7　侧向型树图示意图

2. 应用步骤

(1) 确定质量问题(症结)。

(2) 确定主要层次。设置可能发生的原因类别，树图中的类别可以不先从人、机、料、法、环、测几个方面出发，而是根据具体的问题(症结)或逻辑关系选取。

(3) 构造树图。将问题(症结)放在左侧方框内，把主要类别放在右侧方框内，层层展开。确保无论从顺序上或逻辑上，都没有差错和空当。

(4) 确认末端原因。

3. 应用案例

某制药厂生产骨通贴膏，出现废片率高的问题，QC 小组在产品质量改进中，经调查分析，找到症结是"膏面色泽不均匀"，于是，小组针对这一症结。用树图进行原因分析。原因分析不是从问题类别出发，而是将造成这个结果的 4 个原因作为主要类别，逐一分析，层层展开，直到找出 12 个末端因素，参见图 5-8。

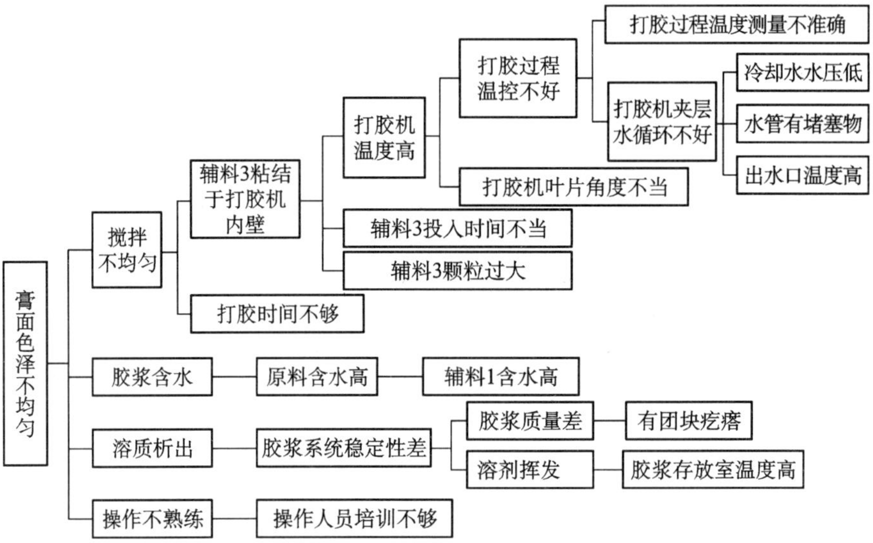

图 5-8 "膏面色泽不均匀"树图分析图

小组成员最后确定了 12 个末端原因："打胶过程温度测量不准确、冷却水水压低、水管有堵塞物、出水口温度高、打胶机叶片角度不当、辅料 3 投入时间不当、辅料 3 颗粒过大、打胶时间不够、辅料 1 含水高、有团块疙瘩、胶浆存放室温度高、操作人员培训不够"。

点评：末端原因描述不够准确。如"不当"过于含糊，不清楚是大还是小，是高还是低，"冷却水水压低、水管有堵塞物"本身就有因果关系。

某供电公司 QC 小组，应用树图对"电缆固定耗时长"问题进行原因分析，小组成员最后确定了 8 个末端原因："专项实操培训少、抱箍不具备角度调整功能、施工井道电缆排线无规划、设计选择电缆线径等级高、电缆余量配置短、预埋件固定调节间距小、冬季施工井道温度低、筑浇尺寸误差大"，参见图 5-9。可以看出，原因分析是将造成"电缆固定耗时长"这个结果的 8 个原因作为主要类别，逐一分析，层层展开，从而找到末端原因。

4. 常见问题

(1) 分析多个问题(症结)，将多个质量问题画在一张图上。

(2) 原因分析在顺序上或逻辑上存在错误，未做到层层分解，问题分析不彻底。

(3) 原因描述模糊，无法根据末端原因直接采取对策。

(4) 原因之间有交叉关系。

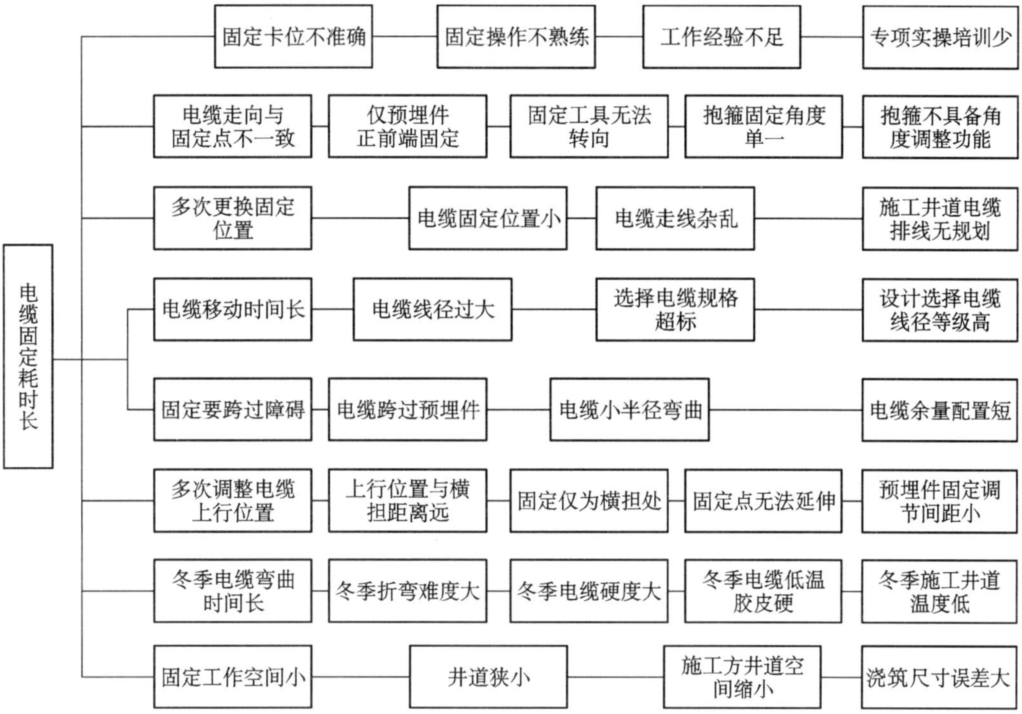

图 5-9　电缆固定耗时长树图分析图

六、关联图

1. 概念

关联图又叫关系图：是用来分析事物之间“原因与结果”“目的与手段”等复杂关系的一种图表，它能够帮助人们从事物之间的逻辑关系中，寻找出解决问题的途径；是采用逻辑关系，理清复杂问题，整理语言文字资料的一种方法；是一种解决关系复杂因素之间的有相互关联的原因与结果或目的与手段等的单一或多个问题的图示技术；是根据逻辑关系理清复杂问题、整理语言文字资料的一种方法。包括两种类型：

一是中央集中型：把要分析的问题放在图的中央位置，把同问题发生关联的因素逐层排列在其周围，参见图 5-10 所示。

二是单侧汇集型：把要分析的问题放在左(或右)侧，与其发生关系的因素逐层排开，参见图 5-11 所示。

两种类型的关联图只是从呈现的方式上有些差异，并没有什么本质上的区别。用哪种方式表现，需要结合美观、清晰等要素，综合确定，以适用性为主。

有时质量问题的因素是多种多样的，有的因素与因素之间相互影响，有的因素把两个性质不同的问题纠缠在一起，如果一个个分别分析原因必然会相互影响、牵涉或造成很多的重复分析，而且不易弄清。为解决因素之间的缠绕问题，关联图就应运而生了。

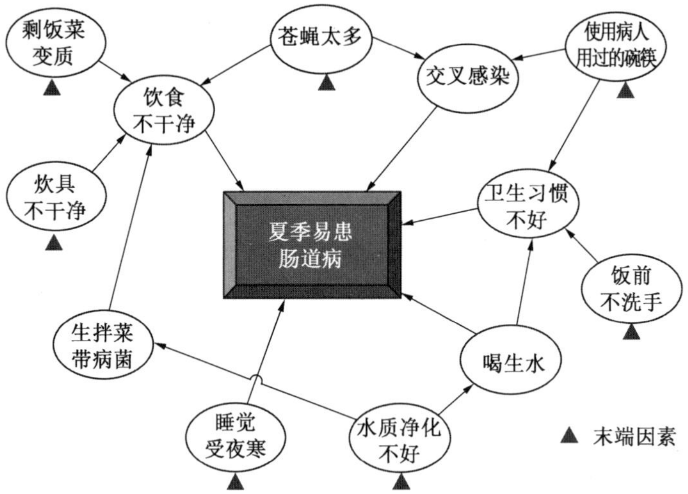

图 5-10　中央集中型关联图

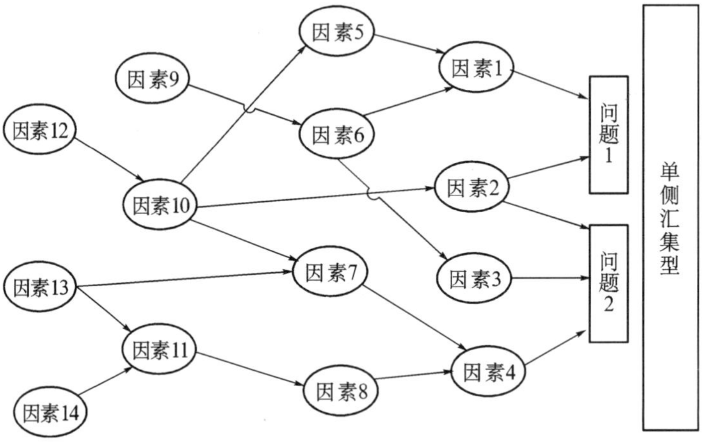

图 5-11　单侧汇集型关联图

2. 应用步骤

(1) 确定要分析的质量问题(症结),填入粗线双框圈内。一个粗线双方框只填一个“问题”,多个问题则应填入多个方框内。问题(症结)的识别规则是“箭头只进不出”。

(2) 分析产生质量问题(症结)的所有原因,可采用“头脑风暴法”。

(3) 初步确认。初步分析出的原因中,有不少原因是互相影响的,如图 5-10 所示,“夏季易患肠道病”的原因中,有很多原因相互关联,就可用关联图把它们的因果关系理出头绪来。

(4) 整理。把问题及每条原因都做成一个个小卡片,并把问题的小卡片放在中间,把各原因的小卡片放置在它周围。

(5) 寻找关系并画图。用箭头表示原因与结果(目的与手段)的关系。箭头指向是:原因→结果。逐条理出它们之间的因果关系。

(6) 找到末端原因。关联图，参见图 5-10、图 5-11 中的各因素，有以下 3 种情况：

① 箭头只进不出。说明此因素只有别的因素影响它，而它不影响别的因素，这就是需要分析原因的问题。

② 箭头既有进又有出。说明该因素既影响别的因素，同时又受到别的因素的影响，表明它不是具体的末端原因，只是一个中间原因。有的原因进、出的箭头很多，也只能说明是一个很重要的中间环节而已，不能把它作为末端原因。

③ 箭头只出不进。表明该因素只影响别的因素，而不受别的因素影响，即是原因的根源，是造成问题的末端因素。

3. 应用案例

为提高服务效率和质量，供电公司要求，在“确保能源安全”的前提下，需要对设备进行精细化检修，减少设备停运时间，全面提升运检质效。某供电 QC 小组确定了“缩短变压器周期检修时间”课题。经现状调查确认了“有载开关吊装时间长”“机构及油室清洗时间长”两个症结。小组应用关联图进行原因分析，参见图 5-12。

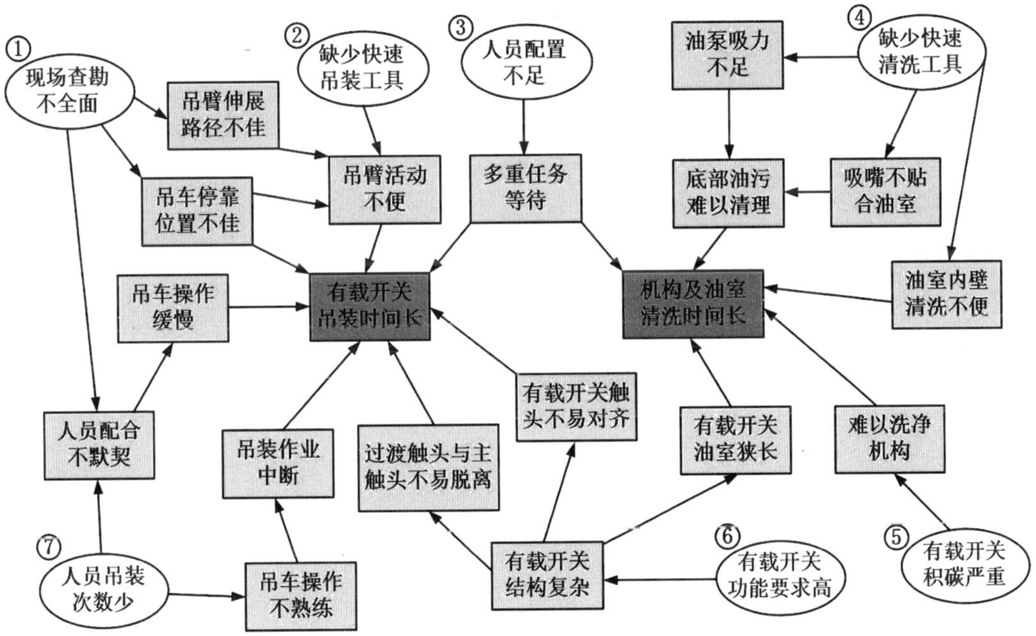

图 5-12 “有载开关吊装时间长”“机构及油室清洗时间长”关联图

小组共找到“现场查勘不全面、缺少快速吊装工具、人员配置不足、缺少快速清洗工具、有载开关积碳严重、有载开关功能要求高、人员吊装次数少”等因素。经小组讨论，认为末端因素“有载开关功能要求高”属于设备自身功能特点，凭借小组能力，难以影响和改变。属于不可控因素范畴，在此予以剔除，最终确认“现场查勘不全面、缺少快速吊装工具、人员配置不足、缺少快速清洗工具、有载开关积碳严重、人员吊装次数少”等 6 个末端原因。

点评：症结要用粗线双框表示。问题(症结)、原因采用的方框形式有错误。

再如，某 QC 小组根据客户反馈及公司要求，对产品的包装缺陷进行改进，对“端面防锈纸外露”症结，运用关联图进行原因分析，参见图 5-13，共找到 7 个末端因素。

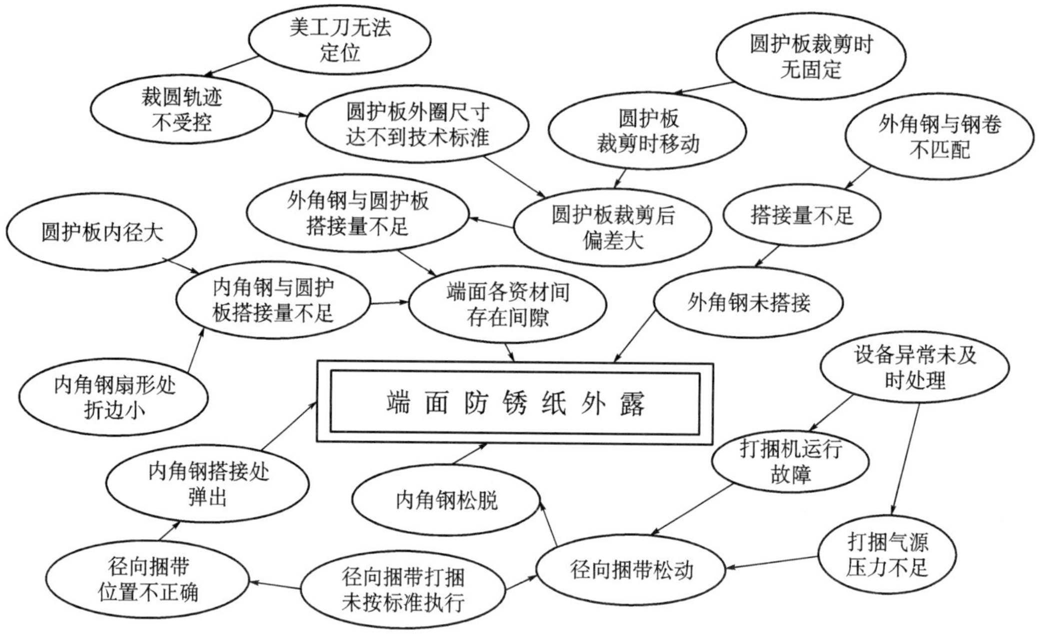

图 5-13 “端面防锈纸外露”关联图

4. 常见问题

(1) 原因之间没有相互交叉、缠绕关系，使用了关联图。

(2) 画法错误，对于质量问题(症结)、原因采用的方框形式错误，箭头方向错误等。

(3) 原因分析在顺序上或逻辑上存在错误，未做到层层分解，问题分析不彻底。

(4) 原因描述模糊，无法根据末端原因直接采取对策。文字、语言不简洁、不准确。

七、 散布图

1. 概念

散布图又叫相关图，它是将两个可能相关的变数资料用点画在坐标图上，以判断成对的资料之间是否有相关性。这种成对的资料或许是“特性—原因”“特性—特性—原因”的关系。通过对其观察分析，来判断两个变数之间是否存在相关关系，参见图 5-14。

用来绘制散布图的数据必须是成对的 (X,Y)，每一对为一个点子，通常用垂直轴表示现象测量值 Y，用水平轴表示可能有关系的原因因素 X。 成对的多个数据形成点子云，研究其分布状态，即可推断成对数据之间的相关程度。

2. 应用步骤：

(1) 收集数据，形成点子 (X,Y)，至少要 30 对。

(2) 确定 X 轴和 Y 轴表示的项目的内容，并确定 X、Y 的极值，合理确定两个轴的分布，两个轴的长度应大致相等。

(3) 描点。将成对数据在坐标图上一一标出。

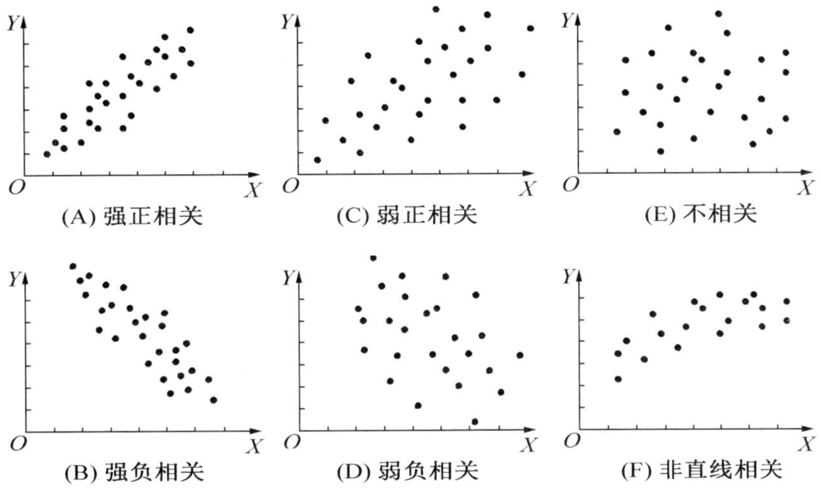

图 5-14　典型点子云型状图

(4) 分析判断成对数据之间的相关程度。

3. 应用案例

(1)“有载开关积碳严重”要因确认

确认内容：调查有载开关机构积碳以及清洗方案，试验分析有载开关积碳严重对于机构及油室清洗时间长的影响程度。

确认过程：调查机构积碳及清洗方案。调查发现机构积碳程度差异较大，积聚在切换开关环氧树脂筒壁以及分接选择器触头位置。有载开关机构清洗方案为：将机构吊至距离地面 0.3 m 处，使用变压器油和无毛纸反复冲洗、擦拭，直至无毛纸无游离碳痕迹存在，如图 5-15 所示。

控制变量试验分析。通过控制变量法进行 50 组试验，向有载开关油室投放数量不等的游离碳，将变压器油和游离碳搅匀后充分静置，模拟不同积碳情况下有载开关机构清洗时间。仅模拟机构清洗工作，提前将有载开关吊至指定位置，不考虑其他环节及其影响因素。有载开关机构清洗模拟试验结果如表 5-8 所示。

表 5-8　模拟不同积碳情况下有载开关机构清洗时间统计表

试验组别	碳粉含量/g	机构清洗时间/min	试验组别	碳粉含量/g	机构清洗时间/min
exp - 1	5	8.7	exp - 8	10	8.1
exp - 2	5	8.5	exp - 9	10	8.3
exp - 3	5	8.1	exp - 10	10	8.5
exp - 4	5	8.4	exp - 11	15	9.0
exp - 5	5	8.9	exp - 12	15	8.6
exp - 6	10	8.7	exp - 13	15	8.4
exp - 7	10	8.6	exp - 14	15	8.3

（续表）

试验组别	碳粉含量/g	机构清洗时间/min	试验组别	碳粉含量/g	机构清洗时间/min
exp-15	15	8.6	exp-33	35	8.9
exp-16	20	8.4	exp-34	35	8.8
exp-17	20	8.5	exp-35	35	8.2
exp-18	20	8.6	exp-36	40	8.6
exp-19	20	9.1	exp-37	40	8.7
exp-20	20	8.4	exp-38	40	8.3
exp-21	25	8.4	exp-39	40	9.2
exp-22	25	8.2	exp-40	40	8.6
exp-23	25	8.5	exp-41	45	8.4
exp-24	25	8.7	exp-42	45	8.4
exp-25	25	8.6	exp-43	45	8.7
exp-26	30	8.8	exp-44	45	8.2
exp-27	30	8.5	exp-45	45	8.1
exp-28	30	8.6	exp-46	50	9.2
exp-29	30	8.4	exp-47	50	8.3
exp-30	30	8.2	exp-48	50	8.6
exp-31	35	8.1	exp-49	50	8.4
exp-32	35	8.6	exp-50	50	8.7

(a) 机构积碳痕迹

(b) 机构清洗

图 5-15　有载开关机构清洗现场

根据表 5-8 相关数据，绘制散布图，参见图 5-16。由散布图直观判断，变量间没有相关关系。计算出相关系数 $r=0.051\ 7$，远小于 0.3，说明没有线性相关性；显著水平 $P=0.721\ 4$，也远大于 0.1，说明相关程度不显著。说明有载开关积碳严重对于问题症结没有明显影响。

结论：有载开关积碳严重为非要因。

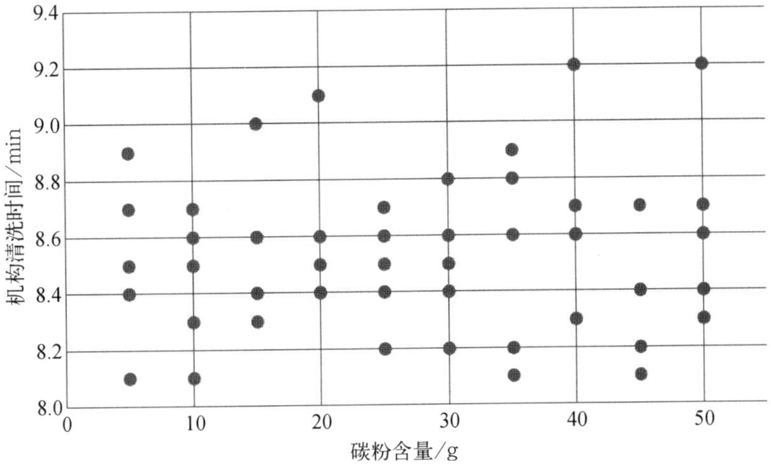

图 5-16 碳粉含量与机构清洗时间散布图

（2）案例点评

小组通过试验的方式，模拟不同积碳情况下有载开关机构清洗时间，证明“有载开关积碳严重”对机构及油室清洗时间长的影响程度不大，是非要因，数据详细、事实充分。

4. 常见问题

（1）数据量少。使用散布图时，点子数量（成对数据数量）不应少于 30 个。

（2）只有图，缺乏相应的分析过程，未判断出成对数据之间相关程度的相关结论。

八、 流程图

1. 概念

流程图是将一个过程（如工艺过程、检验过程、质量改进过程等）的步骤用图的形式表示出来。通过对一个过程中各步骤之间关系的研究，发现问题的潜在原因，找到需要进行质量改进的环节。

流程图可以用于从材料流向产品销售和售后服务的全过程的所有方面。流程图可以用来描述现有的过程，也可用来设计一个新的过程。运用流程图进行流程分析，在 QC 小组活动中和质量改进活动中都有着广泛的用途。

流程图由一系列容易被识别的标识构成。一般使用的标识如图 5-17 所示。

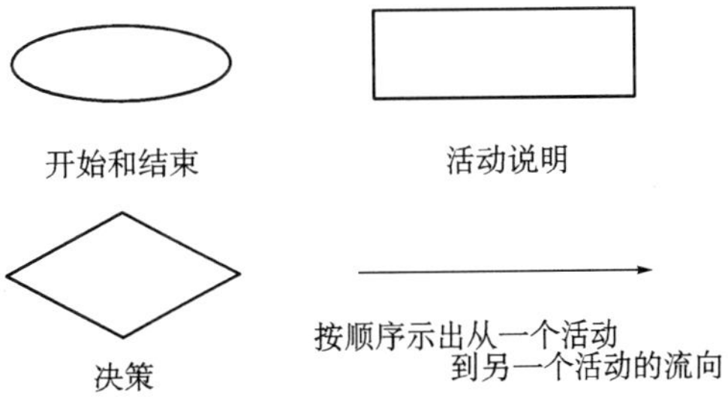

图 5-17 流程图标识

2. 应用步骤

（1）描述和分析现有过程流程图的步骤

① 判别过程的开始和结束。

② 观察从开始到结束的整个过程。

③ 规定在该过程中的输入、活动、判断、决

定、输出等各程序。

④ 画出表示该过程的流程草图。

⑤ 与该过程中所涉及的有关人员共同评审该草图。

⑥ 根据评审结果改进流程草图。

⑦ 与实际过程比较，验证改进后的流程图。

⑧ 注明正式流程图的形成日期，以备将来使用和参考（它可用作过程实际运行的记录，亦可用于判别质量改进的时机）。

（2）设计新过程流程图的步骤

① 判别该过程的开始和结束。

② 将新过程中将要形成的输入、活动、判断、决定、输出等各程序形象化。

③ 确定该过程中的输入、活动、判断、决定、输出等程序。

④ 画出表示该过程的流程草图。

⑤ 与预计该过程将要涉及的有关人员一起评审该流程草图。

⑥ 根据评审结果改进流程草图。

⑦ 注明形成正式流程图的日期，以备将来使用和参考（它可用作设计该过程的运作记录，亦可用于判别质量改进的时机）。

3. 应用案例

某公司文件复印过程流程图，参见图 5-18。

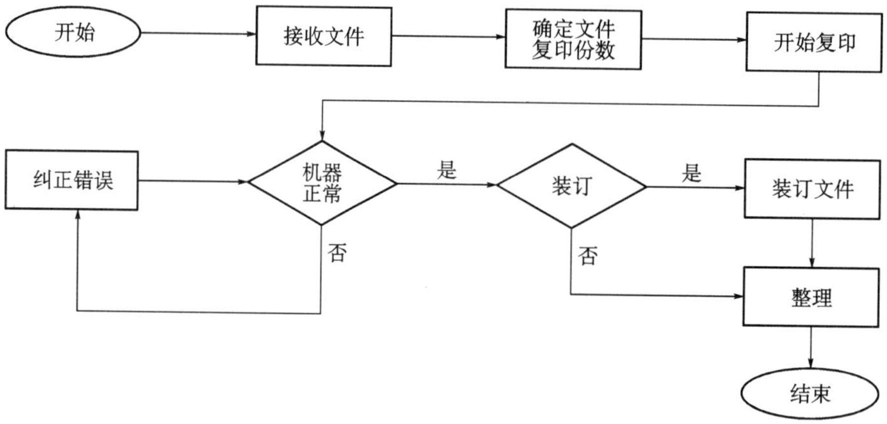

图 5-18 文件复印过程流程图

某 QC 小组在目标可行性分析环节，小组围绕带电补气作业，依据创新思路，借鉴现有技术，将带电补气流程进行分类优化，针对补气频次高的漏气设备，绘制出新的作业流程图，参见图 5-19，此装置只需初次补气时连接到漏气设备上，此处不考虑装置连接时间。

某 QC 小组在对策实施环节，小组通过控制系统以无线控制终端专用 APP 进行软件开发。根据补气装置的需要，系统软件主要包括开机自检、压力信号检测、温度检测、重量检测和通信等关键模块，见图 5-20。

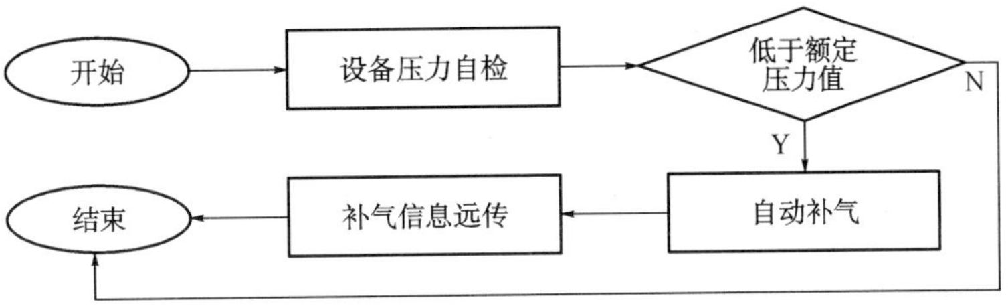

图 5-19　带电补气作业过程流程图

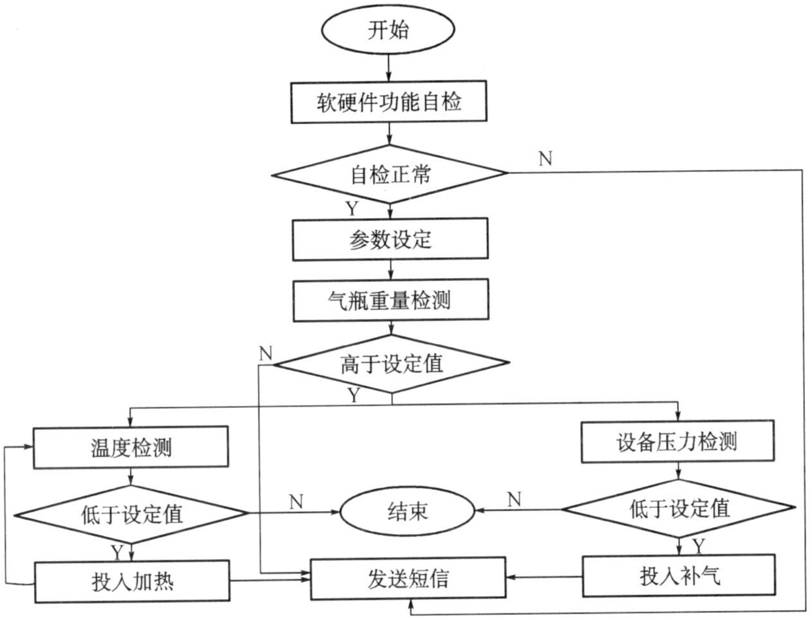

图 5-20　补气装置自检过程流程图

4. 常见问题

在流程图的绘制过程中，比较容易犯的错误有：

(1) 用错形状。在流程模板里咨询公司已确定不同类型的流程节点使用不同的形状来代表。在绘制流程图时项目组人员会出现把操作框当成判断框或把结束符当成判断框来使用的情况。

(2) 自主修改开始符、结束符，或者流程分支遗漏结束符。在流程中每个分支都需要有结束符，表示这一分支的结束。而在绘制流程图时遗漏某一分支的结束符也是项目组人员比较容易犯的错误。

(3) 没遵守判断框 Yes 和 No 的流入流出方向，或者判断框的分支缺少。在流程模板中已确定判断框的左右端是 Yes 的流入或流出，判断框的上下端是 No 的流入流出。在绘制流程图时，项目组人员有时并未遵守这个规则，也经常会漏画分支。

(4) 连接线没粘附上形状，交叉、箭头指向错误。在绘制流程图时，项目组人员会出现连接线没连上流程框或不该有连接线的时候画连接线的情况，也经常会出现指向错误的错误。

九、 头脑风暴法

1. 概念

头脑风暴法又称脑力激荡法、智力激励法、BS(Brain Storming)法、自由思考法，是快速大量寻求解决问题构想的集体思考方法。通过一组人创造性地思维，系统地、有计划地提出可行的想法和意见，最后通过一定方式进行归纳，形成解决建议方案。

提供一种能自由畅想的氛围，无拘无束地发表意见。利用参加会议的每一位成员连续不断地激发思想火花的连锁反应，一定会收集到更多的创意。简单地说，头脑风暴法就是指通过一组人创造性地思维，系统地、有计划地提出可行的想法和意见。在 QC 小组的改进活动中，头脑风暴法适用于问题解决的多个阶段，这一方法有助于清楚地认识问题，找出问题原因，寻求纠正措施，还可以用来识别包括质量在内的众多改进的潜在机会。

寻求问题解决方案需要与专业人员紧密结合，开展头脑风暴的目的在于集思广益，提出尽可能多的，甚至是一些“离经叛道”的创造性想法来，找出能跳出传统技术解决方案的圈子去解决问题。这是一个思维发散的过程。头脑风暴遵循以下基本原则：

(1) 自由畅想。头脑风暴会议应形成一种良好氛围，使参加会议的所有成员不受约束，畅所欲言，鼓励发散性思维，鼓励异想天开，说出能想到的任何主意。

(2) 避免批评。不作批评对激发创新思维很有必要。参加头脑风暴会议的人应尽量避免考虑或评论方案的有效性、重要性、可行性和相关性等，在会后再进行方案评审。严格遵守这一原则有助于保护会议成员的自信心和热情，从而得到更多、更出人意料的想法。如果进行评论，许多人就会变得更加拘谨。他们未发表的意见或许非常好，或许可以激发别人的好意见。花费在评论上的精力未能用在产生好意见的现实任务上，没有任何意义，更是得不偿失。

(3) 多多益善。在头脑风暴中，数量重过质量，想法越多，获得最佳方案的可能性就越大。不提倡参加者在发言前作详细分析和周密思考，当场把每个人的观点毫无遗漏地记录下来。

(4) 互相融合。参加者可以相互补充各自的观点，也可以综合各方想法，通过改进提出自己的想法。

2. 应用步骤

(1) 准备阶段。在准备阶段，首先应确定中心问题，如有必要，可将复杂问题分解成小问题。问题确定后，成立一个 5～8 人小组，小组成员由不同岗位、不同学科的人员组成；然后要确定一名会议的组织者，由其负责阐明会议的目的、明确原则、确保会议不偏离主题、按照规则程序执行。会前应把相关问题的阐述和背景信息发给会议成员，要使参加会议的每一个人都清楚了解问题的内容，明确问题的范围。要确定一名记录员，记下所有可能提出的观点，即使是重复的。

(2) 鼓励创造性思维阶段。会议组织者将所提出的问题以及四项活动原则清晰地写在白板或活动挂图上，保证每个人都能看清楚。组织者要保证每个成员在会议中表达想法的机会均等；必要时，可让成员轮流发言。发言应尽量具体、简明，发言者不要为自己的观点做任何解释说明。记录员及时将会议成员提出的想法记录在白板或活动挂图上，保证清晰可见。任何人在写出自己的想法后都不得对内容进行改动，任何人都不得批评、讨论和评价所提出的观点或控制会议进程。组织者应鼓励成员借鉴他人的想法，让团队成员提出尽可能多的想法，让他们各抒己见，会议持续到无人发表意见为止。

(3) 整理阶段。会议组织者要将每个人的观点重述并让参加者了解全部观点的内容，对所提出的观点进行分组归类。在会议后，为每类意见指定一个小组成员进行评估，明确选择方案的标准，如可行性、成本和相关性等。各个专题小组分别召开会议，根据方案选择标准，淘汰那些没有使用价值的想法。各个专题小组拟出方案，提交 QC 小组长或上级领导。

3. 应用案例

某厂家生产的新款相机市场销量不佳，设计了调查表征求顾客意见，开展员工座谈会，确定了头脑风暴的主题和目的，让大家畅所欲言提意见，共收集语言资料 12 条。

主题：公司新款相机市场销量不佳。

目的：针对此问题，对终端客户进行调查，以期发现问题所在。

语言资料：

(1) 按钮太小不方便按。

(2) 按钮太多。

(3) 太大了不好携带。

(4) 很重，拿一会儿就感觉很累。

(5) 一只手会拿不住。

(6) 总有要从手里滑出去的感觉。

(7) 说明书只有英文版的，看不懂。

(8) 需要自己进行焦距调节。

(9) 操作时一定要两只手才可以。

(10) 操作界面复杂。

(11) 手动设置的参数很多，无自动调节功能。

(12) 有些功能不知道怎么用，如果有演示就好了。

首先将 12 条语言资料，整理成卡片，卡片文字要清晰、简练，准确，参见图 5-21。

该 QC 小组运用亲和图，经过两级分层，参见图 5-22、图 5-23、图 5-24，对客户反馈的意见进行了整理归纳。从亲和图可以看出，客户对相机销量不佳的反馈意见主要集中在相机实用性差，要改变相机销售现状，需要从携带不方便、操作困难、功能不易掌握三个方面进行改进。

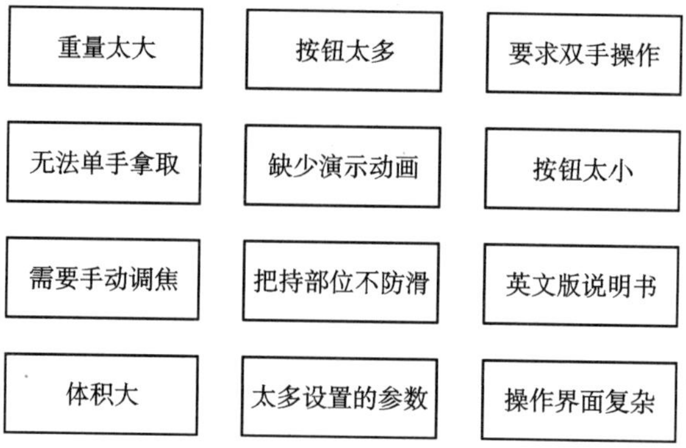

图 5-21　填写资料卡片

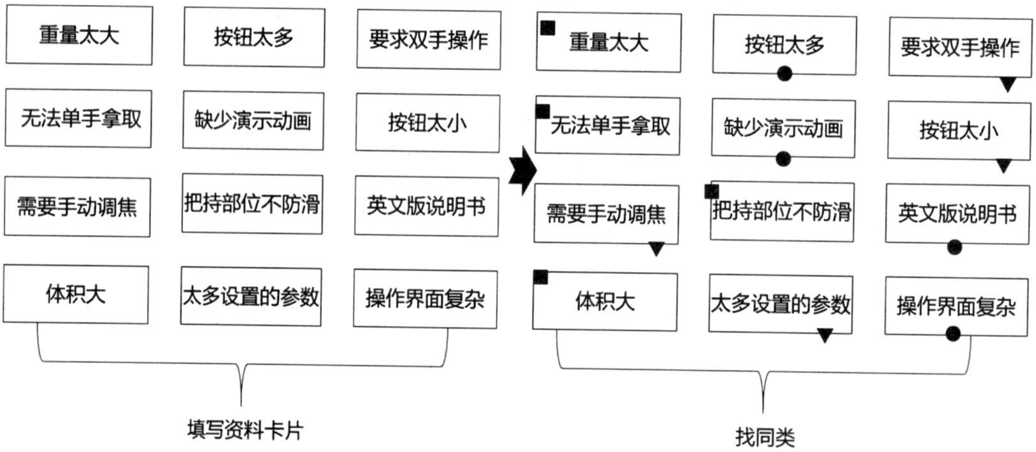

图 5-22　找资料卡片同类

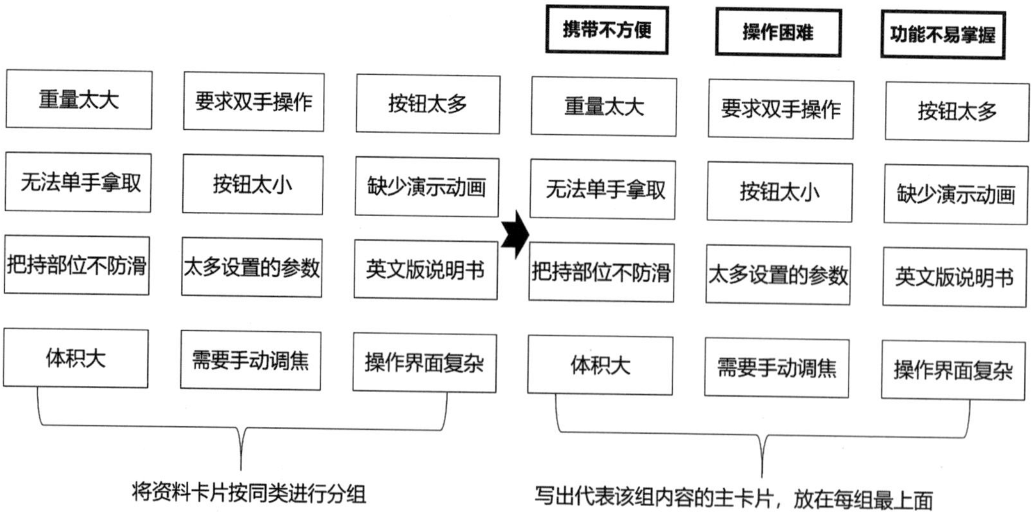

图 5-23　对资料卡片的同类进行定性

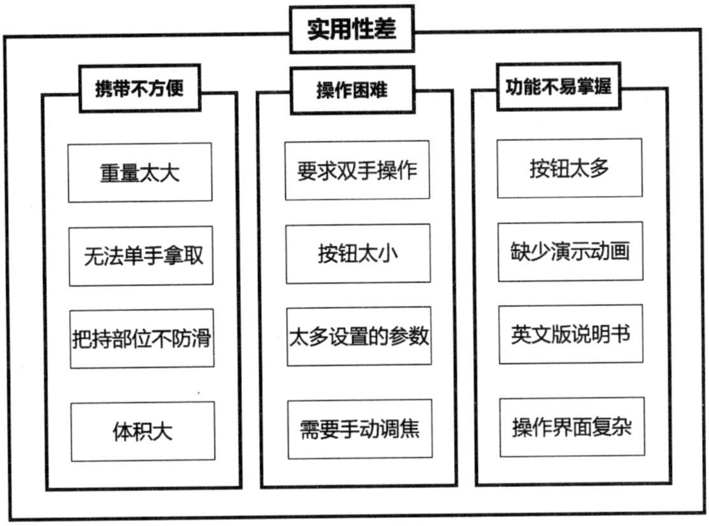

图 5-24　绘制亲和图

4. 常见问题

(1) 运用亲和图没有体现集思广益的原则，没有采用集体讨论、面谈、阅览、独立思考、观察等方法收集语言资料。

(2) 卡片上语言的描述不清晰、不简练。

(3) 没有做到每张卡片只记录一条意见、一个观点和一种想法。

(4) 绘制亲和图时有离群的卡片出现时，可先放置一边，待亲和图完成后再确认该卡片的处理方法是剔除还是进入，不要随意放弃该卡片。

(5) 处理简单的问题和需要速战速决的问题时，不需要进行头脑风暴和绘制亲和图。

十、T 检验

T 检验，亦称 student 检验(Student's t test)，是对一个或两个正态分布总体的均值的假设检验。主要用于样本容量较小(例如 $n<30$)，总体标准差 σ 未知的正态分布。T 检验是用 t 分布理论来推论差异发生的概率，从而比较两个平均数的差异是否显著。它与 f 检验、卡方检验并列。

1. T 检验适用范围

T 检验是通过比较不同数据的均值，研究两组数据之间是否存在显著差异。

(1) 样本均数与总体均数比较的 T 检验。

(2) 配对计量资料的 T 检验——配对 T。

(3) 两样本均数比较的 T 检验。

(4) 两样本几何均数比较的 T 检验。

(5) 两大样本均数比较的 u 检验。

两小样本均数比较时，要求相应的两总体方差相等，即方差齐，这时需要用方差齐性检验。T 检验的前提和条件是：

① 已知一个总体均数。

② 可得到一个样本均数及该样本标准差。

③ 样本来自正态或近似正态总体。

T 检验可分为单总体 T 检验和双总体 T 检验。

2. 单总体 T 检验

单总体 T 检验是检验一个样本平均数与一个已知的总体平均数的差异是否显著。当总体分布是正态分布，如总体标准差未知且样本容量小于 30，那么样本平均数与总体平均数的离差统计量呈 t 分布。

单总体 T 检验统计量为：

$$t=\frac{\bar{X}-\mu}{\frac{\sigma_X}{\sqrt{n}}} \tag{5.1}$$

其中：$i=1,\cdots,n$；$\bar{x}=\frac{\sum_{i=1}^{n}x_i}{n}$ 为样本平均数，$s=\sqrt{\frac{\sum_{i=1}^{n}(x_i-\bar{x})^2}{n}}$ 为样本标准偏差，n 为样本数。该统计量 t 在零假说 $\mu=\mu_0$ 为真的条件下，服从自由度为 n 的 t 分布。

3. 双总体 T 检验

双总体 T 检验是检验两个样本平均数与其各自所代表的总体的差异是否显著。双总体 T 检验又分为两种情况，一是独立样本 T 检验（各实验处理组之间毫无相关存在，即为独立样本），该检验用于检验两组非相关样本被试所获得的数据的差异性；一是配对样本 T 检验，用于检验匹配而成的两组被试所获得的数据或同组被试在不同条件下所获得的数据的差异性，这两种情况组成的样本即为相关样本。

（1）独立样本 T 检验统计量为：

$$t=\frac{\bar{X}_1-\bar{X}_2}{\sqrt{\frac{(n_1-1)S_1^2+(n_2-1)S_2^2}{n_1+n_2-2}\left(\frac{1}{n_1}+\frac{1}{n_2}\right)}} \tag{5.2}$$

式中：S_1^2 和 S_2^2 为两样本方差；n_1 和 n_2 为两样本容量。

（2）配对样本 T 检验

配对样本 T 检验可视为单样本 T 检验的扩展，不过检验的对象由一群来自常态分配独立样本更改为二群配对样本之观测值之差。若二配对样本 x_{1i} 与 x_{2i} 之差为 $d_i=x_{1i}-x_{2i}$ 独立，且来自常态分配，则 d_i 之母体期望值 μ 是否为 μ_0 可利用 $t=\frac{\bar{d}-\mu_0}{s_d/\sqrt{n}}$ 计算统计量。

其中：$i=1,\cdots,n$；$\bar{d}=\frac{\sum_{i=1}^{n}d_i}{n}$ 为配对样本差值之平均数；$s_d=\sqrt{\frac{\sum_{i=1}^{n}(d_i-\bar{d})^2}{n-1}}$ 为配对

样本差值之标准偏差；n 为配对样本数。

该统计量 t 在零假说：$\mu=\mu_0$ 为真的条件下服从自由度为$n-1$ 的 t 分布。

（3）注意事项

① 选用的检验方法必须符合其适用条件。如 T 检验的前提包括：a. 来自正态分布总体；b. 随机样本；c. 均数比较时，要求两样本总体方差相等，即具有方差齐性。

理论上，即使样本量很小时，也可以进行 T 检验。如样本量为 10，甚至更小的样本也行，只要每组中变量呈正态分布，两组方差不会明显不同。

综上所述，可以通过观察数据的分布或进行正态性检验估计数据的正态假设。方差齐性的假设可进行 F 检验，或进行更有效的 Levene's 检验。如果不满足这些条件，可以采用校正的 T 检验，或者换用非参数检验代替 T 检验进行两组间均值的比较。

② 区分单侧检验和双侧检验。单侧检验的界值小于双侧检验的界值，因此更容易拒绝，犯第Ⅰ错误的可能性大。T 检验中的 p 值是接受两均值存在差异这个假设可能犯错的概率。在统计学上，当两组观察对象总体的确不存在差别时，这个概率与拒绝了该假设有关。

③ 假设检验的结论不能绝对化。当一个统计量的值落在临界域内，这个统计量是统计上显著的，这时拒绝虚拟假设。当一个统计量的值落在接受域中，这个检验是统计上不显著的，这是不拒绝虚拟假设 H_0。 因为，其不显著结果的原因有可能是样本数量不够拒绝 H_0，有可能犯第Ⅰ类错误。

④ 正确理解 P 值与差别有无统计学意义。P 值越小，不是说明实际差别越大，而是说越有理由拒绝 H_0，越有理由说明两者有差异，差别有无统计学意义和有无专业上的实际意义并不完全相同。

⑤ 假设检验和可信区间的关系结论具有一致性差异：提供的信息不同区间估计给出总体均值可能取值范围，但不给出确切的概率值，假设检验可以给出 H_0 成立与否的概率。

⑥ 涉及多组间比较时，慎用 T 检验。科研实践中，经常需要进行两组以上比较，或含有多个自变量并控制各个自变量单独效应后的各组间的比较（如性别、药物类型与剂量），此时，需要用方差分析进行数据分析，方差分析被认为是 T 检验的推广。在较为复杂的设计时，方差分析具有许多 T 检验所不具备的优点。

⑦ 单样本检验：检验一个正态分布总体的均值是否在满足零假设的值之内。

⑧ 双样本检验：其零假设为两个正态分布的总体的均值是相同的。这一检验通常被称为学生 T 检验。但更为严格地说，只有两个总体的方差是相等的情况下，才称为学生 T 检验；否则，有时被称为 Welch 检验。以上谈到的检验一般被称作"未配对"或"独立样本"T 检验。

检验同一统计量的两次测量值之间的差异是否为零。举例来说，测量一位病人接受治疗前和治疗后的肿瘤尺寸大小。如果治疗是有效的，可以推定多数病人接受治疗后，肿瘤尺寸变小了。这种检验一般被称作"配对"或者"重复测量"T 检验。如检验一条回归线的斜率是否显著,不为零。

不同的 T 检验方法适用于不同的分析场景,具体分类情况,参见表 5-9。

表 5-9 不同的 T 检验方法应用一览表

分析方法	功能	正态性(前提)	方差齐性(前提)
单样本 T	在总体方差已知时,确定样本均值是否与指定值显著不同	服从正态分布	—
单样本 T 检验	确定均值是否与指定值显著不同	服从正态分布	—
配对样本 T 检验	确定两组相关样本的均值是否不同。用于比较不同条件下对相同项进行测量的测量结果	差值服从正态分布	无要求
双样本 T 检验	确定两个组的均值是否显著不同	两组数据服从正态分布	要求方差齐

4. T 检验的前提条件

无论是单样本 T 检验、双样本 T 检验还是配对样本 T 检验,都有几个基本前提:

(1) T 检验属于参数检验,用于检验定量数据(数字有比较意义的),若数据均为定类数据则使用非参数检验。

(2) 样本数据服从正态或近似正态分布,若不满足,则可考虑使用非参数检验。

十一、 方差分析(ANOVA)

方差分析(ANOVA)又称“变异数分析”或“F 检验”,由罗纳德·费雪发明,检验两个或更多总体的均值相等的假设。

两样本均数的比较,用 t 检验或 u 检验,多个样本均数的比较,用方差分析。其基本思想是把全部观察值之间的变异——总变异,按设计和需要,分为两个或多个组成部分,再作分析。

方差分析是一种与线性回归有关的方法,属于广义线性模型的类别。但是与回归不同的是,X 是离散变量而非连续变量(注意:广义线性模型兼有回归分析与方差分析两者的特点)。在方差分析中,在总体均值附近的所有测量值的总变差被划分到用于统计显著性分析的各个变差源之中。当研究人员想要对比两组或多组离散量的均值时,常会用到方差分析。例如,一名研究人员想要研究三种不同配置的机器的绩效,方差分析揭示了这些不同配置方案的均值之间存在差别(即至少一个均值与其他均值不同),进而可以运用置信区间以及两两对比等更进一步的实验方法来判断哪一个(或哪几个)均值存在差别。

由于各种因素的影响,研究所得的数据呈现波动状。造成波动的原因可分成两类,一类是不可控的随机因素,另一类是研究中施加的对结果形成影响的可控因素。

方差分析的基本原理是认为不同处理组的均数间的差别基本来源有两个。

一是实验条件,即不同的处理造成的差异,称为组间差异。用变量在各组的均值与总均值之偏差平方和的总和表示,记作 SSb,组间自由度 dfb。

二是随机误差，如测量误差造成的差异或个体间的差异，称为组内差异，用变量在各组的均值与该组内变量值之偏差平方和的总和表示，记作 SSw，组内自由度 dfw。

总偏差平方和 $SSt = SSb + SSw$。

组内 SSw、组间 SSb 除以各自的自由度（组内 $dfw = n - m$，组间 $dfb = m - 1$，其中 n 为样本总数，m 为组数），得到其均方 MSw 和 MSb：一种情况是处理没有作用，即各组样本均来自同一总体，$MSb/MSw \approx 1$；另一种情况是处理确实有作用，组间均方是由于误差与不同处理共同导致的结果，即各样本来自不同总体。那么，$MSb \gg MSw$（远远大于）。

MSb/MSw 比值构成 F 分布。用 F 值与其临界值比较，推断各样本是否来自相同的总体。

1. 方差分析的基本思想

方差分析的基本思想是通过分析研究不同来源的变异对总变异的贡献大小，从而确定可控因素对研究结果影响力的大小。

下面用一个简单的例子来说明方差分析的基本思想。

方差分析举例：某克山病区测得 11 例克山病患者和 13 名健康人的血磷值（mmol/L）如下：

患　者：0.84 1.05 1.20 1.20 1.39 1.53 1.67 1.80 1.87 2.07 2.11

健康人：0.54 0.64 0.64 0.75 0.76 0.81 1.16 1.20 1.34 1.35 1.48 1.56 1.87

问该地克山病患者与健康人的血磷值是否不同？

从以上资料可以看出，11 例患者与 13 名健康人的血磷值各不相同，如果用离均差平方和（SS）描述其围绕总均值的变异情况，则总变异有以下两个来源：

组内变异，即由于随机误差的原因使得各组内部的血磷值各不相等；

组间变异，即由于克山病的影响使得患者与健康人组的血磷值均值大小不等。

而且：$SS_{总} = SS_{组间} + SS_{组内}$；$\nu_{总} = \nu_{组间} + \nu_{组内}$

如果用均方（离差平方和除以自由度）代替离差平方和以消除各组样本数不同的影响，则方差分析就是用组间均方去除组内均方的商（即 F 值）与 1 相比较，若 F 值接近 1，则说明各组均值间的差异没有统计学意义，若 F 值远大于 1，则说明各组均值间的差异有统计学意义。

实际应用中，检验假设成立条件下 F 值大于特定值的概率，可通过查阅 F 界值表（方差分析用）获得。

统计检验结论说明差异显著，该地克山病患者与健康人的血磷值不同。

2. 分析方法

根据资料设计类型的不同，有以下两种方差分析方法：

（1）对成组设计的多个样本均值比较，应采用完全随机设计的方差分析，即单因素方差分析。

（2）对随机区组设计的多个样本均值比较，应采用配伍组设计的方差分析，即两因素方差分析。

这两类方差分析的基本步骤相同，只是变异的分解方式不同，对成组设计的资料，总变异分解为组内变异和组间变异（随机误差），即 $SS_{总}=SS_{组间}+SS_{组内}$；而对配伍组设计的资料，总变异除了分解为处理组变异和随机误差外，还包括配伍组变异，即 $SS_{总}=SS_{处理}+SS_{配伍}+SS_{误差}$。

3. 基本步骤

整个方差分析的基本步骤如下：

(1) 建立检验假设。

H_0：多个样本总体均值相等；

H_1：多个样本总体均值不相等或不全等。

检验水准为 $p=0.05$。

(2) 计算检验统计量 F 值。

(3) 确定 P 值并作出推断结果。

4. 方差分析类型

(1) 单因素方差分析

① 单因素方差分析概念理解步骤

单因素方差分析是用来研究一个控制变量的不同水平是否对观测变量产生了显著影响。这里，由于仅研究单个因素对观测变量的影响，因此称为单因素方差分析。例如，分析不同施肥量是否给农作物产量带来显著影响；考察地区差异是否影响妇女的生育率；研究学历对工资收入的影响等。这些问题都可以通过单因素方差分析得到答案。

单因素方差分析的第一步，是明确观测变量和控制变量。例如，上述问题中的观测变量分别是农作物产量、妇女生育率、工资收入；控制变量分别为施肥量、地区、学历。

单因素方差分析的第二步，是剖析观测变量的方差。方差分析认为，观测变量值的变动会受控制变量和随机变量两方面的影响。

单因素方差分析的第三步，是通过比较观测变量总离差平方和中各部分所占的比例，推断控制变量是否给观测变量带来了显著影响。

② 单因素方差分析原理总结

在观测变量总离差平方和中，如果组间离差平方和所占比例较大，则说明观测变量的变动主要是由控制变量引起的，可以主要由控制变量来解释，控制变量给观测变量带来了显著影响；反之，如果组间离差平方和所占比例小，则说明观测变量的变动不是主要由控制变量引起的，不可以主要由控制变量来解释，控制变量的不同水平没有给观测变量带来显著影响，观测变量值的变动是由随机变量因素引起的。

③ 单因素方差分析基本步骤

第一步，提出原假设：H_0——无差异；H_1——有显著差异。

第二步，选择检验统计量：方差分析采用的检验统计量是 F 统计量，即 F 值检验。

第三步，计算检验统计量的观测值和概率 P 值：该步骤的目的就是计算检验统计量的观测值和相应的概率 P 值。

第四步，给定显著性水平，并作出决策。

④ 单因素方差分析的进一步分析

在完成上述单因素方差分析的基本分析后，可得到关于控制变量是否对观测变量造成显著影响的结论，接下来还应做其他几个重要分析，主要包括方差齐性检验、多重比较检验。

a. 方差齐性检验

方差齐性检验是对控制变量不同水平下各观测变量总体方差是否相等进行检验。

前面提到，控制变量不同水平下观测变量总体方差无显著差异是方差分析的前提要求。如果没有满足这个前提要求，就不能认为各总体分布相同。因此，有必要对方差是否齐性进行检验。

b. 多重比较检验

单因素方差分析的基本分析只能判断控制变量是否对观测变量产生了显著影响。如果控制变量确实对观测变量产生了显著影响，进一步还应确定控制变量的不同水平对观测变量的影响程度如何，其中哪个水平的作用明显区别于其他水平，哪个水平的作用是不显著的，等等。

例如，如果确定了不同施肥量对农作物的产量有显著影响，那么还需要了解 10 kg、20 kg、30 kg 肥料对农作物产量的影响幅度是否有差异，其中哪种施肥量水平对提高农作物产量的作用不明显，哪种施肥量水平最有利于提高产量等。掌握了这些重要的信息就能够帮助人们制定合理的施肥方案，实现低投入高产出。多重比较检验利用了全部观测变量值，实现对各个水平下观测变量总体均值的逐对比较。由于多重比较检验问题也是假设检验问题，因此也遵循假设检验的基本步骤。

（2）多因素方差分析

① 多因素方差分析的基本思想

多因素方差分析用来研究两个及两个以上控制变量是否对观测变量产生显著影响。这里，由于研究多个因素对观测变量的影响，因此称为多因素方差分析。多因素方差分析不仅能够分析多个因素对观测变量的独立影响，更能够分析多个控制因素的交互作用能否对观测变量的分布产生显著影响，进而最终找到利于观测变量的最优组合。

分析不同品种、不同施肥量对农作物产量的影响时，可将农作物产量作为观测变量，品种和施肥量作为控制变量。利用多因素方差分析方法，研究不同品种、不同施肥量是如何影响农作物产量的，并进一步研究哪种品种与哪种水平的施肥量是提高农作物产量的最优组合。

② 多因素方差分析的其他功能

a. 均值检验

在 Minitab、SPSS 等软件中，利用多因素方差分析功能还能够对各控制变量不同水平下观测变量的均值是否存在显著差异进行比较，实现方式有两种，即多重比较检验和对比检验。多重比较检验的方法与单因素方差分析类似。对比检验采用的是单样本 t 检验的方法，它将控制变量不同水平下的观测变量值看做来自不同总体的样本，并依次检验这些总体的均值是否与某个指定的检验值存在显著差异。其中，检验值可以指定为以下几种：

观测变量的均值；

第一水平或最后一个水平上观测变量的均值；

前一水平上观测变量的均值；

后一水平上观测变量的均值。

b. 控制变量交互作用的图形分析

控制变量交互作用可以通过图形直观分析。

③ 多因素方差分析的进一步分析

再如，通过对广告形式、地区对销售额的影响进行多因素方差分析后，建立饱和模型。发现广告形式与地区的交互作用不显著，再进一步尝试建立非饱和模型，并进行均值比较分析、控制变量交互作用的图形分析等。

④ 协方差分析

通过上述的分析可以看到，不论是单因素方差分析还是多因素方差分析，控制因素都是可控的，其各个水平可以通过人为的努力得到控制和确定。但在许多实际问题中，有些控制因素很难人为控制，但它们的不同水平确实对观测变量产生了较为显著的影响。例如，在研究农作物产量问题时，如果仅考察不同施肥量、品种对农作物产量的影响，不考虑不同地块等因素而进行方差分析，显然是不全面的。因为事实上有些地块可能有利于农作物的生长，而另一些地块却不利于农作物的生长。不考虑这些因素进行分析可能会导致：即使不同的施肥量、不同品种农作物产量没有产生显著影响，但分析的结论却可能相反。

再例如，分析不同的饲料对生猪增重是否产生显著差异。如果单纯分析饲料的作用，而不考虑生猪各自不同的身体条件（如初始体重不同），那么得出的结论很可能是不准确的。因为体重增重的幅度在一定程度上是包含诸如初始体重等其他因素的影响的。

协方差分析将那些人为很难控制的控制因素作为协变量，并在排除协变量对观测变量影响的条件下，分析控制变量（可控）对观测变量的作用，从而更加准确地对控制因素进行评价。

协方差分析仍然沿承方差分析的基本思想，并在分析观测变量变差时，考虑了协变量的影响，人为观测变量的变动受四个方面的影响：即控制变量的独立作用、控制变量的交互作用、协变量的作用和随机因素的作用，并在扣除协变量的影响后，再分析控制变量的影响。

方差分析中的原假设是：协变量对观测变量的线性影响是不显著的；在协变量影响扣除的条件下，控制变量各水平下观测变量的总体均值无显著差异，控制变量各水平对观测变量的效应同时为零。检验统计量仍采用 F 统计量，它们是各均方与随机因素引起的均方比。

5. 方差分析假设检验

(1) 方差分析的假定条件

方差分析的假定条件包括:

① 各处理条件下的样本是随机的;

② 各处理条件下的样本是相互独立的,否则可能出现无法解析的输出结果;

③ 各处理条件下的样本分布必须为正态分布,否则使用非参数分析;

④ 各处理条件下的样本方差相同,即具有齐效性。

(2) 方差分析的假设检验

假设有 K 个样本,如果原假设 H_0 样本均数都相同,K 个样本有共同的方差σ,则K 个样本来自具有共同方差σ 和相同均值的总体。

如果经过计算,组间均方远远大于组内均方,则推翻原假设,说明样本来自不同的正态总体,说明处理造成均值的差异有统计意义。否则承认原假设,样本来自相同总体,处理间无差异。

方差分析的假设检验包括:

① 各样本是相互独立的随机样本;

② 各样本分布均为正态分布;

③ 各样本的总体方差相等,即具有方差齐性;

④ 在不满足正态性时可以用非参数检验。

十二、 卡方检验

卡方检验(chi-square test,χ^2),也就是 χ^2 检验,用来验证两个总体间某个比率之间是否存在显著性差异。卡方检验属于非参数假设检验,适用于布尔型或二项分布数据,基于两个概率间的比较,早期用于检验生产企业的产品合格率等。

卡方(χ^2)检验是用途非常广的一种假设检验方法,它在分类资料统计推断中的应用,包括两个率或两个构成比较的卡方检验;多个率或多个构成比较的卡方检验以及分类资料的相关分析等。

T 检验,主要用于样本含量较小(例如 $n<30$),总体标准差 σ 未知的正态分布。T 检验是用 t 分布理论来推论差异发生的概率,从而比较两个平均数的差异是否显著。计量资料采用均数±标准差,计数资料以频数表示。计量资料组间比较采用独立样本 T 检验;计数资料主要采用 χ^2 检验。

这里不介绍 χ^2 是如何计算得到的,以及基于 χ^2 统计量的显著性概率的查询等,直接介绍以转化率来比较两个样本是否发生了显著性差异。下面介绍四格表资料的 χ^2 检验(两个样本率比较)。如在二乙基亚硝胺诱发大白鼠鼻咽癌的实验中,一组单纯用亚硝胺向鼻腔滴注(鼻注组),另一组在鼻注基础上加肌注维生素 B_{12},实验结果见表 5-10。问两组大白鼠鼻咽癌的发病率有无差别。

表 5-10　两组大白鼠鼻咽癌发病率的比较

处理	发癌鼠数	未发癌鼠数	合计	发癌率/%
鼻注组	52(57.18)	19(13.82)	71	73.24
鼻注＋肌注维生素 B_{12}	39(33.82)	3(8.18)	42	92.86
合计	91	22	113	80.53

表中

52	19
39	3

这四个格子的数据是整个表的基本数据，其余数据都是从这四个基本数据推算出来的，这种资料，称为四格表资料。这里进行两个样本率的比较。卡方检验需要计算统计量 χ^2 值，卡方通过 $\chi^2=\sum\frac{(A-T)^2}{T}$ 公式进行计算，T 为理论频数，它是根据检验假设来确定的。例如本例，要做两个样本率的比较，先假设，"鼻注组"与"鼻注＋肌注维生素 B_{12}"组的发癌率相同，均等于合计的发癌率 80.53%，据此，则"鼻注组"理论发癌鼠数＝71×80.53%＝57.18，与"鼻注＋肌注维生素 B_{12}"组理论发癌鼠数＝42×80.53%＝33.82；同理，合计未发癌鼠数为 22，仿此计算得到两组理论未发癌鼠数分别为 13.82 和 8.18，均记录在表 5-10 中的括号内。用公式表示 $T_{RC}=\frac{n_R n_C}{n}$。式中：T_{RC} 表示R 行C 列的理论频数，n_R 为相应行的合计，n_C 为相应列的合计，n 为总例数。

从 $\chi^2=\sum\frac{(A-T)^2}{T}$ 公式可以发现，χ^2 反映了实际频数和理论频数吻合的程度。如果检验假设成立，则实际频数和理论频数之差一般不会很大，出现大的 χ^2 值的概率 P 是很小的，若 $P\leqslant\alpha$（检验水准），则可以怀疑假设成立，因而拒绝它，若 $P\geqslant\alpha$，则没有理由拒绝它。χ^2 与 P 值的对应关系可查 χ^2 界值表。

但是，χ^2 值的大小，除决定于 $A-T$ 的差值外，还取决于格子数（严格地说是自由度）的多少，因为各格的 $\frac{(A-T)^2}{T}$ 都是正值，故格子数愈多，χ^2 值也会愈大。只有排除了这种影响，χ^2 值才能正确反映 A 和 T 的吻合程度，因此在查 χ^2 界值表时要考虑自由度的大小。

四格表专用公式的比较，参见表 5-11。

表 5-11　两组大白鼠鼻咽癌发病率四格表专用公式的比较

处理	发癌鼠数	未发癌鼠数	合计	发癌率/%
鼻注组	52(a)	19(b)	71($a+b$)	73.24
鼻注＋肌注维生素 B_{12}	39(c)	3(d)	42($c+d$)	92.86
合计	91($a+c$)	22($b+d$)	113(n)	80.53

$$\chi^2=\frac{(ad-bc)^2 n}{(a+b)(c+d)(a+c)(b+d)}$$

式中，a、b、c、d 分别为四格表的四个实际频数，总例数 $n=a+b+c+d$。

以表 5-11 为例进行假设检验。

H_0：两组大白鼠鼻咽癌发病率相等，$\pi_1=\pi_2$。

H_1：两组大白鼠鼻咽癌发病率不等，$\pi_1\neq\pi_2$。

χ^2 计算结果为 6.48。

自由度是统计上的一个常用术语，是指能自由取值的变量个数，例如有 x、y、z 三个变量，若规定此三个变量之和为 10，则三个变量中任何二个变量取值之后，剩下的一个变量，因受到总和要等于 10 的条件限制，就没有自由变动的余地，所以自由度等于 2。同理，四格表中，四个格子的理论频数，因为每行(列)的理论频数之和要等于原已确定的合计数，所以用公式 $T_{RC}=\frac{n_R n_C}{n}$ 算出其中任一格的理论频数之后，其余三个格子的理论频数就无自由变动的余地了，故可用减法求得，如前已算得 $T_{11}=57.18$，$T_{12}=71-57.18=13.82$，$T_{21}=91-57.18=33.82$，$T_{22}=42-33.82=8.18$。因此四格表的自由度 $\gamma=1$，$\gamma=(R-1)(C-1)$，$\gamma=$(行数 − 1)(列数 − 1)。

将卡方 6.48，查 χ^2 界值表，得 $0.025<P<0.01$，按照 $\alpha=0.05$ 水平，拒绝 H_0，接受 H_1，故认为两组大白鼠发癌率有差别，说明增加肌注维生素 B_{12} 有可能提高大白鼠的鼻咽癌发病率。

现在有很多统计分析软件，都能实现自动计算、自动判断。不需要手工计算和查 χ^2 界值表分析，但其思想原理和计算方法，需要掌握后才能灵活应用。

运用 Minitab 进行 χ^2 分析案例。Minitab 是目前市面较为流行的改进分析软件。对两组大白鼠鼻咽癌发病率的比较分析结果说明如下：启动 Minitab 软件后，在工作表中将数值输入，点击“统计”—“表格”—“相关性的卡方检验”，按对话框点选、填写好后，单击“确定”按钮，参见图 5-25，Minitab 系统输出结果如下。

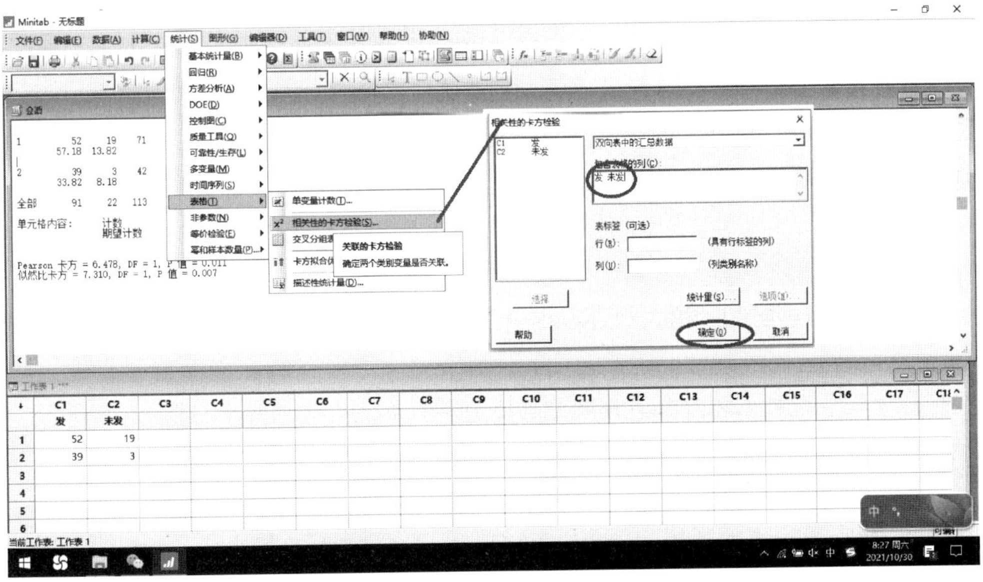

图 5-25 Minitab 分析界面图

相关性的卡方检验：工作表行，工作表列

行：工作表行　列：工作表列

	发	未发	全部
1	52	19	71
	57.18	13.82	
2	39	3	42
	33.82	8.18	
全部	91	22	113
单元格内容：		计数	
		期望计数	

Pearson 卡方=6.478，$DF = 1$，P 值 $= 0.011$
似然比卡方=7.310，$DF = 1$，P 值 $= 0.007$

读者可以比较 Minitab 软件和手工计算结果。

对结果的评价，需要用统计检验方法进行推断性检验，这样才能得出科学的结论。

十三、过程能力分析

过程能力是指生产过程在一定时间内处于统计控制状态下制造的产品质量特性值的经济波动幅度，又称为加工精度。

对于任何生产过程，产品质量特性值总是分散的。如果过程能力越高，产品质量特性值的分散就越小；反之，如果过程能力越低，产品质量特性值的分散就越大。那么应当用一个什么样的量，来描述制造过程造成的质量特性值的总分散呢？一般都用质量特性值分布的 6 倍标准差，即用 6σ 来描述。

当生产过程处于控制状态时，在 $\mu \pm 3\sigma$ 范围内产品占了整个产品的 99.73%，即几乎包括了所有的产品，因此用 6σ 来描述是比较全面的。当然范围取得更大一些，比如，取 $\mu \pm 4\sigma$ 时，在此范围内可包括整个产品的 99.994%；取 $\mu \pm 5\sigma$ 时，在此范围内可包括整个产品的 99.999 4%。这样会更全面些，但从 6σ 到 8σ（或 10σ），分散范围增加了 2σ（或 4σ），所付出的代价也是巨大的，而所包括的产品比例却增加不多，这从经济效果来看是不好的。因此，一般取 $B = 6\sigma$，这里 B 为过程能力（或加工精度）。这样就能兼顾全面性和经济性两个方面。

1. 过程能力指数

过程能力是描述加工过程客观存在着分散的一个参数。此外还要引进另一个参数来反映过程能力满足产品质量标准（规范、公差等）的程度。这个参数就叫做过程能力指数，一般记为 C_p。它是技术要求和过程能力的比值，即：C_p=（技术要求/过程能力）。

下面分别按不同情况来叙述过程能力指数计算的原理和方法。

（1）分布中心与公差中心重合的情况

这是一种比较理想的情况，如图 5-26 所示。这时都用下面的公式来计算过程能力指数：

$$C_p = \frac{T}{6\sigma} = \frac{T_U - T_L}{6\sigma} \tag{5.3}$$

式中：T ——公差范围；

T_U ——上偏差(公差上限)；

T_L ——下偏差(公差下限)；

σ ——标准差。

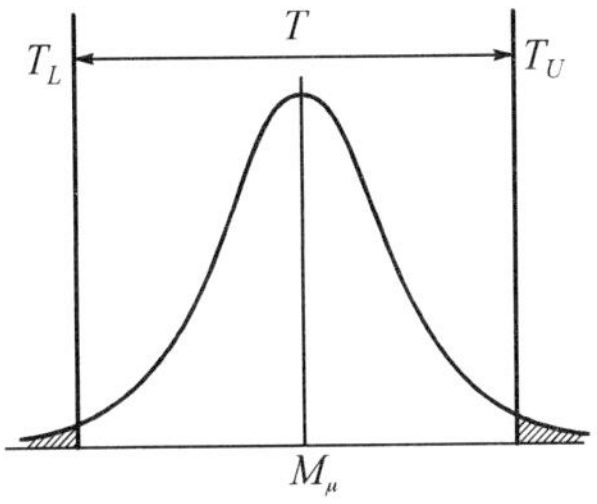

图 5-26　分布中心与公差中心重合的情况

例如用车床加工某小轴，小轴的尺寸公差为 $\Phi 40^{+0.050}_{+0}$。现从小轴的加工过程中随机抽样求得 S 为 0.007，问：该工序的 C_p 值等于多少？

解：$C_p = \dfrac{T}{6S} = \dfrac{0.050 - 0}{6 \times 0.007} \approx 1.19$

随着生产力的不断发展，虽然自动机床在生产过程中被广泛采用，但还是无法使分布中心同公差中心重合，也就是说，在现代化的生产中，分布中心与公差中心经常发生偏离。这时，如果还用公式 $C_p = \dfrac{T}{6\sigma} = \dfrac{T_U - T_L}{6\sigma}$ 来计算过程能力指数，就会发现，尽管 C_p 值很大，比如 $C_p = 1.33$，而工人也严格地按比较合理的操作规程进行作业，但是不合格品却大大超过 $C_p = 1.33$ 时的预测数，于是就出现了分布中心同公差中心不重合时，应该如何计算过程能力指数的问题。

(2) 分布中心与公差中心偏离的情况

① 只能有单侧公差的情况

对于某些特性值，如垂直度、不圆度、位置度等，它的公差只能是单侧的，即规定上限不能超过某一个数值，但不规定下限值，因为它的最小值只能为零，不可能出现负数。在制造过程中总是控制得越小越好，为此，它的分布不是正态性，而是偏态分布，如图 5-27 所示。

此时，过程能力指数可按下式进行计算：

$$C_{pU} = \frac{T_U - \mu}{3\sigma} \tag{5.4}$$

式中：C_{pU} ——只规定上限的过程能力指数；

μ ——总体的平均值。

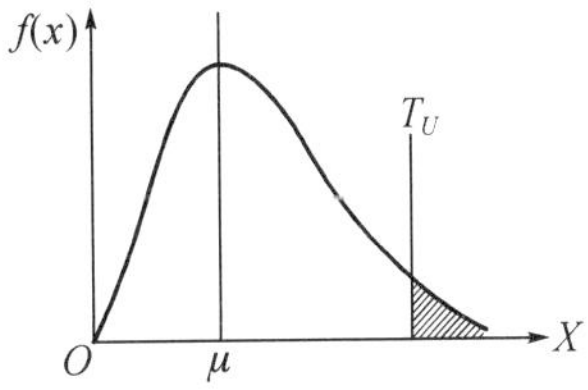

图 5-27　只规定上限的单侧公差情况

当 $\mu \geqslant T_U$ 时，则认为 $C_{pU} = 0$，就是说完全没有过程能力。

$C_{pU} = 0$ 时，过程可能出现的不合格品率为 50%～100%。

当只规定公差下限时，如图 5-28 所示，过程能力指数可按下式计算：

$$C_{pL} = \frac{\mu - T_L}{3\sigma} \tag{5.5}$$

式中：C_{pL} ——只规定下限的过程能力指数。

当 $\mu \leqslant T_L$ 时，则认为 $C_{pL} = 0$，而过程可能出现的不合格品率为 50%～100%。

过程能力指数计算举例：

某绝缘材料厂生产的 TJ1731 型聚酯扁线漆，规定其击穿电压下限标准为 1 000 V。今从该生产工序抽取 $n=71$ 份样本进行研究，测得样本平均值 $\overline{X}=7.2$ kV，样本标准差 $s=1.5$ kV。求该过程的过程能力指数为多少？

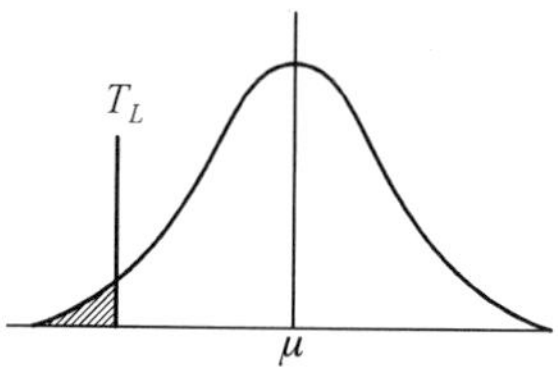

图 5-28　只规定下限的单侧公差情况

解：$C_{pL}=\dfrac{\overline{X}-T_L}{3s}=\dfrac{7.2-1.0}{3\times1.5}\approx1.38$

而该厂原生产的 TJ1730 型聚酯扁线漆，其 C_{pL} 值只有 0.20 左右，可见，这种新牌号 TJ1731 型聚酯扁线漆的质量有显著提高。

② 给出双侧公差的情况

如图 5-29 所示，当分布中心 μ 与公差中心 M 偏离一段距离 ε 后，显然用公式 $C_p=\dfrac{T}{6\sigma}=\dfrac{T_U-T_L}{6\sigma}$ 算出来的过程能力指数 C_p，已不能反映这时的过程能力实际情况。为了真实反映这道工序的加工能力，必须用一个考虑了偏离量 ε 的新的过程能力指数 C_{pk} 来评价过程能力。

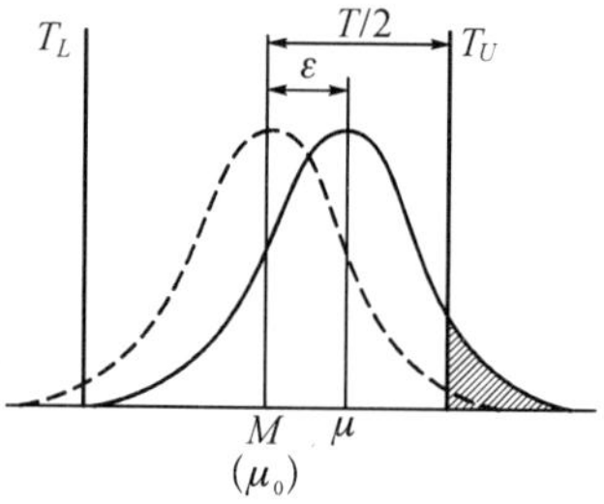

图 5-29　双侧公差有偏移 ε 的情况

即 $$C_{pk}=(1-K)C_p=\frac{T-2\varepsilon}{6\sigma} \tag{5.6}$$

式中：C_{pk} ——考虑偏离度的过程能力指数；

K ——平均值偏离度（简称偏离度），它是平均值偏离量 ε 与公差一半的比值，即 $K=\dfrac{\varepsilon}{T/2}$。当 $K\geqslant1$ 时，认为 $C_{pk}=0$；

ε ——平均值的偏离量（简称偏离量）。

当考虑偏离度的过程能力指数 $C_{pk}\geqslant1$ 时，意味着中心稍有偏离，不调整过程也不会生产出太多的不合格品。这对某些自动机床有一定的意义，一般这种机床精度较高，但调整不易，因此可允许分布中心与公差中心，有一定范围的偏离。

当 $C_{pk}<1$ 时，一般来说，会出现较多的不合格品。此时，应分析原因。若是由于分布中心偏离造成的，则应调整工序的分布中心，使之与公差中心尽可能一致；若不是分布中心偏离造成的，则说明需要提高加工精度。在实际生产中，对不同情况，其处理方法大致如表 5-12 所示。

表 5-12　过程能力指数一览表

过程能力指数	偏离度 K /%	对分布中心是否采取措施
$1.33\leqslant C_p$	$\lvert K\rvert\leqslant12.5$	不必采取措施
$1.00\leqslant C_p<1.33$	$12.5<\lvert K\rvert\leqslant25$	注意观察其变化，必要时采取措施
$0.67\leqslant C_p<1.00$	$25<\lvert K\rvert\leqslant50$	要采取措施
$C_p<0.67$	$50<\lvert K\rvert$	要采取纠正措施，或停止作业

2. 过程能力指数的评定

一般以过程能力指数评定工序等级，以便有重点、有主次地采取不同措施加以管理和控制。表 5-13 显示了过程能力指数不同值时的不同情况。

表 5-13　过程能力指数等级评定表

范围	等级	判断	措施
$C_p \geqslant 1.67$	特级	过程能力过剩	为提高产品质量，对关键或主要项目再次缩小公差范围，或为提高效率、降低成本而放宽波动幅度，降低设备精度等级
$1.33 \leqslant C_p < 1.67$	1 级	过程能力充分	当不是关键或主要项目时，放宽波动幅度；降低对原材料的要求；简化质量检验，采用抽样检验或减少检验频次
$1 \leqslant C_p < 1.33$	2 级	过程能力尚可	必须用控制图或其他方法对工序进行控制和监督，以便及时发现异常波动，对产品按正常规定进行检验
$0.67 \leqslant C_p < 1$	3 级	过程能力不足	分析分散程度大的原因，制订措施加以改进，在不影响产品质量的情况下，放宽公差范围，加强质量检验、全数检验或增加检验频次
$C_p < 0.67$	4 级	过程能力严重不足	一般应停止继续加工，找出原因，改进工艺，提高 C_p 值，否则全数检验，挑出严重不合格品

3. 提高过程能力指数的途径

由过程能力指数的计算公式 $C_{pk} = \dfrac{T - 2\varepsilon}{6\sigma}$ 可见，影响过程能力指数有 3 个变量，即产品质量规范（公差范围 T）；过程加工的分布中心 $\bar{x}$ 与公差中心 M 的偏移量 ε；过程加工的质量特性值的分散程度，即标准偏差 σ。因此，提高过程能力指数的途径有 3 个：即减少中心偏移量 ε；减少标准偏差 σ；或增大公差范围 T。

（1）调整过程加工的分布中心，减少中心偏移量 ε

减少中心偏移量有如下措施：

① 通过收集数据，进行统计分析，找出在大量连续生产过程中由于工具磨损、加工条件随时间逐渐变化而产生偏移的规律，及时进行中心调整，或采取设备自动补偿偏移或刀具自动调整和补偿等。

② 根据中心偏移量，通过首件检验，可调整设备、刀具等的加工定位装置。

③ 改变操作者的孔加工偏向下差及轴加工偏向上差等的倾向性加工习惯，以公差中心值为加工依据。

④ 配置更为精确的量具，由量规检验改为量值检验，或采用高一等级的量具检测。

（2）提高过程能力，减少分散程度

过程加工的分散程度，即过程加工的标准偏差 σ。由于材料的不均匀、设备精度等级低和可靠性差、工装模具精度低、工序安排不合理和工艺方法不正确等，对工序能力指数的影响是十分显著的。提高过程能力、减少分散程度的措施极为广泛，一般有：

① 修订工序，改进工艺方法，修订操作规程，优化工艺参数，补充增添中间工序，推广应用新材料、新工艺、新技术。

② 检修、改造或更新设备，改造、增添与公差要求相适应的精度较高的设备。

③ 增添工具工装，提高工具工装的精度。

④ 改变材料的进货周期，尽可能减少由于材料进货批次的不同而造成的质量波动。

⑤ 改造现有的现场环境条件，以满足产品对现场环境的特殊要求。

⑥ 对关键工序、特种工艺的操作者进行技术培训。

⑦ 加强现场的质量控制，设置过程质量控制点或推行控制图管理，开展 QC 小组活动，加强质检工作。

(3) 修订公差范围

修订公差范围，其前提条件是必须保证放宽公差范围不会影响产品质量。在这个前提条件下，可以对不切实际的过高的公差要求进行修订，以提高过程能力指数。

实践证明，在工序加工分析时，减少中心偏移量的防误措施，在技术上、操作上比较容易实现，同时也不必为此花费太多的人力、物力和财力，因此把它作为提高过程能力指数的首要措施。只有当中心偏移量 $\varepsilon=0$，而 C_p 值仍然小于 1 时，才考虑提高过程能力，减少过程加工的分散程度或考虑是否有可能放宽公差范围。放宽公差范围必须不影响产品质量，不影响用户使用效果。提高过程能力往往需要对现场的生产进行工艺上的改进和改造，技术上难度较大，需要花费较多的时间和费用，但可以提高过程能力、提高制造质量水平，对于企业是很有必要的。

4. 过程能力调查

(1) 过程能力调查的意义

过程能力是保证与提高产品质量的重要因素。过程能力指数综合地、定量地反映了过程质量因素的状态。因此，进行过程质量控制，就必须了解和掌握过程能力的状况，测算过程能力指数。通常将了解和掌握过程能力的这种活动称为过程能力调查。

过程能力调查的作用，主要是通过工序标准化，消除工序中的异常因素，发现和解决质量问题，经济合理地选择和确定工艺标准和操作标准。正确计算和确定过程能力，不仅是对工序能否保证质量的一种评定，而且也是经济合理地进行产品设计和工艺验证的有力措施。我国很多企业在推行全面质量管理工作中，从过程能力普查开始，积累了不少经验，取得了显著的效果。

(2) 过程能力调查的方法

过程能力调查的方法很多，不论哪种方法，其核心都是在过程处于稳定状态下，科学地计算过程质量分布参数 μ 和 σ，常用的方法有直方图法和控制图法。

① 直方图法，不但可以从观察直方图的形状，大致看出生产过程的状态，通过直方图的分散范围同公差范围比较，简便而又直观地判断过程能力能否满足质量要求；还可以根据直方图上算得的平均值 $\bar{x}$ 和标准偏差 σ 值，简便地计算出过程能力指数 C_{pk}，为分析过程中

系统因素的影响提供依据。但是,直方图法不能看出质量特性值随时间变化的情况,即不能反映生产过程的稳定性,有时因为在样本中包含了特性值特大或特小的样品,使 σ 值较大,过程能力指数偏低。

② 控制图法,是过程能力调查中较为精确的一种方法。因为控制图法绘制过程反映了较长时间内过程处于稳定状态的质量波动状况,排除了系统因素的影响,因而其分布的标准偏差 σ 值较小,算得的过程能力较符合客观实际,从过程能力的定义来说,控制图法比较准确可靠。

以上两种方法,当生产过程处于稳定状态时,数值差别不大。但由于控制图法需要的时间较长,因而在实践中多用直方图法进行过程能力调查,并辅以控制图法,以弥补直方图法的不足。取样时,应注意"5M1E"的标准化工作,尽可能排除系统因素的影响。

(3) 过程能力调查的程序

① 明确调查的目的。刚开始调查过程能力时,调查的目的都是为了摸清某道工序保证质量的能力大小。

② 选择调查对象。根据调查目的来选择被调查的工序和项目。

③ 确定调查方法。包括决定调查范围、分层方法、调查期限、抽样方法、样本容量等内容。

④ 工序的标准化。就是对被调查工序的操作者、机器设备、使用的原材料、操作测量方法及工作地布置等制定出各项标准。

⑤ 严格按照各项标准进行作业。

⑥ 收集数据。

⑦ 画直方图或分析用的控制图。

⑧ 判断过程是否处于控制状态。

⑨ 计算过程能力指数。

⑩ 处理。

十四、 实验设计(DOE)

实验设计(Design of Experiment,简称 DOE)是一种安排实验和分析实验数据的数理统计方法。通过对实验的合理安排,能以较小的实验规模和较少的实验次数,较短的实验周期和较低的实验成本,得到理想的实验结果和得出科学的结论。

把实验设计(DOE)的概念和方法,应用于产业界的产品设计研发、生产过程的控制、质量优化工程等方面,就能大大提高产品设计研发的效率,缩短周期,节约资源和成本,控制和提高产品质量,给企业带来优质的品牌和持续的经济效益,从而使企业在竞争中立于不败之地。因此实验设计自 20 世纪初创立以来便在发达国家的产业界得到了普遍的推广应用,并因此成就了一批优秀大企业和著名国际品牌,也创造了巨大的财富。我国正处在高质量发展阶段,正在腾飞崛起,走向世界,参与国际竞争,如果企业的广大工程技术人员、QC 小组成员们也能普遍掌握和运用实验设计,一定可以在创新发展中做到"多、快、好、省",成就辉煌。

1. 实验设计的由来

17 世纪后半叶法国修道士为了谋生，在葡萄园中种植葡萄，自行酿制葡萄酒，以贴补一些开销。其中有位修道士却在思考这样的问题：葡萄汁通过一次发酵后成为葡萄酒，如果发酵两次会是什么结果呢？于是，他进行了尝试，把葡萄汁发酵两次。结果，他发明了在各种喜庆宴会上大家喜欢喝的香槟酒。

假设，一家奶茶店的老板，希望争取更多的顾客来扩大营业额，奶茶味道非常好，现在唯一不足的是：常有顾客抱怨这家奶茶店的奶茶不够清凉。老板决定通过实验来改善冰凉度，经一夜冥思苦想后，决定直接测量奶茶的实际温度作为品质特性，以研究冰块类型、搅动方式、杯子类型对温度的影响。

冰块类型：可选择碎冰或整块冰两种方式。

搅动方式：可选择不搅动和搅动。

杯子类型：可选择纸杯和玻璃杯。

由此可对以上 8 种组合都做一次实验，记录实验结果，然后根据实验结果确定最佳组合方式。

再如，某工程师研究某产品的产量与化学反应的温度、时间、催化剂的用量间的关系，实验目的是寻找最佳生产条件。实验可按如下方法进行，选用两种温度：60℃、80℃；选用两种反应时间：40 min、90 min；选用两种催化剂的用量：200 g、500 g；共对以上 8 种组合都做一次实验。记录实验数据，然后根据实验数据寻找产量与化学反应的温度、时间、催化剂用量之间的规律，根据找到的规律，应用统计方法确定最佳的生产条件，并可预测产量的变化范围。以上思维方式和方法，完全可以用于炼铁、炼钢、热处理等各项工艺的改进、创新研究。

2. 实验设计的特征

为了加深对实验设计的理解，可以将实验设计与其他质量改善工具做些比较。

(1) 回归分析。尽管回归分析与实验设计计算结果相同，但是，回归分析属于被动观察，就是静观过程变化，这些数据，可能是每两小时抽几个点，按照合理的抽样计划，被动地收集或整理数据，而不施加任何带有目的的改变。回归分析通常是收集历史数据，来发现自变量 X 与对应变量 Y 之间的关系。

而实验设计(DOE)是研究正确的设计实验计划和分析实验数据的理论和方法，通过改变过程的输入因素，观察其相应的输出响应的变化，从而获取关于这个过程的知识，确定各个输入因素的重要性以及各输入因素如何影响输出响应，并如何达到最优化过程的目的。

实验设计是指主动控制自变量，并观察自变量 X 对应变量 Y (响应值)的影响。精心设计的实验有助于人们对事物的认识。

(2) 统计过程控制(Statistical Process Control，简称 SPC)。实验设计与应用广泛的质量控制工具——统计过程控制(SPC)来做个简单的比较。统计过程控制始于 20 世纪 20 年代，是从休哈特的控制图开发出来的，利用控制图监控每一个过程的输入或输出。当发现异常输入或输出时，把过程停下来，对异常输入或输出的原因进行调查并予以消除；如果过程处于统计控制状态且在正常范围内波动，则可以杜绝或减少返工，达到稳定生产，输出一致的高可靠性产品，参见图 5-30。

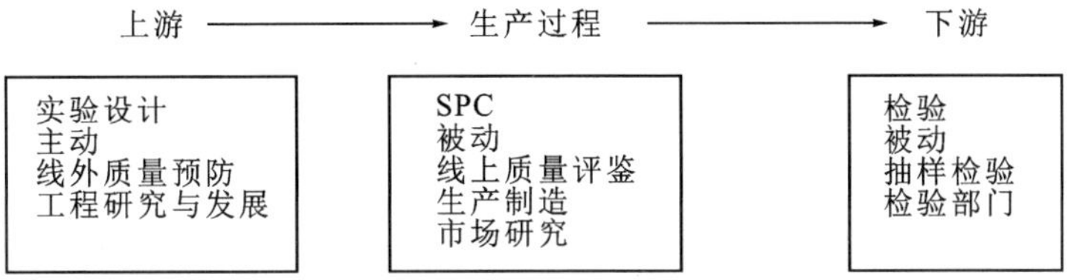

图 5-30　生产过程中的实验设计

从图 5-30 可以看出，作为一种主动型工具，实验设计强调的是线外质量预防，改善过程贯穿设计到制造的过程。设计阶段就设计出合理的工程参数，追求质量及资源的极致，从根本上消除或减少变异，最大限度地满足客户的需求。从质量发展的过程来看，认识也有了根本性的提高，从原来的"质量是检验出来的"→"质量是制造出来的"→"质量是设计出来的"，就是强调实验设计在产品的研发阶段占有重要的地位，也决定着产品的生命周期与质量水平。

3. 实验设计是个学习的工具

回顾一下人类的学习过程，通过向大自然学习、向宇宙学习，获得知识，从而更好地面对自然、改造自然，向自然索取财富，当然，这个过程是循序渐进的。一般是先根据已有的知识提出某种设想，设计一个实验去验证或否定它，从实验中获得的数据帮助人们验证或修正初始的设想，然后提出一个更新、更深入的设想，再设计新的实验……这个反复的过程会一直持续下去，直到形成较为完整的理论结果为止。进行实验也是一个学习过程，学习过程不可能一蹴而就。不要企图"毕其功于一役"，进行一次实验就结束战斗。一般来说，实验要进行好几批，通常序贯地进行实验，作为一般法则，在第一次实验中，投入的可用资源不要超过总预算的 25%，因为实验往往不是一次就成功，要确保有足够的资源去做后面的实验，以及验证实验，并最终达到实验的目标，参见图 5-31、图 5-32。

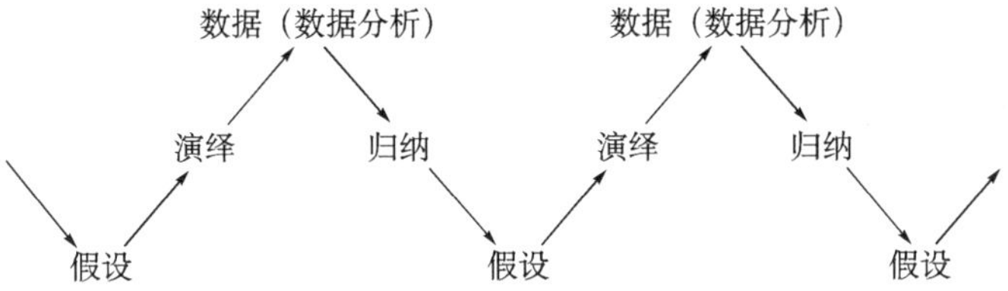

图 5-31　迭代式认知过程

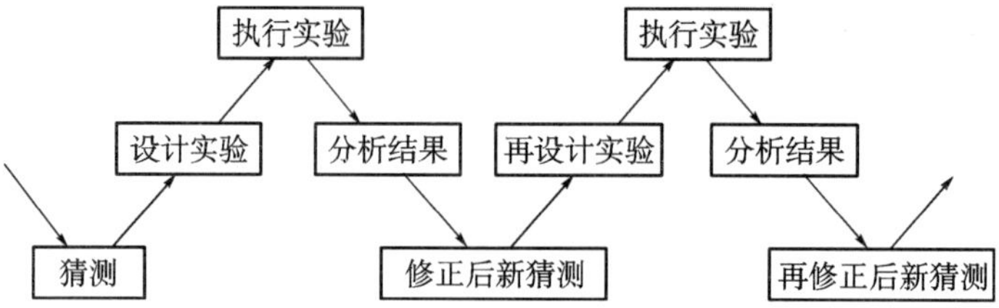

图 5-32　实验设计过程

4. 实验设计的实质

实验实际上是研究者在各个研究领域都会进行的，通常是要发现关于一个特定过程或系统的某些事情。从字义上说，实验的定义就是为了可以对输出变化的原因进行观察，在工程或系统的输入变量上增加计划好的变化的一连串实验。而实验设计是一种安排实验和分析实验数据的数理统计方法，实验设计主要对实验进行合理安排，以较小的实验规模（实验次数）、较短的实验周期，以及较低的实验成本获得理想的实验结果和正确的结论。由于客观的规律性，其输出是由输入、可控因子及噪声变量共同作用的结果，所谓的 $y = f(x)$ 基本模型，也就是探索 y 与 x 的关系，前面是响应变量，后面是因子，内容包括：

① 确定哪些变量对响应 y 最有影响。

② 确定有影响的 x 设置在何处可使 y 几乎总是接近于所希望的额定值。

③ 确定有影响的 x 设置在何处使得 y 的变异性最小。

④ 确定有影响的 x 设置在何处使得不可控制变量 n_1，n_2，…，n_q 的效应最小。

实验设计方法在过程开发和为改善性能的过程故障分析中，能起到重要作用。多数情况的目标是去开发一种稳健的过程，即一种受外部（n）变异性来源影响最小的过程。

5. 实验设计的目的与用途

实验设计方法在很多学科中都得到了广泛的应用。实际上，可以把实验视为科学方法的一部分，探究系统或过程如何工作的一种途径。

（1）实验设计的目的

① 关键因素 X 的确认和影响程度的掌握。

② 掌握选中的重要的 X 之间的交互效应。

③ 树立使用 X 与 Y 的预测模型。

④ 决定使 Y 最适合的 X 的条件。

（2）实验设计的用途

在工程领域，实验设计是改进制造过程性能非常重要的手段，它在开发新过程中也有着广泛的应用。

① 研究几个因子共同影响的计划与分析实验。

② 减少实验成本、时间与资源。

③ 缩短新设备上线时间。

④ 建立工艺投入与产出的因果关系。

⑤ 确定产品或工艺性能的主要因子。

⑥ 优化产品或工艺性能。

⑦ 产品满足技术要求，达到目标，减少变异。

⑧ 寻找工艺窗口、改进产品/工艺的生产周期、合格率与可靠性。

⑨ 确定指标随因子变化的灵敏度。

⑩ 研究工艺改变的影响、开发新工艺、设置误差标准、评估实验模型。

6. 实验设计的策略

一般来说，实验要进行好几批，但总体上实验设计是两步战略思想：

一则，用筛选实验在大量的一般因素中，找出少数关键因素。

二则，再对少数关键因素进行优化，再加上实际生产环境的条件，选择最适合的条件范围。如果验证实验的平均值被证实落在预先设定的置信区间内，则其结果是可靠的，即可安排小样进行实际的推进工作。以上所说的是典型的步骤。在实际工作中，可能跳过某个环节，也可能在某个步骤上反复进行好几次。总之，要不断筛选因子、不断调整实验的范围和因子水平的选择，经过几轮实验后，才能最终达到实验的总目标。

7. 实验设计的操作步骤

粗略地说，完整的实验设计应该包含计划、实施、分析及结果四个阶段，参见图 5-33。

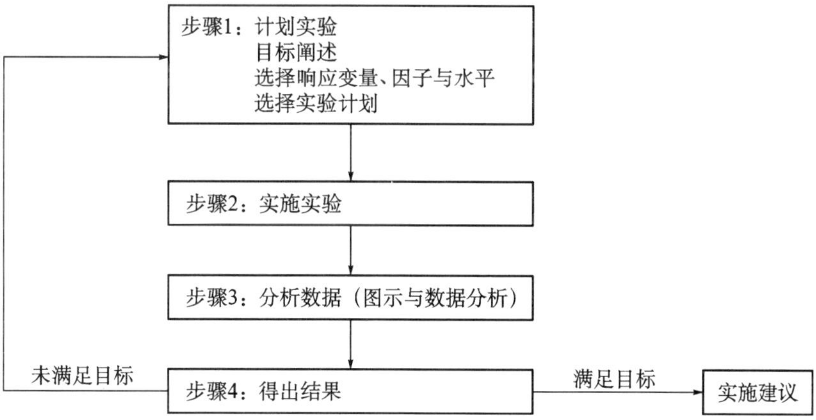

图 5-33 实验设计的操作步骤

(1) 计划阶段

计划阶段又可以分为下面几个步骤，参见图 5-33。

① 目标阐述。在实践中，确认存在的并需要实验的问题不是那么简单，将问题摆明并变为都可接受的提法也不是那么简单。需要弄清有关实验目的的全部想法。通常，所有团队成员都要投入讨论，明确目标及要求。究竟是为了筛选因子还是为了找寻关系式，最终要达到什么要求。总之，清晰明了的问题提法对更好地理解现象和最终求得问题的解答有重大的帮助。

② 选择响应变量。在选择响应变量时，实验者应该确信，这一个变量会真正为研究的过程提供有用的信息，最经常的，是取测量特性的平均值或标准差（或两者）为响应变量。在一个实验中若有多种响应，则要选择起关键作用的。能用连续型指标做度量的响应变量远比只有二元响应（成和败）好得多。仪表性能（或测量误差）也是一个重要因素。如果仪表性能差，则只有相对大的因子效应才能通过实验检测出来，或者需要做附加的重复实验。

③ 选择因子与水平。用流程图及因果图（鱼骨图）先列出所有可能对响应变量有影响的因子清单，然后根据数据和各方面的知识进行细致分析，做初步筛选。不能确定该删除的就应该保留。对于水平的选择也要仔细处理，一般来说，各水平的设置应足够分散，这样效应才能检测出来，但也不要太分散以致将其他各种物理机械因素都包括进来，这会使统计建模和预测变得困难。要做到这一点，需要过程知识。这种过程知识通常是实践经验和理论理解的结合。

④ 选择实验计划。根据实验目的，选择正确的实验类型，确定区组状况、实验次数，并按随机化原则安排好实验顺序及实验单元的分配，排好计划矩阵。一些较重要的实验设计类型，可以参考相应的工具书。

（2）实施阶段

当进行实验时，谨慎监控实验的过程以确保每件事情都按计划做完是非常重要的。严格按计划矩阵的安排进行实验，除了记录响应变量的数据外，还要详细记录实验过程的所有状况，包括环境（温度、湿度、电压等）、材料、操作员等。实验中的任何非正常数据也应予以记录，以便日后分析使用。这个阶段中，实验方法的错误通常会破坏实验的有效性。“计划在先”是成功的关键。在复杂的制造过程或研究开发环境中，实施已设计好的实验，在逻辑和计划方面都容易被低估。

（3）分析阶段

对数据的分析方法应与所应用的设计类型相适应。分析数据应该用统计方法，使得结果和结论都是客观的，而不是主观臆断的。如果实验是正确设计，并且按设计实施，则所需的统计方法不必去费心准备，因为有方便易用的 Minitab 等统计工具来帮助进行复杂的数理统计工作。统计方法不能证明一个因子（或几个因子）有特殊的效应。它们仅对实验结果的可靠性和有效性提供准则。从本质上来说，应用统计方法不允许利用实验来证明任何事情，但是，统计方法允许去度量结论中可能出现的误差或者对一个命题附加上置信水平。统计方法的基本优点是它对做出判断的过程加入客观性。统计方法和工程知识以及常识结合在一起通常会导出正确的结论。分析中应包括对数据的各种检验与检查，各种图形化比较，拟合选定模型、残差诊断、评估模型的适用性并设法改进模型等。当模型最终选定后，要对此模型所给出的结果做必要的分析、解释及推断，从而提出重要因子的最佳设置及响应变量的预测。

（4）结果阶段

一旦分析过数据，实验者必须写出有关实验结果的实践结论并推荐行动的路线。在这一阶段，图解法常常是有用的，特别是给其他人介绍成果时更是如此。同时还需要进行跟踪实验与确认实验以证实实验所得结论的正确性。当认定结果已经基本达到目标后，给出验证实验的预测值，并做验证实验，以验证最佳设置是否真的有效。

通贯整个过程，重要的是要在思想上牢记实验是学习过程的一个重要部分，在学习过程中，暂时提出关于系统的假设，然后进行实验来研究这些假设，根据实验的结果又提出新的假设，如此等等。这表明，实验是迭代式地逐步深化的。一个错误的实验，是在研究一开始，就去设计一个单一的、庞大的、内容广泛的实验。一个成功的实验需要重要因子的知识，这些因子可能变化的整个范围，使用合适的水平个数以及适合这些变量的度量单位等。一般说来，不能完全知道这些问题的答案，但是，要不断加深对它们的认识。当一个实验规划进行时，经常会抛弃一些不重要的变量，而加进一些其他变量，改变了某些因子的研究范围，或者加进了新的响应变量。因此，通常序贯地进行实验，这将确保有足够的资源用来确认实验并最终完成实验。

8. 实验设计的基础

(1) 基本术语

实际问题都是复杂的，任何数学模型都只是它的某种抽象概括，实验设计也不例外。要运用好实验设计工具，需要简单了解其基本概念方面的描述及定义。

① 因子。分为可控因子与非可控因子。过程模型示意图参见图 5-34。其中 Y_1，Y_2，…，Y_s 是输出变量，称为响应变量或指标。一般情况下，需要考虑多方面的指标，这里介绍的实验设计，只考虑单个响应变量的情况。如果问题中确实要同时考虑多项指标，会使问题变得非常复杂，常常也是设法将之转化为单指标的情形来处理。

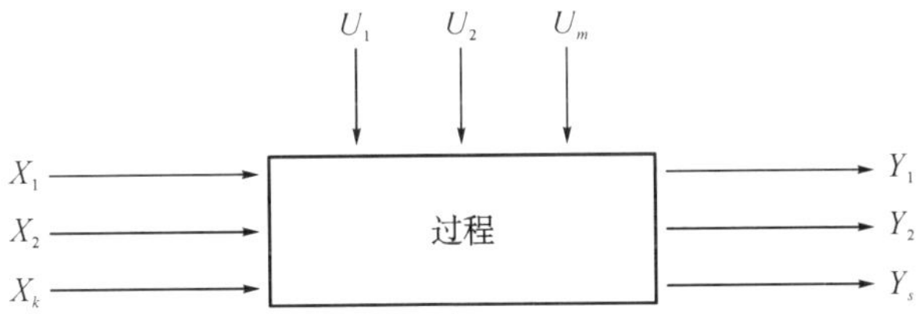

图 5-34　过程模型示意图

将影响响应变量的那些变量称为实验问题中的因子。假定，X_1，X_2，…，X_k 是人们在实验中可以加以控制的因子(称为可控因子)，它们是输入变量，是影响过程最终结果的。这些变量可以是连续型的(通常是这样)，也可以是离散型的。影响过程及结果的变量除了这些可控因子还可能包含一些可以记录但不可控制的非可控因子，如 U_1，U_2，…，U_m，它们通常包括环境状况、操作员、材料批次等。这些变量可能取连续值，也可能只取离散值。对于这些变量，通常很难将它们控制在某个精确值上，实际问题中它们确实也可能取不同的值。把这些非可控因子称为噪声因子，因为常把它们当作误差来处理。

② 水平及处理。为了研究因子对响应的影响，需要用到因子的两个或更多个不同的取值，这些取值称为因子的水平或设置。各因子皆选定了各自的水平后，其组合称为处理。一个处理的含义是：按照设定的因子的水平组合，就能进行一次实验，可以获得一次响应变

量的观测值，因此处理也可以称为一次实验，也简称为一次运行。

③ 实验单元与实验环境。对象、材料或制品等载体，处理（即实验）应用其上的最小单位称为实验单元。例如，按因子组合规定的工艺条件所生产的一件（或一批）产品，接受治疗的一个病人等。以已知或未知的方式影响实验结果的周围条件，称为实验环境，通常包括温度、湿度、电压等。

④ 模型与误差。考虑到影响响应变量Y的可控因子是$X_1, X_2, \cdots, X_k$，在实验设计中建立的数学模型是：

$$Y=f(X_1, X_2, \cdots, X_k)+\varepsilon$$

式中，Y是响应变量；$X_1, X_2, \cdots, X_k$是可控因子；f是某个确定的函数关系。本式中的误差ε除了包含非可控因子（或噪声）所造成的实验误差，还可能包含失拟误差。这里，失拟误差是指采用的模型函数f与真实函数间的差异。实验误差与失拟误差这两种误差性质是不同的，分析时也要分别处理。有时为了简化，常假定函数关系f是准确的，从而可以忽略失拟误差。从上述概念中还可以看到，实验误差本身包含测量误差。为了不使测量误差影响分析结果，通常要在实验进行前，先进行测量系统分析，只有测量误差满足了对测量系统的最低要求后，实验才能开始进行。有关测量系统的分析请参考相关书籍，这里不做讨论。

⑤ 主效应和交互效应。如果因子A的效应依赖于因子B所处的水平时，则称A与B之间有交互效应。

需要注意的是，如果两个因子间存在显著的交互作用，就不能只用主效应大小来作为该因子是否重要的判断依据。有时一个因子主效应很小，只要某个包含它的交互作用效应显著，则这个因子就是重要的，就应予以保留。

（2）实验设计的基本原则

实验设计中必须考虑三个基本原则：重复实验、随机化和区组化。

① 重复实验是第一个原则。所谓重复实验，是指一个处理施于多个实验单元。这些单元是在统计推断中一个处理所形成的总体的代表，它可以估计实验误差的大小。通常的显著性检验都是就不同处理间形成的差别与随机误差相比较，只有当处理间这种差别比随机误差显著大时，才说处理间的差别是显著的。没有随机误差就无法进行任何统计推断，因此在实验设计中安排重复实验是必不可少的。需要注意的是，一定要进行不同单元的重复，而不能仅进行同单元的重复。换言之，一定要重新做实验即重复实验，而不能仅是重复观测或重复取样。

② 随机化是第二个原则。随机化的含义是以完全随机的方式安排各次实验的顺序或所用实验单元。这样做的目的是防止那些实验者未知的，但可能会对响应变量产生的某种系统的影响。

③ 区组化是第三个原则。各实验单元间难免会有某些差异，如果能按某种方式把它们分成组，而每组内可以保证差异较小，即它们具有同质齐性，则可以在很大程度上消除由于

较大实验误差所带来的分析上的不利影响。一组同质齐性的实验单元称为一个区组，将全部实验单元划分为若干区组的方法称为分区组或区组化。通过在同一个区组内比较处理间的差异，就可以使区组效应在各处理效应的比较中得以消除，从而对整个实验的分析更为有效。

9. 实验设计的必要性

人类在认识自然界的过程中，持续地进行着多方面的探索。实验是构成学习过程的一个要素。通过实验的学习是一种综合了人们的期望、需要、知识和资源的复杂过程。在实验的统计设计方法开始形成的20世纪20年代以前，科技工作者走了不少弯路。

世界最著名的发明家爱迪生一生艰苦奋斗，经历了无数次的失败之后，为人类发明了许多重要科技产品。他的座右铭是“天才靠的是百分之一的灵感和百分之九十九的汗水”。他的助手特勒撒于爱迪生去世后的第二天，在1931年10月19日的《纽约时报》发表纪念评论，写道：“如果在爱迪生工作的黑屋中能有一支蜡烛照亮他前进的方向的话，以他蜜蜂般的勤奋，他将会获得远比他已发明的东西多得多的成果。”“我非常同情地观察到他的工作状况，但凡有一点点理论和计算能帮助他的话，将节省他百分之九十的精力。”爱迪生是靠苦干拼出来的，他是在边实验边分析后确定下次实验该怎么做的。这种方法速度太慢，而且只能从已经得到的偶然出现的好结果出发，摸索着前进，无法形成理论上的知识，无法预测何处将有更好的成果。这种凭直观猜测逐步探索的方法已经无法适应当代快速发展的需求了。

另一种在多因子分析实验中常用的方法是单因子变化法或称一次一因子法。其做法是，多个因子中，每个因子依次改变，而其他因子则保持在固定或选定的水平上。这样做肯定能比全面搭配所需要的实验次数少，但它有许多缺点，与统计实验设计方法相比，要达到同样的效应估计的精度，需要更多的实验次数；不能估计某些交互效应；不能在实验区域内进行系统而全面的搜索，它的分析结论缺乏普遍性，最后的结论对于固定因子的初始值的选定太敏感，因而可能错过最优的因子设置。这一方法现已弃之不用。

将全部因子全部水平的全部搭配都进行至少一次实验的安排方法称为全因子实验设计。这是人们容易想到的一个方法，而且可以获得相当多的信息。但是，是否可以永远使用全因子实验法呢？答案是否定的，因为这样做的实验次数太多，人们无法接受。如果有8个因子，每个因子只取二水平，那么全因子实验要 $2^8=256$(次)；每个因子取三水平，那么全因子实验要 $3^8=6\,561$(次)。这在实际工作中是办不到的，只能从中选择一部分来进行。那么怎样来选择条件呢？要寻求好的设计，就是要用最少的实验次数，获得尽可能多的信息，这就需要运用统计分析工具。如果不使用统计分析工具，即使是用全因子实验法，在拿到实验结果后，也只是从中挑选那个最优值就结束，就浪费了大量的有用信息。实验设计的统计分析方法不但能从实验结果中找到最优值，而且可以判明哪些因子影响显著，哪些因子影响不显著，还可以得到有关的变化规律，预测将要达到的最佳值是多少和这个最佳值将在什么范围内波动，而这个最佳值可能根本未在选定条件中进行过实验，这些就是统计分析方法的威力。

10. 实验设计的类型

根据不同的研究内容，可以对实验设计进行多种方法的分类。

根据实验的因子个数，可以分为单因子和多因子。

根据实验的目的，可以分为因子设计和回归设计。

在不考虑区组的设计中，常用的有完全随机化设计；在考虑区组的设计中，常用的有配对比较设计、随机区组设计、平衡不完全区组设计、部分平衡不完全区组设计等。

根据因子效应是固定效应还是随机效应可以分为两大类。在固定效应中，又可以分为单向分类、双向分类、多向分类。在随机效应中，主要是应用嵌套设计或称方差分量模型。这些实验设计用到的理论和方法都比较复杂，工程师用得较少。

根据实验目的不同可分为两大类：因子设计及回归设计。进行实验有两个基本目的：一是明确哪些自变量 X 显著地影响着 Y；二是找出 Y 与 X 间的关系式，从而进一步找出自变量 X 取什么值时将会使 Y 达到最佳值。

第一种实验的目的是确定在相当多的自变量中，哪些自变量 X 并不显著地影响着 Y，应予以删除；哪些自变量 X 显著地影响着 Y，应予以保留。由于这种实验的目的是针对因子的，因此这种实验设计属于因子设计或称析因设计或因析设计。

第二种实验的目的是确定 Y 与 X 间的关系式，找出 Y 对于 X 的回归方程。由于这种实验的目的是针对回归关系的，这种实验设计称为回归设计。当然，这两类设计也有相通之处：一方面，筛选因子的方法其实也是先建立一个 Y 与 X 间简单的线性回归方程，然后根据各项系数的显著性来筛选的。这里要注意的是，在实验设计中所说的线性，已经与通常数学概念中的线性有所不同：在实验设计中说的线性指的是在回归方程中除了可以包含各自变量的一次项，还允许包含有两个或多个自变量的乘积项，例如可以含有 x_1x_2，$X_1X_2X_3$ 等，而通常的数学概念中的线性是不允许包含这些项的。在建立了线性回归方程后，除了可以判断变量是否显著，对于求最大值或最小值的问题也可以求出最佳值，以及达到此最佳值的自变量的最佳设置，这在实际工作中也常常是有用的。总之，筛选变量也是通过建立回归方程来实现的。另一方面，建立了回归方程，特别是建立了含平方项的响应曲面方程后，也可以在方程中判断是否有效应不显著的因子，可以删除它们，达到筛选因子的目的。

因此，因子设计和回归设计间确有相通之处，它们都要建立回归方程。但因子设计只要线性的，而这里的回归设计指的是二阶的。总的说来，筛选的要求是较粗糙的，实验次数较少；建立回归曲面方程的要求就细致多了，实验次数会大量增加。

在因子设计中，又可以按因子水平的个数分为二水平因子设计、三水平因子设计和混合水平因子设计几类。实验实践证明：在因子设计中，使用二水平正交实验法，再加若干中心点的设计方法最简单有效。再细分，又有全因子实验设计和部分因子设计两大类，这里不作详细介绍，有需要的请参考专业书籍。

11. 实验设计的策划与安排

人类认识自然界的过程是一个循序渐进的过程。一般是先根据已有的知识提出某种设想，设计一个实验去验证或否定它，从实验中获得的数据帮助人们验证或修正初始的设想，然后又提出一个更新更深入的设想，再设计新的实验。这个反复的过程会一直持续下去，直到形成较为完整的理论结果。进行实验也是一个学习过程，不可能一蹴而就。一般地说，实验要进行好几批，采用下面几个步骤。

(1) 用部分因子实验设计进行因子的筛选。最开始，情况不是很清楚，考虑到影响响应变量的因子个数可能较多(大于或等于 5)，这时应在较大的实验范围内，先进行因子的筛选，通常应使用部分因子实验设计，这样获得的结果可能较为粗糙，但实验次数可以大大减少，筛选的目的能够达到就行了。如果认为部分因子实验设计的费用仍然太高，则可以使用实验次数更少的设计方法来筛选因子。

(2) 用全因子实验设计对因子效应和交互作用进行全面的分析。当因子的个数被筛选到少于或等于 5 个之后，可以进一步在稍小范围内进行全因子实验设计以获得全部因子效应和交互作用的准确信息，进一步筛选因子直到因子个数不超过 3 个。

(3) 用响应曲面方法确定回归关系并求出最优设置。当因子个数不超过 3 个时，就有条件采用更细致的响应曲面设计分析方法，在包含最优点的一个较小区域内，对响应变量拟合一个二次方程，从而得到实验区域内的最优点。

以上所说的当然是典型的步骤，在实际工作中，可能跳过某个环节，也可能在某个步骤上反复进行好几次。总之，要不断地筛选因子，不断调整实验的范围和因子水平的选择，经过几轮实验后才能最终达到实验的总目标。

十五、 水平对比法

水平对比法，是欧美各国常用的一种管理技术方法，又被称为“标杆管理”或“典范借鉴”。

水平对比法就是将过程、产品和服务质量同公认的处于领先地位的竞争者(或标杆)的过程、产品和服务质量进行比较，以寻找自身质量改进的机会。运用水平对比，有助于认清目标并确定为使自己在市场竞争中有利所应编制的赶超计划的重点内容。

水平对比法在确定企业质量方针、质量目标和质量改进中都十分有用。应用水平对比法的步骤如下：

(1) 确定对比项目。对比项目应具有过程及其输出的关键特征，如性能、可靠性、成本、价格、油耗量等。过程输出的对比应直接同顾客的需要联系起来。

(2) 确定对比对象。对比对象可以是直接的竞争对手，也可以不是竞争对手，但其有关项目、指标却是公认的处于领先水平的组织。

(3) 收集资料。可以通过直接接触、考察、访问(包括访问顾客)、人员或专家相互交往、广告和报纸杂志等方式，得到有关的信息、资料。

(4) 归纳、整理和分析资料。分析的目的是针对有关项目确立最好的奋斗目标。

(5) 进行对比。根据顾客需要，确定对比对象的有关质量指标，以及自己应做质量改进的内容，并制订实施计划。在对比时应注意以下几种情况：

① 经分析，如果竞争对手的对比项目的质量水平已超过了顾客的需要，则对比时至少应把它作为一个最好的直接奋斗目标。

② 经分析，如果竞争对手的对比项目的质量水平没有满足顾客的需要，而非竞争对手的有关项目的质量水平却满足了顾客的需要，则对比应以顾客的需要为准。

这种方法类似于常说的“找差距”或“比先进、学先进、赶先进、超先进”的活动。

（6）水平对比方法运用注意事项，包括：

① 选择标杆对象。在选择标杆对象时，不能局限于某个行业，应在最大范围内搜索和调查，列出尽可能多的备选合作对象清单。对备选标杆实施筛查和选择时，应建立一个基本的选择标准，如组织规模、所在行业、距离远近、合作可能性、获取资料渠道、财务业绩、市场表现、运营流程绩效等，具体应根据标杆项目进行确定，要避免先入为主。

② 收集标杆数据。一般通过行业或专业协会收集，一般有以下三种方式：

一是通过标杆组织的年报及其相关报道和出版物进行收集或者直接通过双方官方组织进行拜访交流。

二是通过对标杆对象的客户、供应商等相关方进行问卷调查、电话访谈等方法获取相应的数据和信息。

三是通过其他途径获取，包括外部专家、利用专业调查公司、参加行业论坛等方式和渠道。

③ 实施标杆追赶。包括数据分析、寻找差距、明确改进目标、制订改进计划、实施改进等系列活动。

需要对收集到的定性及定量数据和信息进行归类和分析，并确认本组织与最佳实践之间的差距，包括定量的绩效差距和定性的理念、方法、工具之间的差距。

在确认差距的基础上明确改进或提高的目标，运用鱼骨图、头脑风暴、树状图等工具进一步分析差距的影响因素和原因，并针对性地制订改进计划，实施改进。

第六章

QC小组活动实务

孔子有三千弟子，却只有七十二贤人，成才率只有2.4%。

传统的管理依赖个人能力，组织的力量难以发挥；现代的管理是标准化，一切皆有准则、规范、标准，大批量生产得以实现，这是效率的体现。

怎样才能一次就把事情做对、做好？实践证明，必须遵循PDCA循环，要想好了再做！想好了再做是QC小组活动的魔力。

为了有效推动QC小组活动，我国质量专家在总结QC小组活动经验的基础上，结合现代管理方法，形成了《质量管理小组活动准则》团体标准，以指导组织员工遵循科学的活动程序，运用质量管理理论和统计方法，有效开展质量管理小组活动。

一个好的成果，总体说来，一定是程序规范，步骤清晰，方法得当，工具科学，逻辑严密，结果真实。同时，在各种表达、描述中，要区分以下概念，不能混淆，否则会影响成果报告的优秀程度。

1. 观点与事实

观点是观察者观察事物时所处的位置或采取的态度，是观察者对于一定立场，分析事物利弊和适用性的表达。

事实是事情的真实情况、客观状态，是事物、事件、事态，是对客观存在的一切物体与现象、社会上发生的不平常的事情和局势及情况变异态势的真实性描述。

2. 论证与分析

论证是用事实和数据证明论点及可解决的程度。

分析是通过思考将事物、现象等分成简单的组成部分，找出这些部分的本质属性和彼此之间的关系。

3. 实验与试验

实验是证实是否可行，即行不行的问题。

试验是对方案进行验证，是否经济、简洁、满足要求，即好不好的问题。

4. 目标可行性论证与方案选择

目标可行性论证是用实验的方式来证实其可行性大小，方案选择是用试验的方法进行验证，通过对获得的结果进行比较，从而对方案进行优选。

第一节　QC 小组活动成果提炼与总结

一、问题解决型课题逻辑关系

问题解决型课题是针对问题、针对缺陷和不足，需要进行改进。其活动程序和逻辑关系如下。

第一是选择课题。课题要从内、外部顾客的意愿和期望中来选择，课题名称要直接、要尽量能表达课题的特性值，特性值必须量化。

第二是进行现状调查。现状调查是找出问题的症结，要分析一下，小组能改进多少、改进到什么程度等，这样就可以为设定目标提供依据。后续的原因分析必须是针对症结展开，所以症结的查找也是为原因分析提供出发点。需要注意的是，目标来源为指令性目标时，不需要进行现状调查，而是对目标进行可行性论证，通过事实和数据，参考行业内外标杆、现场情况和最佳水平等，对目标的可达性进行论证。

第三是设定目标。目标需要经过严谨的计算，测算出小组可以达到的水平，并且针对现状调查之后的症结，预计其解决的程度，才能设定目标。目标设定一定要有依据，不能想当然。

第四是原因分析，原因分析是针对主要问题或症结等原因进行的分析。强调的是针对问题或者症结，症结就是关键的、少数的问题点，进行原因分析、逐一找到症结的末端因素。

第五是确定主要原因。针对原因分析找到的末端因素，要确定主要原因，什么是主要原因？它判断的唯一标准就是对症结的影响程度，确定的方法有“现场测量、试验实验和调查分析”等。主要原因确定了之后，小组需要针对主要原因，逐一制定对策了。

第六是制定对策。用的方法工具是“5W1H”，小组成员要针对每一条主要原因，提出各种对策或方案，小组还要对这些对策或方案进行综合评价，优选最佳方案，选出最满意、准备实施的对策。对策是针对主要原因方案，是“做什么”，解决的是目标问题，所以对策后面是对策目标，对策目标需要量化，有指标和指标值，解决的是“做到什么程度”；接下来才是措施，措施是对方案的具体落实方法、是具体的，是“怎么做”。“做什么、怎么做、做到什么程度”是对策表的核心要素，需要小组成员认真对待。

第七是对策实施。对策表制定好以后，接下来需要严格按照对策表进行对策实施，要逐条实施，并对每一条对策实施完成后的对策目标进行检查和验证，只有对策目标达成后，才能进入下一对策实施。

第八是效果检查。在所有的对策实施完成后，需要进行课题效果检查，检查课题的目标有没有完成。课题目标达成后，需要进行效益检查，计算活动期的经济效益、社会效益。最后要检查分析一下，对症结的解决程度如何，是不是已经退到次要因素了。

第九是巩固措施。巩固措施强调的是，要将实施过程中证明有效的措施，纳入相关的标准，例如工艺标准、作业指导书、管理制度加以巩固，有的还要增加三个数据测量评价周期的检查，以证明巩固措施的有效性。

第十是总结和下一步打算。最后，小组还要进行课题总结以及小组的活动小结并提出下一步打算，从“专业技术、管理方法、小组成员综合素质”等方面进行总结，针对存在的不足进行下一步的改进，用事实和数据说明，小组选择的下一步活动课题。

以上就是问题解决型课题逻辑关系。

二、 创新型课题逻辑关系

首先课题的来源需要根据外部顾客及其相关方的需求来确定，这是针对需求，而不是针对缺陷。问题解决型课题是针对缺陷、不足，需要进行改善。创新型课题是根据内外部顾客和相关方的需求，是追求卓越的目标，是高质量的新要求、新目标，其活动程序和逻辑关系如下：

第一是选择课题，选题的要求是，需要针对需求，通过广泛的借鉴，以启发小组成员的灵感、思路等，直接描述课题要研制什么、研发什么，是一个从无到有的过程。

第二是设定目标。设定目标，一定要注意创新型课题的目标，就是前面无法满足的需求，需求是什么？课题目标就是什么。课题目标必须量化，一般目标只有一个，最多两个。如果是两个目标，这两个目标必须有内在的关联性；否则，这可能就是两个课题的目标，需要分成两个课题来实施。

第三是目标的可行性论证。要进行目标的可行性论证，这个目标可行性论证的标题不能错。这里要强调的是，需要将借鉴来的相关数据，通过计算，论证小组的课题目标是否可行。准则中明确的有“原理、技术、实物”等三种借鉴方式，相关内容参见本书相关章节。

第四是提出总体方案及其分级方案。这里强调的是，总体方案必须具有创造性和相对的独立性。总体方案基本上是独立的，可以不进行方案选择，是从借鉴的灵感、思路方法中由小组讨论形成的一个总体方案。分级方案必须具有可比性，硬件选哪些、软件选哪些、装备装置选哪些？具体的都是方案，而不是零部件。有的小组在进行方案选择时，选择了十几项，其实这已经不是方案，而是在选择零部件，这样是不合适的。如果不是方案选择，在制定对策表的时候，将会非常凌乱。所以，需要提醒注意的是这里要进行分级选择的都是方案。

第五是确定最佳方案。最佳方案的确定，必须通过现场测量、试验、调查分析获得的数据来确定最佳方案。不能从主观出发，这个是最佳，那个不是最佳，这里强调的是，一定要用数据来说明，来确定最佳方案。

第六是制定对策。创新型课题制定对策，与问题解决型几乎一样，也是“5W1H”，目标要量化，措施要具体，实施时间要准确到某月某日，责任人要尽量是一个人，地点要具体，如有的是在工厂，有的是在车间，有的是在工地实施现场，有的是在设计室，有的是在办公室等。

第七是对策实施。对策实施也与问题解决型差不多，这里要强调的是。对于实施的难点、亮点和智慧的闪光点，需要重点突出，要具体。

第八是效果检查。创新型课题的效果检查也是检查课题目标的完成情况，经济效益计算时，需要实事求是，不能夸张、不要类推。

第九是标准化。在问题解决型课题程序里，这里是巩固措施，是对经过实施证明有效的措施进行巩固和标准化。创新型课题的标准化环节，是对具有可推广价值的整个课题、整个成果进行的标准化，需要形成相应的标准，包括设计图纸、工艺文件、作业指导书和管理制度等等。所以这两个环节的要求与内涵是不同的，要注意区分。

第十是总结和下一步打算。小组需要从“专业技术、管理方法，小组成员综合素质”等方面，对小组成员在课题活动中，进行总结，说明创新的特色和依然存在不足等情况。相关的专利发明以及软件著作权，新的工艺方法等，也可以放在这里总结。

需要强调的是，在这里，QC 小组必须提出下一次活动的课题，并简要说明选题的理由，而不是直接列出一个课题名称。QC 活动，一切程序必须是有事实、有数据，提出的下一次活动课题，也需要有事实、有数据。

以上就是创新型课题的逻辑关系。

三、 QC 小组活动成果提炼

质量管理小组活动结束后，需要对成果进行总结，形成文字版的成果报告。成果报告是小组向上级部门或 QC 主管部门提交的活动结果报告，相关部门经过对成果报告的评审，给予小组活动成果总结性评价。对 QC 小组活动的优秀成果会择优向上级进行推荐。因此，小组对活动成果的总结与提炼就显得非常重要，现实中，常常见到很多优秀的成果却没有得到很好的总结和提炼，失去很多推荐和交流机会。

如何写好课题的总结报告？

第一，强调两种课题类型的程序要正确。接下来会认真的介绍内容里有相关的课题流程，这里分两种问题，“解决型”问题和“创新型”问题。

第二，讲究总结报告的逻辑，环环相扣要严密，PDCA 循环各个环节不可以有漏项，不能错乱。

第三，突出用事实和数据说话，所有用来判别论证的都需要用真实、有效、详实的数据来证明。

第四，关于 QC 小组经常使用的工器具和统计工具，一定要质疑，多反问自己，而不是越复杂越好。

一般情况下，优秀的 QC 小组成果在总结提炼方面，其文档有以下特点：

1. 遵循 PDCA 循环

成果总结是活动过程和结果的总结，从篇章上看，需要程序规范，步骤清晰。在《质量管理小组活动准则》中，对问题解决型 QC 小组的活动程序规定有“选择课题、现状调查、设定目标（目标可行性论证）、原因分析、确定主要原因、制订对策、对策实施、效果检查、制定巩固措施、总结和下一步打算”等步骤，这是一个完整的 PDCA 循环。问题解决型QC小组成果报告,需要按照这个程序和步骤,逐步展开,缺一不可;一般以标题的形式,构成全文架构。

创新型QC小组的课题活动程序规定有"选择课题、设定目标及目标可行性论证、提出方案并确定最佳方案、制定对策、对策实施、效果检查、标准化、总结和下一步打算"8个步骤,这也是一个完整的PDCA循环。创新型QC小组成果报告,需要按照这个程序和步骤,逐步展开,缺一不可;也是以标题的形式,构成全文架构。

2. 以事实为依据,用数据说话

QC小组活动成果报告要体现逻辑严密,结果真实。需要以事实为依据,用数据说话,用图片、文字及数据等描述现场实际存在的问题,不能意断、推测和想象,需要通过翔实的调查,获得测量数据,通过对数据的分析,得出的结论才科学,通过改进获得的成果才真实。

3. 应用好QC工具

QC小组活动成果报告中的方法要得当,工具要科学。QC小组在活动中要用到活动工具和方法,如"调查表、分层法、排列图、因果图、关联图、系统图、散布图、流程图、头脑风暴、亲和图"等。小组在收集数据、分析数据的过程中,也需要用到工具和方法,这些工具和方法要得当、科学。使用工具是为了更好地说明问题,突出问题要点,这才是使用工具的核心。

四、 QC小组活动成果类型

QC小组活动取得的成果可以分为两类:有形成果和无形成果。

有形成果主要是指那些可以用物质或价值形式表现出来,通常能直接计算其经济效益的成果。如提高产品质量、降低物资消耗、减少设备故障停机时间、提高劳动生产率、缩短交货期等。

无形成果是与有形成果相对而言的,通常是指难以用物质或价值形式表现出来,无法直接计算其经济效益的成果。如改善生产(工作)现场环境、改善人际关系、提高小组成员自身素质、加强小组自主管理、改进小组活动方法、提高活动有效性与活力等。

无形成果在激发QC小组成员潜能、调动员工积极性、提高人员素质、培养人才、增强团队凝聚力等方面发挥着重要的作用。它往往表现在人们精神面貌的变化上,如敬业精神、工作自觉性、主动性、工作技能、协作精神的增强等。人们这种精神的、心理的积极变化,必将对企业在经济效益方面产生更深刻、更广泛、更长远的影响。

通常情况下,无形成果并不是独立的一类QC小组活动课题产生的,而是与有形成果相伴而生、互相融合与渗透的,即QC小组活动在取得有形成果的同时,会伴随着一些无形成果的出现;而无形成果的取得,使小组成员真正体会到QC小组的精神与实质,掌握做事的思维与方法,在今后长期活动中,自然会产生出有形成果。如在"不合格品率减半"活动课题取得有形成果的同时,QC小组成员的质量意识提高了,质量责任心和自我控制能力增强了。这些相伴而生的无形成果也应给予总结、交流、表彰,以推动QC小组自身建设和今后的巩固与发展。

五、 整理成果报告的目的

1. 活动回顾

经过 QC 小组全体组员的共同努力，完成了选定的活动课题，实现了预期的目标。小组成员坐下来共同回顾整个活动过程，使全体成员重温活动各环节、各步骤，通过回顾小组取得的改进程度与成果，了解小组取得的进步，为企业带来了有形和无形的价值等。

2. 能力提升

小组成员共同整理成果报告，条理化、系统化、科学化地将活动过程和成果加以总结、提炼，有助于提升小组成员概括总结能力及养成科学总结的习惯。当然这其中有对成功经验的总结，也有对失败教训的反思，找到小组活动过程及每个成员的闪光点，以便在今后的活动中发扬光大，同时也有利于小组发现活动中的不足，在今后的活动中逐步改善、提高。

3. 知识梳理

通过对成果报告的整理，小组成员可以将在整个活动各步骤中学到的知识进行系统的梳理，包括业务技能的提升、QC 小组活动过程技巧的掌握、工具方法的运用等。通过将活动记录的整理，小组成员知识、技能、经验的汇总，以及 QC 成果的产生，形成 QC 小组的技术储备库，为今后 QC 小组的活动打下更好的基础，也使小组成员的知识、管理水平有所提高。

4. 增进感情

小组成员通过对整个活动过程的回顾和成果的整理，深切体会活动过程的艰辛、快乐与成功的喜悦，增强彼此之间的了解，相互之间更加和谐融洽，更加热爱并愿意参加小组活动。同时，通过对报告的整理，得到领导和他人的认可，小组成员的成就感得到增强，感受到自我价值的实现。

六、 成果报告整理

成果报告是 QC 小组活动全过程的书面表现形式，是其活动的真实写照。它不是靠哪一位“秀才”无中生有“编”出来的，而是在小组活动原始记录的基础上，经过小组成员共同讨论，总结整理出来的。

1. 整理成果报告的步骤

(1) 由 QC 小组组长召集小组全体成员开会，认真回顾本课题活动全过程，总结分析活动的经验教训。如选题是否适宜，问题分析是否全面，原因分析是否透彻，措施的针对性强不强等；畅谈活动中体会最深的是什么，成果报告的中心问题是什么。会上确定收集活动记录、整理资料和整理成果报告的分工，如由谁执笔，由谁负责收集整理哪方面的资料，何时交给执笔人，以及下次集体讨论修改成果报告初稿的时间和方式等。

(2) 按照小组成员分工，搜集和整理小组活动的原始记录和资料。这些原始记录和资料包括：小组开展集体活动的会议记录，本课题现状调查的有关数据和调查记录，对策实施过程中进行试验、检测、分析的数据和记录，以及课题目标与国内外同行业的对比资料，与企业历史最好水平的对比资料，活动前后的对比资料，各种工具方法运用的图表等。

(3) 由成果报告执笔人在掌握上述资料的基础上，综合小组成员的意见，按照 QC 小组活动的基本程序整理成果报告初稿。

(4) 将执笔人整理出的成果报告初稿提交小组成员全体会议讨论，由全体成员认真修改、补充、完善，最后由执笔人集中大家意见，修改完成成果报告。成果报告整理步骤可参见图 6-1。

总结、整理成果报告要立足以下两个基本点：

一是小组自身的提高。通过对已解决课题的总结，来提高解决问题的能力。

二是便于发表交流。通过发表交流，互相激励、互相启发、共同提高。

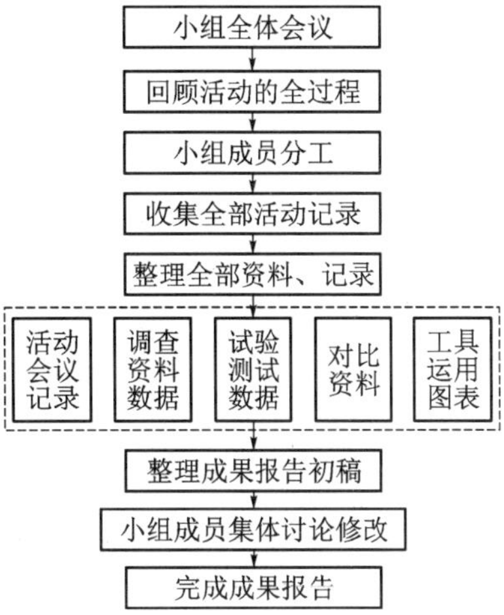

图 6-1　成果报告整理步骤图

2. 注意事项

小组在总结、整理成果报告时要注意以下几个问题：

(1) 按活动程序总结

QC 小组在开展活动、解决课题时是按活动程序进行的，在课题解决之后，再按活动程序一个步骤、一个步骤地进行总结回顾，看看各步骤之间是不是做到了紧密衔接，每一步骤所做出的结论是否有充分的依据和说服力，所用的方法有没有错误的地方。只有通过认真全面的总结、整理，才能对管理技术、方法的运用有更深刻的认识，真正提高小组成员分析问题、解决问题的能力。通过全面的总结、整理，仍会发现欠缺之处，在可能的情况下，小组可进一步补充、完善。这样总结、整理出的成果报告，就有很强的逻辑性，一环扣一环地把全部活动过程交代清楚，使其他小组能从中得到启发。

(2) 重点突出，特点鲜明

应根据小组课题活动的实际情况，将课题活动的难点、特点总结出来，将本次课题活动中收获最多之处更多地反映到报告中。例如，小组在现状调查中就要把小组成员是如何对现状从一个个侧面，一层层地调查分析数据，从而找出问题的症结所在的事实重点写清楚。如果小组成员在制定对策时，充分地发挥每个人的创造性，提出很多好对策，那么就要把大家提出的各种对策，以及如何从中筛选出最好对策的过程重点地反映在成果报告中，这样就能把成果内容总结、整理得生动、活泼、充实。这不仅使小组成员本身得到启发，也可为其他小组提供很好的借鉴。

(3) 数据说话，简明扼要

成果报告要以图、表、数据为主，配以少量的文字说明来表达，尽量做到标题化、图表化、数据化，使成果报告清晰、醒目。如果用密密麻麻的文字叙述为主体的成果报告，其交流效果很不好。当然这里所说的数据，指的是必要的、有用的数据，并不是数据越多越好，与本次课题活动内容无关的数据也列在成果报告中，会喧宾夺主，模糊人们的视线，应予以删除。所说的图表，指的是反映必要数据和方法的图表，而不是为了美观而增加的图表。

这里特别要提醒小组成员，千万不要把成果报告整理成发表人的演讲稿，也不要整理成与活动课题无关的照片，而少了数据和方法的图表。这样往往会分散注意力，影响交流效果，也浪费纸张。这种情况在 QC 小组成果报告中并不少见。

（4）不要过于专业

当小组成果到行业外交流、发表时，报告中不要用专业技术性太强的名词术语，在不可避免时（特别是在发表时），要用通俗易懂的语言进行必要的解释。因为成果发表的主要目的在于交流，其前提是要让与会的人听懂，只有听懂了才能从发表的成果中得到启发，达到交流的目的。

（5）必要的小组介绍

在成果报告内容的前面，可简要介绍 QC 小组的组成情况。必要时还应对与小组活动课题有关的企业情况，甚至生产过程（或流程）做简单介绍，用以说明本小组活动课题是哪个环节发生的问题。在做小组概括介绍时，切忌将小组历年的活动课题及获得的荣誉也罗列出来。因为荣誉只说明过去，不能说明现在。只有当此次课题是在上次课题成果的基础上进行的，或是上次课题的延续，或是上次课题的遗留问题，则可以对前次课题略加说明。

总之，要把成果总结、整理好是需要花一定工夫，对此小组成员不要嫌麻烦，而要把它看成是锻炼提高的机会，这和运动员要提高水平一样，不通过刻苦训练就出不了成绩。QC 小组就是要通过实践，总结，再实践，再总结，来逐步提高科学地分析和解决问题的能力，逐步提高成果报告的水平，从而达到培养人才、开发人力资源的目的。

七、 QC 小组活动成果的总结报告

1. 选择课题

成立质量管理小组的目的是开展质量管理活动，一方面是选题，课题从哪里来？效率改善永远是第一方向，课题内容也无穷无尽，另一方面是成本改善，也是永远的课题。

QC 小组活动多数面对的都是问题、是差距，是我们需要研究讨论并加以解决的矛盾或疑难等。问题是指要求状态与现有状态之间的差异，如当前状况与要求状况发生偏差，当前水平偏离预期目标值水平等，参见图 6-2，针对问题就是问题解决型课题。

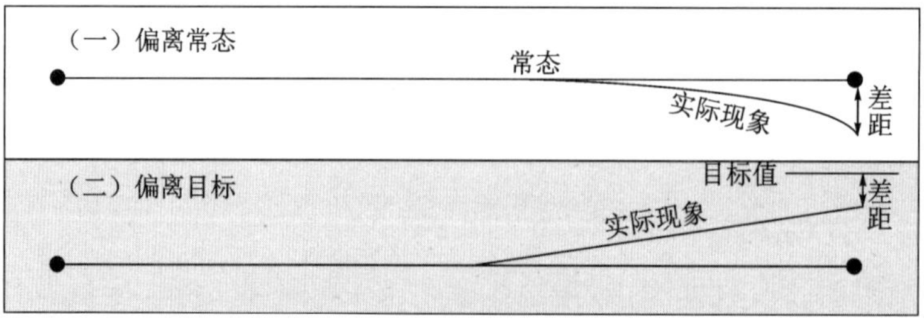

图 6-2 问题与差距示意图

现实中，往往由于现有的技术、工艺、技能和方法，无法实现或满足任务的实际需求，小组广泛借鉴不同行业或类似专业中的知识、信息、技术、经验等，研制（发）新的产品、服务、

方法、软件及工具设备等来满足新的需求。针对需求，以解决需求的就是创新型课题。需求往往是来自于小组成员对未来的展望或对现状的思考而产生，需求的来源是顾客、员工、股东、合作伙伴及社会等相关方，是现有的技术、工艺、技能、方法等无法满足他们的需求，从而形成了新的需求，参见图6-3。

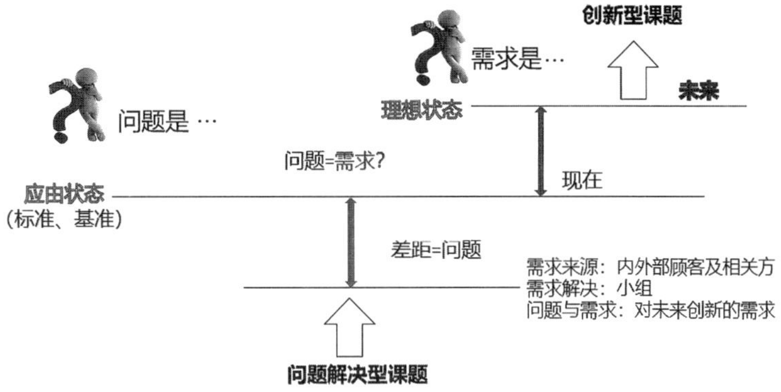

图6-3 问题与需求示意图

QC小组活动选择课题的方法，有从新工艺、新技术开发项目中选择课题；从管理的薄弱环节中选题；从日常的无效工作中选择课题；从生产过程的瓶颈环节中选择课题。所选择的课题名称应该一目了然，从题目就能够很清楚地看出需要解决的问题。课题选择时要突出"小、实、活、新"，课题宜小不宜大。小的课题容易取得活动成果，整个活动周期也短，更能够提高小组成员的自信心。选择的课题源于实际的生产活动或管理环节中，选择课题理由应直接写出课题的目标和必要性，不要长篇大论的陈述背景，一般200字足够。

QC小组选择课题的原则，参见图6-4。主要从落实组织方针、目标的关键点；在质量、效率、成本、安全、环保等方面存在问题；内、外部顾客的意见和期望等方面选择课题。所以，课题从与领导要求的差距中来；从对顾客及相关方期望的不满足中来；从目标或标杆对比的结

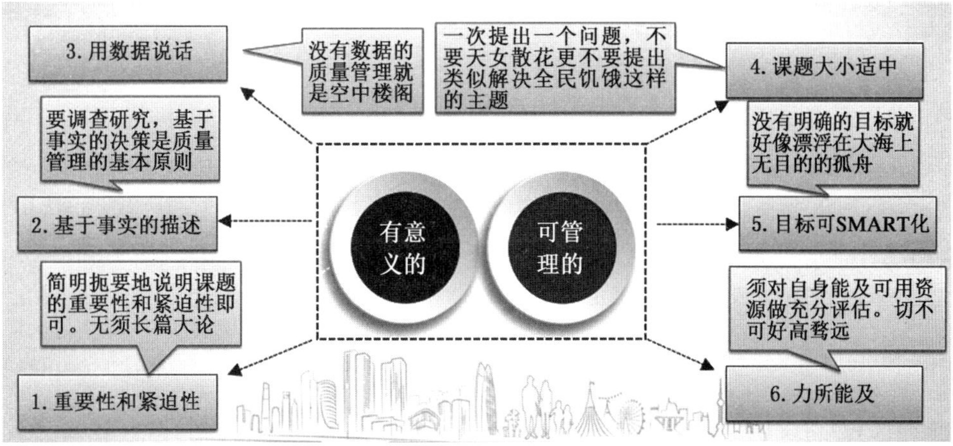

图6-4 QC小组选择课题的原则

果中来；从现场发现或分析的问题中来。选择课题时要说明要求、说明现状，参见表 6-1。

表 6-1　说明要求与说明现状的区别

序号	说明对象	具体内容
1	说明要求	应该达到的状况 如：领导要求、标准要求、顾客要求等
2	说明现状	当前存在的问题 选题理由的实质，就是用数据和事实说明当前问题与要求间的差距，因此需要发起改进

一般情况下，有经验的 QC 小组通常使用七箭头框图法来表述课题逻辑，上级要求是明确而具体的，有清晰的指标和指标值；现状情况用翔实的数据和简易图表来说明，通过对比找到差距，从而明确改进内容和方向，最后形成 QC 小组活动的课题，参见图 6-5。

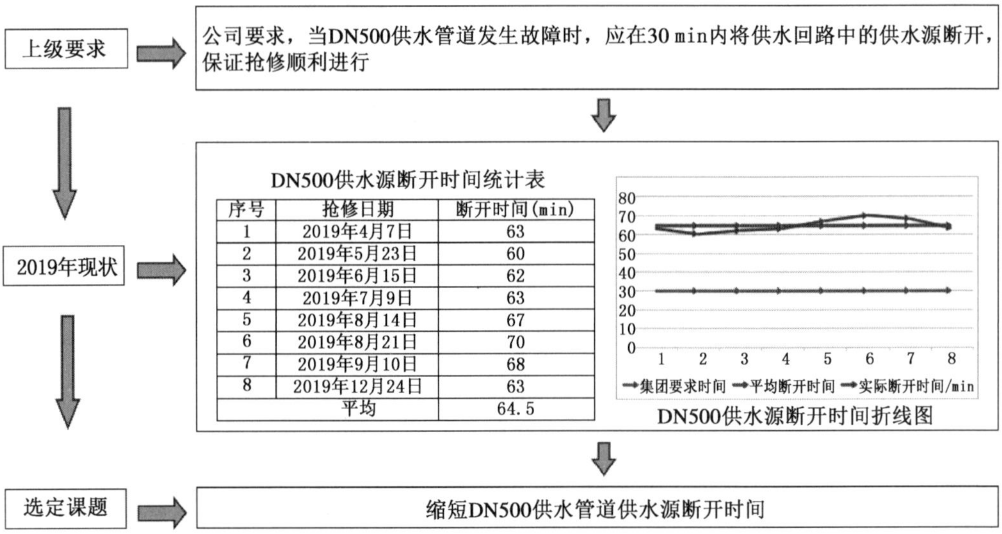

图 6-5　七箭头框图选择课题示例

课题选择后，就要开始进行现状调查和设定目标方面的活动程序，现状调查就是通过分类、分层的方法，对问题进行抽丝剥茧，找到问题症结，为设定目标和原因分析作准备。结合行业特点，现状调查时，至少应有 3 个统计周期的数据。在课题的整个实施过程中，现状调查、效果检查与巩固期的时间周期，应该一致，需要收集至少 3 个统计周期的数据。统计周期是指小组进行现状调查（目标可行性分析）时收集统计数据时的周期时长，例如周、月、季等。

选题完成后，即可制订 QC 小组活动计划。虽然准则没有明确提出 QC 小组要制订活动计划，但一个周密的计划却有助于小组活动的组织开展、跟踪评价。

2. 现状调查

课题选择后，需要对课题进行深入调查，以找到症结，为设定目标和原因分析打好基础。现状调查有直线式和综合式两种方式，通过分层、分类，对占比较大的问题点，逐步深入探究，直到找出重点和关键问题，就是症结。

进行现状调查，目的是要找出问题的症结，并且分析一下能改进多少，改进到什么程度，这样就可以为设定目标提供依据。原因分析必须针对症结展开，所以症结的查找也为原因分析提供了出发点。

3. 目标设定

小组的课题活动目标，设定的来源要有依据，不能随意设立。

上级指令性的目标，是必须达到或完成的目标，可以直接作为课题的目标，但需要对目标进行论证，结合小组能力、标杆水平等，论证对症结的解决程度，从而推算出目标能否达成。

自选目标是小组依据对症结的解决程度、结合小组的资源能力、既往最高水平等，通过计算，综合以上因素，为课题提出并设立目标。

很多小组在总结成果时，常常将指令性目标与自定义目标搞混淆，影响成果的技术水平。

对于创新型课题，需求就是目标，是需要达到的要求、应该达到的状况。

设定目标，需要经过严谨的计算，测算出小组可以达到的水平，并且针对现状调查之后的症结，预计其解决的程度，才能设定目标。

4. 目标可行性论证

目标可行性论证是对设立的目标或应该达到的要求能否实现，进行论证。论证是采用推理的形式，用论据来说明、证明小组设立的课题目标能否实现。因此，需要有充分的论据，再进行推理，从而得出结果，这个结果就是期望达到的目标，以证明课题目标可以实现。

结合小组以前课题目标实现情况，行业标杆的实际情况，开展实验、现场试验都是常用方法。

5. 原因分析

原因分析是对现状调查或目标可行性论证找到的主要问题或症结，进行深入分析，常用的分析工具有因果图、系统图、关联图。原因分析时，要结合专业知识，管理方法，运用分析工具，对主要问题或症结，分析出末端原因，只有末端原因才可以直接采取措施，否则就不是末端原因。

原因分析时不能想当然，一定要深入现场，实事求是地进行原因分析。

6. 确定主要原因

对原因分析时找到的所有末端原因，经剔除不可抗拒原因或因素后，需要逐一进行确认，确定是否为主要原因。主要通过“现场测量、试验实验和调查分析”等方式，依据其对症结影响的程度，进行确认。

7. 制定对策

制定对策表策划阶段的最后一步，对策表需要突出“做什么、怎么做、做到什么程度”等核心内容。一个优秀的对策表，一定是对这3个为什么的科学应答。

8. 对策实施

按照对策表逐一进行对策实施，详细记录实施过程，收集过程数据，分析实施得失，检查对策目标，只有达成对策目标后，才能进行下一条对策实施。优秀的 QC 小组，都会用表格的方式，统一跟踪和评价对策实施过程，以减少遗漏和程序错误等。

9. 效果检查

对策实施完成后，需要对课题目标的达成情况进行检查，课题目标没有实现，需要从策划阶段的各个步骤，寻找课题目标未能达成的原因，并按照活动程序重新组织实施。课题目标达成后，还需从“经济效益、社会效益”的角度进行效益检查，最后还需要对症结的改善程度进行检查，有没有成为次要因素。

10. 制定巩固措施

在实施过程中，被证明是有效的措施，需要纳入相应的“工艺标准、作业指导书、管理制度”等，加以巩固。相关巩固措施，通过组织的归口管理部门以标准、文件的方式下发后，小组需要进行巩固期观察，以跟踪、测量、确认巩固期效果。

11. 总结和下一步打算

小组需要从“专业技术、管理方法，小组成员综合素质”等方面进行总结，总结创新特色、存在的不足等情况。专利发明、实用新型专利以及软件著作权，新的工艺方法等，都可以放在这里。

最后，简要说明，依据事实和数据，提出 QC 小组下一次活动的课题。

第二节　QC 小组活动成果现场发布

QC 小组成员经过共同努力，使课题活动取得了成果，达到了预定的目标，不论成果的大与小，也不分经济效益的多与少，企事业单位应该给他们提供发表成果的机会。成果发表，可以在小组所在的基层单位，也可以在全公司范围。组织不同层次的 QC 小组成果发表，是 QC 小组活动的一个特色，具有其他形式难以取代的独特作用。

QC 小组活动是最接近生产一线的，最能体现出生产一线员工的集体智慧。一线员工，在工作中发现了困难和问题，就会认真去思考，在工作中、在劳动中思考，这样就产生了劳动智慧，将这些智慧进行总结、整理、提升的时候，就会形成典型经验、成果案例、方法标准。几十年来，QC 小组活动在我国各行各业，生生不息，众志成城。QC 小组活动高质量推进，最不能缺少的就是 QC 小组成果发表、经验交流，QC 小组的成果发表、经验交流，将有效推进 QC 小组活动高质量发展，为提质增效、质量强国作出贡献。

为提高 QC 小组开展活动的水平和成果质量，一方面要抓好专家队伍建设、基层 QC 小组骨干的培训工作。另一方面要树立标杆，通过成果发表、经验交流的方式，展示和彰显 QC 小组活动的魔力。这里主要对 QC 成果发表、经验交流进行展开和讨论。

一、 成果发表的作用

组织成果发表，不是是为了应付上级的要求，也不是为发表而发表地走形式，更不是仅仅为了评选优秀 QC 小组。成果发表因其特有的作用，已成为 QC 小组活动的一个特色。

其主要作用表现在以下方面:

1. 相互启发

在成果发表会上,许多小组发表成果,谈经验体会,这就为每个QC小组学习别人的经验、寻找自己的差距提供了条件。通过成果发表会的提问答辩,可以起到相互交流、相互启发、共同探讨、取长补短、集思广益、共同提高的作用。

2. 鼓舞士气

QC小组成员公开发表自己活动所取得的成果,并获得领导、专家和广大员工的承认,这种自我展示达到了施展才华、实现自我价值的目的。尤其对许多在生产、服务现场工作的一线员工更是难得。这必然会增强QC小组成员的荣誉感和自信心,起到激励和鼓舞士气的作用,为今后小组活动增加动力。

3. 现身说法

通过QC小组成员讲述自己活动的过程与取得的成果,可以起到现身说法的作用,拉近QC小组与广大员工之间的距离,有说服力地解除人们对QC小组活动的种种疑虑,从而吸引更多的员工参加到QC小组活动中来,进一步带动QC小组活动更广泛、深入地开展。

4. 公正评价

通过成果发表会,QC小组成果得以公之于众,让专家和听众一起来评价。这样就可以增大评选优秀QC小组和优秀成果的透明度,使评选出的优秀小组和优秀成果具有广泛的群众基础。

二、 成果发表的组织工作

QC小组成果发表意义重大,因此组织好成果发表工作,才能更好地发挥其作用。为搞好成果发表,成果发表会的组织者要关注发表会的各个环节,才能取得良好的效果,达到成果发表的目的,发挥成果发表的作用。QC成果发表会步骤参见图6-6。

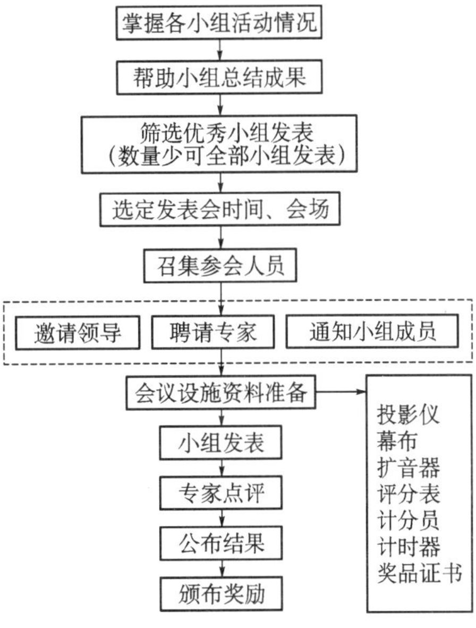

图6-6 QC成果发表会步骤图

1. 形式服从目的

为了更好地发挥成果发表的作用,QC小组活动推进者和组织者应视不同情况区别对待,提倡不同特点的成果运用不同的形式发表,不搞一个模式、一刀切,更不要一味追求形式奇特、图表精美、动画新颖,为这些形式上的东西而忽略了成果发表的真正目的。例如在中小企业的厂级或大企业的分厂、车间级的成果发表会上,可以采用比较简单的方式,运用一张纸提纲式地发表成果,或用实物对比形式,突出小组特色和活动的重点内容介绍;可以小组成员集体上台,一人发表一段,或一人介绍、多人模拟表演等灵活多样的形式，以求实效。以上这些形式简单、易操作，同时也更加生动有趣，吸引听众。而对大企业或行业、地区的成果发表会，可提出一些统一要求，如要上报成果报告材料，需制作电子演示文本（PPT），发表时间一般为 12 min 左右，并有 5～10 min 的提问答辩时间等，但具体发表形式也可以根据小组的实际灵活选择。

2. 引导对话交流

发表会的主持人要积极启发、引导听众对发表的小组开展交流，对其成果提出问题，由发表人或小组成员进行回答。提问是对课题不清楚的问题，或是需要进一步探讨的问题；可以是就提问人想学习的经验进一步发问，也可以是就提问人看出来的问题发问，以确认发表成果的 QC 小组是否存在某些方面的问题等。发表人应就每一个提问进行简要回答。这样既可以活跃会场气氛，又能起到相互交流、共同探讨、互相学习、共同提高的作用。

3. 专家点评

每个成果发表答辩后，应由担任评委的专家给予客观的点评。点评中既要肯定小组成果的优点、好的经验和做法，又要实事求是地指出成果中的不足和问题，并提出改进建议。如果发表会上要发表的成果很多，而时间又很有限，不能对每个成果进行点评，可以考虑在全部成果发表完毕后，由担任评委的一位专家汇总全部成果中的主要优点，特别是值得大家学习的好经验、突出特点，以及存在的主要问题（具有普遍性的问题和不允许存在的错误）等，进行统一点评。这样可以使每次成果发表会都成为一次结合实际的教育机会，使与会者得到一次学习和提高。

4. 邀请领导参加

组织者要尽可能邀请与成果发表会同一层级的主管领导参加会议，听取成果发表，并在全部成果发表结束、评委点评后，发表即席讲话，为发表成果的 QC 小组鼓劲，并号召大家向他们学习，更加广泛地开展 QC 小组活动。如有可能，请领导为获奖的优秀 QC 小组颁奖，并与发表成果的小组成员合影留念，以资鼓励。在这里，领导的权威、动员、号召和激励的作用是不可忽视的，而且往往能起到事半功倍的效果，会给后续的工作推进带来更大的动力和助力。

5. 适当分类发表

在有条件的行业或地区，可以考虑按不同课题类型的 QC 小组分别召开成果发表会。如将“创新型”课题和“问题解决型”课题分开进行发表，这样做既有助于根据不同特点，进行更有效的经验交流，互相鼓励，又有利于相互比较，从中选拔出比较突出、优秀的 QC 小组。

要组织好 QC 小组成果发表会，需要做很多复杂细致的具体工作。如发表会时间、地点的确定要合适，能有更多的听众和主要领导参加；要选聘一定数量的具有较高理论水平与丰富实践经验的、具有诊断师资格的人担任评委；要布置好会场，准备各小组发表成果时所需要的工具（电脑、投影仪、激光笔、音响等）；如需对成果进行评比排名，还要准备统一的评分标准，准备评分表，聘请评分统计员，按照规定的统计原则统计核实所得分数等。只要牢记成果发表的作用，不断总结组织发表会的经验教训，就能不断提高发表会的水平并取得良好效果。

三、成果发表的注意事项

一个成功的 QC 小组成果发表会的组织者，是全面的主策划人，要进行全过程的组织安排，但发表会的主角是 QC 小组成员，小组成果发表的好坏将直接影响到成果发表会的效果。

1. 发表前的准备

为了使发表取得好的效果，QC 小组成员应认真研究选择恰当的发表形式。要根据不同场合、不同听众以及课题的特点而定。如在现场，可由一人发表，也可由多人发表；可以配合图、表或实物发表，也可以带有模拟性的表演式发表。发表形式不要一个模式，可灵活多样，生动活泼，不拘一格。但也要注意不要哗众取宠，始终不要忘记发表成果的作用。在准备发表成果所需的图片、实物或模型时，也要由小组成员共同分担，不要都加在一个人身上，要体现人人参与的精神。在正式发表之前，最好能在小组内进行一次“预演”，通过“预演”，让大家对发表时的仪态、声音、时间、重点、连贯性、动作等方面发表意见，提出不足和需要改进之处，群策群力，以提高成果发表水平。主要发表人应该是小组的骨干，这样才能讲得清楚明白，回答问题时应对自如，从而取得好的发表效果。

2. 发表时的细节

发表成果时，发表者应注意并处理好以下一些细节问题：

(1) 上台后先做自我介绍(在车间内发表可免)，让听众知道该 QC 小组的主要成员，而不是外请的“演员”。

(2) 如同给听众讲故事一样，自始至终都要语音洪亮，语言简明，吐字清楚，语气自信，语速有节奏，让人听起来感觉是在讲自己做过的事，而不是在“背书”。

(3) 仪态要自然大方，不要过于拘谨和紧张，即使发表中出现了错、漏处也没有关系，道声“对不起”，加以纠正和补充即可。

(4) 在本企业(或同行业)以外发表成果时，要尽量避免使用技术性很强的专业术语，必须使用时应略做解释，以使听众明白。

3. 回答问题要简洁

在成果发表完毕后的提问答疑时，态度要谦虚，要实事求是；对提问者要有礼貌，回答提问要简洁明了；提问较多时要有耐心，没听清楚的提问，可请提问者再重复一次；如属技术保密的问题，要婉言谢绝。有回答不出的地方，或者评委指出活动中有错误的地方要如实承认，今后改进。发表人对提问答疑应抱着一种共同探讨、互相学习、以求改进的态度来对待，不要视提问为“挑刺”而冷待。

4. 道具要简单

发表时所用的“道具”应本着节约、实用的原则制作。如在企业内基层发表时，可用一块黑板、一支粉笔、一张综合性的图表，或一件实物、几张照片等最简单的“道具”，配合发表人的讲解；如在企业内高层次，或企业外更高层次发表时，可根据需要制作电子演示文本(PPT)等。但制作应简洁、清晰，以数据、图、表为主，配以小标题与必要的文字说明。PPT片子数量要尽可能少，每张片子上的字、图、表也要少，投影到屏幕上使观众一目了然。切记不要不计成本地追求形式，或是成果报告全文“搬家”，片子多且文字密密麻麻一片，既浪费时间，效果又不佳。

四、 成果发表的要求

成果发表的要求包括：

第一，小组需要进行经验交流和成果发表，一方面是 QC 小组的课题本身，在本质上必须优秀，只有优秀的课题，才能具备标杆、典范的效应作用。QC 小组课题本质优良，课题有较好的改进或者创新，对企业经营、降本增效、解决现场实际问题等有直接的好处；另一方面是成果易于推广，容易复制。

第二，QC 小组成果报告的总结撰写必须优质，即成果报告撰写优质，QC 小组活动成果介绍必须构思精妙。

第三，QC 小组发布的 PPT，必须制作精美、描述清晰、图文并茂、数据详细、事实充分、逻辑严密、过程完整、结论科学。

现场发表时，要生动精彩，具体要注意以下四个方面内容：一是程序上要正确完整，逻辑上要清晰，在数理统计工具上要充分翔实、真实有效。二是统计工具的应用上要适宜，要直接简明。三是报告构思要精妙，要简单易懂、简洁明了，与成果报告要一一对应。四是旁白的文字数量要尽量少，发表者介绍时，语速要控制在每分钟 220～250 个字。这是 QC 小组进行成果发表、汇报时，很多人没有关注到的。

在形成 PPT 时，需要先有一个文字稿件，这个文字稿件不是 QC 成果报告书，需要根据 QC 成果报告重新组织，专门用于成果发表、交流。需要认真准备，做到有的放矢、有备无患，发表、交流、介绍时也会很流畅。

一般现场发表，需要控制在 12～15 min 左右，一般的成果发表时间也就是 12～13 min。PPT 制作讲究的是大方、简洁，颜色搭配比较合理。

为增强现场发表效果，PPT 中可以选择性插入 10～20 s 的短视频，最长不能超过 30 s，最多不能超过 3 个，以免喧宾夺主。

第三节 QC 小组活动的几大误区

QC 小组成员熟练掌握了活动的基本程序，并不意味着一定能行之有效地开展小组活动并通过活动实践充分地解决实际问题，圆满地满足相关方的需求。本节从 QC 小组活动容易走进的误区着手，阐述 QC 小组活动实践的关键要素和基本技巧，从而指导小组成员更好地参与活动实践的全过程，并取得各方面的收益。

一、 为 QC 而 QC

QC 小组活动不但可以达到提高职工素质、激发职工的积极性和创造性、改进质量、降低消耗、提高经济效益的目的，而且通过 QC 小组成员的共同努力，可以建立文明的、令人心情舒畅的生产、服务和工作现场环境。因此，在当今的现代企业中，常常将 QC 小组活动的开展作为提升各基层班组（车间）生产和管理水平的重要抓手。

重视质量管理工作的企业为了充分突出 QC 小组活动的重要性，将班组（车间）是否动员组员组建 QC 小组，并按照企业制定的目标要求或者自发地开展 QC 小组活动，以及活动的参与程度作为衡量班组（车间）建设水平诸多要素中的重要组成部分。将 QC 小组注册情况、活动推进情况以及成果取得情况列为年度班组（车间）争先创优的必备项或加分项，甚至列入绩效考核的组成内容，直接与工资、奖金、福利等挂钩。

这些举措，无疑对调动 QC 小组成员的积极性是有极大的促进作用的，激励着小组成员集思广益，积极发现日常工作中的问题和疑难，思考相关方的各类需求，并以此为导向，执行 PDCA 循环，开展 QC 小组活动，不断取得质量管理上的一项又一项突破，为班组和企业带来更多的效益。

然而，存在着一些 QC 小组，简单地将 QC 小组活动作为一项普通的日常工作，以完成工作任务的心态开展活动，虽然活动的各项“规定动作”齐备，但是以满足上级部门指标考核和应付班组建设需要为主要目的。虽然可能会在班组争先创优中作为“点缀”，或者免于上级部门的指标考核，但是从长远来看，年复一年、日复一日，应付式地为了 QC 而 QC 的小组活动，一方面因为目标导向错误，没有脚踏实地做实 QC 小组活动，因而无法取得实际意义上的、能得到广泛认可的高水平的 QC 成果，进而无法为企业发展带来较大推动力，为企业的技艺革新和服务提升贡献力量，该班组无法得到实质上的企业领导者的认可；另一方面，该班组也无法有效利用和充分发挥 QC 小组活动在提升素质、凝心聚力、改进效率、改善环境等方面的有效作用。这些对于班组（车间）和企业来说，均有着无形的伤害，此行为极不可取。

二、 对 QC 小组活动重视程度不足

在全国第十三次 QC 小组代表大会上，开始倡导 QC 小组活动“小、实、活、新”的发展方向。“小、实、活、新”也是被广泛认可的较为优秀的 QC 小组活动课题的一大特色。“小”指的是课题的选择切入点小，并非一味追求规模宏大的，高精尖的，需要耗费相当巨大的人、财、物资源的项目；“实”指的是活动内容实实在在，能接地气，有现实基础，不搞形式主义；“活”指的是小组的活动形式灵活，不拘泥古板，不生搬硬套；“新”指的是活动方式新颖，QC 小组思想新、方法新、选题新、内容新，要求 QC 小组不断创新，持续改进。

有些班组（车间）甚至企业的管理者和决策人员，认为 QC 项目太“小”，不足以体现该班组（车间）、企业的创新能力、业务素质和管理水平，不足以体现其对企业的贡献度。因而常常将创新的目光聚焦于重大科技项目、大型工程、重大系统研发等领域，寄希望于通过承担

那些在经济效益、社会反响等方面有较大影响力的工作，使得企业获取更大利益。QC 小组活动课题虽“小”，但是透过原因分析通常会发现，正是因为一些容易被忽略的“小”，造成了质量提升的瓶颈。而 QC 小组活动，正是通过抓住这些“小”的关键点，制定行之有效的技术措施，并一一加以实施、检验和巩固推广。通过一些“小”的改变，付出相对“小”的成本，实现企业全面质量管理“大”的提升。过往一些优秀的课题，都呈现了事半功倍的效果，实现了“四两拨千斤”的巨大效应。

而且“小”的课题通常具有普遍适用性，在实际工作中推广性强，易于借鉴，应用面广，往往适用于企业的多个部门、多个领域，从而实现全面质量管理方面的“蝴蝶效应”。很多优秀课题在进行效果检查时，通过相关部门论证分析发现，为企业带来了巨大的实打实的经济效益，这也印证了“小”QC 课题带来企业全面质量“大”提升的事实。

有些企业的管理人员特别是一线生产班组（车间）的管理者认为，QC 小组活动华而不实，可有可无，与其花时间和精力开展“小、实、活、新”的 QC 小组活动，不如脚踏实地做好本职工作，保障安全生产长周期稳定，为企业制造更多的产品，为用户提供更多的服务。持有此种观点的人员，明显还停留在质量管理的初级阶段，未能正视企业存在的问题和痛点，未能了解相关方日益增长的、不断变化的新的需求，未站在企业持续发展的高度，从全面质量管理的角度，运用多种多样的科学方法，全员、全过程、全企业开展质量管理，提升企业核心竞争力，培养高素质人才队伍。

三、 QC 小组活动开展不深入

自 1978 年 9 月，北京内燃机总厂在学习日本全面质量管理经验基础上成立我国第一个 QC 小组至今，每年在国内各行各业，如雨后春笋般涌现出了不计其数的 QC 小组。在这其中，很多 QC 小组承前启后，持续创新，不断解决着碰到的各类生产和管理难题，不断满足着人民日益增长的美好生活需要，不断创造着推进企业、行业质量提升的优秀成果，不断培养着先进的质量管理者和行业领军人才，为本企业做大、做强、做优起到了积极作用，为本行业的发展提供了强大动力，为整个社会的进步贡献了重要力量。

但是与此同时，社会上也存在着某些 QC 小组，参与小组活动的初始之愿仅限于创先争优，始终停留在参与评奖并取得成绩这一初级阶段。这些 QC 小组，虽然每年都参与 QC 小组活动，产生了一项又一项新的成果，且能得到行业内外专家的肯定，然而未能在此基础上更进一步，花精力、持续性地对成果加以推广应用。

QC 小组创造的成果，是全体成员集体智慧的结晶，凝聚了成员的努力和汗水，很多都来源于生产和管理现场，又能较好地服务于实际需要、解决现实问题，如果不能将创造的成果及时转化并进行大范围的推广应用，QC 小组活动的成效将大打折扣，有效收益将大大缩减，这对于企业来说，无疑是一种资源上的极大浪费，某种意义上来说对企业的发展壮大形成了阻碍，这种做法是相当不可取的。

由于未能将有针对性的 QC 成果进行普及，企业当中的某些疑难杂症不能及时纠偏，甚至导致进一步劣化升级，对企业来说将是大的灾难。即使未发展到大幅影响企业正常生产的程度，其他QC小组如果遇到类似问题再从头开始来作深入分析，势必也要出现重复劳动，造成各类资源的浪费。

此外有些QC小组，在质量管理领域取得了较多的成绩，但是敝帚自珍，宣传力度不够，不能及时与同企业、同行业的其他小组进行沟通交流，不能将自身优势、特点和取得的成绩通过通讯报道全方位展示，从而创造“大众创业、万众创新”的良好氛围，积极影响更多的人参与QC小组活动，激发全员、全过程、全企业开展质量管理的热情，这无疑是相当可惜的。

四、孤立、片面地看待QC小组活动

有的QC小组过于孤立地、片面地看待小组活动，认为“小、实、活、新”的QC成果，其产生的影响是微弱的，通过参与QC小组活动能够取得的成绩也是有限的。殊不知，好的QC小组活动课题是有生命力的，经过成果转化和推广，再加以持续改进，不断拓展成果的内涵和外延，成果的内容将得以不断丰富，解决问题的能力将更加突出，服务的范围也将更为广泛。同时如能将多个有一定内在关联性的QC小组活动成果巧妙融合，互为补充，可能会碰撞出火花，呈现“1＋1＞2”的效果。在时机成熟的情况下，也可以将其推向更高的平台，参与群众性科技创新项目的培育和孵化，可以参加各个级别的科技进步奖的申报和评奖，从而大大地增强其影响力，使QC小组活动的成果更加丰硕。

在QC小组成果的推广和转化过程中，为使其充分发挥作用，许多小组将其进行总结提炼，申报了外观专利、实用新型专利或发明专利，申请了软件著作权；将成果的研究背景、原理和功用等进行阐述，撰写了科技论文；对成果的应用情况进行了全面的调查研究，为企业提出了合理的应用建议，形成了调研报告。将如何应用QC小组活动成果提升管理水平的经验进行总结，形成了可供同行业借鉴的、可复制可推广的典型经验和管理创新课题。另外，QC小组成员通过参与小组活动，质量意识不断加强，生产和管理技能得到夯实，协调和沟通能力、总结归纳和现场发表水平不断提升，这对于企业来说更是一笔宝贵的财富。

因此，切不可将QC小组活动孤立于其他各类质量管理活动之外，应不断拓展其外延和内涵，将其与专利、软件著作权、论文、调研报告、管理创新、科技成果等方面有机结合，经过小组成员的不断努力，相信会获益良多。

五、未充分发挥平台功能

QC小组活动是实现全员参与质量改进的有效形式，是一个门槛相对较低但具有一定技术水平和科技含量的创新平台，同时又是人才培养和团队建设的重要平台。

1. 人才培养的平台

2003年时任全国人民代表大会常务委员会副委员长、中华全国总工会主席的王兆国同志在出席全国质量管理小组活动25周年座谈会时强调：“多年来，QC小组不仅培养了技术工人和骨干，同时也造就了大批管理人才。”这充分说明了QC小组活动在提高职工全面素质方面所起到的重要作用。

任何一个优秀的QC小组活动成果，在小组活动开展的全过程中，既要有足够的新颖性，又要付出勤恳的劳动。一个好的想法，需要小组成员刻苦努力，通过脚踏实地，一步一个脚印地将其落实，形成书面文件或报告，再进一步推广转化，为企业创造效益。一个优秀的 QC 小组活动成果的形成，包括课题的实施和推进、总结报告、PPT 制作，以及项目说明书、使用规范、现场作业指导书、专利、论文、软件著作权等各类文档的撰写，必须花费小组成员大量的精力，占用大量的业余时间，投入 QC 小组活动的过程中去。一个 QC 小组要想开展好各项活动，首先必须加强小组成员积极向上、乐于奉献精神的培养，在推进过程中，又能同步增强小组成员爱岗敬业的使命感和甘于奉献的责任心，形成积极向上的正能量，这些都是培养优秀人才的前提条件。在 QC 小组活动过程中，小组成员能够表现出做事脚踏实地，工作精益求精的责任感和事业心，那么在从事别的工作中时也必然如此。所以往往是小组成员在做好 QC 小组活动的同时，当参与其他工作例如竞赛比武、党团工作、志愿服务等各条线上都能取得不错的成绩，这绝非偶然。优秀是一种习惯，归根到底，QC 平台帮助小组成员培养了融入其骨子里的勤奋钻研、刻苦踏实、积极向上的“精气神”，帮助其更快地成长、成才。另外，在 QC 小组活动推进过程中，潜移默化地培养了小组成员敏锐的嗅觉、利用质量管理理念分析问题的思维，培养其听说读写各方面的能力，这无疑对于成员全方位素质的提升是大有裨益的。

而反观部分 QC 小组，眼光局限于创造成果、解决问题和满足需求本身，忽略了活动过程对于提升小组与班组成员精神涵养、意志品质、技术技能、协调沟通、管理能力等方面的重要作用，只窥一斑而不见全豹，未将平台的功能进行有效发挥。

2. 团队建设的平台

QC 小组活动过程中，会碰到各种各样的困难和问题，会遇到意想不到的突发状况，小组成员凝心聚力，攻坚克难，为了实现课题目标而共同努力，这其实是小组和班组凝聚力提升的一种好抓手。遇到问题不退缩，遇到困难不回避，充满自信，迎难而上，在小组和班组成员的思想中，形成一种积极向上的正能量，这也会成为企业不断发展壮大、努力前行的强大动力。

很多企业为了加强团队建设，开展形式多样的如主题会议、读书会、专题培训、文体活动、素质拓展等，其实贴近生产实际的 QC 小组活动，既能够开发成员的智力资源，发掘人的潜能，提高各方面的素质，又能够在目标一致、攻坚克难的过程中增强成员彼此的联系，改善人与人之间的关系，提升集体主义和团队至上的精神。在长时间各类困难和紧迫任务的考验下，能够炼出真金，发掘管理能力出众的成员、技术技能扎实的成员、思维创造力强的成员、文字功底强的成员等，这些为管理者今后在生产实践中优化成员结构、按照员工能力特点调配工作任务和优化工作职责打下坚实的基础。另外，通过集体的努力达成既定的目标，让企业从中受益，对整个团队的士气也是极大的鼓舞。因此，从某种意义上来讲，QC 小组活动是一种集合了其他各种团队建设形式优点的综合性活动，如能加以重视并脚踏实地地开展，可能会给管理者带来意想不到的收获。

如果管理者不能从团队建设平台的高度来统筹调配各类资源，统筹考虑 QC 小组活动的分工合作，而仅仅认为小组活动是个别人的工作，没有调动全体成员的智慧与力量，未能通过攻坚克难对全体成员的素质加以锻炼，那么将无法充分发挥 QC 小组活动对团队提升的贡献，转而需要通过其他形式来促进团队的建设，多少有点舍本逐末的嫌疑。

第四节 QC 小组活动推进关键

一、健全组织制度保证

1. 注重基础知识和基本能力提升

QC 小组活动有其自身特有的内在规律和逻辑，要开展好 QC 小组活动，必须首先培养一批真正懂 QC、会 QC 的优秀人才。

（1）注重外部培训

要想快速地掌握 QC 小组活动的基本技能，参与全面而系统的培训尤为重要。近年来，由于国家和社会对于质量管理活动认识水平的提升，中国质量协会、各省市质量协会组织以及各行各业，每年都会组织针对性强的 QC 推进者、QC 小组组长（骨干）培训班，有的还会组织更加深入的、更有针对性的关于 QC 小组成果撰写、发表的强化班。参与各级质量协会和各个行业协会组织的专业理论培训和实例提升训练，有助于 QC 小组骨干更快地丰富知识储备，更快地提升基础知识。

当然，外部培训的形式可不拘泥于参加理论培训班，各个行业、各个协会内部每年都会评选出优秀的 QC 小组或质量信得过班组，中国质量协会近年来也表彰了一批长期致力于质量管理的优秀 QC 小组、标杆 QC 小组、质量信得过班组，这些小组或班组连续多年获得了非常突出的成绩，也形成了自己独特的 QC 成果孵化、推广、转化的经验和模式，也产生了可供推广和借鉴的 QC 小组创新氛围和质量管理文化塑造的方法。其他各 QC 小组也可以通过参观学习、集中交流等方式，深入到这些优秀的 QC 小组内部，和相关的管理人员和骨干进行交流和探讨，请他们讲讲 QC 小组活动的实例和背后的故事，实际体验他们是如何利用 QC 小组活动改进产品质量，提升服务水平的，学习一下他们是如何克服各类困难，团结一致完成最终成果的。

QC 小组活动推进也不是一蹴而就的，很多优秀的 QC 小组成果形成之前，常常需要经过千锤百炼，有的也许会碰到许多波折，甚至有时活动过程中小的失误也会带来较大的负面影响，可能会导致整个小组活动未达到预定的目标而失败。在培训的过程中，也可以通过探讨质量改进的失败案例，分析失败的原因，并引以为戒，避免误入歧途。在培训和交流过程中，既能做到知其可为，也能做到知其不可为，才能保证在正确的道路上越走越远，而不至于在错误的泥潭中越陷越深。

（2）做好内部培训

很多企业由于内部生产的压力较大，难以保证组织大规模的员工脱产参与各级质量协会和各个行业协会组织的系统化培训，此时企业内部 QC 培训的作用就显得尤为重要。

企业内部自己组织的培训形式可以多种多样，场地可以不受限制，时间可以相对灵活，可以利用工作之余、节假日组织学习，可以利用企业内部的 QC 专家和骨干资源，进行培训和指导，同时也可以邀请企业外部的专家送课上门。其普及面可以涵盖更多的对 QC 小组活动感兴趣的员工。

另外，青年员工作为 QC 小组活动的主力军，必须首先对其加强 QC 知识基础培训。青年员工学历和素质都非常高，只要让其掌握 QC 小组活动相关知识，再假以时日，通过实践的锻炼，必能逐渐成长为 QC 小组活动开展的骨干成员。在企业内部，可以营造“以老带新”的培养模式，发挥老师傅“传、帮、带”的作用，与青年员工思维跳跃、创造力强的特点完美配合。老师傅们有丰富的工作经验，但理论知识欠缺，小组可以通过 QC 创新平台加以引导，在老师傅实际经验的指导下，结合大学生丰富的理论知识，以更好地保证课题的有效实施。这样，青年员工有了广阔的展示自身素质的平台，借以提高自身技能、技术等各方面素质；同时，老师傅在实际的课题实施过程中，技能、技术也得到了提升，尤其在论文的撰写、PPT 制作等方面。两相结合，可以将 QC 小组活动的水平迅速提升。

QC 小组内部培训的地点应不局限于培训教室、会议室，也可以走出去，走到工作现场，走近工友身边，深入了解 QC 成果在生产实际中的应用情况。特别是一些推广应用面广的成果，实地查看，了解它给企业带来的各种收益，通过示范效应激发广大小组成员更大的积极性和创造性。

同时，很多质量管理成效显著的企业，在企业内部都建立了自己的职工创新工作室、荣誉室、创新角等活动场所，陈列了很多在实际工作中进行推广的有益成果，展示了小组、企业在质量管理方面取得的各类表彰、奖励，同时也讲述了一个个鲜活的创新故事。在开展企业内部培训时，可以充分发挥创新基地、工作室、荣誉室、创新角等活动场所的展示、示范平台的作用，引导小组成员感受创新氛围，体验创新成果，进一步明确质量管理活动给企业和个人带来的效益，了解通过 QC 小组活动可以取得的荣誉，从而激发自豪感、上进心和内动力，形成满满的创新正能量。

(3) 积极参与发表

各个层级的 QC 小组发表会，是每个小组成员学习的大好机会。各 QC 小组成员可以进行现场观摩，在感受现场发表氛围的同时，能学习各家 QC 小组之长，探究好的小组成员是如何将自己富有想象力和创造力的思维，聚焦于 QC 小组活动的框架内，并通过 QC 一环扣一环严密的逻辑规律，让创新之光借助 QC 这一创新平台落到实处的。发表会的另一效果，是以团队的形式，加强小组成员的相互交流、学习，让他们了解一个优秀的 QC 小组活动是如何在实际的一线生产过程中发现问题、解决需求的。

QC 成果发表作为整个 QC 小组活动的集体体现，需要有逻辑严密的 QC 文档、制作精良的 PPT 作为支撑，同样也需要一位精气神十足的发表人将其完美呈现给大家。在 QC 发表过程中，发表人必须穿着得体，建议穿着正装，面向观众，熟练脱稿进行发表。在这里需要特别指出的是，在 PPT 发表过程中，时间是有限定的，因此需要在发表前反复演练，在保证发表效果的前提下，合理控制发表时间。由于 PPT 是按照 QC 文档一一对应制作而成的，内容会相对比较多，为此，发表人必须有所侧重，不能面面俱到，有些相对次要的东西可以用一句话或几个关键词带过，将有限的发表时间用于最需表达的内容。切不可纠结于专业知识的推介。有的小组担心小组成果的专业性太强，因此会花大量的篇幅来介绍基本原理、特殊构造、工艺流程、管控指数、数理模型等，一方面占用了发表时长，有发表超时的危险；另一方面，由于讲的内容专业而复杂，往往会让听者更加“云里雾里”、毫无头绪。建议此类专业性强的成果，尽量以更加通俗的语言，采用视频、图片等方式，讲明基本的工作过程，让即使从没有接触过该专业的听众，对该成果有大致的了解。“讲得清，听得懂”，这也是对每一个QC小组发表人员的基本要求，因为在参加较高级别的质量管理发表活动的时候，往往是集聚了各行各业、不同工作岗位的小组，如何能以大众化的方式介绍自己的QC成果，阐述清楚小组活动的主要流程以及取得的有益效果，确实需要每一个QC小组成员进行反复学习和实践锻炼。

“台上三分钟，台下十年功”，要想在QC小组成果发表会上大放异彩，必须要做好充足的准备，小组成果必须反复修改打磨，PPT介绍必须一遍又一遍地进行模拟发布，还要做好现场评委关于技术和质量管理方面的提问的应答准备工作，这些都需要小组成员齐心协力去完成。只有在台下孜孜不倦、精益求精地进行持续改进，才能换来发表时评委和现场听众的一致认同。

当然，必须知道，能够代表QC小组站上舞台进行发表，对于发表者来说，本身就是一种成功。很多小组成员在参与QC发表之前，很少或者几乎没有机会在人数众多的场合发表自己的观点或言论。能够借助QC发表会的平台，战胜胆怯、挑战自我，这对于发表者的自信心和抗压能力都是一次很好的提升。这也就是经常讲到的参与QC小组活动的同志们，能够全方位锻炼听、说、读、写等各方面素质的一个体现，有助于发表者在今后的工作中应对各种需要发言的场合。

每一次的QC成果发表，对于每一个QC小组来说，都是进一步总结提升的大好机会。因此，在重视参加每一场QC发表会并进行精彩展示的同时，在会后可以根据实际发表情况进行总结提升，学习和借鉴其他小组的可贵之处，并提炼出开展QC活动的成功经验或不足的教训，在继续发挥好自身优势的同时，加强自身薄弱环节的建设。如有需要，QC小组也可以根据评委的意见和建议，聘请相关专家、人员对自己的课题进行有针对性的辅导和把关，使其能更加精益求精。

（4）重视参考借鉴

很多QC小组成员在系统地参与QC小组基本知识、相关理论的学习之后，能够自觉地发掘生产实际当中存在的问题和困难，能够站在利益相关方的角度探究多方的需求，积极参与QC小组活动，并按照PDCA循环，利用先进的QC活动工具，改进生产工具，改良管理方法，创造新的成果，实现质量的提升。但是在活动总结提炼的过程中，却不知如何下手，不知道怎么对活动全过程进行总结陈述，撰写QC成果报告。而QC成果报告撰写又恰恰是质量管理小组全方位展示活动的重要手段。通过一份好的报告，专家评委能评判活动的水平和优劣，其他小组成员能够从中得到启迪，学到好的思维方式，学到各类分析方法以判断各种处置方案的优劣并进行合理选择。

而作为新手,如何快速入门并逐步提升成果文本撰写水平呢?一个比较好的方法就是参考借鉴。而参考借鉴的内容来源于哪里也很重要,需要进行慎重地挑选。因为如果借鉴的是本身存在较大问题的成果文本,必然会出现缺点的重复和放大,甚至对 QC 理论理解上产生偏差,导致小组成员花很大的力气,却在错误的道路上越走越远。

本书推荐的 QC 成果案例参考文本是 2022 年、2023 年的优秀成果案例。小组对于准则标准的学习要与时俱进,因为质量管理的相关理论也是在持续改进、不断完善、不断提升的,例如 2020 年的《质量管理小组活动准则》相对于上一版,内容上有了较多的改进,评价的标准也做了修改,新的教材中一般都针对性地进行了细致的阐述;而如果参考的是较早版本的教材,则无法做到与时俱进、推陈出新,相应的在进行发表评选时也无法取得好的成绩;在 2024 版中,对条款的要求及术语的表述,更加准确。另外,可以在参与 QC 发表和交流的过程中,认真学习其他优秀 QC 小组的成果报告、PPT 等。如何判别其他小组的成果文本的优劣,一方面可以参考现场评委的评价和取得的成绩;另一方面也可以了解该 QC 小组历年来参与 QC 小组活动取得的成绩。一般情况下,持续多年不间断从事质量管理活动的小组,在成果总结和提炼方面具有很好的经验,同时他们也很注重对新知识新标准的学习和吸纳,能够在第一时间对自己的成果文本进行合规性修正,保障成果文本能够符合最新要求,完全可以参考借鉴吸取其中的精华部分,并转化为自己的内容。

这些优秀的案例,能给予新接触 QC 的人员一个好的参照,有助于其更快明确课题总结"写什么、怎么写"的问题。但是需要说明的是,参考借鉴不能"拿来主义",一味地照搬照抄。有的 QC 小组在模仿其他小组成果文本进行总结时,文本框架基本一致,采用的质量管理工具、图表甚至某些数据都高度雷同,这显然违背了借鉴的初衷。比较推荐的一个做法,是将优秀的 QC 成果文本拿来,反复研究、弄懂弄通文本中各个部分内在的逻辑联系,明确文本中各种质量管理工具运用的手法,甚至可以研究海量数据之间的前后对应关系,以及总结结论的严密性等,在此基础上,再来搭建自己的总结文本基本框架,并进行内容的充实,而绝不是像某些 QC 小组成员那样,将优秀成果的文本拿来进行简单的内容上的删除和替换。因为如果仅仅关注优秀范例的"形",而不是学习、探究和模仿它的"质",往往会画虎类犬,既得不到实际意义上的能力的提升,也会使小组成员故步自封,阻碍其创造力的发挥。

总的来说,关于 QC 小组活动基础知识的提升,在参与内外部培训、现场发表、学习参考借鉴的时候,切不可以仅持完成工作任务的态度,而是要从服务企业、提升自我的高度,全身心参与其中。既要以学会、学通、熟练掌握 QC 小组活动的基本要点、规范流程为目的,学会如何整理、总结成果并精彩地呈现在众人面前,以及如何将成果进行推广和转化,让更多的人受益。更重要的是学会质量管理的思维和质量管理的精神,在日常工作中,遇到技术难点和用户的个性化需求,小组成员能够第一时间想到用质量管理的工具、方法进行创新,创造出能解决实际问题、获得用户认同的成果。碰到难关时,能够展现出永不言败、攻坚克难、积极向上的质量管理精神,能够以客观、严谨的工作方式,一步一步实现小目标并达成课题的总目标。

2. 注重内部制度保障

(1) 建立“领导挂帅”的工作机制

广泛而普遍地开展QC小组活动，是调动广大员工为企业发展贡献力量的重要措施，也是增强企业核心竞争力的重要途径。QC小组活动的具体实施与开展离不开各个部门领导的高度重视、用心支持、合理引导与关心关爱。

目前国际上较为流行一种做法，以美国和日本为例，部门领导可以作为基层班组QC小组的顾问，上下一心，共同参与到QC小组活动中去。部门领导会定期对小组的活动开展情况进行检查和督促，而QC小组其他成员，也必须定期向领导进行汇报，让领导及时了解活动实施开展的情况、取得的阶段性成果、下一步工作的计划与打算以及存在的问题和困难，如此一来，可以确保QC小组能有条不紊、脚踏实地地开展活动，有效避免突击实施式的QC小组活动。另外，当出现某些特殊困难时，可以请部门领导出谋划策、出面协调，从而保障QC小组活动顺利、快速地推进。“领导挂帅”的QC小组活动，一方面在人力、物力以及财力等方面，必然会得到相应的支持，以利于小组各方面活动的开展。另一方面，QC小组活动在开展的过程中，能够得到领导的重视，对于小组成员士气的鼓舞，参与活动的创造性、主动性、积极性提升等方面也将起到举足轻重的作用。

总的说来，“领导挂帅”工作机制，绝不是简单地将领导名字列到小组成员名单里面，在小组参与各类评比获得成绩后，能够及时给予领导相应的反馈，而是推崇领导积极参与群众创新创效、为基层人员提供必要资源和精神鼓励，并督促小组成员按照时间节点要求抓紧实施的一种良好生态。

(2) 建立“金点子”的发掘和孵化机制

在企业日常经营和生产服务工作中，会遇到各种各样的问题，以及不同人群的各种需求，很多员工以此为灵感来源，天马行空，迸发出了创新的点子。在数量众多的具有创新创意的点子中，可能有些是偏离实际的，有些是方向错误的，有些是暂时无法实现的，但同时也存在通过努力能够实现，而且一旦实现，可以完美地破解当前的困局，满足相关方的需求，通常称它们为“金点子”。

“金点子”的诞生需要土壤，首先必须营造一个全员创新的氛围，培养出很多双善于观察的眼睛，激活很多善于思考的头脑。由于灵感稍纵即逝性，QC小组活动的管理者还需要建立一个可随时更新的点子库，当员工头脑中闪现出好的创意时，就可以随时记录下来，放到点子库中，随时准备接受挑选。

QC小组活动在确定课题时，可以通过对点子库中的条目进行比对和筛选，选择适合自身小组、有利于发挥小组特长、打算具体实施的“金点子”，开展QC小组活动注册，并按照QC小组活动流程开展PDCA循环活动，最终取得成果。

因为企业人力、财力、物力的限制，不可能针对全体员工所有的“金点子”一起实施，这就需要QC小组活动的管理者对“金点子”的质量进行评估，针对企业或班组存在的重大安全隐患、效率低下等问题、对相关方需求的迫切程度等进行轻重缓急排序，对课题实施的背景、意义、可操作性、难易程度等进行全方位的总结、讨论和评估，从而确定最终需立即实施的若干项目，以保证最佳、最需及时解决的项目得以加快实施，使经费、人力、物力等利用最合理高效。

（3）建立“奖勤罚懒”的激励机制

QC 小组活动是一种主动性和自觉性很强的活动，如果小组成员积极性高、参与度高，形成的成果往往比较丰硕，而反之，如果小组成员情绪低迷、不愿付出，则小组活动的成果品质堪忧。

“奖勤罚懒”的激励机制不但是对小组成员开展活动的态度、付出程度的鉴定，也是一种“让实干者得实惠”的行之有效的促进手段，能够培养成员的自信与自尊、激发成员的热情和投入程度，能够鞭策后进，见贤思齐，不断改善。

“奖勤罚懒”的激励机制就是要对于不积极参与质量管理提升的单位和部门进行通报，对不愿参与 QC 小组活动的员工，在未能完成年度 QC 指标的情况下予以批评，对在 QC 小组活动推进过程中形成阻碍的人员进行考核。对取得优异成绩的小组进行物质和精神奖励，对甘于付出、不计个人得失的成员进行重点表扬。将质量管理工作完成、获奖情况以及推广转化情况作为部门业绩考核和员工年度评优的重要依据，落实对参与成员的奖励机制，形成“实干者得实惠、吃苦者吃香、流汗者流芳”的价值导向，营造更为浓厚的质量管理氛围。

有的企业在年度评优、人才评定、职称评定甚至岗位调动、干部提拔等方面，将 QC 小组活动参与情况以及 QC 课题产生的有益成果列入打分项或加分项，这对于员工自身成长成才更是一种长效的激励和督促，这也是“奖勤罚懒”奖惩机制的另一种行之有效的形式。

二、有的放矢选择课题

所谓良好的开始就是成功的一半，对于 QC 小组活动的开展也是如此，选择好的、合适的课题，对小组活动的开展具有重要作用。各小组要树立“课题决定成败”的思想，对于课题选择慎之又慎。但是很多 QC 小组在选择课题时，却恰恰是千头万绪，又理不出头绪，不知该如何下手。

以下常用的几种选择课题的方式可供参考：

1. 从解决日常工作中的各类隐患入手

对于课题的选择，必须把握“从工作中来，到工作中去”的原则。在日常的实践过程中做一个有心人，坚持创新来源于工作，课题来源于实际，在善于从自己班组身上发现问题的同时，也要善于从周围的人和事中发现课题的来源。

在实践中，经常会发现一些可能会对安全稳定造成不良影响的细节，或者会对产品和服务质量带来一定风险的区域，对于这些隐患的排查和处理，就比较符合“小、实、活、新”的课题。防患于未然，从某种意义上来讲，绝对比已经造成恶劣影响或呈现明显的不良趋势后的质量改进或创新更有意义。这种“抓本质、重性质、防趋势”的事前预防、以小见大的质量管理方式，更值得提倡和推广。

2. 从节约生产成本、提高效率入手

日本的丰田汽车公司经过长时间的实践与探索，创造出举世闻名的丰田生产方式，它的理论框架中的“一个目标”，就是指的低成本、高效率、高质量地进行生产，最大限度地使用户满意。

很显然，从节约生产成本、提高效率入手，是QC小组活动选题最简单、最直接、最容易让人接受的方式。一方面，旨在节约成本和提高效率的课题，更容易得到企业管理人员的认同，使其能够给予QC小组更多的支持，能够更加合理而充分地分配人力、财力、物力给QC小组，保障后续QC活动的开展。另一方面，小组成员通过自身努力，顺利达成课题目标，既节约了生产成本，提高了工作效率，又减轻了劳动强度，提升了幸福指数，这些都会让小组成员获得满满的成就感，从而能更加充满热情、以更为饱满的精神状态开启下一阶段QC小组活动。

3. 从上级部门下达的攻关课题入手

上级主管部门根据企业或部门的实际需要，可能会以行政指令的形式向QC小组下达企业生产经营活动中迫切需要解决的重要技术攻关性课题，企业的质量管理部门也可以根据企业实现经营战略、方针、目标的需要，推荐并公布一批可供各QC小组选择的课题。这些课题具有一定的挑战性，需要整个QC小组迎难而上，花费较大的精力、齐心协力来达成课题目标。但是课题一旦成功完成，所能取得的收益也是显著的，能够帮助企业解决“疑难杂症”，或者度过“瓶颈期”，进而实现大的飞跃。而且往往在完成攻关项目之后，可以形成独特的工作方法、流程、工序，或者创造前所未有的工具、设施、设备，为申请发明、实用新型和外观专利、软件著作权等“衍生产品”打下坚实基础。而发明、实用新型和外观专利、软件著作权等成果，可以为小组成员技术等级评定、职称等级评定、人才晋升等提供强有力的支撑，因而很多QC小组成员都极为重视。

4. 从新的技术、设备引入的新问题、新需求入手

改革从来都不是一帆风顺的，都会经历这样或者那样的波折，技术工艺革新也是如此。伴随着新技术、新设备的引入，必然引起员工工作方式和操作工艺流程上的改变，可能会造成员工的不适感，引起情绪上的负面波动，造成企业管理方式的变化，也因此会出现形形色色的问题，以及方方面面的新的需求。

作为QC小组成员，要善于把握机会，找准课题的切入点，将可能因为新设备、新技术的引入而带来的各类风险尽早排除，解决员工的不适应问题，解决新技术、新方法的“水土不服”问题，固化各类制度和流程，建立正确的、规范的工作秩序，从而使企业尽快克服因为变化导致的不稳定，顺利过渡到平稳期。

以“追求卓越”为目的的创新型课题，常常会重点关注新形势下利益相关方日益增长的各种需求，通过研制或研发原来没有的产品、服务、软件、方法、材料及设备等，达到课题目标。

三、多方协作打造平台

1. 新老结合，取长补短

一个优秀的QC课题的成功立项，就如一颗优良的种子被埋入土地，但是为了其后续更好地生根发芽，开花结果，还需不断地呵护。在具体的活动开展过程中，需要根据课题和小组成员的实际情况，对课题进行计划制订，并根据每一位小组成员的特长，进行有针对性的分工。可以充分利用好“理论联系实际”原理，形成“新老结合”的模式，取长补短，将各方优势合理组合并发挥至极致，形成最好的效果。由于新进组织的青年员工理论知识丰富，但工作经验还稍显“稚嫩”，而老师傅们有丰富的工作经验但理论知识方面却有所缺，通过QC创新平台加以引导，使他们的特长有机地结合起来，青年员工们有广阔的展示自身素质的平台，同时老师傅们全方位的技能也得到提升。

要注重骨干力量的培养，从本质上说，QC小组是一个相对不固定的非正式组织，所以，由于企业员工调动的原因，小组成员存在一定的流动性，在此情形下，如何保障QC小组活动始终处于较高水平，每年都能够持续取得令人信服的优秀QC成果，一个最为重要的手段就是骨干力量的培养。QC小组活动的管理人员必须时刻关注优秀人才流失对小组活动带来的影响，着力通过成员日常活动展现出的素质和能力，确定具有潜力的培养对象，在小组活动中，多安排其参加高级别的培训，多给其分配工作内容，多让其参加成果撰写、现场发表以及论文、专利等的孵化，条件成熟后，还可以推荐其成为企业的质量管理专家团队成员、QC小组活动评审专家，尽快让其成长为能独当一面的骨干力量。

2. 外聘专家，技术支持

通过对大量组织的QC小组的研究发现，由于QC小组活动需要各小组成员集思广益、共同努力，以达成最终的目的，所以为方便活动的大众参与性，保证各位成员步骤一致，便于管理，很多QC小组的建立都是以班组（车间）为单位，QC小组成员就是班组中某些志同道合的组员。

其实，QC小组的建立是不受班组（车间）建制限制的，可以多个班组的成员，为了一个共同的目标，自发组成一个QC小组，也可以跨部门、跨行业组成QC小组团队。根据QC课题的专业情况，合理配置小组成员，成员可来自不同的年龄段、不同的专业工种、不同的班组和科室。要充分利用各专业工种、一线员工和科室管理人员各自的专业特长和思路，发挥各自的长处，从各自不同的角度来思考问题，可以达到取长补短，相互学习，共同进步的目的。

而且，来自不同部门、不同专业领域的人员组成的QC小组，一旦发挥出各位成员各自的专长，如营销人员考虑用户的感知，生产人员考虑企业的运行，安监人员考虑运行的可靠性和安全性，物资人员考虑材料采购……诸如此类，那么形成合力之后，便能在第一时间找出小组活动的不足和方向性错误，避免不必要的人、财、物的浪费，最终形成的成果也能获得各专业的普遍认可，适用范围也更加宽广。

如果QC小组从便于管理的层面出发，以班组成员为基础组建，也可以根据需要，从营销、生产、安全、物资、财务等方面聘请一个或多个富有经验的技术骨干或专家人才，成为小组的专业顾问团队，监督QC小组活动课题在开展过程中的方向，在遇到问题时能够寻求专业协助。这样就保证了QC课题的科学性和技术性，发挥QC与创新活动人员覆盖广、技能专长多的优势，真正做到集思广益，攻坚克难。在QC小组活动中，各专业的人员都能从中获益，一线生产人员和管理人员的技术水平、钻研精神、协作能力、组织能力等诸多方面也能得到共同提高。

四、过程实施攻坚克难

1. 要有精益求精的态度

QC小组活动具有较强的技术属性，小组成员必须以做学问、搞科研的心态来做QC，切忌浮于表面、走马观花和浅尝辄止。QC小组活动强调用数据说话，通过试验、测试、调查分析的方法取得海量数据并进行系统分析，全过程都必须秉承精益求精的态度，才能得出具有说服力的结论。针对小组活动过程和成果，又需要以永不满足的心态，积极发现存在的不足，持续改进，通过一个又一个的PDCA循环，将QC小组成果水平提升到更高的层次。

2. 要有刻苦钻研的精神

QC小组活动也是一场修行，从发掘身边的"金点子"到课题选择，再经过一系列科学严谨、环环相扣的小组活动过程，最终获得各方面的收益，这是一个漫长而艰苦的过程，跨度常常长达数月甚至更长时间。在这个过程中，活动的推进往往都不是一帆风顺、一蹴而就的，经常会碰到各种各样的问题和难点，如果没有刻苦钻研的精神，没有敢打硬仗的决心，碰到问题时，选择无视或绕行，那么往往会阻碍活动的顺利开展，或者即使最终达到了课题的目标，未必呈现的就是最好的结果，可能通过攻坚克难将某些因素再加以削减，小组活动的成效还会更加显著。

3. 要处理好与生产的关系

好的QC小组成果既来源于生产又服务于生产，QC小组的课题从生产实践中来，最终取得的成果又能很好地反馈到生产实践中去，促进生产更加高效、品质更高，这是相得益彰的良好局面。但是，不可否认的是，QC小组活动是一项需要耗费较多人力、财力、物力的活动，如果在QC小组活动开展的过程中，若由于对资源不合理、不合时的占用，本来应该保障的生产工作任务受到不良影响甚至偏废，那么就是本末倒置了。做QC的最终目的就是改进生产和服务中的不足，从而追求更加卓越的品质。所以，QC小组活动全过程需要统筹谋划、合理安排，在工作之余或其他合适的时间，合理调配物料、资金等资源，在不影响正常的生产活动的前提下，逐步推进PDCA流程，以确保生产活动不受影响的同时，又能稳步推进QC小组活动，从而呈现"双赢"的良好局面。

五、成果转化与推广应用

QC小组活动的宗旨和目的并不局限于创造QC成果本身，而是通过QC小组活动取得"提高职工素质、激发职工的积极性和创造性、建立文明的、令人心情舒畅的生产、服务和工作现场环境"等"边际效应"，以及"改进质量、降低消耗、提高经济效益"的目的。而要使QC小组活动的效益最大化，无疑需要在完成全部流程、取得阶段性活动成果之后更进一步，将成果进行广泛的推广应用和转化。

1. 扩大小组活动影响力

要有将 QC 小组活动做成品牌的意识，扩大影响面，扩大应用面，惠及同行业、同类别的关联群体，将 QC 小组活动的效益最大化。

QC 小组可以通过以下几种方式，扩大 QC 小组活动成果的影响力：

(1) 对小组活动全过程中的亮点、发生的故事以及取得的成绩进行宣传报道，形成示范引领作用，吸引更多的人参与 QC 活动。

(2) 将质量管理的理念、固化的制度、流程等进行总结提炼，形成可复制、可推广的管理创新和典型经验，在企业、行业内部进行发布、交流和展示，让更多人了解并采纳、效仿。

(3) 搜集 QC 小组活动中的各类知识点并进行体系化的梳理，按照相关的标准和要求，撰写管理论文、科技论文，并在有影响力的报刊杂志上刊载。

(4) 持续改进和优化，参与更高级别的评比，做大做强(也可以多个成果相互融合和贯通)，逐渐扩展为科技含量更高的群众性创新项目以及各种级别的科技创新成果，从而在更高的层面进行展示，获得更多的有形和无形的收益。

2. 做好知识产权保护

随着知识产权在国际经济竞争中的作用日益上升，知识产权的保护已经上升至国家发展战略的高度。知识产权一般包括版权和工业产权，而专利权作为工业产权的重要组成部分，越来越受到我国政府和全体社会的认可和重视。

QC 小组活动是广大企业积极落实国家“大众创业，万众创新”号召，实现高质量发展的重要举措，而 QC 成果则是全体小组成员的智慧结晶，凝聚了大家的心血和汗水。通过申报专利，形式对创新点、新思维、新知识、新技术、新工艺、新服务等进行保护，利用法律武器捍卫 QC 小组对成果的占有和应用的合法权益，既是落实国家依法治国方略的体现，又让更多的人能查找和了解该成果，进一步拓展小组活动的影响力。

由于国家和社会对专利申请的重视，发明、实用新型和外观专利在很多行业已成为表征和评判广大企业创新能力和创新水平的标尺之一，而为了保证专利申请的规模和含金量，众多企业也将专利申报作为员工创新能力的考核标准。对 QC 成果进行知识产权保护，申请各类专利，既能帮助企业占领知识产权高地，提升科学技术核心竞争力，又能促进小组成员在漫长的职业生涯中，完成优秀业绩的积累，有助于提升小组成员自身的竞争力，使其在参与争先创优、人才聘任、职称评定、岗位竞聘等各类活动时更加具有优势。而这些有益的效果，对于小组成员来说无疑是一种正向激励，能够激发其内心更大的创新热情，从而持续性地为企业创造更多、更优秀的成果。

3. 实物推广与工厂化

实物推广与工厂化是最为直接的推广应用和成果转化的方式，将形成的实物成果进行复制，针对性地应用到生产现场，解决同类型的问题，满足相类似的需求，便能为企业解决相应类型的隐患治理。而如果该实物成果应用范围广，潜在的经济效益突出，可以在落实知识产权保护工作之后，提出产权转让或共同开发等意向，向设备制造企业发出要约。相关企业通过市场调研、经济效益评估，如果确认该成果适合工厂化生产，具备批量生产并推向市场的条件，则可以与 QC 成果持有方商谈开展工厂化签约等细节并逐一落实，QC 成果持有方即可通过转让或共同开发等形式，由设备制造企业对实物成果进行产品化生产。

目前，已有较多的 QC 成果通过工厂化生产的方式，走向市场，走进更多的企业内部，为整个行业和社会的发展贡献了积极的力量。

六、专利申报相关知识简介

专利的撰写和申报流程，相对于其他推广应用和成果转化方式来说，专业性更强，更难掌握。目前专利申报已经成为广大 QC 小组开展创新活动的薄弱环节之一，这里作为重点阐述和展开。

1. 专利挖掘的概念

专利挖掘，实际就是站在专利的视角，对纷繁的技术成果进行剖析、拆分、筛选以及进行合理的推测，进而得出各技术成果内在的创新点，以及专利申请技术方案的过程。

QC 小组活动过程中产生的具有新颖性、创造性、实用性的技术成果，包括仪器、设备、工器具、材料、装置及方法等，都可以从中进行挖掘，从而产生发明专利、实用新型专利与外观设计专利等。

2. 专利挖掘的流程

专利挖掘的流程具体如图 6-7 所示。

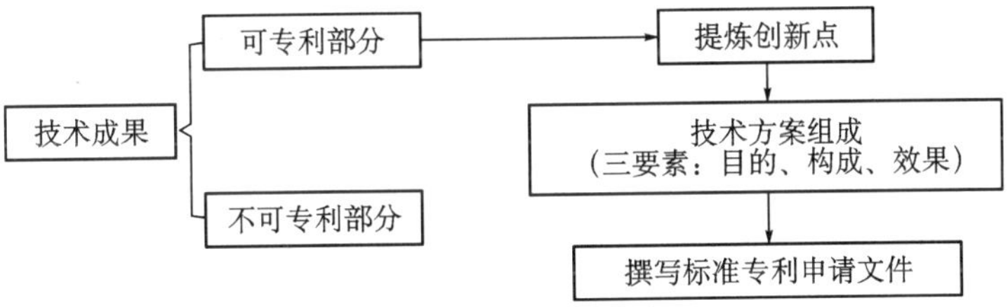

图 6-7　专利挖掘流程图

对于技术成果进行深入剖析，可以将内容区别为可专利部分和不可专利部分。其中可专利部分为发明、实用新型、外观设计的保护客体。不可专利部分为违反法律、社会公德，妨害公众利益的发明创造，科学发现、智力活动规则、疾病的诊断与治疗方法、动植物品种、原子核变换、起标示作用的平面印刷品等。

3. 专利挖掘的时机

在 QC 小组活动整个过程中，为确保专利的授权，对于专利的挖掘，适合在以下节点进行申请，如图 6-8 所示。

(1) 专利可以在实物做出前，如 QC 小组活动的对策实施阶段，进行专利挖掘与申报，创新型课题也可在形成最佳方案时进行专利挖掘与申报。

(2) 专利也可以在实物定型阶段，如 QC 成果转化与应用中，工厂签约生产做出样品后，进行专利挖掘与申报。

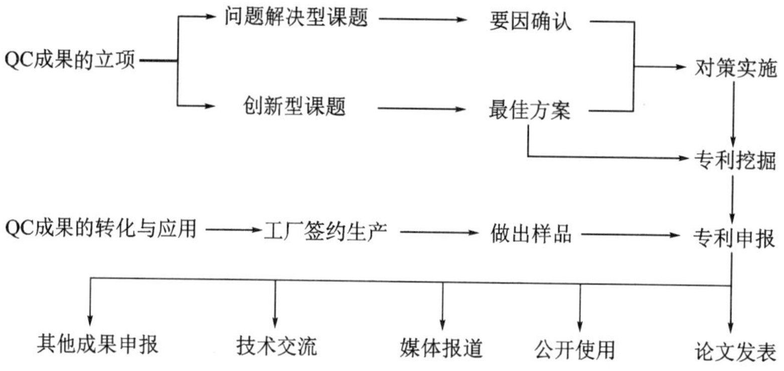

图 6-8　专利挖掘的时间点

(3) 需要特别注意的是，作为知识产权保护的重要手段，专利具有极强的保密性，在专利申报前，不宜进行论文发表、公开使用、媒体报道、技术交流、其他成果报奖等活动。

4. 专利挖掘的步骤

(1) 基础挖掘。基础挖掘是基于现有的 QC 成果，如 QC 活动总结报告、成果样品及 QC 活动中产生的项目建议书、可行性报告、技术总结等，根据专利法及细则之规定，分别申请相应的发明、实用新型、外观设计专利。具体步骤包括确定拟申报样品或项目(保护客体判断)、提取技术方案(三要素法：问题、方案、效果)、确定创新点、撰写专利申请文件。

(2) 深度挖掘。深度挖掘的目的是考虑专利的布局与回避，以专利无效和专利诉讼为目标，目的在于实现产品或技术的全面保护和垄断。挖掘的方式包括核心专利与周边专利(专利布局)、整体专利与部件专利、专利的概括(具体实物与上位概念)、专利的拓展(优选方案、替换方案、改劣方案)等。

(3) 反向挖掘。反向挖掘的目的是设计专利回避，提供交叉许可之依据。主要挖掘方式包括检索相关技术的已有专利、专利解读及确定保护范围(审查档案与禁止反悔原则)、专利回避、新的申请(替换方案、进一步改进)等。

5. 专利挖掘误区

(1) 误区一：必须做出了样品，或者技术方案已经经过验证。

① 从保护客体上来看，专利保护的是一种构思，满足的条件是可以解决某一技术问题的技术方案。

② 从专利三性来看，专利要求的“实用性”，是指该产品或方法具有工业应用的可能性，而并非要求该产品已经做出样品，或者已经大规模工业化生产。

③ 从专利申请材料看，对于机械、机电、电子类的产品而言，只需要提供产品构造图、电路图、示意图等图示，以及相应文字说明，表达技术的内涵，提交给国家专利局，不需要提交样品或样机去论证技术方案的可行性。

④ 专利申报遵循先申请原则，先入为主，同样的技术谁先申报，谁就能获得专利局授权。而样品或样机的制作需要耗费一段的时间，如果筹措经费的过程中再有耽搁和迟滞

现象，在成品完全完成后再申报，必定会导致申请专利的时间拖延，不利于专利的抢先申报。

(2) 误区二：简单的产品或技术不能申报专利。

① 能否获得专利的依据是专利法对于专利的审查标准(新颖性、创造性等)，不是该专利能否符合国家的技术进步奖的要求。

② 许多技术人员认为自己的产品仅仅是做了一点改进，或做了一些技术改造，没有打破原有的规范、规程，没有原理上的重大突破，因此不能报专利，这是对专利申请与审批的误解。

(3) 误区三：发明专利内容必须属于“高精尖”。

① 发明专利的评价标准——创造性：一是相对于现有技术而言，是否“显而易见”；二是是否取得了“意料不到的效果”。

② 发明专利的内容与所谓的技术含量无关，也与技术的复杂程度无关。

③ 发明专利的内容与技术问题的存在时间、现有技术的公开程度以及本领域技术人员对该技术的了解程度有关。

④ 发明专利的内容判断重点依靠现有技术的公开情况，须提供足够多与现有技术的对比例子，尤其是涉及区别点的效果对比。

(4) 误区四：软件产品不能申报专利。

由于国内的《计算机软件保护条例》中明确，对软件著作权的保护不严及开发软件所用的思想、处理过程、操作方法或者数学概念等。因此软件著作权登记对于软件的法律保护有一定的局限性，而软件的专利申请保护恰恰是在很大程度上弥补了这一不足。

(5) 误区五：“现有技术”不能申报专利。

一般技术人员理解的现有技术指的是本领域大家熟知的技术、已经在使用的技术、已经在销售的产品、自己觉得很普通的技术。而专利法上明确的现有技术是指教科书、技术词典、期刊、杂志，已经公开的专利技术文件，已经公开的学术论文，已经使用或销售的产品，这些可以作为“证据证明”。因此，如果不是列入专利法上明确的“证据证明”内容的，即使是已经熟知、使用、普通的技术手段，仍然有申报专利的空间。

七、质量管理小组活动推进基本原则

为帮助各类组织建立科学系统的质量管理小组活动推进机制，更加有效地推进质量管理小组活动，不断提升质量管理小组活动的水平和覆盖面，充分发挥质量管理小组活动在培养员工质量改进创新意识和能力方面的作用，为加快培育新质生产力、促进经济社会高质量发展，中国质量协会制定了《质量管理小组活动推进指南》T/CAQ 10208—2024。基本原则如下：

(1) 领导重视：高层领导主动关心质量管理小组活动推进工作，积极营造适宜开展质量管理小组活动的良好氛围，并为活动的有效开展提供必要的资源支持。

(2) 全员参与：全体员工自愿加入质量管理小组，积极参与小组活动，活动过程中充分发挥每一位成员的作用。

(3) 系统推进:建立并完善质量管理小组活动推进机制,明确各级推进的负责机构、负责人员与职责,制定活动推进计划并有效实施。

(4) 有效激励:适时对质量管理小组活动的过程和有效性进行评价,对积极参与质量管理小组活动并取得成效的组织与人员进行必要的激励。

指南从“领导作用、推进策划、推进过程、推进评价”等 4 个方面提出了规范性要求。详细内容不再展开,详见《质量管理小组活动推进指南》T/CAQ 10208—2024。

案例分享一

提高超高强钢一次合格率

一、 公司概况

南京钢铁股份有限公司(简称：南钢)始建于1958年，经过60多年的艰苦创业和创新发展。形成以精品板材、优特钢长材为支撑的特大型钢铁联合企业，具备年产1 000万吨钢的综合生产能力，是江苏钢铁工业摇篮，中国大型钢铁联合企业、国家级高新技术企业、中国最大的精品特钢生产基地之一，先后荣获“全国文明单位”“亚洲质量奖”“全国质量奖”“全国用户满意企业”“中国最佳诚信企业”“十大卓越品牌钢铁企业”“钢铁行业竞争力极强(最高等级A+)企业”“全国企业文化建设优秀单位”等重要荣誉。南钢创新打造“JIT(准时制生产方式)+C2M(客户对工厂)”模式和全员合伙人制度，广受关注。

1. QC小组简介

南京钢铁股份有限公司宽厚板厂“板型攻关”QC小组成立于2021年1月。小组紧紧围绕宽厚板厂经营目标、现场生产暴露出的典型问题，开展一系列质量改进活动。2022年，该小组在“南钢杯”全省钢铁行业质量管理小组成果交流活动获得一等奖。小组概况及小组成员、组内分工，参见表1。

表1 “板型攻关”QC小组自然概况表

小组名称		“板型攻关”QC小组			成立时间	2021年1月
课题名称		提高超高强钢一次合格率			课题类型	问题解决型
活动日期		2022年1—12月			课题注册	2022年1月
小组成员		10人			注册编号	NGKB-09-2022
TQM培训		52学时以上				
活动频次		2次/月			出勤率	100%
序号	姓名	性别	年龄	学历	职务/职称	小组分工
1	×××	女	34	本科	QC主管	组织，成果发布
3	×××	男	33	本科	工艺主管	组织方案论证、实施
2	×××	男	36	本科	热处理主任	总协调、指导
4	×××	男	32	专科	设备主管	设备技术支持
5	×××	男	36	本科	自动化主管	自动化技术支持

（续表）

序号	姓名	性别	年龄	学历	职务/职称	小组分工
6	×××	女	32	专科	炉长	数据统计分析
7	×××	女	35	本科	质量主管	数据收集、分析
8	×××	男	31	专科	炉长	现场实施
9	×××	男	31	专科	主操工	现场实施
10	×××	男	30	专科	主操工	现场实施

2. 名词解释

南钢宽厚板厂是国际一流的宽厚板精品生产基地，超高强钢生产流程包括：板坯加热、除磷、轧制、冷却、精整、探伤、热处理。

一次合格率是质量控制的关键指标，关系到上下道工序的流转、合同交货周期、岗位人员劳动强度、成本控制等诸多因素。其计算公式：一次合格率=[（不需要额外工序、正常生产流程合格入库的产品量）/该产品的生产总量]×100%。

二、选择课题

小组通过查阅“2021 年宽厚板厂超高强钢生产记录表”，提取 2021 年 7—9 月份超高强钢综判数据，分析超高强钢一次合格率数据，如表 2 所示。

表 2　2021 年 7—9 月份宽厚板厂超高强钢一次合格率调查统计表

指标统计	2021 年 7 月	2021 年 8 月	2021 年 9 月	合计
综判量/t	3 500	3 894	4 598	11 992
一次不合格量/t	716	788	1 019	2 523
合格率/%	79.54	79.76	77.84	78.96

根据数据绘制柱形图如图 1 所示。

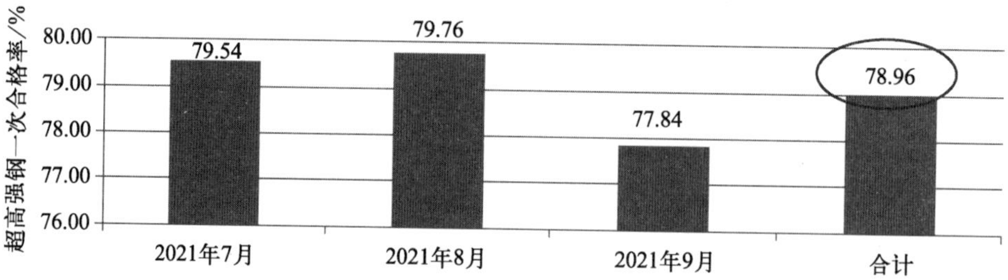

图 1　2021 年 7—9 月份宽厚板厂超高强钢一次合格率柱形图

通过数据调查分析可以看出，2021 年 7—9 月份宽厚板厂超高强钢一次合格率只有 78.96%，指标水平较低，造成钢板再处理时间长，影响合同交货，增加生产成本。公司在重点钢种指标攻关会中明确，要提高超高强钢产品的质量指标，降低生产成本，缩短交货周期，提高生产效益，超高强钢一次合格率要≥90%。因此选择本次课题："提高超高强钢一次合格率。"

三、设定目标

根据上级要求，将超高强钢一次合格率由78.96%提高至90.00%，参见图2。

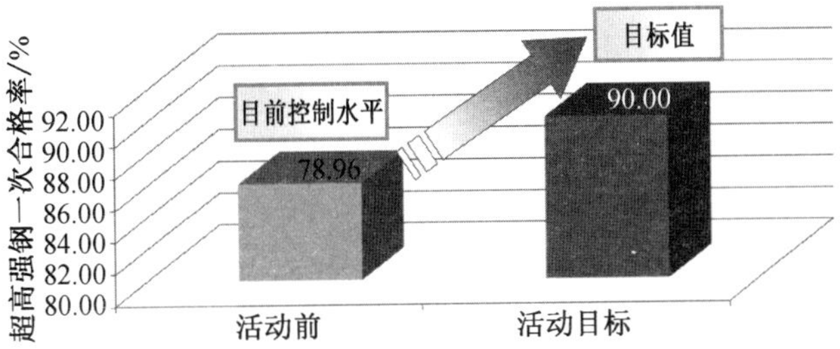

图2　QC课题目标设定柱形图

四、目标可行性论证

1. 论证一：同行数据分析

小组通过对标、查阅资料等方法对同行超高强钢一次合格率情况进行调查。根据数据绘制统计分析柱形图，如图3所示。

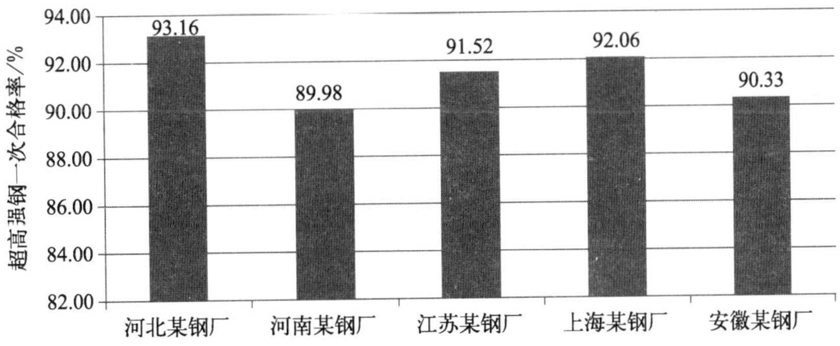

图3　同类型企业超高强钢一次合格率柱形图

由调查统计图可以看出，国内同类型宽厚板生产线超高强钢一次合格率均高于南钢宽厚板厂，平均为90.53%。南钢宽厚板厂虽然差距较大，但90.00%这个适中指标可完成。

2. 论证二：历史数据分析

小组查阅了"2021年宽厚板厂超高强钢生产记录表"，提取超高强钢综判数据，计算超高强钢一次合格率，参见表3。

表 3 2021 年宽厚板厂超高强钢一次合格率统计表

指标统计	1 月	2 月	3 月	4 月	5 月	6 月
综判量/t	3 521	3 689	4 020	3 968	4 356	4 215
一次不合格量/t	811	774	846	832	426	1 001
合格率/%	76.97	79.02	78.96	79.03	90.22	76.25
指标统计	7 月	8 月	9 月	10 月	11 月	12 月
综判量/t	3 500	3 894	4 598	3 698	3 850	4 269
一次不合格量/t	716	788	1 019	797	783	957
合格率/%	79.54	79.76	77.84	78.45	79.67	77.58

根据统计表绘制柱形图，参见图 4。

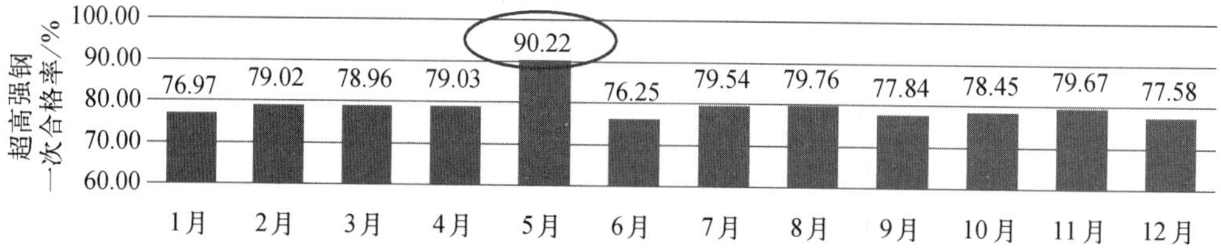

图 4 2021 年宽厚板厂超高强钢一次合格率柱形图

由历史数据发现，2021 年 5 月份宽厚板厂超高强钢一次合格率曾经超出 90.00%，达到 90.22%，说明 90.00%的目标可以实现。

3. 论证三：症结分析

小组成员选择超高强钢一次合格率适中的 2021 年 7—9 月份进行分析，对一次不合格原因进行分类统计，编制了调查表和排列图，见表 4、图 5。

表 4 2021 年 7—9 月宽厚板厂超高强钢一次不合格原因分层调查表

序号	类别	频数/t	累计/t	占比/%	累计占比/%
1	板型不良	2 271	2 271	90	90
2	尺寸不符	126	2397	5	95
3	表面质量差	76	2473	3	98
4	其他	50	2523	2	100

板型不良占比 90%，占据绝对多数，是关键的少数。从中找到问题的症结，是提高超高强钢一次合格率的关键。小组进一步分析，找出板型不良的主要问题，参见表 5、图 6。

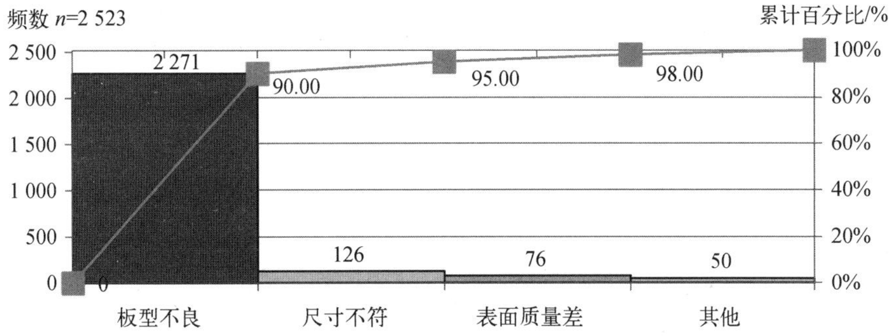

图 5　2021 年 7—9 月宽厚板厂超高强钢一次不合格因素排列图

表 5　2021 年 7—9 月宽厚板厂超高强钢板型不良分层调查表

序号	类别	频数/t	累计	占比/%	累计占比/%
1	横向凹型	2 021	2 021	89	89
2	头尾扣	114	2 135	5	94
3	横向凸型	68	2 203	3	97
4	其他不合格	68	2 271	3	100

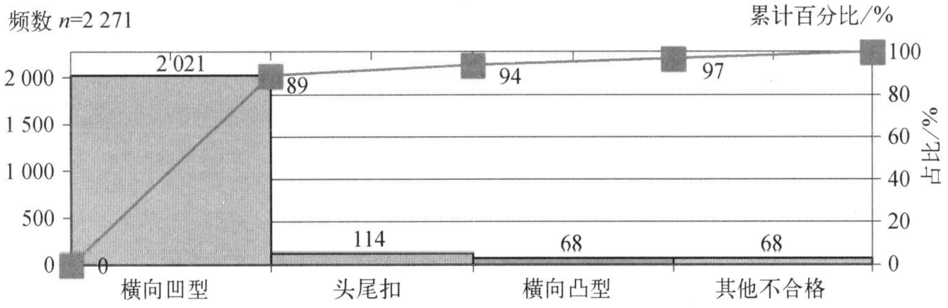

图 6　2021 年 7—9 月宽厚板厂超高强钢板型不良因素排列图

如表 5、图 6 显示，“横向凹型”累计占比达 89%，是影响超高强钢一次合格率的症结。

4. 论证四：症结测算分析

目标一次合格率＝当前一次合格率＋(1－当前一次合格率)×症结占比 1×症结占比 2×症结解决率。

根据小组在 2021 年 5 月超高强钢一次合格率曾经达到过 90.22%的水平，作出如下测算公式：

症结解决率＝(90.22%－78.97%)/[(1－78.97%)×90.00%×89.00%]＝66.79%。

78.97%＋(1－78.97%)×90.00%×89.00%×症结解决率＝90.22%。

通过分析，小组有能力将“横向凹型”症结解决70%以上，按照67%计算。一次合格率目标=78.97%+(1-78.97%)×90.00%×89.00%×67%=90.26%。

根据上述分析，小组认为，超高强钢一次合格率提高至90.00%的目标可行。

五、原因分析

1. 头脑风暴查原因，绘制树图

小组全体成员于2022年1月25日，展开头脑风暴，讨论分析，并对一次合格率数据统计分析，确认横向凹型产生的原因。通过树图找出末端因素，2022年2月10日完成树图的绘制，参见图7。

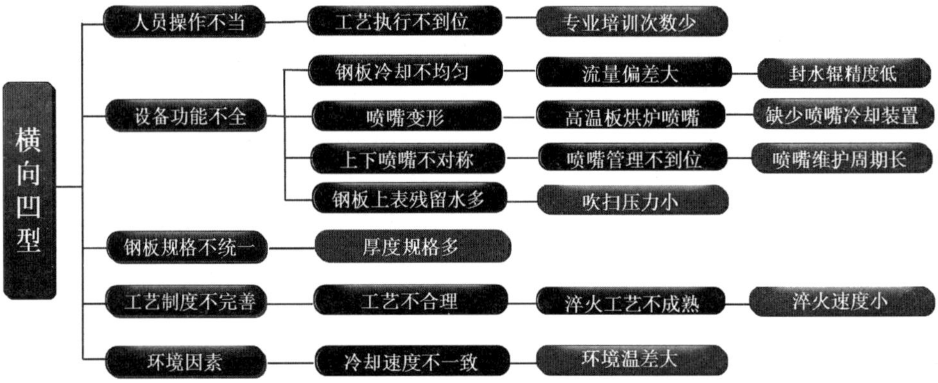

图7 横向凹型不合格原因树图

2. 找出末端因素

根据图7，分析找到8个末端因素，摒除“厚度规格多”及“环境温差大”两个不可控因素，确定6个可控末端因素，参见表6。

表6 可控末端因素汇总表

序号	1	2	3
末端因素	专业培训次数少	封水辊精度低	吹扫压力小
序号	4	5	6
末端因素	喷嘴维护周期长	缺少喷嘴冷却装置	淬火速度小

六、确定主要原因

1. 要因确认计划

小组将六个末端因素汇总，制定了要因确认计划表，参见表7。

表 7　要因确认计划表

序号	末端因素	确认方法	负责人	完成时间
1	专业培训次数少	调查分析：调查培训记录，分析专业培训次数少对症结的影响程度	××	3 月 12 日
2	封水辊精度低	现场测量：现场测量封水辊精度，分析封水辊精度低对症结的影响程度	××	3 月 14 日
3	吹扫压力小	试验：现场试验不同吹扫压力，分析吹扫压力小对症结的影响程度	××	3 月 15 日
4	喷嘴维护周期长	调查分析：调查喷嘴维护情况，分析喷嘴维护周期长对症结的影响程度	×××	3 月 16 日
5	缺少喷嘴冷却装置	试验：现场试验，分析缺少喷嘴冷却装置对症结的影响程度	×××	3 月 18 日
6	淬火速度小	调查分析：调查超高强钢生产工艺记录，分析淬火速度小对症结的影响程度	×××	3 月 20 日

2. 要因确认过程

(1) 要因确认一：专业培训次数少

确认方法：调查分析。

确认过程：小组成员××于 2022 年 3 月 10 日调查“宽厚板厂操作工培训记录”，随机抽查 2021 年 9 月 4 名热处理主操工培训活动记录表，参见表 8。

表 8　热处理主操工 2021 年 9 月培训活动记录表

人员代号	职位	班级名称	培训时间	培训学时/h	合计次数/次
A	热处理主操	关键过程人员培训	2021 年 9 月 1 日	0.5	1
B	热处理主操	关键过程人员培训	2021 年 9 月 1 日	0.5	4
B	热处理主操	QC 培训	2021 年 9 月 10 日	0.5	
B	热处理主操	管理制度培训	2021 年 9 月 15 日	0.5	
B	热处理主操	热处理炉淬火工艺培训	2021 年 9 月 20 日	0.5	
C	热处理主操	关键过程人员培训	2021 年 9 月 1 日	0.5	2
C	热处理主操	质量意识培训	2021 年 9 月 23 日	0.5	
D	热处理主操	炉区常见故障培训	2021 年 9 月 18 日	0.5	3
D	热处理主操	关键过程人员培训	2021 年 9 月 1 日	0.5	
D	热处理主操	热处理炉淬火工艺培训	2021 年 9 月 29 日	0.5	

由表 8 可以看出：相关岗位职工都接受了专业培训，其中 A 培训 1 次，C 培训 2 次，B 培训 4 次，D 培训 3 次，培训次数不同。

为进一步确认专业培训次数对症结“横向凹型”的影响，在其他条件相同的情况下，小组成员××于2022年3月11日统计了4名热处理主操工在2021年9月生产超高强钢时产生的横向凹型不合格板情况，参见表9。

表9　4名热处理主操工2021年9月超高强钢横向凹型不合格板统计表

姓名	培训次数	超高强钢生产块数/块	产生的横向凹型板块数/块	横向凹型板所占比例/%
A	1	30	16	53.33
C	2	28	20	71.43
D	3	35	28	80.00
B	4	33	26	78.79

由表9可以看出，A培训次数最少为1次，但产生的横向凹型不合格板最少，培训次数少和症结无相关关系，对症结“横向凹型”影响较小。

确认结论：培训次数少对“横向凹型”症结无显著影响，培训次数少为非要因。

(2) 要因确认二：封水辊精度低

确认方法：现场测量。

确认过程：根据工作计划表，小组成员××带领维修工于2022年3月6日—9日，利用生产间隙对封水辊精度进行测量分析，测量过程参见图8。

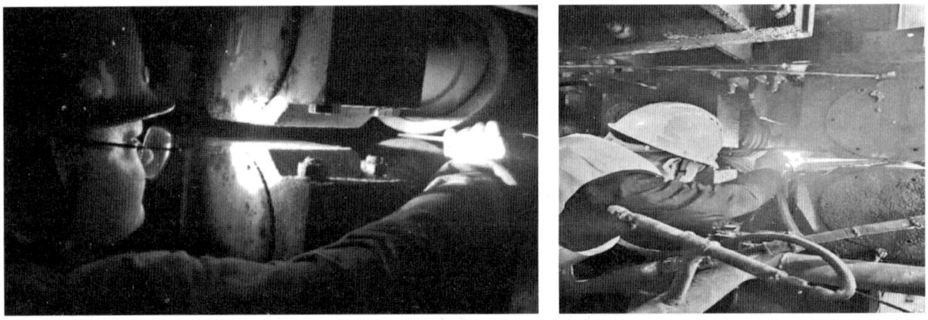

图8　封水辊精度测量图

2022年3月9日测量结束，××对测量数据进行整理，绘制统计表，参见表10。根据统计表数据绘制直方图，见图9。

表10　封水辊精度测量统计表

序号	精度/mm	序号	精度/mm	序号	精度/mm	序号	精度/mm	序号	精度/mm
辊缝1	1.92	辊缝2	1.93	辊缝3	1.94	辊缝4	1.81	辊缝5	1.98
辊缝6	1.94	辊缝7	1.93	辊缝8	1.90	辊缝9	1.94	辊缝10	1.94
辊缝11	1.88	辊缝12	1.98	辊缝13	1.95	辊缝14	1.96	辊缝15	1.88
辊缝16	1.87	辊缝17	1.94	辊缝18	1.85	辊缝19	1.93	辊缝20	1.90

（续表）

序号	精度/mm	序号	精度/mm	序号	精度/mm	序号	精度/mm	序号	精度/mm
辊缝 21	1.90	辊缝 22	1.87	辊缝 23	1.89	辊缝 24	1.93	辊缝 25	1.92
辊缝 26	1.86	辊缝 27	1.94	辊缝 28	1.87	辊缝 29	1.93	辊缝 30	1.87
辊缝 31	1.88	辊缝 32	1.91	辊缝 33	1.89	辊缝 34	1.89	辊缝 35	1.93
辊缝 36	1.99	辊缝 37	1.90	辊缝 38	1.95	辊缝 39	1.89	辊缝 40	1.93
辊缝 41	1.93	辊缝 42	1.96	辊缝 43	1.99	辊缝 44	1.90	辊缝 45	1.86
辊缝 46	1.92	辊缝 47	1.97	辊缝 48	1.94	辊缝 49	1.90	辊缝 50	2.00
辊缝 51	1.93	辊缝 52	1.89	辊缝 53	1.90	辊缝 54	1.98	辊缝 55	1.85
辊缝 56	1.91	辊缝 57	1.89	辊缝 58	1.94	辊缝 59	1.89	辊缝 60	1.89
辊缝 61	1.91	辊缝 62	1.90	辊缝 63	1.92	辊缝 64	1.97	辊缝 65	1.89
辊缝 66	1.92	辊缝 67	1.96	辊缝 68	1.91	辊缝 69	1.92	辊缝 70	1.91
辊缝 71	1.91	辊缝 72	1.93	辊缝 73	1.96	辊缝 74	1.93	辊缝 75	1.92
辊缝 76	1.87	辊缝 77	1.89	辊缝 78	1.93	辊缝 79	1.94	辊缝 80	1.84
辊缝 81	1.98	辊缝 82	1.93	辊缝 83	1.91	辊缝 84	1.86	辊缝 85	1.96
辊缝 86	1.92	辊缝 87	1.89	辊缝 88	1.92	辊缝 89	2.02	辊缝 90	1.91
辊缝 91	1.91	辊缝 92	1.91	辊缝 93	1.92	辊缝 94	1.85	辊缝 95	1.95
辊缝 96	1.92	辊缝 97	1.91	辊缝 98	1.87	辊缝 99	1.91	辊缝 100	1.93

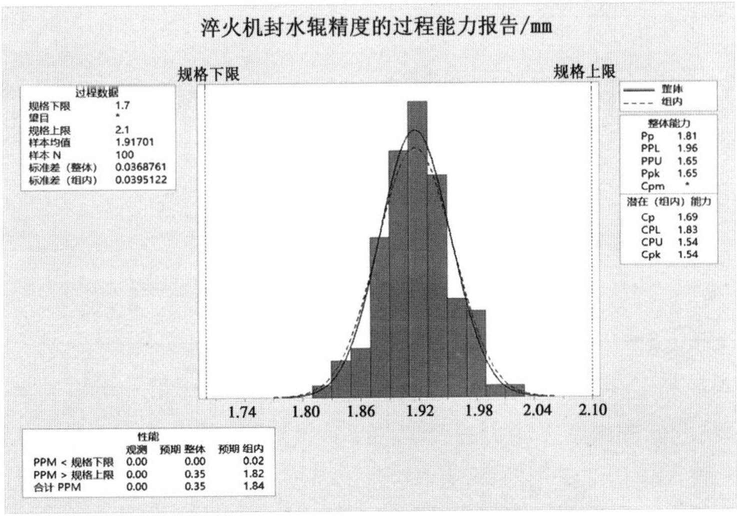

图 9　封水辊精度过程能力图

分析过程能力，可以看出，封水辊过程能力 C_{pk} 为 1.54，大于 1.33，过程能力较好。

为进一步确认封水辊精度对症结“横向凹型”的影响，在其他条件相同的情况下，小组成员××于 2022 年 3 月 10 日，调取了与封水辊精度测量时间对应的 2022 年 3 月 6 日—3 月 9 日，生产超高强钢时产生的横向凹型不合格板情况，并绘制统计表，见表 11。

表 11　封水辊精度与对应的横向凹型不合格板统计表

序号	封水辊精度/mm	超高强钢生产块数/块	横向凹型不合格板块数/块	不合格板占比/%
1	1.81	68	16	23.53
2	1.84	72	23	31.94
3	1.85	70	19	27.14
4	1.86	68	21	30.88
5	1.87	69	22	31.88
6	1.88	71	19	26.76
7	1.89	75	25	33.33
8	1.90	73	23	31.51
9	1.91	69	23	33.33
10	1.92	68	20	29.41
11	1.93	68	23	33.82
12	1.94	69	21	30.43
13	1.95	71	20	28.17
14	1.96	65	18	27.69
15	1.97	73	24	32.88
16	1.98	69	21	30.43
17	1.99	69	22	31.88
18	1.99	71	20	28.17
19	2.00	75	26	34.67
20	2.02	68	22	32.35

由统计表和简易组合图可以看出，封水辊精度最差的 1.81 mm 对应的横向凹型不合格板最少，封水辊精度低和症结无相关关系，对症结“横向凹型”影响较小。

确认结论：封水辊精度低为非要因。

(3) 要因确认三：吹扫压力小

确认方法：现场试验。

确认过程：2022 年 3 月 3 日—12 日，组员××每天白班每隔 3 小时对淬火机机后吹扫压力进行测量记录。3 月 13 日对测量数据进行整理，绘制吹扫压力统计表，根据统计表可以看出，最小吹扫压力为 0.56 MPa、最大吹扫压力为 0.59 MPa，参见表 12。

表 12　吹扫压力统计表

序号	测量时间	吹扫压力值/MPa	最大值/MPa	最小值/MPa
1	3 月 3 日 09:00	0.57	0.59	0.56
2	3 月 3 日 12:00	0.58		
3	3 月 3 日 15:00	0.57		
4	3 月 4 日 09:00	0.56		
5	3 月 4 日 12:00	0.57		
6	3 月 4 日 15:00	0.58		
7	3 月 5 日 09:00	0.59		
8	3 月 5 日 12:00	0.58		
9	3 月 5 日 15:00	0.58		
10	3 月 6 日 09:00	0.57		
11	3 月 6 日 12:00	0.58		
12	3 月 6 日 15:00	0.57		
13	3 月 7 日 09:00	0.59		
14	3 月 7 日 12:00	0.58		
15	3 月 7 日 15:00	0.58		
16	3 月 8 日 09:00	0.57		
17	3 月 8 日 12:00	0.58		
18	3 月 8 日 15:00	0.58		
19	3 月 9 日 09:00	0.57		
20	3 月 9 日 12:00	0.59		
21	3 月 9 日 15:00	0.58		
22	3 月 10 日 09:00	0.57		
23	3 月 10 日 12:00	0.58		
24	3 月 10 日 15:00	0.57		
25	3 月 11 日 09:00	0.56		
26	3 月 11 日 12:00	0.57		
27	3 月 11 日 15:00	0.58		
28	3 月 12 日 09:00	0.59		
29	3 月 12 日 12:00	0.58		
30	3 月 12 日 15:00	0.57		

在其他条件相同的情况下，小组成员××于2022年3月14日—15日，选取30块厚度10 mm的超高强钢进行不同吹扫压力板型试验，吹扫压力分别固定为0.56 MPa、0.57 MPa、0.58 MPa、0.59 MPa。

根据试验数据，统计压力与对应的超高强钢横向凹型不合格板数据，参见表13、图10。

表13 不同吹扫压力与对应的横向凹型不合格板统计表

序号	吹扫压力/MPa	超高强钢实验块数/块	横向凹型不合格板块数/块	横向凹型不合格板占比/%
1	0.56	30	18	60.00
2	0.57	30	23	76.67
3	0.58	30	19	63.33
4	0.59	30	21	70.00

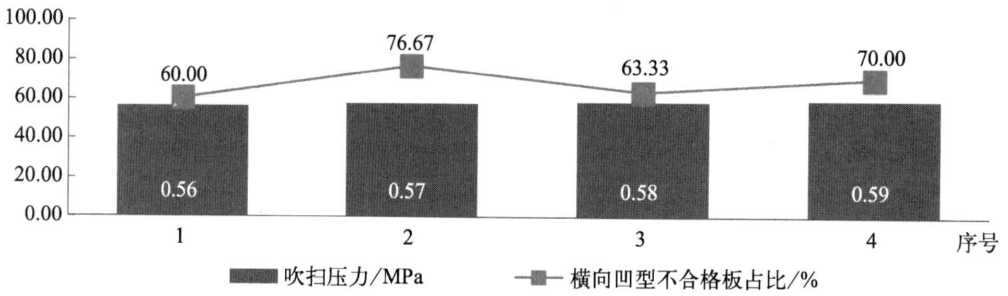

图10 吹扫压力与横向凹型柱形图与折线图组合图

根据表13、图10可以看出，吹扫压力0.56 MPa时，产生的横向凹型不合格板最少，吹扫压力小与症结无相关关系，对症结“横向凹型”影响较小。因此小组判定吹扫压力小为非要因。

确认结论：吹扫压力小为非要因。

（4）要因确认四：喷嘴维护周期长

确认方法：调查分析。

确认过程：2022年3月16日，组员×××调查“热处理车间喷嘴维护记录”，抽取2021年6月—12月喷嘴维护记录，发现车间每月均利用2次固定检修时间对喷嘴进行维护，冲洗喷嘴、对喷嘴安装位置进行测量调整，确保喷嘴没有堵塞、精度满足要求。喷嘴维护记录参见表14。

表14 2021年6月—12月热处理车间喷嘴维护记录表

维护日期	喷嘴精度控制/mm	喷嘴水幕是否分叉	喷嘴堵塞率/%	是否满足要求	记录人
2021年6月10日	1.93	无	1.80	满足	××
2021年6月29日	1.93	有分叉，已处理	2.00	满足	××
2021年7月9日	1.86	无	1.20	满足	××

（续表）

维护日期	喷嘴精度控制/mm	喷嘴水幕是否分叉	喷嘴堵塞率/%	是否满足要求	记录人
2021年7月27日	1.86	无	1.25	满足	××
2021年8月8日	1.99	有分叉，已处理	1.10	满足	××
2021年8月27日	2.01	无	0.85	满足	××
2021年9月6日	2.00	无	0.90	满足	××
2021年9月26日	1.98	有分叉，已处理	1.00	满足	××
2021年10月8日	1.98	无	0.80	满足	××
2021年10月27日	1.98	无	0.95	满足	××
2021年11月7日	1.91	有分叉，已处理	1.10	满足	××
2021年11月25日	1.91	/	/	满足	××
2021年12月9日	1.92	无	0.90	满足	××
2021年12月26日	1.92	有分叉，已处理	0.80	满足	××

为进一步确认喷嘴维护周期长对症结的影响，2022年3月17日，组员×××统计2021年12月9日检修后，12月10日—27日，其他条件相同的情况下，喷嘴维护后使用初期、中期、末期产生的超高强钢横向凹型不合格钢板情况，参见表15、图11。

表15　喷嘴使用初期、中期、末期产生的横向凹型不合格钢板统计表

时间	超高强钢生产块数/块	横向凹型不合格板块数/块	横向凹型不合格板占比/%
初期	101	62	61.39
中期	98	68	69.39
末期	100	57	57.00

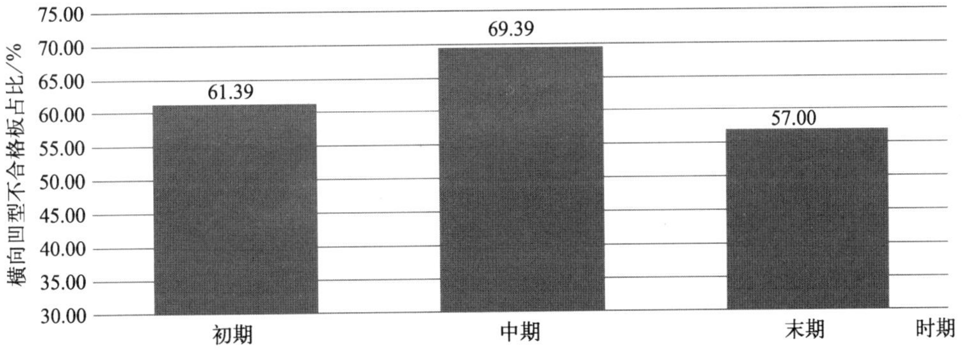

图11　喷嘴维护后不同时期产生的横向凹型钢板柱形图

由表 15、图 11 可以看出，喷嘴使用末期横向凹型不合格板最少，而从喷嘴维护结束到喷嘴使用末期为喷嘴维护的最长周期，喷嘴维护周期长与症结“横向凹型”无相关关系，对症结“横向凹型”影响较小，为非要因。

确认结论：喷嘴维护周期长为非要因。

（5）要因确认五：缺少喷嘴冷却装置

确认方法：现场试验。

确认过程：2022 年 3 月 2 日—10 日，组员×××针对缺少喷嘴冷却装置对症结横向凹型的影响程度开展试验。选择喷嘴冷却装置可人工打开或关闭的组合式淬火机进行试验，试验设备参见图 12。

组合式淬火

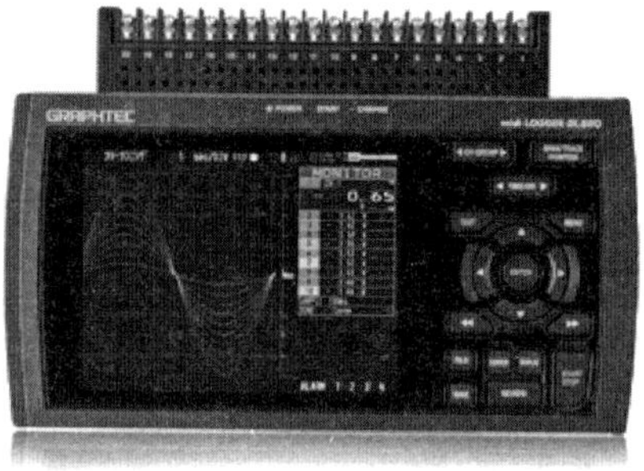

精度测量仪

图 12　试验设备图

① 现场验证缺少喷嘴冷却装置对喷嘴的影响

因为缺少喷嘴冷却装置会导致高温钢板经过淬火机时高温烘烤喷嘴，进而使喷嘴发生变形。为了验证实际情况，首先进行高温钢板烘烤喷嘴实验。

选取规格 20 mm×200 mm×500 mm 的钢板样本 20 块进行试验，模拟现场钢板生产情况：加热温度范围 400℃～940℃、加热结束连续进入淬火机。关闭组合式淬火机喷嘴冷却装置，在没有喷嘴冷却设备的情况下，选取加热温度范围 400℃～940℃，每隔 10℃选取一个试验钢板加热温度，将选择的 20 块样本加热到试验温度，温度达到后连续进入淬火设备，20 块钢板全部出淬火机后，测量喷嘴产生的变形量并记录。重复上述实验过程，直至所有温度点全部试验结束，对实验数据进行汇总并编制统计表，见表 16。

表 16　高温钢板烘烤喷嘴试验数据统计表

试验温度/℃	400	410	420	430	440
喷嘴变形量/mm	0.51	0.58	0.63	0.72	0.83
试验温度/℃	450	460	470	480	490
喷嘴变形量/mm	0.95	1.06	1.15	1.26	1.33
试验温度/℃	500	510	520	530	540

（续表）

喷嘴变形量/mm	1.38	1.42	1.49	1.53	1.58
试验温度/℃	550	560	570	580	590
喷嘴变形量/mm	2.06	2.13	2.22	2.29	2.39
试验温度/℃	600	610	620	630	640
喷嘴变形量/mm	5.26	5.31	5.38	5.42	5.49
试验温度/℃	650	660	670	680	690
喷嘴变形量/mm	5.55	5.61	5.65	5.71	5.75
试验温度/℃	700	710	720	730	740
喷嘴变形量/mm	5.78	5.83	5.87	5.91	5.94
试验温度/℃	750	760	770	780	790
喷嘴变形量/mm	5.99	6.03	6.08	6.12	6.16
试验温度/℃	800	810	820	830	840
喷嘴变形量/mm	6.21	6.24	6.27	6.31	6.34
试验温度/℃	850	860	870	880	890
喷嘴变形量/mm	6.38	6.41	6.43	6.45	6.49
试验温度/℃	900	910	920	930	940
喷嘴变形量/mm	6.52	6.54	6.56	6.58	6.59

由实验数据统计表可以看出，高温钢板连续生产时烘烤喷嘴会导致喷嘴变形，变形量为 0.51～6.59 mm。

② 现场验证喷嘴变形对症结横向凹型的影响

在其他条件相同的前提下，选取 0.5～6.9 mm 的喷嘴变形量范围，从 0.5 mm 开始，每增加 0.2 mm 取一个值，进行超高强钢板型试验。试验钢板品种为超高强钢，规格为 10 mm×2 000 mm×5 000 mm，每个变形量试验 30 块，统计横向凹型不合格板块数，记录实验数据，绘制统计表，参见表 17、图 13。

表 17　喷嘴变形对超高强钢板型影响试验数据

变形量/mm	试验块数/块	横向凹型块数/块	变形量/mm	试验块数/块	横向凹型块数/块
0.5	30	0	3.9	30	13
0.7	30	0	4.1	30	14
0.9	30	0	4.3	30	14

（续表）

变形量/mm	试验块数/块	横向凹型块数/块	变形量/mm	试验块数/块	横向凹型块数/块
1.1	30	0	4.5	30	15
1.3	30	1	4.7	30	15
1.5	30	1	4.9	30	15
1.7	30	1	5.1	30	16
1.9	30	1	5.3	30	16
2.1	30	9	5.5	30	17
2.3	30	9	5.7	30	18
2.5	30	9	5.9	30	19
2.7	30	10	6.1	30	20
2.9	30	10	6.3	30	21
3.1	30	11	6.5	30	22
3.3	30	11	6.7	30	23
3.5	30	12	6.9	30	24
3.7	30	13	—	—	—

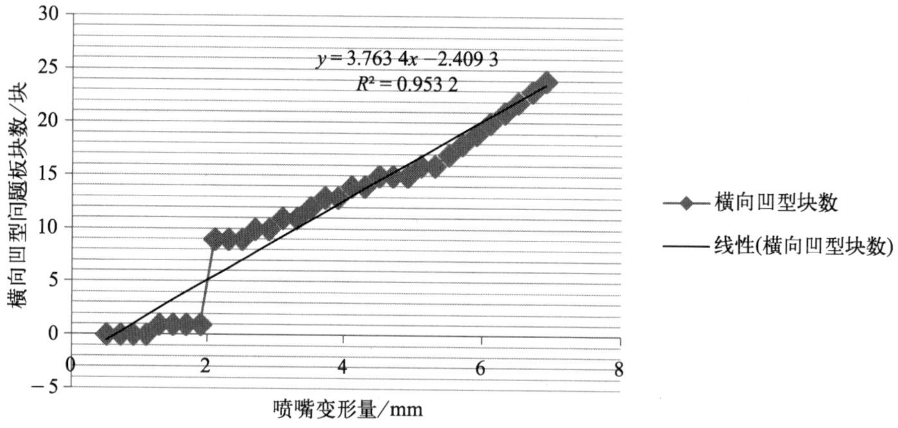

图 13　喷嘴变形影响实验数据散点图

根据实验数据及散点图可以看出，喷嘴变形量≤1.9 mm 时，产生的横向凹型不合格板很少，为 0～1 块，喷嘴变形量大于 1.9 mm 后，横向凹型不合格板块数明显增多，并随着变形量的增大而增多，喷嘴变形量与症结“横向凹型”呈正相关，两者相关性较强。

③ 现场验证缺少喷嘴冷却装置对症结横向凹型的影响

在其他条件相同的前提下，分别进行关闭组合式淬火机喷嘴冷却装置和打开组合式淬火机喷嘴冷却装置的超高强板型试验，对比有喷嘴冷却装置和没有喷嘴冷却装置两种情况下，产生的横向凹型不合格板情况。试验品种为超高强钢，规格为 10 mm×2 000 mm×5 000 mm，每次试验 100 块，统计横向凹型不合格板块数，记录实验数据，绘制统计表，见表 18、图 14。

表 18 打开/关闭喷嘴冷却装置对超高强钢板型影响试验数据

冷却装置状态	实验块数/块	横向凹型不合格板块数/块
关闭	100	19
打开	100	1

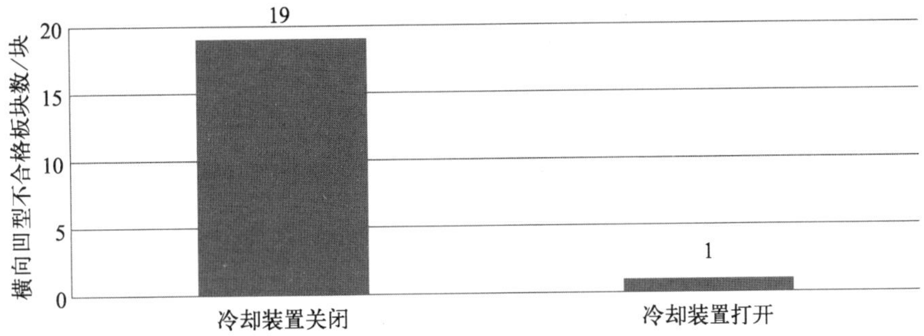

图 14 打开/关闭喷嘴冷却装置与横向凹型不合格板块数相关性柱形图

根据现场试验数据可以看出，有喷嘴冷却装置和没有喷嘴冷却装置两种情况下，产生的横向凹型不合格板块数明显不同，没有喷嘴冷却装置产生的凹型不合格板块数比有喷嘴冷却装置产生的横向凹型不合格板块数高(19－1)/19＝94.74%，有无喷嘴冷却装置对症结“横向凹型”影响较大，两者相关性较强。

确认结论：缺少喷嘴冷却装置为要因。

(6) 要因确认六：淬火速度小

确认方法：调查分析。

确认过程：小组成员×××于 2022 年 3 月 19 日，调查“2021 年超高强钢生产工艺记录”，选取最薄厚度规格 10 mm 钢板记录，将生产工艺记录整理成统计表。

为进一步确认淬火速度对症结“横向凹型”的影响，小组成员对生产工艺数据进行进一步整理分析，在其他条件都相同的条件下，绘制不同淬火速度与对应的横向凹型问题板统计表，参见表 19、图 15。

表 19 不同淬火速度与对应的横向凹型问题板统计表

钢种	厚度/mm	淬火速度/($m \cdot s^{-1}$)	水比	生产块数/块	横向凹型块数/块
Q1100	10	0.10	1.3	101	90
Q1100	10	0.11	1.3	98	83
Q1100	10	0.12	1.3	100	81

（续表）

钢种	厚度/mm	淬火速度/($m \cdot s^{-1}$)	水比	生产块数/块	横向凹型块数/块
Q1100	10	0.13	1.3	101	79
Q1100	10	0.14	1.3	100	76
Q1100	10	0.15	1.3	100	74
Q1100	10	0.16	1.3	101	73
Q1100	10	0.17	1.3	98	69
Q1100	10	0.18	1.3	99	65
Q1100	10	0.19	1.3	101	62
Q1100	10	0.20	1.3	98	31
Q1100	10	0.21	1.3	89	28
Q1100	10	0.22	1.3	102	31
Q1100	10	0.23	1.3	99	30
Q1100	10	0.24	1.3	100	26
Q1100	10	0.25	1.3	101	26
Q1100	10	0.26	1.3	98	24
Q1100	10	0.27	1.3	100	23
Q1100	10	0.28	1.3	101	23
Q1100	10	0.29	1.3	98	22
Q1100	10	0.30	1.3	100	22
Q1100	10	0.31	1.3	98	21
Q1100	10	0.32	1.3	100	21
Q1100	10	0.33	1.3	100	20
Q1100	10	0.34	1.3	101	20
Q1100	10	0.35	1.3	98	19
Q1100	10	0.36	1.3	99	18
Q1100	10	0.37	1.3	101	17
Q1100	10	0.38	1.3	98	16
Q1100	10	0.39	1.3	89	14

（续表）

钢种	厚度/mm	淬火速度/$(m \cdot s^{-1})$	水比	生产块数/块	横向凹型块数/块
Q1100	10	0.40	1.3	101	14
Q1100	10	0.41	1.3	98	13
Q1100	10	0.42	1.3	89	11
Q1100	10	0.43	1.3	101	12
Q1100	10	0.44	1.3	98	11
Q1100	10	0.45	1.3	100	2
Q1100	10	0.46	1.3	101	2
Q1100	10	0.47	1.3	102	2
Q1100	10	0.48	1.3	101	1
Q1100	10	0.49	1.3	101	1

注：水比＝上喷嘴水量(m^3/h)/下喷嘴水量(m^3/h)

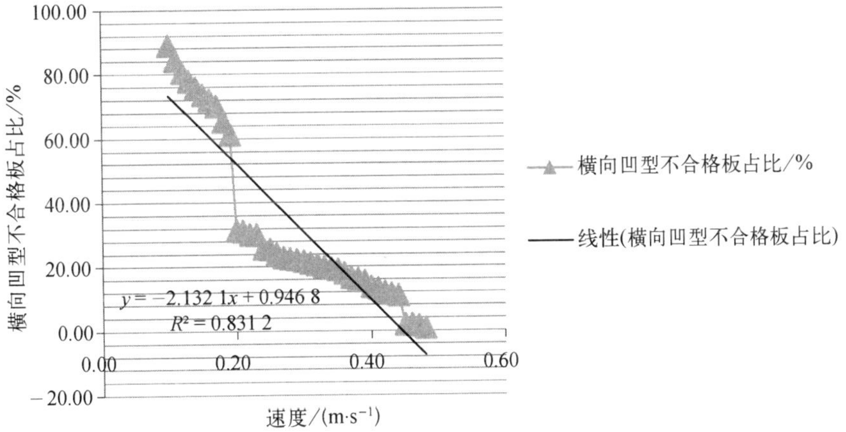

图 15 淬火速度与横向凹型散点图

由统计表和散点图可看出，随着淬火速度的提高，横向凹型不合格板逐渐降低，在速度达到 0.2 m/s 时，横向凹型不合格板大幅度降低，速度达到 0.45 m/s 时，横向凹型不合格板块数基本不再变化，淬火速度与症结“横向凹型”呈负相关，速度越大，横向凹型不合格板越少，两者相关性较强，为要因。

确认结论：淬火速度小为要因。

3. 确认结论

经过小组成员的逐一要因确认，总共发现有 2 个要因，分别是：缺少喷嘴冷却装置、淬火速度小。

七、制定对策

(1) 针对难度较大的要因"缺少喷嘴冷却装置",采用亲和图进行分析,参见图 16,共找到 2 个解决方案。

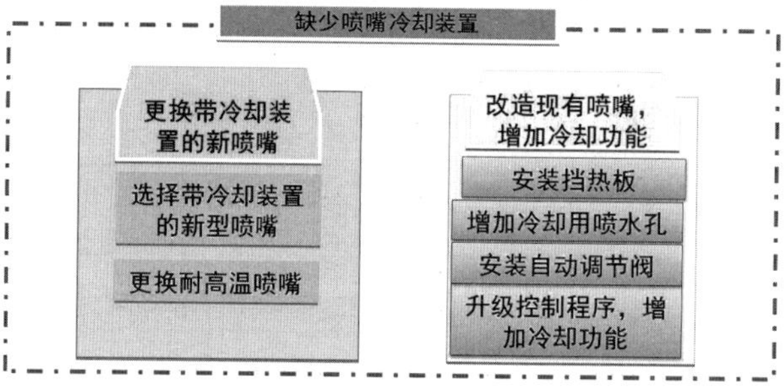

图 16　缺少喷嘴冷却装置对策亲和图

小组对上述提出的 2 种方案,分别从技术可行性、经济合理性、对工期的影响等几个方面进行分析、比选、优选,并绘制对比表,参见表 20。一致认为方案二"改造现有喷嘴"成本低、易操作,周期短,方案更具优势。

表 20　缺少喷嘴冷却装置对策对比表

方案	方案名称	技术可行性	经济合理性	对工期的影响	结论
1	更换带冷却装置的新喷嘴	喷嘴及相关配件使用时间比较长,因缺少冷却装置,经过高温烘烤等,与原先工作状态相比有所变化,更换带冷却装置的新喷嘴,能彻底解决问题	成本估计约 60 万元	需报公司审批新备件方可实施,周期约 100 天	不选用
2	改造现有喷嘴,增加冷却装置	在喷嘴内部增加 2 组冷却用喷水孔,安装自动调节阀,同时优化淬火机控制程序,增加喷嘴冷却自动控制功能,高温钢板生产时自动喷水冷却,缺少冷却装置问题得到解决	成本估计约 1.4 万元	措施简单,容易实施,周期约 5 天	选用

(2) 对策实施计划表

针对要因,依据"5W1H"原则,小组于 2022 年 3 月 25 日,制定了对策实施计划表,参见表 21。

表 21　对策实施计划表

序号	要因	对策	目标	措施	地点	时间	负责人
1	缺少喷嘴冷却装置	改造现有喷嘴,增加冷却装置	喷嘴变形量≤1.9 mm	① 在淬火机喷嘴端部安装挡热板 ② 在喷嘴内部增加 2 组冷却用喷水孔 ③ 安装自动调节阀 ④ 升级对应控制系统,增加喷嘴冷却自动控制功能	淬火机本体	2022 年 4 月 10 日—6 月 30 日	××

（续表）

序号	要因	对策	目标	措施	地点	时间	负责人
2	淬火速度小	优化淬火工艺，提高淬火速度	淬火速度0.20～0.45 m/s	①优化淬火工艺，提高淬火速度 ②优化淬火工艺，增加淬火水量 ③标准化，“大水量+快速的新工艺模式”，编写工艺技术规程，对优化后的淬火工艺实行标准化作业	淬火机本体	2022年4月10日—6月30日	×××

八、对策实施

QC小组制定对策实施计划后，分两个小组，从2022年4月开始分别实施。

1. 对策实施一：改造现有喷嘴，增加冷却装置

（1）措施实施一：安装隔热板

选取厚度4 mm钢板，制作成隔热板，安装在淬火机喷嘴端部框架处，隔挡热处理炉热量。示意图及实物图，参见图17、图18。

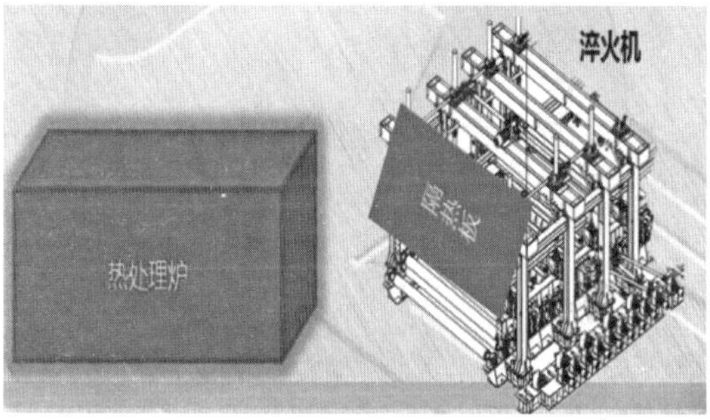

图17　隔热板安装位置示意图

图18　隔热板现场实物图

（2）措施实施二：增加冷却用喷水孔

小组成员把喷嘴送到机修车间，在喷嘴中间增加2个冷却用喷水孔。喷嘴改造设计示意图及现场实物图参见图19、图20。

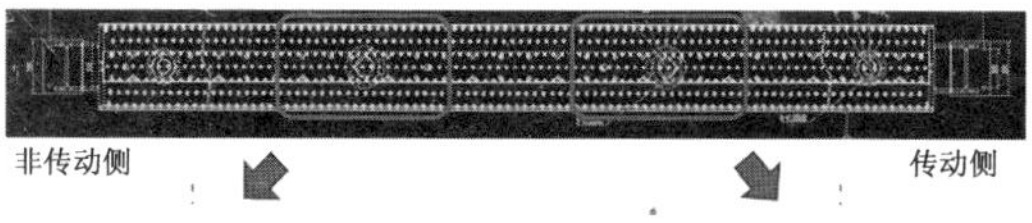

图19　淬火机喷嘴本体改造设计示意图

图20　喷嘴改造现场实物图

(3) 措施实施 3：安装自动调节阀

在新增加的 2 个冷却用喷水孔管道上，安装自动调节阀，参见图 21。

图 21　自动调节阀现场实物图

(4) 措施实施 4：优化控制程序，增加喷嘴自动冷却功能

优化控制程序，增加喷嘴冷却自动控制功能。实现淬火机利用出钢间隙自动进行喷嘴冷却，参见图 22。

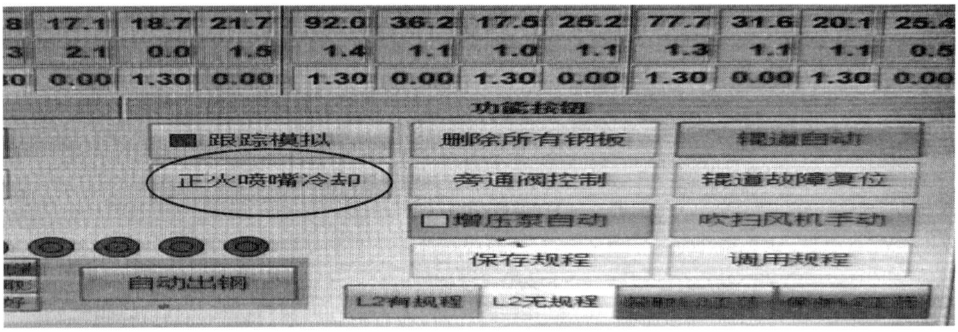

图 22　自动冷却控制操作系统画面

(5) 对策实施效果检查

2022 年 5 月 17 日，项目完成实施后，小组及时邀请设备部门、作业区对实施结果进行了全面检查。结果显示，全部按计划完成、淬火机使用正常，手动、自动运行正常，可以投入正常运行。

2022 年 5 月 18 日—6 月 16 日，小组连续 30 天跟踪测量、统计数据，编制统计表，参见表 22。由统计表可以看出，喷嘴变形量最大为 1.52 mm，30 天内测量的喷嘴变形量均≤1.9 mm，在范围内，对策目标达成，措施有效。

表 22　实施后喷嘴变形量记录表

日期	5 月 18 日	5 月 19 日	5 月 20 日	5 月 21 日	5 月 22 日
平均变形量/mm	0.86	0.83	0.89	0.95	0.94
日期	5 月 23 日	5 月 24 日	5 月 25 日	5 月 26 日	5 月 27 日
平均变形量/mm	1.01	0.89	0.95	1.52	1.23
日期	5 月 28 日	5 月 29 日	5 月 30 日	5 月 31 日	6 月 1 日
平均变形量/mm	0.95	1.52	1.23	1.01	1.01
日期	6 月 2 日	6 月 3 日	6 月 4 日	6 月 5 日	6 月 6 日
平均变形量/mm	0.80	0.95	1.52	1.23	0.90
日期	6 月 7 日	6 月 8 日	6 月 9 日	6 月 10 日	6 月 11 日
平均变形量/mm	0.95	1.52	1.23	0.99	0.90
日期	6 月 12 日	6 月 13 日	6 月 14 日	6 月 15 日	6 月 16 日
平均变形量/mm	0.94	0.83	0.95	1.52	1.23

2. 对策实施二：优化淬火工艺，提高淬火速度

2022 年 4 月 10 日开始，小组成员×××与小组骨干成员，开始对超高强钢淬火工艺进行优化。采取“大水量＋快速的新工艺模式”改变原有“小水量＋慢速的工艺模式”，主要对淬火速度及水量进行调整，同时对应调整水比、辊缝等参数。

预先考虑到针对淬火速度小采取的工艺优化过程可能出现的各类问题，提出相应的处置方案和采取预防措施，随时进行调整，以保证达到速度 0.20～0.45 m/s 的预定目标，参见图 23。

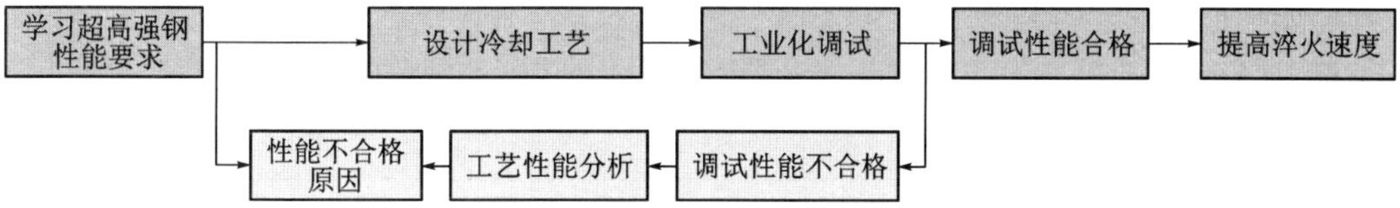

图 23　超高强钢工艺优化 PDPC 图

(1) 措施实施 1：优化淬火工艺，提高淬火速度

对内部超高强钢淬火工艺进行优化，提高淬火速度，从而提高板型合格率，减少横向凹型问题。工艺优化统计表，参见表 23。

表 23　淬火速度优化前后对比表

钢种	厚度/mm	原有淬火速度/(m·s^{-1})	优化后速度/(m·s^{-1})
Q1100E	10	0.35	0.45
Q1100E	11	0.33	0.44
Q1100E	12	0.32	0.43
Q1100E	15	0.29	0.40
Q1100E	18	0.23	0.37
Q1100E	20	0.19	0.26
Q1100E	22	0.18	0.45
Q1100E	25	0.16	0.29
Q1100E	30	0.11	0.23

(2) 措施实施 2：优化淬火工艺，增加淬火水量

在淬火速度优化提高的基础上，优化了超高强钢淬火工艺，增加淬火水量，使用“大水量＋快速的新工艺模式”，改变原有“小水量＋慢速的工艺模式”，同时对辊缝、水比等参数进行调整优化，提高冷速，在保证板型的同时保证淬火性能。编制“淬火工艺优化后生产工艺统计表”，参见表 24。

表 24　淬火工艺优化后生产工艺统计表

钢种	厚度/mm	终淬温度/℃	辊缝值/mm	水量/(m^3·h^{-1})	水比	速度/(m·s^{-1})
Q1100E	10	20	13	6 000	1.30	0.45
Q1100E	11	21	14	6 000	1.30	0.44
Q1100E	12	20	14	6 500	1.28	0.43
Q1100E	15	21	17	7 200	1.25	0.40
Q1100E	18	22	20	8 300	1.21	0.37
Q1100E	20	20	22	9 600	1.92	0.26
Q1100E	22	22	25	6 000	1.30	0.45
Q1100E	25	23	27	6 500	1.27	0.29
Q1100E	30	21	32	7 200	1.24	0.23

(3) 措施实施 3：创新优化后的淬火工艺实行标准化作业

将“大水量＋快速的新工艺模式”编写进超高强钢生产工艺规程，对优化后的淬火工艺实行标准化作业。规程中对水比、淬火速度、水量、开水位置、辊缝等下发具体的要求，

并要求操作工严格执行，减少人为改动，保证已优化工艺长期执行。编写的工艺规程参见图 24。

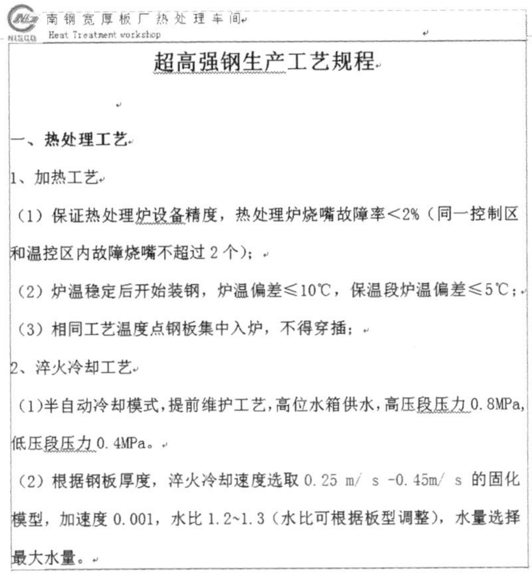

南钢宽厚板厂热处理车间
Heat Treatment workshop

超高强钢生产工艺规程

一、热处理工艺

1、加热工艺

（1）保证热处理炉设备精度，热处理炉烧嘴故障率＜2%（同一控制区和温控区内故障烧嘴不超过 2 个）；

（2）炉温稳定后开始装钢，炉温偏差≤10℃，保温段炉温偏差≤5℃；

（3）相同工艺温度点钢板集中入炉，不得穿插；

2、淬火冷却工艺

（1）半自动冷却模式，提前维护工艺，高位水箱供水，高压段压力 0.8MPa，低压段压力 0.4MPa。

（2）根据钢板厚度，淬火冷却速度选取 0.25 m/ s -0.45m/ s 的固化模型，加速度 0.001，水比 1.2~1.3（水比可根据板型调整），水量选择最大水量。

图 24　超高强钢工艺规程

图 25　超高强钢工艺优化后板型实物图

（4）对策实施效果检查

① 工艺优化后超高强钢板型明显改善，具体参见图 25。

② 统计工艺优化后超高强钢生产工艺数据，做淬火速度折线图，参见图 26。

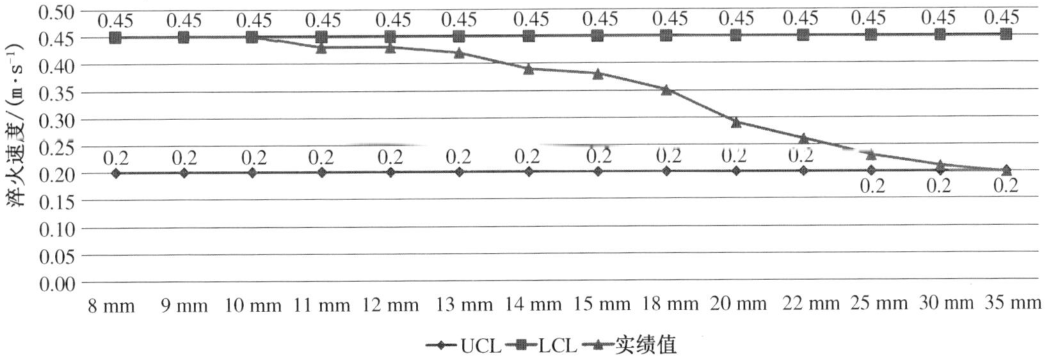

图 26　超高强钢淬火速度折线图

由图 26 可以看出，超高强钢淬火速度全部在 0.20～0.45 m/s 之间，达到了目标值。

③ 负面影响验证

小组成员咨询工艺开发人员，本次修改符合工艺要求，未对超高强钢的正常生产及性能造成负面影响。超高强钢性能合格率拆线图见图 27。

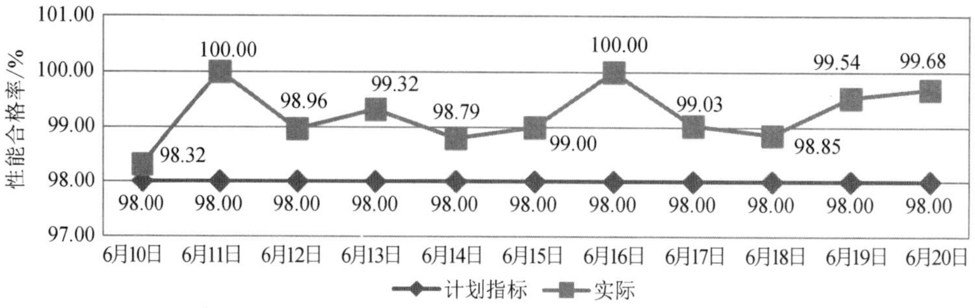

图 27　超高强钢性能合格率折线图

④ 对策实施效果检查,对策目标达成,措施有效。

九、效果检查

1. 课题目标检查

为了验证本次活动的效果,小组成员对活动前、活动中、活动后的超高强钢一次合格率进行了统计,并绘制成柱形图,参见图 28、图 29。

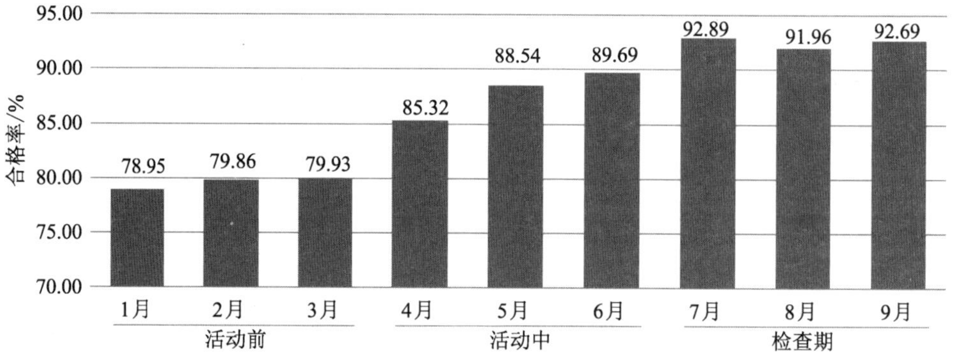

图 28　超高强钢一次合格率变化趋势柱形图

通过小组活动,2022 年超高强钢一次合格率从下半年开始逐月上升,在效果检查期 7—9 月份都高于活动目标,小组活动取得成效。

活动开展后,通过各种措施的不断实施,超高强钢一次合格率逐步提升,由活动前的78.96%提升至实施后的 92.51%,超额完成了小组 90.00%的目标,课题目标达成。

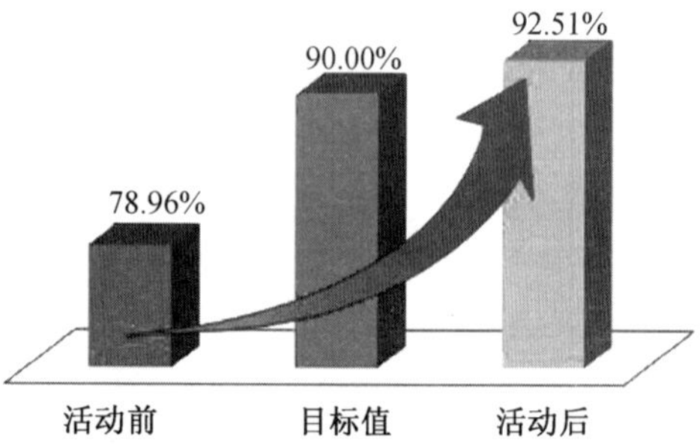

图 29　小组活动目标完成情况柱形图

2. 活动前后对比

方案实施后,小组成员及时对效果检查期 2022 年 7—9 月份的超高强钢一次合格率进行统计,并与 2021 年 7—9 月份的超高强钢一次合格率进行对比,同时绘制折线图,参见图 30。

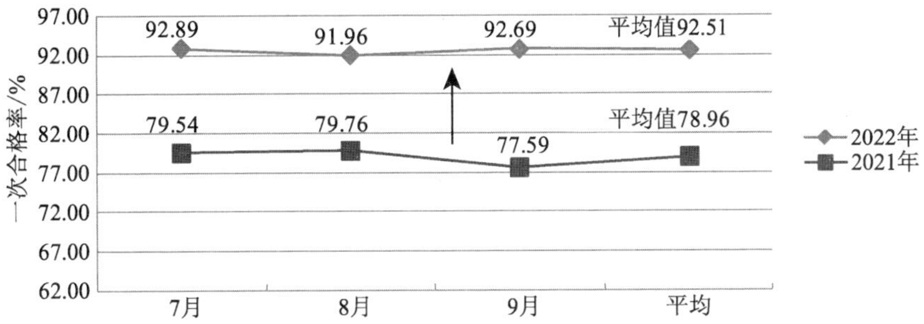

图 30　2022 年超高强钢一次合格率与 2021 年对比折线图

对比 2021 年，活动后超高强钢一次合格率显著提高，小组活动取得成效。

3. 症结改善

为了进一步分析问题症结的解决情况，小组成员对 2022 年 7 月—9 月份引发超高强钢一次不合格的各项目进行了分类统计，编制了调查表和排列图，参见表 25、图 31。

表 25　超高强钢 2022 年一次不合格因素调查表

序号	类别	频数/t	累计/t	占比/%	累计占比/%
1	板型不良	429	429	34	34
2	尺寸不符	391	820	31	65
3	表面质量差	366	1 186	29	94
4	其他	76	1 262	6	100

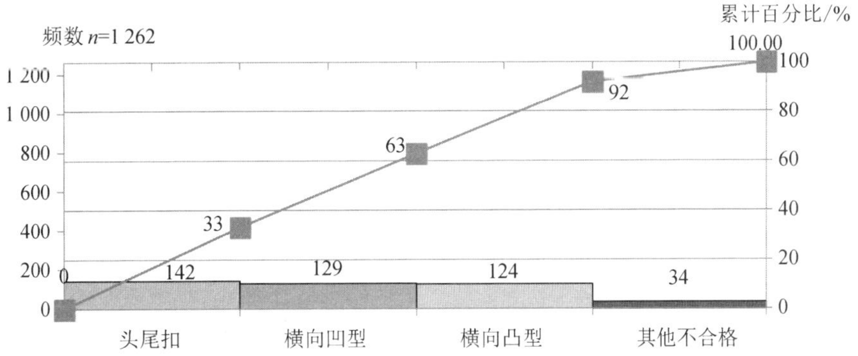

图 31　2022 年 7—9 月份超高强钢一次不合格因素排列图

由调查表及排列图可知：“板型不良”占比由活动前的 90%降到了 34%，而且各因素之间的差距已经明显缩小。小组成员进一步对板型不良因素进行分类统计，编制了调查表和排列图，参见表 26、图 32。

表 26　2022 年超高强钢板型不良因素调查表

序号	类别	频数/t	累计/t	占比/%	累计占比/%
1	头尾扣	142	142	33	33
2	横向凹型	129	271	30	63
3	横向凸型	124	395	29	92
4	其他不合格	34	429	8	100

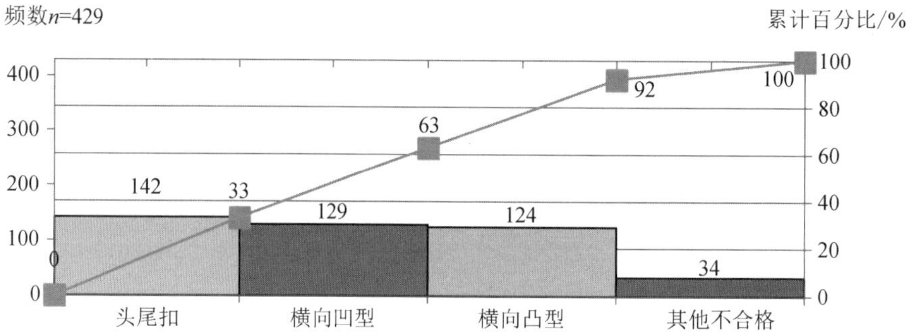

图 32　2022 年超高强钢板型不良因素排列图

由调查表及排列图可知，症结“横向凹型”累计占比由 89%降到了 30%，已降为次要因素，症结改善明显，小组活动取得实质性成效。

4. 效益分析

(1) 直接经济效益

指标提升效益：攻关前平均板型合格率 78.96%，攻关后平均板型合格率 92.51%，超高强钢平均每月生产 1 000 吨，合格钢板与不合格钢板挽救差价 180 元/吨。预计全年产生效益=(92.51%−78.96%)×1 000×180×12=29.27(万元)。能耗降本：矫直一块钢板用电 20 kWh，超高强钢平均每月生产 800 块，电耗单价 0.59 元/kWh。预计全年电耗降本：20 kWh×0.59 元/kWh×800 块×12=11.33 万元。活动成本：喷嘴改造费用为 1.52 万元。总效益=指标提升效益+减少电耗成本−活动成本=29.27 万元+11.33 万元−1.52 万元=39.08 万元。并通过公司财务审核，参见图 33。

(2) 社会效益

本次 QC 课题的开展，一次合格率的提升，有助于减少钢板的再处理时间，提高合同交货周期，提高了客户的满意度，同时也减轻了职工的劳动强度，对产量提升有进一步促进作用，不止降低了质量成本，同时减少了板型挽救的用电量，提高资源利用率，环保减排，为建设绿色工厂贡献南钢智慧。

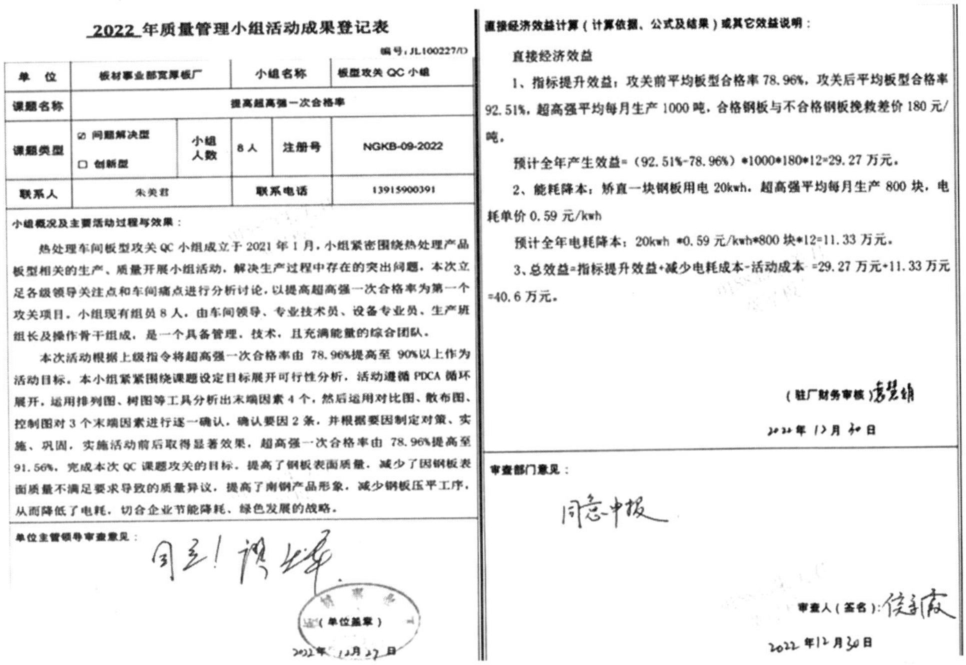

2022 年质量管理小组活动成果登记表

编号：JL100227/D

单　位	板材事业部宽厚板厂			小组名称	板型攻关 QC 小组
课题名称	提高超高强一次合格率				
课题类型	☑ 问题解决型 ☐ 创新型	小组人数	8 人	注册号	NGKB-09-2022
联系人	朱美君			联系电话	13915900391

小组概况及主要活动过程与效果：

热处理车间板型攻关 QC 小组成立于 2021 年 1 月，小组紧密围绕热处理产品板型相关的生产、质量开展小组活动，解决生产过程中存在的突出问题，本次立足各级领导关注点和车间痛点进行分析讨论，以提高超高强一次合格率为第一个攻关项目。小组现有组员 8 人，由车间领导、专业技术员、设备专业员、生产班组长及操作骨干组成，是一个具备管理、技术，且充满能量的综合团队。

本次活动根据上级指令将超高强一次合格率由 78.96%提高至 90%以上作为活动目标。本小组紧紧围绕课题设定目标展开可行性分析，活动遵循 PDCA 循环展开，运用排列图、树图等工具分析出末端因素 4 个，然后运用对比图、散布图、控制图对 3 个末端因素进行逐一确认，确认要因 2 条，并根据要因制定对策、实施、巩固，实施活动前后取得显著效果，超高强一次合格率由 78.96%提高至 91.56%，完成本次 QC 课题攻关的目标，提高了钢板表面质量，减少了因钢板表面质量不满足要求导致的质量异议，提高了南钢产品形象，减少钢板压平工序，从而降低了电耗，切合企业节能降耗、绿色发展的战略。

单位主管领导审查意见：同意！

（单位盖章）

2022 年 12 月 27 日

直接经济效益计算（计算依据、公式及结果）或其它效益说明：

直接经济效益

1、指标提升效益：攻关前平均板型合格率 78.96%，攻关后平均板型合格率 92.51%，超高强平均每月生产 1000 吨，合格钢板与不合格钢板挽救差价 180 元/吨。

预计全年产生效益=（92.51%-78.96%）*1000*180*12=29.27 万元。

2、能耗降本：矫直一块钢板用电 20kwh，超高强平均每月生产 800 块，电耗单价 0.59 元/kwh

预计全年电耗降本：20kwh *0.59 元/kwh*800 块*12=11.33 万元。

3、总效益=指标提升效益+减少电耗成本-活动成本 =29.27 万元+11.33 万元=40.6 万元。

（驻厂财务审核）

2022 年 12 月 30 日

审查部门意见：同意申报

审查人（签名）：

2022 年 12 月 30 日

图 33　QC 成果报送审核表

十、制定巩固措施

1. 标准化

（1）为了确保本次活动的成果，小组成员把取得的成果进行了整理，把证明有效的措施纳入生产规范化文件和标准化文件并报送质量部分进行存档。具体巩固措施参见表 27，标准化文件参见图 34。

表 27　超高强钢质量控制标准化清单

序号	有效措施	标准化形式	文件名称	实施时间
1	改造喷嘴，增加冷却装置	修改文件	《宽厚板厂淬火机操作规程》《宽厚板厂淬火机操作检维修规程》	2021 年 12 月 31 日
2	优化淬火工艺，提高淬火速度	下发工艺规程	《超高强钢生产工艺规程》	2021 年 12 月 31 日

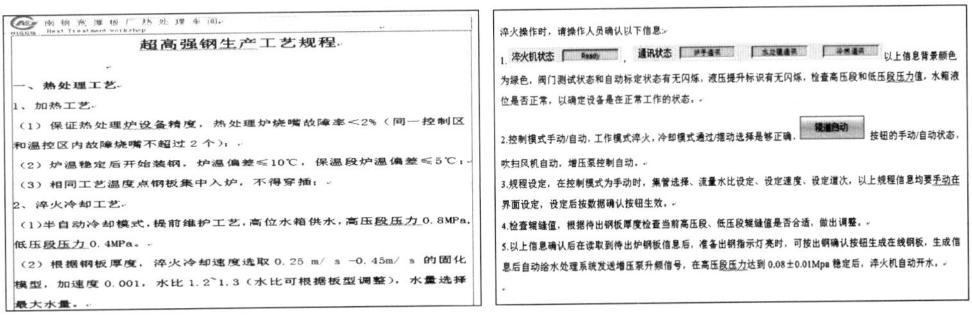

南钢宽厚板厂热处理车间

Heat Treatment workshop

超高强钢生产工艺规程

一、热处理工艺

1、加热工艺

（1）保证热处理炉设备精度，热处理炉烧嘴故障率＜2%（同一控制区和温控区内故障烧嘴不超过 2 个）；

（2）炉温稳定后开始装钢，炉温偏差≤10℃，保温段炉温偏差≤5℃；

（3）相同工艺温度点钢板集中入炉，不得穿插；

2、淬火冷却工艺

（1）半自动冷却模式，提前维护工艺，高位水箱供水，高压段压力 0.8MPa，低压段压力 0.4MPa。

（2）根据钢板厚度，淬火冷却速度选取 0.25 m/s–0.45m/s 的固化模型，加速度 0.001，水比 1.2~1.3（水比可根据板型调整），水量选择最大水量。

淬火操作时，请操作人员确认以下信息：

1. 淬火机状态 Ready ，通讯状态 以上信息背景颜色为绿色，阀门测试状态和自动标定状态有无闪烁，液压提升标识有无闪烁，检查高压段和低压段压力值，水箱液位是否正常，以确定设备是在正常工作的状态。

2.控制模式手动/自动，工作模式淬火，冷却模式通过/摆动选择是够正确，辊道自动 按钮的手动/自动状态，吹扫风机自动，增压泵控制自动。

3.规程设定，在控制模式为手动时，集管选择、流量水比设定、设定速度、设定道次，以上规程信息均要手动在界面设定，设定后按数据确认按钮生效。

4.检查辊缝值，根据待出钢板厚度检查当前高压段、低压段辊缝值是否合适，做出调整。

5.以上信息确认后在读取到待出炉钢板信息后，准备出钢指示灯亮时，可按出钢确认按钮生成在线钢板，生成信息后自动给水处理系统发送增压泵升频信号，在高压段压力达到 0.08±0.01Mpa 稳定后，淬火机自动开水。

图 34　标准化文件图

(2) 对岗位员工进行培训,保证措施有效执行,见图 35。

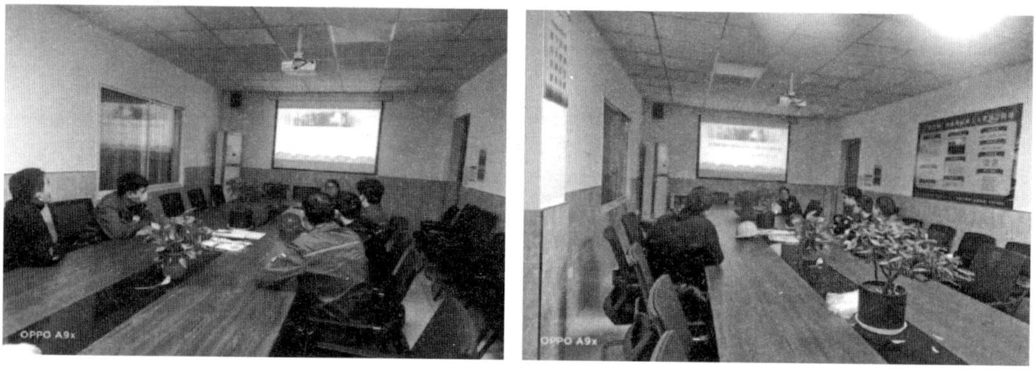

图 35　岗位员工培训图

(3) 编制超高强钢生产流程控制图,每天检查执行情况,流程图见图 36。

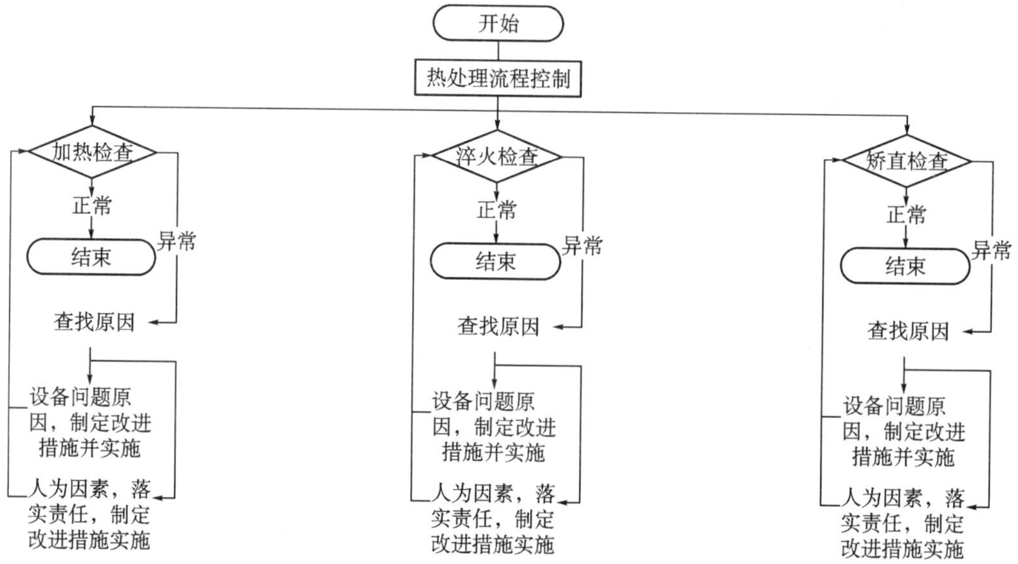

图 36　超高强钢生产流程控制图

2. 巩固期活动效果

2022 年 10—12 月,小组对巩固期进行监控,发现巩固期内的超高强钢一次合格率为 92.96%和 93.12%,92.33%。均在目标控制范围内,巩固期效果良好。

十一、 总结和下一步打算

1. 专业技术的提升

本次活动有效地解决了超高强钢一次合格率低的问题,提升了产品的质量水平,使小组成员认识到产品的指标受到工艺、设备等多方面的影响,分析应全面,要充分利用所掌握的专业知识,多分析。小组成员进一步掌握了淬火板型与设备精度的诀窍,收获了许多实践经验，对提高淬火板型的调整能力得到加强。

2. 管理方法的提升

小组成员对直方图、排列图、关联图、系统图、亲和图等都有较多的应用，掌握了 Minitab 软件的使用。

小组始终按照 PDCA 程序进行活动，完全遵循以事实为依据，用数据说话的工作理念，及时完善了作业指导书，形成工作闭环。活动程序和方法总结，参见表 28。

表 28　QC 活动程序和方法总结表

项目	内容
选择课题	小组在选题方面，以前题目不简练，题目目的和手段同时出现在题目中。有时题目选择过大，造成原因分析层次繁多。本次课题选择，尽量克服了上述问题，直接确定超高强钢一次合格率作为研究对象
设定目标	小组在设定目标方面，直接用上级要求指标定为活动目标
目标可行性论证	小组在现状调查中，以前不深入，没有做到分层，数据整理混乱。本次 QC 活动，小组成员积极开展头脑风暴，针对超高强钢一次合格率的影响因素进行反复讨论分析，针对具体原因进行调查，分层分析找问题症结
原因分析	小组在原因分析过程中，以前把题目作为分析的对象，或者树状图关系混乱，原因、结果颠倒，分析原因不彻底，逻辑混乱。小组在本次 QC 活动中，针对症结分析，对树状图有了深刻了解
要因确认	在以前的要因确认时，只是对符合性进行确认，不是对症结的影响程度进行分析。通过本次活动，学会了用试验、观察、测量等方法，运用数理工具进行分析，判断分析每条末端因素对症结的影响程度，从而确定要因
制定对策	以前在制定对策时，只有一个对策或者对策实施不彻底，现在从多方面进行考虑，确定对策实施的真实有效性
效果检查	小组以前的效果检查程序不对，先是对症结改善进行检查。本课题实施后的效果检查，先对目标值检查，再对症结改善进行检查，计算效益时从经济效益、社会安全环保效益进行了总结
巩固措施	小组以前，对有效措施标准化不彻底，没有具体佐证材料。本次活动，把有效措施落实到具体文件中，具体到文件名称、版本号、具体章节等
课题总结	以前小组开展活动后，总结不够，本次课题在成果申报、课题总结等有明确了责任人，从技术、管理、综合素质几方面进行总结

3. 小组成员综合素质的提升

（1）活动开展促进了新老员工的交流和共同提高，促进了员工间的协同互助。

（2）通过本次活动，大大提高了员工的操作能力，提高了工作责任性。现场创新能力和自主创新意识均有了不同程度的提高。

（3）促进了团队内部、团队外部的协同、协作力。

4. 对本次 QC 活动进行自评

对本次 QC 活动进行自评，编制自评表，参见表 29。本次活动存在末端因素分析不到位、要因确认分析不到位、标准化措施不全面等问题，将在下一次 QC 活动中进行改进。

表 29 QC 完成情况自评表

项目	评分/分	待改进点
选择课题	96	—
设定目标	96	—
可行性论证	96	—
原因分析	88	末端因素分析不到位
要因确认	85	要因分析不到位
制定对策	91	—
效果检查	92	—
巩固措施	89	标准化措施不全面

5. 下一步打算

本小组针对提高超高强钢一次合格率开展 QC 活动，解决了超高强钢板型不良的难题，2022 年项目实施后，超高强钢板型大幅度提高，达到了课题目标。但是，小组在数据分析上还有欠缺，尤其是需要采取创新思维，针对问题采取最优化的方法。所以小组在今后的课题开展上，从创新上下工夫。小组下次选择课题："创新生产模式，提高热处理作业率。"

十二、对"提高超高强钢一次合格率"的点评

小组针对工厂的超高强钢一次合格率不高，不能满足公司要求的问题，以指令性目标的方式，确定了"提高超高强钢一次合格率"活动课题。通过调查、论证，找到了影响超高强钢一次合格率的症结"横向凹型"，针对症结开展改进，小组严格遵循 PDCA 循环，开展质量管理小组活动；小组活动总体思路较为清晰、流程较为规范，过程严谨、数据详实、成效显著。

1. 小组成果优点项

（1）课题选择方面。课题从实际问题出发，以问题为导向，以指令性目标的方式，将课题定为"提高超高强钢一次合格率"，课题名称一目了然，体现了 QC 小组课题"目的＋对象＋问题"的命名原则。

（2）活动程序方面。小组活动程序流程标准规范，严格遵循 PDCA 循环，小组按照问题解决型（指令性目标）课题 10 个步骤展开活动，从"选择课题、设定目标、目标可行性论证、原因分析、确定主要原因、制定对策、对策实施、效果检查、制定巩固措施、总结和下一步打算"等环节，环环相扣，逻辑严密；各个环节论述严密，承上启下。

（3）数据事实方面。小组在课题实施过程中，基本遵循"用数据说话"这一质量管理基本原则，小组通过充分实验，试验测试、调查分析，运用数据处理方法，对收集到的数据，进行详细分析和阐述，论证逻辑严谨，结论科学有力。如在对策表中，对策目标也合

理地设定了可量化的目标值，这有利于对策实施过程中的验证以及对实施效果完成情况的掌控。

（4）方法工具方面。小组较为灵活地运用了 QC 工具，采用图、表配合的方式，直观地推导和呈现结论，过程清晰合理，说服性强，有一定工具使用能力。如小组使用了“简易图表、排列图、树图、散布图、过程能力分析”等方法工具。

（5）活动特色方面。小组严格按照 QC 小组活动程序开展活动，事实充分、数据详实、方法得当、结论科学。

2. 小组成果改进项

（1）小组在对改进方案的对比上，应作定量分析，不宜用定性分析。

（2）小组在效益计算时，应当计算小组活动期的效益（检查期＋巩固期），按照 12 个月进行推算，科学性不足。

（3）排列图的使用上，应当更加严紧一些，计量单位“吨”不是频数，不宜用排列图，可用简易图表进行替代。再如图 27，性能合格率不能超过 100％。

（4）用“培训次数”与“横向凹型板所占比例”进行关联性分析，得出的结论科学性不充分，采用培训时间来分析，可能会更好。

（5）效果检查时，仅一张汇总表来说明结果，缺少原始数据表。

（6）“QC 完成情况自评表”的评分，过于主观，没有打分依据和事实。

案例分享二

研制脱硝 CEMS 系统采样故障预警装置

花火 QC 小组简介如表 1 所示。

表 1　花火 QC 小组简介

小组名称	国能江苏电力工程技术有限公司花火 QC 小组				
课题名称	研制脱硝 CEMS 系统采样故障预警装置				
注册时间	2022 年 1 月	课题类型	创新型		
活动次数	12 次	出勤率	100%		
小组成员情况					
序号	姓　名	性别	学历	职称/职业资格	组内分工
1	×××	男	本科	首席技术带头人、高级技师	组织实施
2	××	男	本科	高级工程师	组织协调
3	×××	男	本科	首席技师	全面组织
4	×××	男	本科	技师	要因确认
5	×××	男	本科	高级技师	具体实施
6	×××	男	本科	高级技师	技术指导
7	×××	男	本科	首席技师	数据统计
8	×××	男	硕士	高级技师	数据统计
9	×××	男	本科	技师	效果检查
10	×××	男	本科	职工	效果检查
花火 QC 小组介绍					
花火 QC 小组是一支年轻有活力、勇于创新、善于学习、注重团队合作的队伍。小组以公司热控维护班成员为班底，主要负责江苏谏壁发电有限公司四台火电机组热控专业日常维护和消缺。小组自 2018 年成立以来，以全心全意服务属地电厂和满足公司技术管理部需求为宗旨，以提高效率、降本增效为导向，采用全面质量管理的方法，从工作中发现、分析痛点，精益求精，持续创新，来满足相关方需求。小组技术力量雄厚，现有 1 名高级工程师、1 名首席技术带头人、2 名首级技师、4 名高级技师等。小组注重工匠精神的传承，通过“传帮带”，使小组成员技能水平不断得到提升。小组注重成果转化，通过将 QC 活动中的技术成果总结提炼，现已获得《一种防止水冷壁管焊口裂纹的施工工艺》国家发明专利 1 项以及《一种太阳能光伏板清洁装置》等国家实用新型专利 10 项，小组所属工作室被评为“江苏省部属企业系统示范性劳模(技能人才)创新工作室”					

（续表）

花火 QC 小组获奖情况
2022 年江苏省电力行业优秀质量管理小组成果一等奖
2022 年国家能源集团 QC 小组成果一等奖
2022 年度国家能源集团优秀质量管理小组
2022 年全国电力行业质量管理小组活动成果二等奖
2022 年度江苏省质量管理协会二等奖技术成果
2022 年度江苏省质量管理协会优秀质量管理小组

CEMS 系统：是英文 Continuous Emission Monitoring System 的缩写，被称为“烟气排放连续监测系统”，它能够对烟气中主要污染物（如 NO_x）实施分析监测，并将数据上传至上级主管部门，是重要的环保监测设备。

图 1 为脱硝 CEMS 系统运作流程图，采样探头从现场就地抽气，经过冷凝器（一级、二级冷凝管）、采样泵最后至气体分析仪，对环保指标进行分析和上传。

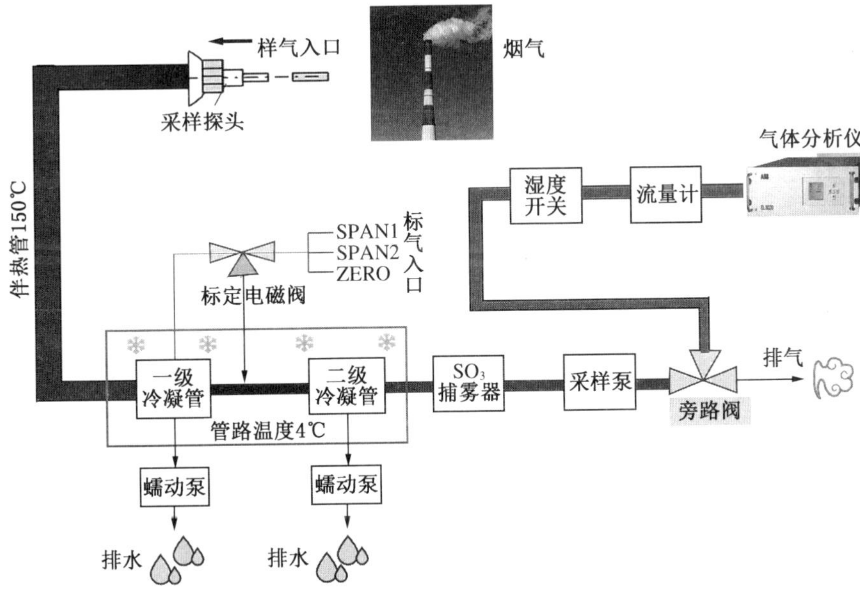

图 1　脱硝 CEMS 系统运作流程图

一、选择课题

（一）识别需求

2022 年 8 月 5 日，花火 QC 小组所服务电厂的脱硝 CEMS 系统发生采样故障，由于运维人员未能及时识别采样故障，导致采样管严重堵塞，故障处理时间过长，影响环保指标上报，因此电厂生产技术部提出，运维人员应快速识别 CEMS 系统故障，确保及时消缺。据此运维人员提出了将脱硝 CEMS 系统采样故障识别时间控制在 1 min 以内的需求。

运维人员调查发现，脱硝 CEMS 系统采样故障较为隐蔽，故障初期难以发现，现阶段主要依靠人工巡检排查。花火 QC 小组调查了 2021 年 5—10 月 16 次故障识别时间，巡检人员均为检修运维经验丰富的班组骨干，平均故障识别时间为 18.25 h。运维人员通过增加巡检频次、与运行联合巡检等方式，发现依靠现有方法和技术无法满足快速识别采样故障的需求，因此需要开展技术借鉴来满足客户的需求。

（二）技术借鉴

花火 QC 小组围绕顾客需求，通过多维度的技术借鉴，将借鉴内容与借鉴点汇总如表 2、表 3 所示：

表 2　借鉴内容与借鉴点汇总(一)

<table>
<tr><td>借鉴一</td><td>《CEMS 系统智能故障检测装置》专利技术</td></tr>
<tr><td>借鉴过程</td><td>小组在“中国知网”的专利数据库中检索到一项专利《CEMS 系统智能故障检测装置》</td></tr>
<tr><td>借鉴内容</td><td>在知网上搜索专利，以“CEMS”“故障检测”等为关键词，找到一篇发明专利：《CEMS 系统智能故障检测装置》

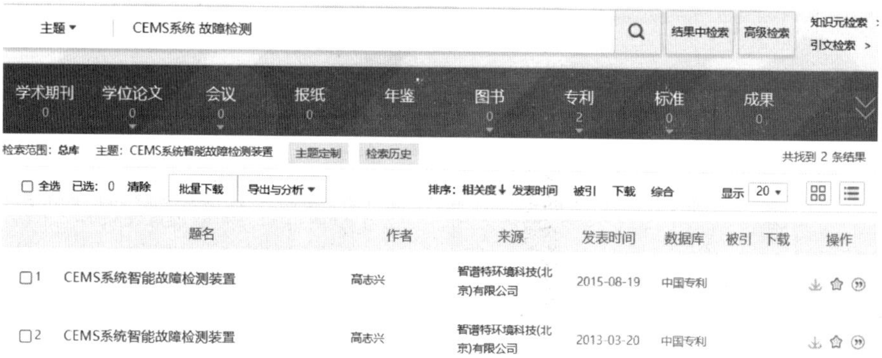

借鉴内容：集成高效的数据传输系统，能够连续在线实时对 CEMS 系统上各个测点的探测器数据进行分析检测，并发出故障报警信息</td></tr>
<tr><td>核心技术</td><td>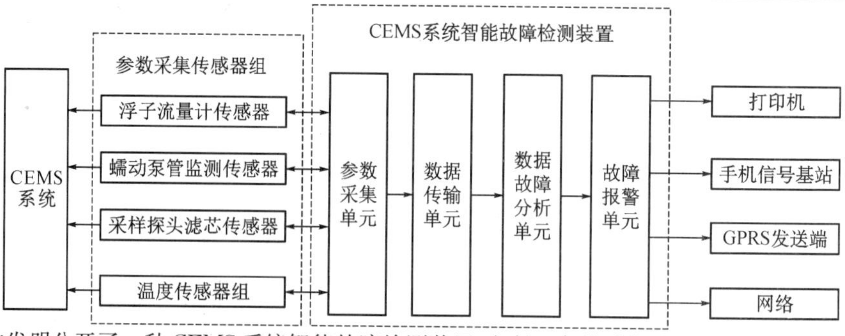

本发明公开了一种 CEMS 系统智能故障检测装置，包括：参数采集单元、数据传输单元、数据故障分析单元、故障报警单元，参数采集＋数据传输＋数据分析＋故障报警＝58(s)，该发明采用智能传感器采集传感器组采集 CEMS 系统中每个部件的物理特性数据和系统数据，并通过数据故障分析单元智能识别故障，发出相应报警</td></tr>
<tr><td>借鉴思路</td><td>通过借鉴专利技术，合理布置传感器位置及故障报警单元，将测点的数据进行汇总分析，开展脱硝 CEMS 系统故障智能判断，实现实时监控与智能报警功能，改变原来依靠人员现场巡检的方式</td></tr>
</table>

表3　借鉴内容与借鉴点汇总(二)

<table>
<tr><td>借鉴二</td><td>《一种脱硝及空预器实时监控预警平台的设计》论文理论研究</td></tr>
<tr><td>借鉴过程</td><td>小组在“中国知网”的论文数据库中检索到一篇论文《一种脱硝及空预器实时监控预警平台的设计》</td></tr>
<tr><td>借鉴内容</td><td>开发脱硝及空预器实时监控预警体系，通过对煤质、工况、脱硝及空预器运行数据的计算、分析和深度挖掘，构建系统自动调整控制策略和运行管理机制，进行状态分析与实时监控，通过建立实时监控装置，最终实现脱硝及空预器智能诊断与优化运行。该装置收集被监测区域内的所有数据信息。监测节点不仅可以及时发出烟气中氮氧化物泄漏报警信息，还可以向监控中心发送运行报警信息

</td></tr>
<tr><td>核心技术</td><td>对现场脱硝等设备加装各类传感器，通过对温度、氮氧化物含量、喷氨数据等数据进行智能采集和处理，实现脱硝数据智能诊断与优化运行，并能发送报警信息

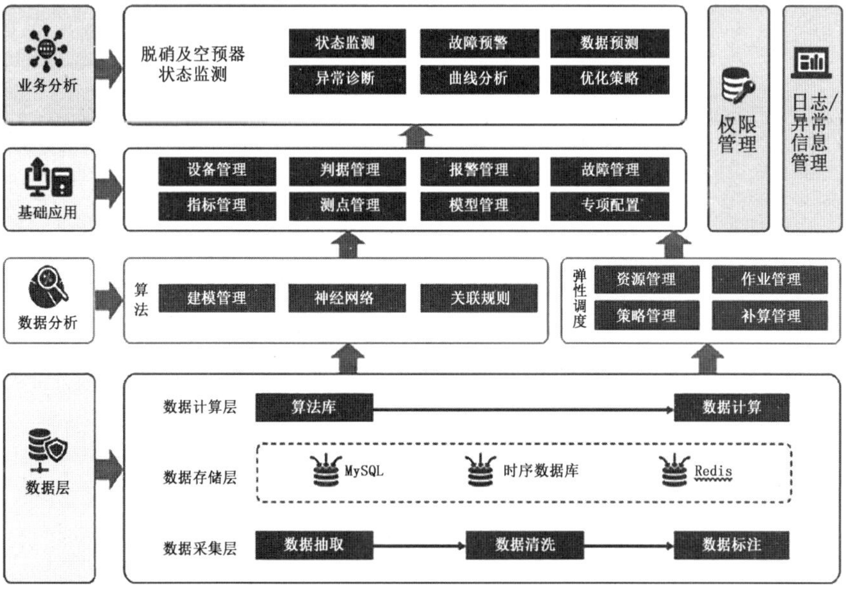

</td></tr>
</table>

（续表）

借鉴思路	通过借鉴论文理论研究内容，对现场的脱硝设备加装温度与压力监控模块，通过智能传感识别技术，来精准判断脱硝 CEMS 系统是否发生缺陷故障

通过将上述借鉴结果融合优化，小组提出创新构想：可以研制一套 CEMS 故障预警装置，通过对脱硝 CEMS 系统加装温度和压力采集模块，运用智能传感识别技术，实时监控脱硝相关数据，对预警装置进行编程，一旦出现参数异常，将发出报警，告知检修人员立即进行消缺，实现在线智能判断，从而将采样故障识别时间控制在 1 min 内。

（三）确定课题

根据借鉴结果，小组成员达成共识，基于智能传感识别技术借鉴，选择“研制脱硝 CEMS 系统采样故障预警装置”为本次活动课题。

二、设定目标及目标可行性论证

（一）设定目标

根据运维人员的需求，小组将目标设定为：将脱硝 CEMS 系统采样故障识别时间控制在 1 min 内。

（二）目标可行性论证

小组对借鉴项目“CEMS 系统智能故障检测装置”进行分析后，认为项目具有以下相同的四个功能模块，如图 2 所示。

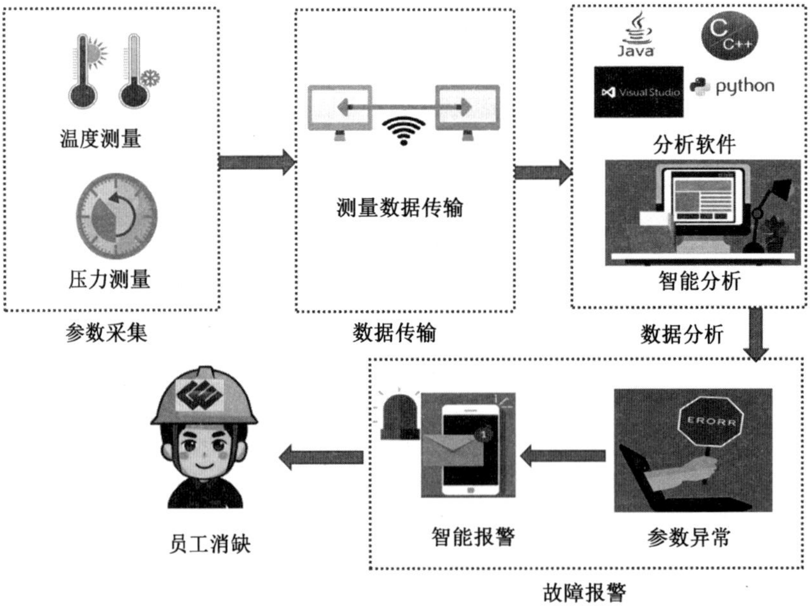

图 2　借鉴项目流程图

小组成员对四大功能模块分别进行目标可行性论证：

（1）参数采集

借鉴论文《一种脱硝及空预器实时监控预警平台的设计》采用温度、压力传感器测量的方式，测量时间为 30 s，本课题拟采用相似的技术，小组同样选用温度、压力传感器，并给定模拟温度和压力值，进行模拟实验，如表 4 所示。

表 4　不同温度下不同温度元件测量时间

温度/℃	温度传感器测量时间/s	压力/kPa	压力传感器测量时间/s
5	7.5	5	6.3
15	7.4	25	6.5
25	7.5	70	6.7
35	7.6	85	6.5
0	7.3	100	6.5
平均时间	6.5	平均时间/s	6.5
总时间/s	6.5+6.5=13		

经过模拟实验，平均测量时间为 6.5 s+6.5 s=13 s。

（2）数据传输

借鉴专利《CEMS 系统智能故障检测装置》中采用无线 4G 采集数据，采集速率为 20 m/s，数据传输时间为 10 s，本课题拟采用相似的技术，选取无线 4G 传输，并进行现场试验，进行三次采样实验进行数据传输，如表 5 所示。

表 5　模拟数据传输时间统计

脱硝数据	数据传输时间/s
数据 1	12.2
数据 2	12.1
数据 3	11.7
平均时间	12.0

经统计，脱硝 CEMS 系统数据传输平均时间为 12 s。

（3）数据分析

《一种脱硝及空预器实时监控预警平台的设计》检测的 10 类不同的数据，并且进行算法分析，分析时间为 10 s，本课题需检测的数据有 2 种，将程序写入后，可直接采用微处理器进行快速分析，小组成员参照课题内容和借鉴文献搭建了一套模拟实验装置，统计了从信号进入程序运行到结束发出指令的时间作为数据处理时间，如表 6 所示。

表 6　模拟数据分析时间统计

数据组	项目		
	运算器 A/s	运算器 B/s	运算器 C/s
数据组 1	8.2	6.3	7.5
数据组 2	8.1	6.5	7.7
数据组 3	7.6	6.4	7.7
数据组 4	8.1	6.5	7.5
数据组 5	7.8	6.4	7.4
平均时间	8.0	6.4	7.6

经过模拟实验，选择了三种常见运算装置，并根据课题需求模拟参数，经统计：三种常用运算器处理时间均在 8 s 内。

（4）故障报警

《CEMS 系统智能故障检测装置》报警反馈采用电话、手机短信报警方式，报警时间为 10 s，本课题拟采用电话语音智能通知等相似的报警方式，进行报警反馈模拟实验，如表 7 所示。

表 7　模拟实验报警时间统计

报警数据	报警时间/s
报警 1	7.1
报警 2	7.0
报警 3	6.8
报警 4	7.1
平均时间	7.0

经统计，平均报警时间为 7 s。

结论：四功能模块模拟试验总用时为 13＋8＋12＋7＝40(s)，因此将脱硝 CEMS 系统采样故障识别时间控制在 1 min 内，目标可行。

三、 提出方案并确定最佳方案

（一）提出总体方案

通过借鉴文献《一种脱硝及空预器实时监控预警平台的设计》和专利《CEMS 系统智能故障检测装置》，小组提出总体方案：脱硝 CEMS 系统故障监测预警装置的研制方案主要包含四个部分：参数采集、数据传输、数据分析及故障报警，小组提出本课题的逻辑架构，汇总如图 3 所示。

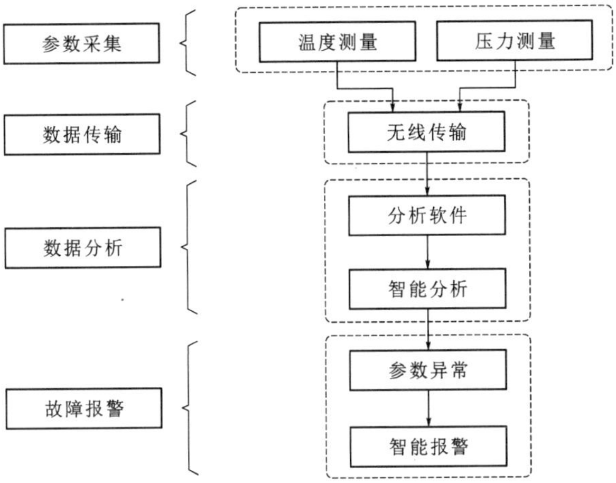

图 3 课题设计框图

1. 创新点

(1) 本课题为创新型,该装置能智能传感并判断数据,创造性的改变原人工巡检模式。

(2) 该装置具有较强独立性,不涉及电厂 DCS 系统等关键设备,是一套完全自主研制的预警装置。

2. 技术难点

(1) 现场设备受气候影响较大,在极端天气下,无线传输信号会变差,无法保障数据100%安全稳定传输。

(2) 必须通过试验分析,设置合理的定值,确保采样数值不会发生误报情况。

(3) 现场脱硝室距检修大楼最远达到 300 m,长距离传输的速度和效率难以保证。

3. 课题创新点

对现场所有的脱硝室的温度和设备压力进行实时监控,再以无线传输的方式将数据传输至检修人员,采用专业软件对数据进行智能分析,一旦参数出现异常,立即向检修人员预警,实现了对脱硝室缺陷的实时监控。

(二) 最佳方案选择

小组成员根据总体方案开展最佳方案选择,整体方案树图,参见图 4。

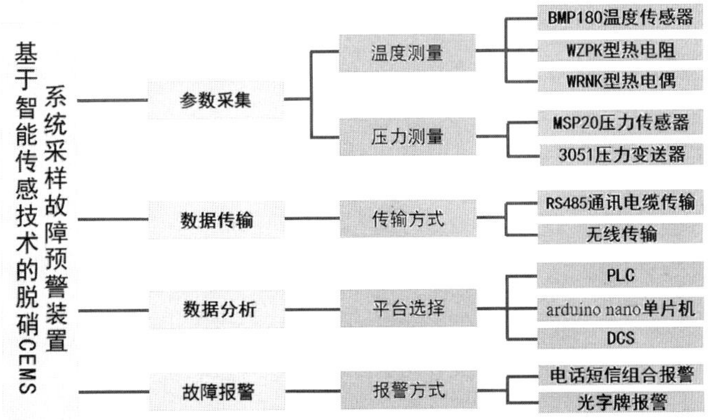

图 4 基于智能传感技术采样故障预警装置的整体方案树图

1. 参数采集

（1）温度测量

温度测量待选方案如表 8 所示。

表 8　温度测量待选方案

待选方案 1：BMP180 温度传感器	待选方案 2：WZPK 型热电阻	待选方案 3：WRNK 型热电偶
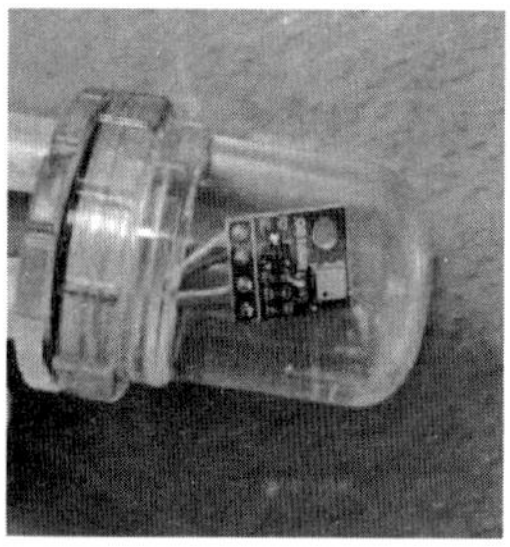		
方案选择依据	① 温度测量误差≤0.2℃ ② 成本≤30 元 ③ 温度元件响应时间≤30 s	
温度测量误差试验比较		

小组成员在热控班组对温度传感器和热电阻、热电偶元件进行加热（温度恒定），对于热电阻元件，需将所测量的电阻值和毫伏值换算成温度，与温度开关元件测量的温度值进行对比，分别计算平均误差。小组成员给定 6 种环境温度，加热三种测温元件，并记录了 6 次试验数据，结果汇总如下：

温度测量试验结果

环境温度/℃	温度传感器/℃	热电阻/℃	热电偶/℃
10.2	10.1	10.6	11.0
误差	0.1	0.4	0.8
20.1	20.1	20.4	20.7
误差	0.0	0.3	0.6
25.1	25.0	25.7	25.8
误差	0.1	0.6	0.7
29.9	30.0	30.2	30.0
误差	0.1	0.3	0.1
34.8	34.8	35.5	35.4
误差	0.0	0.7	0.6
40.2	40.0	40.6	40.7
误差	0.2	0.4	0.5
平均误差	0.083	0.45	0.68

（续表）

成本调查比较

价格统计表

购买平台	BMP180 温度传感器/元	WZPK 型热电阻/元	WRNK 型热电偶/元
平台 A	9	48	50
平台 B	8	55	42
平台 C	10	48	47
平均/元	9	50	46

小组通过向采购部门和相关购物装置咨询比对，分析三者价格成本

温度元件响应时间试验比较

小组 4 名成员分别对 3 种类型温度元件进行实验比较，测量 3 种元件的示数达到加热温度所需要的时间记为响应时间，并分析比较响应时间。
小组 4 名成员分别进行检修操作，并记录所用时间，结果汇总如下：

检修操作试验结果

姓名	温度传感器响应时间/s	热电阻响应时间/s	热电偶响应时间/s
×××	13	30	41
×××	14	36	35
×××	15	31	36
××	12	40	34
平均值	14	34	37

方案对比分析		
待选方案 1	待选方案 2	待选方案 3
① BMP180 温度传感器温度误差为 0.083℃，小于 0.2℃； ② BMP180 温度传感器成本＜30 元； ③ BMP180 温度传感器响应时间为 13.5 s，小于 30 s	① 热电阻的温度误差为 0.45℃，大于 0.2℃，不符合分级方案需求； ② 热电阻元件成本＞30 元，不符合分级方案需求； ③ 热电阻的响应时间为 34.25 s，大于 30 s，不符合分级方案需求	① 热电偶的温度误差为 0.68℃，大于 0.2℃，不符合分级方案需求； ② 热电偶元件成本＞30 元，不符合分级方案需求； ③ 热电偶的响应时间为 36.5 s，大于 30 s，不符合分级方案需求
结论	选择 BMP180 温度传感器作为测温元件	

（2）压力测量

压力测量待选方案如表 9 所示。

表 9　压力测量待选方案

待选方案 1：MSP20 压力传感器	待选方案 2：3051 压力变送器
	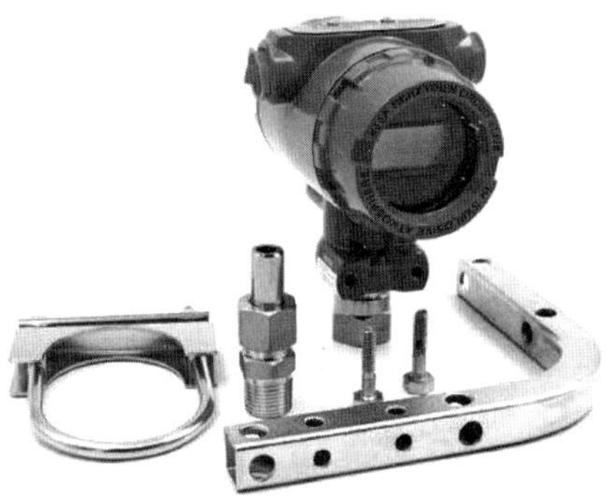
将每个 CEMS 系统的采样泵进口处安装压力传感器，并将压力信号传输至单片机，对整个脱硝系统的管路压力进行实时监控	每台 CEMS 脱硝系统安装一台压力变送器，并将所有压力信号传输至 DCS 系统，对系统管路的压力进行实时监控
方案选择依据	① 压力测量误差≤0.1 kPa； ② 设备成本≤30 元； ③ 压力测量响应时间≤30 s
压力测量误差试验比较	
① 小组成员利用标准校验台对两种表计进行校验，选取 9 个点并记录表计显示的压力值计算出测量误差。	

压力测量试验结果

给定压力/kPa	压力传感器元件/kPa	压力变送器元件/kPa
20	20.05	20.10
40	39.08	40.05
60	60.02	60.08
80	80.01	80.02
100	100.04	100.04
120	120.01	119.04
140	140.07	140.03
170	169.93	170.05
200	200.04	199.07
平均误差	0.04	0.53

（续表）

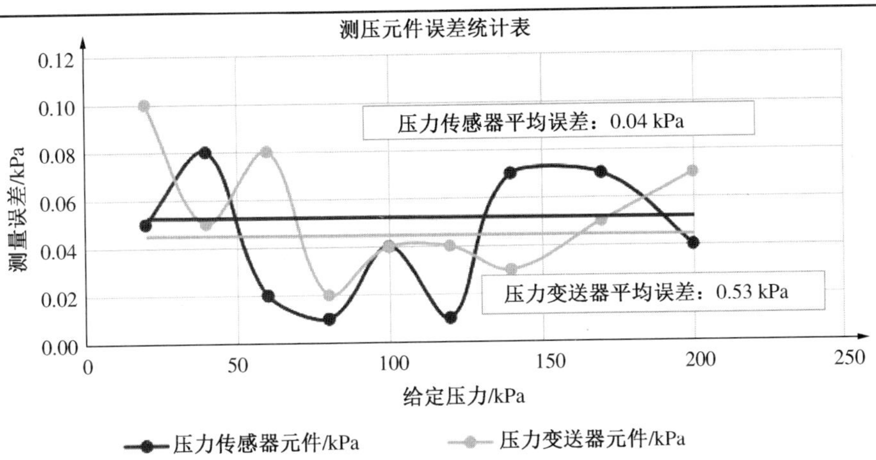

测量平均误差统计图

成本分析比较

② 咨询采购部门和相关购物装置进行成本比较；根据分析比较，常用的压力传感器价格低廉，厂内常用的 3051 压力变送器价格较高。

压力测量试验结果

购买平台	MSP20 压力传感器/元	3051 压力变送器/元
平台 A	8.2	980.0
平台 B	9.0	950.0
平台 C	8.6	1 000.0
平均价格/元	8.6	976.7

压力测量响应时间试验分析

③ 利用标准校验器，通过给定固定压力，统计其达到给定压力的时间计为测压响应时间，并进行比较。

压力传感器响应时间

给定压力/kPa	压力传感器响应时间/ms	压力变送器响应时间/ms
20	7.23	2.25
40	7.12	2.12
60	7.05	2.22
80	7.52	2.11
100	7.32	2.15
120	7.26	2.16
140	7.24	2.18
170	7.24	2.16
200	7.22	2.17
平均响应时间/ms	7.24	2.17

（续表）

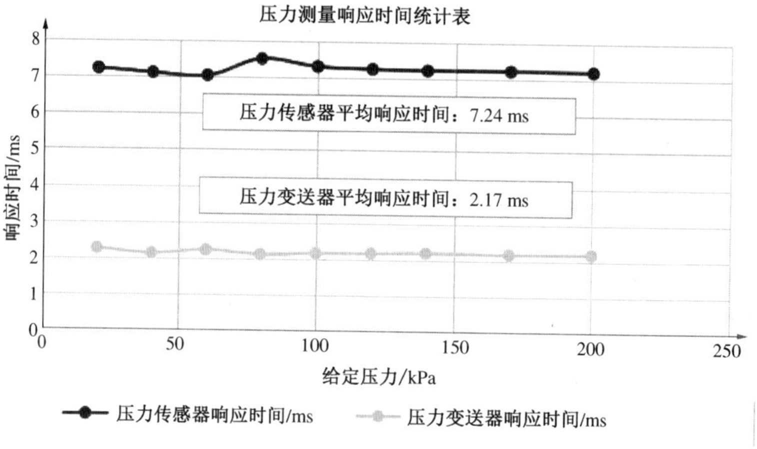

平均响应时间统计图

在给定模拟压力环境下，压力传感器平均测量误差为 0.04 kPa，平均响应时间为7.24 ms；压力变送器平均测量误差为 0.53 kPa，平均响应时间为 2.17 ms

方案对比分析	
待选方案 1	待选方案 2
① 压力传感器元件测量误差为 0.04 kPa，小于 0.1 kPa； ② 压力传感器元件成本＜30 元； ③ 压力传感器平均响应时间为 7.24 ms，小于 30 s	① 压力变送器测量误差为 0.06 kPa，小于 0.1 kPa； ② 压力变送器成本＞30 元，不符合分级方案需求； ③ 压力变送器平均响应时间为 2.17 ms，小于 30 ms
结论	选择 MSP20 压力传感器作为测压元件

2. 数据传输

传输方式待选方案如表 10 所示。

表 10　传输方式待选方案

待选方案 1：RS485 电缆传输	待选方案 2：5G 无线传输
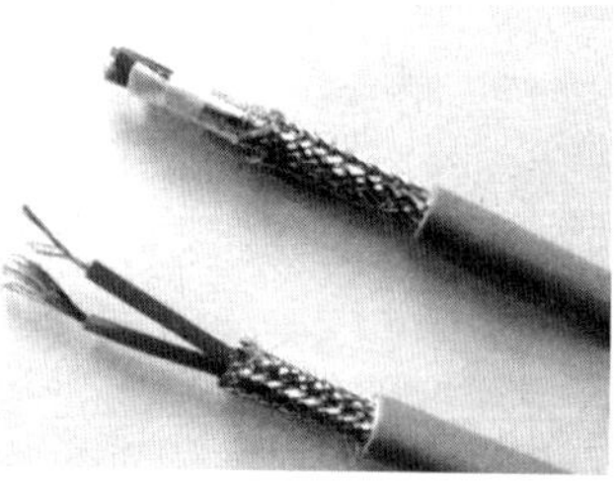	
方案选择依据	① 信息传输准确率≥100%； ② 输入信号的误报频次≤1 次/月； ③ 综合成本＜200 元

（续表）

数据传输成本比较分析
比较分析有线传输、无线传输模式综合成本时，需考虑材料成本和人工施工成本；有线传输需铺设电缆，传输电缆耗材成本高，且电缆铺设需大规模动工，铺设时间长，综合成本较高，预估远高于 200 元；无线传输需购买相关无线接发模块，通过相关装置价格比较，成本较低，且施工成本低，安装速度快，预估无需价格成本
数据传输速率正确率试验分析

两种模式依次传输不同大小的数据包（50 KB～100 MB），分析比较数据传输时间和数据包内容传输正确率。

不同模式下数据包传输情况

序号	数据包	有线/s	无线/s	正确率/%
1	50 KB	0.12	0.09	100
2	2 MB	0.21	0.14	100
3	50 MB	0.37	0.28	100
4	100 MB	0.89	0.65	100
5	200 MB	1.74	1.23	100
6	300 MB	2.89	2.02	100
7	400 MB	3.65	2.98	100
8	500 MB	4.64	3.89	100
9	700 MB	6.24	5.21	100
10	900 MB	7.89	6.96	100
11	1 100 MB	9.21	8.24	100
总时间/s		37.85	31.69	100

通过传输 50 KB、2 MB、50 MB、100 MB 等多个数据包，有线、无线模式均能 100%正确传输数据包内容，11 种数据包有线传输总时间为 37.85 s，无线传输总时间为 31.69 s，无线传输优于有线传输模式。

方案对比分析	
待选方案 1	待选方案 2
① RS485 电缆传输准确率 100%； ② 有线传输误报次数为 0； ③ 无线传输模式综合成本预计远大于 200 元	① 5G 无线传输通过信号无线传输，传输准确率 100%； ② 无线传输误报次数为 0； ③ 无线传输模式综合成本预计为 0，小于 200 元
结论	选择 5G 无线传输模式

3. 数据分析

数据分析时硬件选择待选方案如表 11 所示。

表 11　硬件选择待选方案

待选方案 1：PLC	待选方案 2：arduino nano 单片机	待选方案 3：DCS
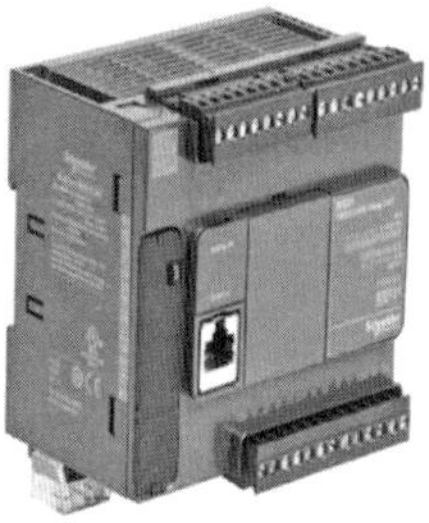		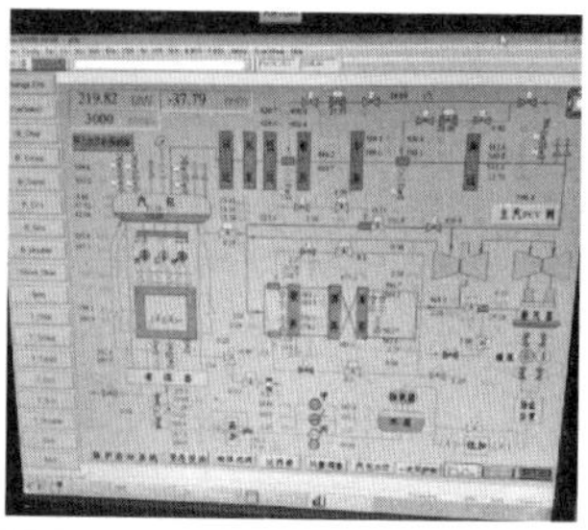
方案选择依据	① 响应速度≤10 s； ② 价格成本≤100 元	
响应速度试验分析		
分别安装三个硬件装置，调整设置后，比较三种硬件装置的响应速度，响应时间分别为 PLC50 ms、单片机 55 ms、DCS25 ms		
价格成本比较分析		
比较三种硬件装置的价格成本，PLC 价格为 1 959 元、单片机价格为 70 元、DCS 价格为 8 000 元		
方案对比分析		
待选方案 1	待选方案 2	待选方案 3
① PLC 平均响应时间为 50 ms，符合需求； ② PLC 装置平均价格为1 959 元，价格过高	① 单片机装置平均响应时间为55 ms，符合需求； ② 单片机装置价格平均约 70 元，价格为三种方案中最低	① DCS 平均响应时间为 25 ms，符合需求； ② DCS 平均价格约8 000 元，价格最高
结论	选择 arduino nano 单片机硬件装置	

4. 故障报警

报警方式待选方案如表 12 所示。

表 12　故障报警待选方案

待选方案 1：电话+短信组合报警	待选方案 2：光字牌报警
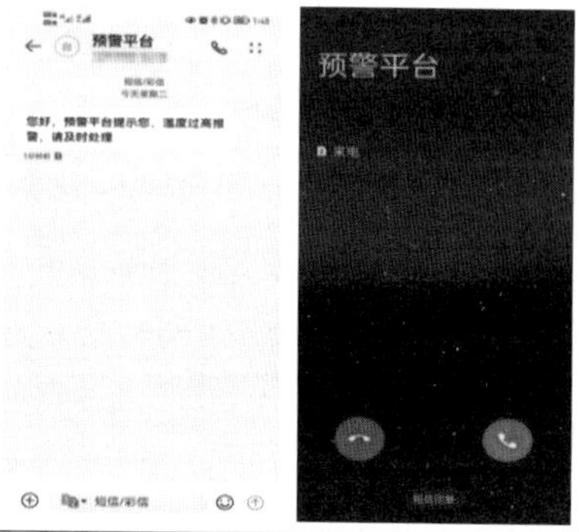	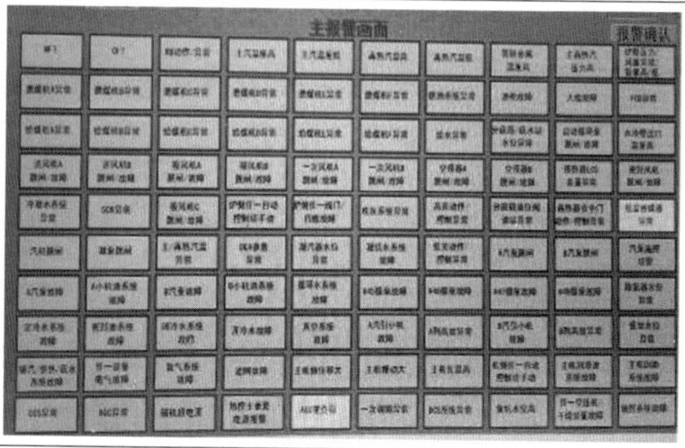

（续表）

方案选择依据	① 报警平均发现时间≤10 s； ② 误报警次数≤1 次/周
试验流程	① 模拟故障情况触发报警，统计故障发生到成功报警的时间，并进行比较（光字牌报警需运行配合）； ② 模拟五种故障情况，每一组测试十次，共计五十次，统计报警成功率和报警信息准确率，并进行分析比较

报警时间试验分析

模拟了超温、低温；管路泄露、阻塞、堵塞五种故障现象各五次，共计 25 次，分别统计两种报警方式发现报警时间，统计结果如下：

不同报警方式报警时间统计表

报警类型	电话＋短信组合报警/s	光字牌报警/s
超温	3.0	98.0
低温	4.4	56.0
泄露	2.6	17.0
阻塞	1.75	98.0
堵塞	2.2	56.0
平均报警时间/s	2.79	45.40

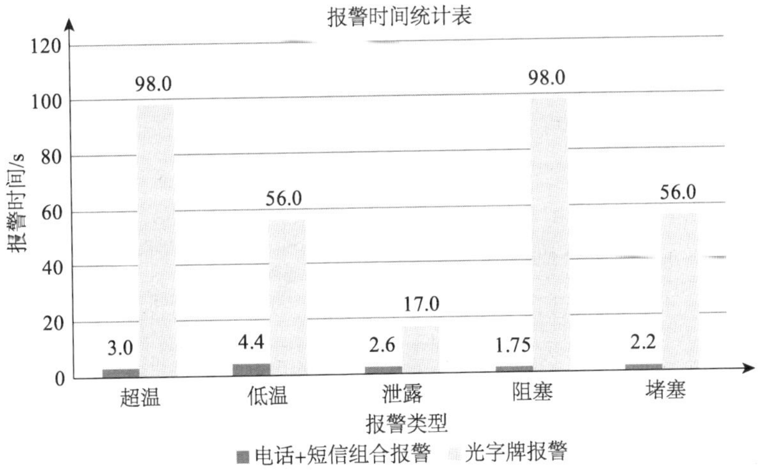

不同报警方式报警时间统计图

误报率试验分析

电话＋短信报警较为直接，效果明显，检修人员方便查收；光字牌报警过于依赖运行人员监盘，存在较大不确定性，且与检修人员之间不能直接联通。小组统计了上述实验中每周误报次数，发现均为 0 次

（续表）

方案对比分析	
待选方案 1	待选方案 2
① 电话+短信组合报警发现时间平均为 2.79 s，小于 10 s； ② 电话+短信组合报警无误报	① 光字牌报警平均发现时间为 45.4 s，大于 10 s，不符合分级方案需求； ② 光字牌报警无误报
结论	选择电话+短信组合报警方式

（三）确定最佳方案选择树图

根据分级方案选比结果，小组绘制了最佳方案，选择树图参见图 7。

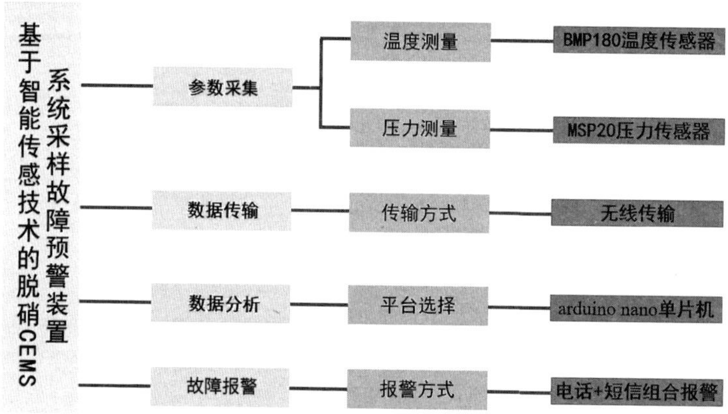

图 5　最佳方案选择树图

四、制定对策

对策措施计划如表 13 所示。

表 13　对策措施计划表

序号	对策	目标	措施	负责人	地点	完成时间
1	安装 BMP180 温度传感器元件	① 温度测量差≤0.2℃； ② 温度元件响应时间≤30 s	① 采用 BMP180 温度传感器； ② 进行固定安装和接线； ③ 对策目标检查	××	＃13 炉	2022 年 3 月 3 日
2	安装 MSP20 压力传感器	① 压力测量差≤0.1 kPa； ② 测压原件响应时间≤30 s	① 采用 MSP20 压力传感器； ② 进行固定安装和接线； ③ 对策目标检查	××	＃13 炉	2022 年 3 月 8 日

（续表）

序号	对策	目标	措施	负责人	地点	完成时间
3	搭建 5G 无线传输模块	① 传输故障频率≤1 次/月； ② 传输时间≤10 s	① 采用 5G 无线传输模块； ② 焊接至电路板并接线； ③ 对策目标检查	×××	仿真机室	2022 年 3 月 31 日
4	开发 arduino nano 单片机程序	响应速度≤10 s	① 采用 arduino nano 单片机； ② 编写符合该预警装置逻辑的程序； ③ 对策目标检查	×××	仿真机室	2022 年 4 月 19 日
5	组装报警模块	① 报警平均发现时间≤10 s； ② 误报警次数≤1 次/周	① 设计编写报警模块逻辑； ② 设置报警值和延迟时间； ③ 对策目标检查	×××	仿真机室	2022 年 4 月 21 日
6	装置整体调试	① 装置运行稳定性≥98%； ② 装置运行准确性≥99%	① 开工作票，确认可以开始工作； ② 将设备系统接入脱硝 CEMS 系统； ③ 模拟和测试； ④ 对策目标检查，确认报警是否正确发出	×××	♯13 炉	2022 年 4 月 25 日

五、对策实施

对策一实施如表 14 所示。

表 14　对策一实施表

对策一	安装 BMP180 温度传感器元件
目标	① 温度测量差≤0.2℃； ② 温度元件响应时间≤30 s
措施	① 采用 BMP180 温度传感器； ② 进行固定安装和接线； ③ 对策目标检查
实施过程	选择体积、量程合适的温度传感器元件进行安装固定。小组选择 2 cm×2 cm 的 BMP180 温度传感器作为测温元件，完成测温元件固定和接线，并记录温度信号在一周内的测量误差和响应时间进行统计

（续表）

<table>
<tr><td>实施过程</td><td colspan="5">
故障次数统计表
<table>
<tr><td>采集时间</td><td>9:00</td><td>10:00</td><td>11:00</td><td>12:00</td><td>13:00</td><td>14:00</td></tr>
<tr><td>测量误差/℃</td><td>0.03</td><td>0.09</td><td>0.14</td><td>0.06</td><td>0.12</td><td>0.12</td></tr>
<tr><td>响应时间/s</td><td>12</td><td>16</td><td>16</td><td>14</td><td>15</td><td>18</td></tr>
</table>
温度传感器芯片安装完成并试验后统计发现：实验时间内平均测量误差为 0.06℃，平均响应时间为 15 s
</td></tr>
<tr><td>目标检查</td><td colspan="5">温度传感器温度测量差<0.2℃，响应时间<30 s，对策目标一实现</td></tr>
<tr><td>实施人员</td><td>××</td><td>地点</td><td>#13 炉脱硝小室</td><td>完成日期</td><td>2022 年 3 月 3 日</td></tr>
</table>

对策二实施如表 15 所示。

表 15　对策二实施表

<table>
<tr><td>对策二</td><td colspan="5">安装 MSP20 压力传感器</td></tr>
<tr><td>目标</td><td colspan="5">① 压力测量差≤0.1 kPa；
② 测压原件响应时间≤30 s</td></tr>
<tr><td>措施</td><td colspan="5">① 采用 MSP20 压力传感器；
② 进行固定安装和接线；
③ 对策目标检查</td></tr>
<tr><td>实施过程</td><td colspan="5">在安装压力传感器前，需测量脱硝 CEMS 设备中管路压力情况，根据测定值选择体积和量程合适的压力传感器元件模块。小组成员需要对压力传感器元件模块进行封装，并通过合适的接口接入 CEMS 系统，确保无泄漏。
小组成员在每台 CEMS 设备管路的采样泵进口处安装 BMP180 压力传感器模块，来监测系统管路的进口压力，安装完后的管路压力应与安装前压力一致，检查管路系统有无泄露等情况</td></tr>
<tr><td>实施过程</td><td colspan="5">
小组统计了 6 次压力采样，计算其测量误差和传感器响应时间：
压力传感器对策实施数据统计表
<table>
<tr><td>序号</td><td>1</td><td>2</td><td>3</td><td>4</td><td>5</td><td>6</td></tr>
<tr><td>测量误差/kPa</td><td>0.01</td><td>0.02</td><td>0.01</td><td>0</td><td>0.01</td><td>0.00</td></tr>
<tr><td>响应时间/s</td><td>7.1</td><td>7.5</td><td>7.0</td><td>7.2</td><td>7.2</td><td>7.3</td></tr>
</table>
经统计，平均测量误差为 0.01 kPa，平均响应时间为 7.2 s
</td></tr>
<tr><td>目标检查</td><td colspan="5">压力传感器测量误差<0.1 kPa，响应时间<30 s，对策目标二实现。</td></tr>
<tr><td>实施人员</td><td>××</td><td>地点</td><td>#13 炉脱硝小室</td><td>完成日期</td><td>2022 年 3 月 8 日</td></tr>
</table>

对策三实施如表 16 所示。

表 16　对策三实施表

<table>
<tr><td>对策三</td><td colspan="5">搭建 5G 无线传输模块</td></tr>
<tr><td>目标</td><td colspan="5">① 传输故障频率≤1 次/月；
② 传输时间≤10 s</td></tr>
<tr><td>措施</td><td colspan="5">① 采用 5G 无线传输模块；
② 焊接至电路板并接线；
③ 对策目标检查</td></tr>
<tr><td>实施过程</td><td colspan="5">选择合适的无线接发模块，型号 Air202，并由小组专业人员焊接至 pcb 展示板，并接通电源，小组实验并统计了一个月内五次传输故障频率：
无线信号传输统计表
<table>
<tr><td>序号</td><td>1</td><td>2</td><td>3</td><td>4</td><td>5</td></tr>
<tr><td>传输时间/s</td><td>4.2</td><td>4.7</td><td>4.2</td><td>4.3</td><td>4.8</td></tr>
<tr><td>故障次数/次</td><td colspan="5">0</td></tr>
<tr><td>平均时间/s</td><td colspan="5">4.4</td></tr>
</table>
</td></tr>
<tr><td>实施过程</td><td colspan="5">经测试，在温度或压力超限时，能够通过无线接发模块进行信号无线传输，符合需求</td></tr>
<tr><td>目标检查</td><td colspan="5">月度故障次数为 0 次，平均传输时间 4.4 s，对策目标三实现</td></tr>
<tr><td>实施人员</td><td>×××</td><td>地点</td><td>仿真机室</td><td>完成日期</td><td>2022 年 3 月 31 日</td></tr>
</table>

对策四实施如表 17 所示。

表 17　对策四实施表

<table>
<tr><td>对策四</td><td colspan="5">开发 arduino nano 单片机程序</td></tr>
<tr><td>目标</td><td colspan="5">响应速度≤10 s</td></tr>
<tr><td>措施</td><td colspan="5">① 采用 arduino nano 单片机；
② 编写符合该预警装置逻辑的程序；
③ 对策目标检查</td></tr>
<tr><td>实施过程</td><td colspan="5">小组成员将温度开关、压力开关元件等连接至单片机，通过程序完善该预警装置逻辑，对温度高于或低于设定值时自动报警，压力高于或低于设定值时，自动报警。
对 Arduino 开发板程序编写后，进行逻辑验证，在模拟环境的情况下，验证温度、差压过高或过低时系统是否能实时响应，并统计响应时间。
程序逻辑验证统计情况
<table>
<tr><td>温度/℃</td><td>−5</td><td>8</td><td>15</td><td>20</td><td>25</td><td>30</td><td>35</td><td>40</td><td>45</td></tr>
<tr><td>报警反馈</td><td>报警</td><td>报警</td><td>未报警</td><td>未报警</td><td>未报警</td><td>未报警</td><td>未报警</td><td>报警</td><td>报警</td></tr>
<tr><td>响应时间/s</td><td>4.0</td><td>5.0</td><td>4.0</td><td>7.0</td><td>8.0</td><td>6.0</td><td>7.0</td><td>6.0</td><td>6.0</td></tr>
<tr><td>平均时间/s</td><td colspan="9">5.9</td></tr>
</table>
经验证，在不同的温度条件下，程序可以正确运行并进行数据分析，且平均响应时间为 5.9 s，安装编程均由小组成员完成，无其他成本</td></tr>
<tr><td>目标检查</td><td colspan="5">程序符合逻辑，响应时间<10 s，对策目标四实现</td></tr>
<tr><td>实施人员</td><td>×××</td><td>地点</td><td>仿真机室</td><td>完成日期</td><td>2022 年 4 月 19 日</td></tr>
</table>

对策实施五如表 18 所示。

表 18　对策五实施表

<table>
<tr><td>对策五</td><td colspan="8">组装报警模块</td></tr>
<tr><td>目标</td><td colspan="8">① 报警平均发现时间≤10 s;
② 误报警次数≤1 次/周</td></tr>
<tr><td>措施</td><td colspan="8">① 设计编写报警模块逻辑;
② 设置报警值和延迟时间;
③ 对策目标检查</td></tr>
<tr><td>实施过程</td><td colspan="8">小组成员编写报警逻辑,并根据规定要求设置温度的设定值,高于 35℃或低于 10℃则报警,压力同理,小组成员进行模拟报警,并对报警的时间进行统计,同时计算出平均值</td></tr>
<tr><td rowspan="5">实施过程</td><td colspan="8">发现报警信息时间统计表</td></tr>
<tr><td>序号</td><td>1</td><td>2</td><td>3</td><td>4</td><td>5</td><td>6</td><td>7</td></tr>
<tr><td>报警时间/s</td><td>4.0</td><td>3.0</td><td>3.0</td><td>3.0</td><td>3.0</td><td>3.0</td><td>4.0</td></tr>
<tr><td>误报次数/次</td><td colspan="7">0</td></tr>
<tr><td colspan="8">经实验验证,通过电话报警,平均时间为 3.3 s</td></tr>
<tr><td>目标检查</td><td colspan="8">发现报警信息平均时间<10 s,误报次数为 0 次,对策目标五实现</td></tr>
<tr><td>实施人员</td><td>×××</td><td>地点</td><td colspan="2">仿真机室</td><td>完成日期</td><td colspan="3">2022 年 4 月 21 日</td></tr>
</table>

对策六实施如表 19 所示。

表 19　对策六实施表

<table>
<tr><td>对策六</td><td colspan="8">系统整体调试</td></tr>
<tr><td>目标</td><td colspan="8">① 装置运行稳定性≥98%;
② 装置运行准确性≥99%</td></tr>
<tr><td>措施</td><td colspan="8">① 开工作票,与运行人员沟通好,确认可以开始工作;
② 将设备系统接入脱硝 CEMS 系统;
③ 模拟流量低、温度高的情况;
④ 确认报警是否正确发出,被通知人是否及时接收到</td></tr>
<tr><td rowspan="7">实施过程</td><td colspan="8">小组成员编写报警逻辑,并根据规定要求设置温度的设定值为 10～35℃,高于 35℃或低于 10℃则报警,压力同理,对小组成员一周内发现的 CEMS 系统故障报警进行统计,计算出识别成功率。
温度、压力异常报警是否接收统计</td></tr>
<tr><td>序号</td><td>1</td><td>2</td><td>3</td><td>4</td><td>5</td><td>6</td><td>7</td></tr>
<tr><td>温度异常识别</td><td>是</td><td>是</td><td>是</td><td>是</td><td>是</td><td>是</td><td>是</td></tr>
<tr><td>压力异常识别</td><td>是</td><td>是</td><td>是</td><td>是</td><td>是</td><td>是</td><td>是</td></tr>
<tr><td>识别成功率</td><td colspan="7">100%</td></tr>
<tr><td colspan="8">该装置调试期间稳定运行,未发生任何故障</td></tr>
</table>

（续表）

目标检查	装置运行稳定性≥98%，装置运行准确性≥99%，对策目标六实现				
实施人员	×××	地点	＃13 炉脱硝小室	完成日期	2022 年 4 月 25 日

考虑到火电厂对设备稳定性、安全性要求较高，公司技术管理部牵头组织相关专家从设备安全、网络安全、成果质量、成本等方面进行负面影响评价，如图 6 所示，经专家评估，该故障预警装置投入使用后无安全、质量、成本方面的负面影响，不涉及管理方面，对环保指标无影响。

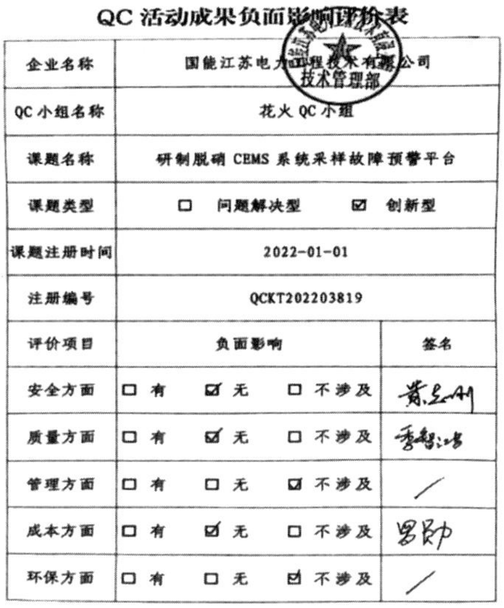

QC 活动成果负面影响评价表

企业名称	国能江苏电力工程技术有限公司	
QC 小组名称	花火 QC 小组	
课题名称	研制脱硝 CEMS 系统采样故障预警平台	
课题类型	□ 问题解决型　☑ 创新型	
课题注册时间	2022-01-01	
注册编号	QCKT202203819	
评价项目	负面影响	签名
安全方面	□ 有　☑ 无　□ 不涉及	
质量方面	□ 有　☑ 无　□ 不涉及	
管理方面	□ 有　□ 无　☑ 不涉及	/
成本方面	□ 有　☑ 无　□ 不涉及	
环保方面	□ 有　□ 无　☑ 不涉及	/

图 6　QC 活动成果负面影响

六、效果检查

（一）目标完成情况

小组将该预警装置投入现场使用，2022 年 5 月—10 月效果检查期间共发生 15 次故障，统计如表 20 所示。

表 20　效果检查期间预警时间统计表

序号	时间	CEMS 小室编号	预警时间/s
1	5 月 3 日	＃14 炉甲侧入口	30
2	5 月 11 日	＃12 炉乙侧入口	29
3	6 月 3 日	＃11 炉甲侧入口	32
4	6 月 17 日	＃11 炉乙侧出口	31
5	7 月 1 日	＃13 炉乙侧出口	31
6	7 月 12 日	＃14 炉甲侧入口	33
7	7 月 17 日	＃12 炉乙侧入口	32
8	8 月 12 日	＃11 炉甲侧出口	30
9	8 月 23 日	＃12 炉甲侧出口	20
10	8 月 28 日	＃13 炉乙侧入口	33
11	9 月 4 日	＃13 炉甲侧出口	29
12	9 月 8 日	＃12 炉乙侧入口	32
13	9 月 12 日	＃13 炉乙侧出口	29

（续表）

序号	时间	CEMS 小室编号	预警时间/s
14	9 月 22 日	＃14 炉甲侧入口	31
15	10 月 7 日	＃12 炉甲侧出口	33
平均时间/s	30		

效果检查期间预警装置预警时间统计折线图如 7 所示。

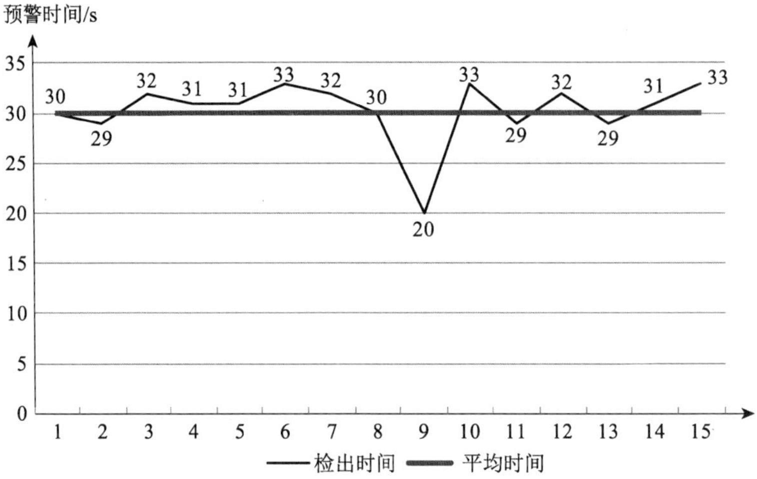

图 7　效果检查期间预警装置预警时间统计折线图

可以看出效果检查期间，脱硝 CEMS 系统故障预警时间平均为 30 s，实现了预定目标。

（二）成本效益计算

1. 研制成本

本次成果研制，总计投入材料成本约 600 元，零件加工、电路板焊接、程序设计等均由小组成员合作完成，未产生费用。

2. 效益分析

（1）经济效益分析

按照原人工巡检方式，由于发现故障时间平均为 1 095 min，时间较长，在小室温度高这种情况下，容易导致冷凝器故障。冷凝器每台约为 5 200 元，效果检查期间，由于温度高导致冷凝器故障的台数由 3 台降为 0 台，总计节约 5 200 元/台×3 台－600 元＝15 000元，如图 8 所示。

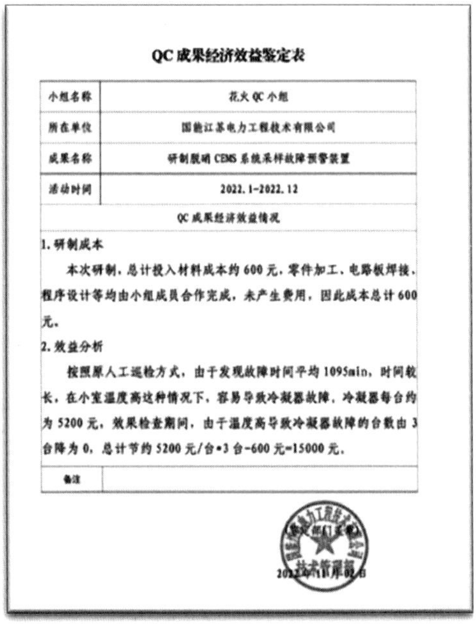

QC 成果经济效益鉴定表

小组名称	花火 QC 小组
所在单位	国能江苏电力工程技术有限公司
成果名称	研制脱硝 CEMS 系统采样故障预警装置
活动时间	2022.1-2022.12

QC 成果经济效益情况

1.研制成本

本次研制，总计投入材料成本约 600 元，零件加工、电路板焊接、程序设计等均由小组成员合作完成，未产生费用，因此成本总计 600 元。

2.效益分析

按照原人工巡检方式，由于发现故障时间平均 1095min，时间较长，在小室温度高这种情况下，容易导致冷凝器故障，冷凝器每台约为 5200 元，效果检查期间，由于温度高导致冷凝器故障的台数由 3 台降为 0，总计节约 5200 元/台*3 台-600 元=15000 元。

备注	

图 8　QC 成果经济效益鉴定表

(2) 工作效率提升

根据相关要求，原人工巡检模式须每天检查脱硝小室两次（上午下午各一次），谏壁发电公司共四台机组，其中六期＃11、＃12 机组因设计原因，将脱硝小室分为甲、乙两侧，因此六期共 2×2＝4 个脱硝小室，七期两个脱硝小室，每一人负责两台机组，据统计，平均巡检一个脱硝小室时间约 20 min，因此每天巡检时间为 2×[(4＋2)×20 min]＝4 h，且至少需要两人参与巡检，人力资源消耗较大。

(3) 社会效益

采用该预警装置，可自动辨识系统故障，并及时报警至相关检修人员，节约大量人力资源、时间成本的同时，更增加了故障判断的准确性、及时性，使得检修人员可以快速定位缺陷。该装置的投用能够避免不必要的环保考核。随着环保政策的完善，对火电厂的烟气排放参数也将更加严格，违反相关环保条例，会造成罚款或取消电价补贴等处罚，该装置可以智能判断故障发生，有利于实时监测环保数据，避免环保考核出现问题，为节能环保工作做出较大贡献。

七、 标准化

(一) 推广应用价值鉴定

小组将本次活动成果总结整理后，将成果材料递交公司技术管理部，由技术管理部门邀请和组织行业内相关专家对成果进行鉴定，经评审，该成果在电厂脱硝 CEMS 系统设备的维护领域具有广泛的推广价值，可以优先在江苏省内的发电企业推广使用，专家评审后出具了成果推广应用价值报告，参见表 21、图 9。

表 21　项目价值评估表

评价项目	评价标准	评价意见	评价结果
可推广范围	可推广至江苏公司兄弟电厂； 可推广至集团内部兄弟发电单位	本产品可推广至化工、煤炭等其他领域	具有广泛的推广价值
应用条件	可直接安装并快速投运； 对原系统无需进行大规模改造，改造成本低； 不改变电厂单位原系统逻辑，独立性高	本产品改造成本低，安装便捷，独立性高，无需改变原逻辑	成果使用方便，使用价值高
投运效果	投运后，减少设备更换频次，节约经济成本； 可减少巡检频次和时间，节约人工成本	产品能正确辨识故障并及时报警，大幅节约成本	投运效果良好，达到设计目标
综合评价	该成果设计合理，使用方便，经试验，投运效果良好，有实际应用意义，具有广泛的推广价值		

(二) 编制标准化文件

小组根据本次创新成果制定了《脱硝 CEMS 系统采样故障预警装置操作手册》，经国家能源集团江苏电力工程技术有限公司技术管理部审查批准，形成标准化文件，参见表

22、图 10。

表 22 标准化文件汇总表

标准化目的	标准化形式	文件名称	文件编号	实施日期
规范脱硝预警装置操作方法	作业操作手册	《脱硝 CEMS 系统采样故障预警装置操作手册》	Q/RK 216.2082—2022	2022 年 11 月 12 日

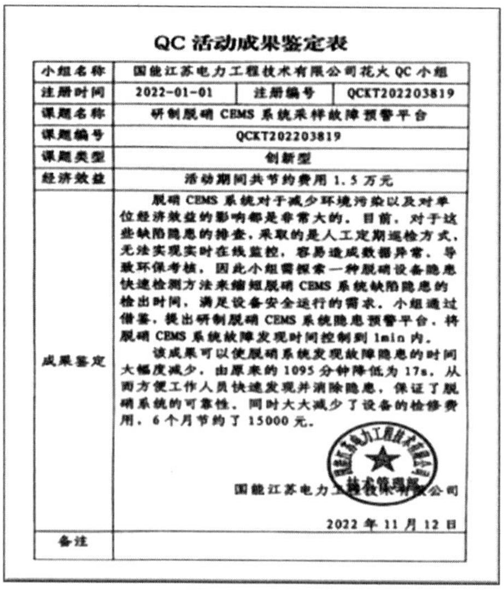

QC 活动成果鉴定表

小组名称	国能江苏电力工程技术有限公司花火 QC 小组		
注册时间	2022-01-01	注册编号	QCKT202203819
课题名称	研制脱硝 CEMS 系统采样故障预警平台		
课题编号	QCKT202203819		
课题类型	创新型		
经济效益	活动期间共节约费用 1.5 万元		
成果鉴定	脱硝 CEMS 系统对于减少环境污染以及对单位经济效益的影响都是非常大的。目前，对于这些缺陷隐患的排查，采取的是人工定期巡检方式，无法实现实时在线监控，容易造成数据异常，导致环保考核。因此小组需探索一种脱硝设备隐患快速检测方法来缩短脱硝 CEMS 系统缺陷隐患的检出时间，满足设备安全运行的需求。小组通过借鉴，提出研制脱硝 CEMS 系统隐患预警平台，将脱硝 CEMS 系统故障发现时间控制到 1min 内。 该成果可以使脱硝系统发现故障隐患的时间大幅度减少，由原来的 1095 分钟降低为 17s，从而方便工作人员快速发现并消除隐患，保证了脱硝系统的可靠性。同时大大减少了设备的检修费用，6 个月节约了 15000 元。 国能江苏电力工程技术有限公司 2022 年 11 月 12 日		
备注			

图 9 QC 活动成果推广应用价值鉴定表

图 10 操作手册封面

八、总结和下一步打算

（一）活动总结

1. 专业技术

（1）基于智能传感技术创新性地研制了脱硝 CEMS 系统采样故障预警装置，自动辨识脱硝 CEMS 系统相关故障，大幅降低人工成本和备品更换成本。

（2）小组成员对脱硝 CEMS 系统认识深刻，更加熟悉系统相关特性，并较好地掌握了单片机开发、锡焊、接线等专业技术。

（3）不足之处：对脱硝 CEMS 系统其他故障考虑较少，不能全方面的覆盖系统各类故障。

2. 管理方法

（1）小组遵循 PDCA 循环开展小组活动，能够遵守现实依据，通过较为完善的试验分析进行方案比选，逻辑严谨，内容翔实。

（2）课题通过借鉴，获得创新思路，将不同领域的先进技术进行组合创新。

（3）小组开展活动中，运用了树图整理分级方案，运用检查表、折线图、简易图表等指导方案对策实施，提高了工具方法的应用能力。

3. 综合素质

通过此次 QC 活动，全面提升了小组人员的综合素质，激发了创新意识思维，解决了生产现场发现的技术难题，取得了较好的效果，达到了预期目标。活动前后小组自我综合素质评价如表 23 所示。

表 23　活动前后小组自我综合素质评价表

序号	项目	活动前	活动后
1	处理问题	小组成员面对生产中遇到的各类问题，不能合理分析并科学处理	小组成员处理问题能力得到显著提高，可以运用 QC 的思想和方法科学地处理问题
2	工具使用	小组成员对 QC 工具了解较少，不能熟练地掌握并使用	小组成员熟练掌握常用的 QC 工具，熟悉柱状图、雷达图、折线图等图标
3	攻关能力	小组成员缺乏主动解决问题的意识，解决问题能力较低	小组成员主动开始思考，学会利用所学知识去解决遇到的问题，主动查找资料弥补知识的不足
4	创新意识	小组成员创新意识差，分析问题时思路不够开阔	小组成员能够在分析问题时开阔思路，大胆提出各类想法
5	团队精神	小组成员缺乏团队意识，遇到问题时，不会与大家共同讨论	小组成员团队意识得到很大的提高，每次方案比选试验、对策实施时，每个人都发挥作用

（二）专利申请

QC 小组向国家知识产权局递交了实用新型专利《烟气监测系统》的专利申请，目前专利申请已经被国家知识产权局受理，专利号为 202221920235.9。

（三）推广情况

该装置经过推广，在江苏公司下属常州发电有限公司、泰州发电有限公司、谏壁发电有限公司进行使用，获得相关方一致认可。小组还积极探索将该装置推广至其他行业领域的途径。

（四）下一步打算

在机组检修和日常维护消缺中，QC 小组发现脱硝系统所处环境较为复杂，尤其是采样探头部分，故障率较高。本次活动结束后，为了进一步增加环保监测设备的稳定性，小组选定“降低脱硝 CEMS 系统采样探头故障率”作为本小组 2023 年 QC 课题。

九、“研制脱硝 CEMS 系统采样故障预警装置”点评

小组针对所服务电厂的脱硝 CEMS 系统发生采样故障，由于运维人员未能及时识别采样故障，导致采样管严重堵塞，故障处理时间过长，影响环保指标上报。因此电厂生产技术部提出，运维人员应快速识别 CEMS 系统故障，确保及时消缺。据此运维人员提出了将脱硝 CEMS 系统采样故障识别时间控制在 1min 以内的需求。小组通过技术借鉴，确定了以“研制脱硝 CEMS 系统采样故障预警装置”为课题，严格遵循 PDCA 循环，开展质量管理小组活动。小组合理布置传感器位置及故障报警单元，将测点的数据进行汇总分析，开展脱硝 CEMS 系统故障智能判断，实现实时监控与智能报警功能，改变了原来依靠人员现场巡

检的方式，解决了现场问题，满足了需求。小组活动总体思路清晰、流程较为规范、成效显著，体现了 QC 小组活动成果的“小、实、活、新”特点。此外，成果易推广、易复制，且在创新性、安全性、经济性等方面都具有较好成效，值得广大质量管理小组学习和借鉴。

（一）小组成果优点项

（1）课题选择方面。课题从分析实际需求出发，以需求为导向，对现有的技术方案进行分析，通过借鉴专利、技术等，将课题定为“研制脱硝 CEMS 系统采样故障预警装置”。课题名称一目了然，直接描述了研制对象的特性，技术的借鉴点是灵感的来源。

（2）活动程序方面。小组活动程序流程标准规范，严格遵循 PDCA 循环，小组按照创新型课题 8 个步骤展开活动，从“选择课题、设定目标及目标可行性论证、提出方案并确定最佳方案、制定对策、对策实施、效果检查、标准化、总结和下一步打算”等环节，环环相扣，逻辑严密；各个环节的论述严密，且做到了前后呼应。

（3）数据事实方面。小组活动严格地遵循“用数据说话”这一质量管理基本原则，成果是基于充分实验，通过试验、测试、调查分析，对收集到的数据进行详细分析和阐述，使得论证的逻辑严谨，结论科学有力。在对策表中，对策目标也合理地设定了可量化的目标值，这有利于对策实施过程中的验证以及对实施效果完成情况的掌控。

（4）方法工具方面。课题较为灵活地运用 QC 工具，采用图、表配合的方式进行展开、说明，较直观地推导和呈现结论，过程清晰合理，说服性强。目标设定、方案选择有一定的数据支撑，有一定工具使用能力。

（5）创新特色方面。小组能够按照创新型程序开展活动，能够通过借鉴为创新提供思路，整个程序步骤较为严谨。该装置在江苏公司下属常州发电有限公司、泰州发电有限公司、谏壁发电有限公司进行试用，获得相关方一致认可。QC 小组向国家知识产权局递交了实用新型专利《烟气监测系统》的专利申请并受理。

（二）小组成果改进项

（1）选题顺序还不够规范。借鉴的技术还应进一步明确。目标可行性论证应着重论证课题总体目标的实现。

（2）方案选择的依据不够客观；对策目标不能完全衡量对策效果。如装置运行稳定性≥98%；装置运行准确性≥99%。而检查的是“温度异常识别、压力异常识别”，得出的是“识别成功率”，并不能对“装置运行稳定性、装置运行准确性”进行评价。

（3）效益计算时，没有说明时间区间（成果鉴定报告有 12 个月说明）。

（4）方案表述应为“基于智能传感技术的脱硝 CEMS 系统采样故障预警装置研制总体方案”或“基于智能传感技术的脱硝 CEMS 系统采样故障预警装置研制最佳方案”，而非“基于智能传感技术的脱硝 CEMS 系统采样故障预警装置”描述，小组需要进一步改进。

附录

ICQCC 简介

ICQCC 是国际质量管理小组会议（International Convention on Quality Control Circles，以下简称 ICQCC）简称，被誉为质量领域的“奥林匹克”，是质量管理领域参与人数多、涉及行业广、富有极强凝聚力的国际交流与竞赛盛会，是 QC 小组活动成果发布的世界最高平台。

一、ICQCC 基本背景

1. 发展概况

1976 年，ICQCC 首届会议在韩国汉城（首尔）举行；1985 年，第三次会议在日本举行，中国加入会议组织；1986 年，在第四次会议上确定会议组织今后按地域分为南北两组，南组主要包括泰国、新加坡、马来西亚、印度、印度尼西亚等国家，北组主要包括日本、韩国、中国等。两组的成员组织轮流举办每届会议。

ICQCC 为年度会议，2018 年前其核心成员组织包括中国质量协会（简称中国质协）在内共有 13 个，2018 年随着非洲国家毛里求斯加入，ICQCC 协调组织增至 14 家。每年开协调会，确定大会主办地，通过投票方式确定主办组织和主办地，每届有来自二十几个国家和地区的上千名代表出席。中国分别于 1997 年、2007 年、2023 年成功举办 ICQCC。

2. 活动意义

质量是企业的生命，提质增效是企业经营之本，是企业创新发展的不朽动力。企业始终要把质量管理放在各项工作的重要位置，坚持走质量效益型道路，QC 小组要在成果评比活动中，充分展示自我和企业形象。

在国际质量盛会上与世界一流企业同台竞技，并夺得奖项，背后是企业组织对质量与创新的不懈追求。QC 课题从选题、实施到课题撰写，进而参加层层竞技，胜出后走上 ICQCC 发布赛台，中间经历了无数人的付出，同时锻炼了小组成员的各项技能，凝聚了企业组织质量改进、不断创新的智慧。

通过技术、管理和运营创新，提升组织工作质量，导入国内外先进质量管理体系和工具方法，打造行业的专业价值。在代表 QC 成果发布世界最高水准的平台上夺得最高荣誉——金奖，是对基层 QC 小组，乃至企业组织质量改进活动的肯定。

所以说，基层小组参加 ICQCC 赛事，不仅仅是小组的行为，更是透过小组的行为展示企业组织的创新理念与价值观，是展示企业组织创新活动的基础，是展示质量强国的最佳实践。

二、活动标准

1. 标准概述

(1) 国际、国内 QC 评审主要区别在于运用执行标准不同、过程关注点不同、结果确认侧重点不同、运用工具方法不同,详见表 1。

表 1 国际、国内 QC 评审的主要异同点

序号	不同方面	国际评审	国内评审
1	执行标准	活动标准充分体现主办方国内 QC 活动开展的关注点,体现本国 QC 活动的特色,有自己的评定标准和规范,在关注细节上存在一定的差异化	遵守中质协发布的团体标准《质量管理小组活动准则》(T/CAQ 10201—2024)。国内课题类型包括问题解决型和创新型课题。在国际评审中,没有明显区分这两种类型
2	过程关注点	关注小组成员在本次活动过程中的成长和参与度,讲究全员全过程参与。注重课题活动如何体现生产组织愿景、使命,小组活动的价值和文化理念	关注重点在于活动过程的规范性
3	结果确认侧重点	对活动的结果确认、效果检查及标准化等环节,更关注专家机构的认可,注重活动成果的推广应用。结果的确认上对标准化的实质开展、标准化的形式需要重点展示,体现有效措施的可持续与可复制性,如检查与培训等环节的体现	国内对结果的确认主要在标准文件的修改、制定,而对结果确认的培训、有效措施的可持续与可复制性方面关注少
4	运用工具方法	注重 5Why、PDCA、5W1H、DMAIC(DFSS)等工具方法的应用。体现在对根本原因的逐步深入探究过程,考察小组成员在活动过程中是否熟练运用数据分层分析工具	不同阶段、不同工具方法应用都有侧重点,强调适宜、正确。数据分层、简易图表、散点图、直方图等是重点

(2) 相同点在于:在成果展示发布环节都采用成果发布加专家评委提问评审的方式,都遵循一定的标准。

每届 ICQCC 发布活动,主办国都会发布评审标准,虽然细节和侧重点有所不同,但是有共同特点,都遵循项目问题的发展规律,即遵循解决问题的 PDCA 循环。通过“项目选择、项目分析、解决对策、结果、团队展示”等 5 个环节步骤,形成解决问题的 PDCA 闭环过程。

用 PDCA 的逻辑思考问题、解决问题,这是 QC 小组活动的基础,是基层 QC 小组存在的意义与价值所在。遵循 PDCA 循环、以事实为依据、运用质量管理工具、方法,解决实际问题,是各国 QC 活动的共同点。

2. 标准关注点

与中国质协团体标准相比,ICQCC 标准更具有开放性,没有特别规定具体怎样做。每届评分标准也不同,例如,2021 年第 46 届 ICQCC 有 8 款 22 条,前 7 款每条分三个分值段,第 8 款分 4 个分段;2022 年第 47 届 ICQCC 有 7 款 20 条,每条分优秀(5 分)、中等(3 分)、

差(1 分)3 个档次。

(1) 国际发布中,强调计划一致性,要按计划表逐条将对策与措施付诸实施。需要充分展示实施阶段的团队合作,体现在小组从方案讨论制定到实施过程的全员参与,合理分工与合作,开展头脑风暴讨论过程与结果的展示。小组如何在实施环节中互相帮助、解决问题,从而得到提高,充分体现小组目标完成过程中组员成长、所做的贡献,积极展示团队凝聚力等。

(2) 要注重机构、专家的评判。评判的现实意义在于问题解决型课题评价措施的有效性,基于知识共享与成果推广需要,基于成果可信与真实的评价。在国际会议上,专家十分关注机构、专家对成果的评判,这是体现课题真实性与实施价值的一个方面。对相应的经济效益与社会效益成果,有相关机构的确认书,知名专家的认可,客户与厂商的反馈与评价,专利申请与成果申报、评定等。

三、 活动参与

每届大会,主办国(会议组织)会根据实际情况制定参赛项目类型。每届参赛的项目类型有所不同,不过,QC 成果一直是主流项目。国内推荐优秀 QC 成果案例参加 ICQCC 发布的一般途径,参见图 1。

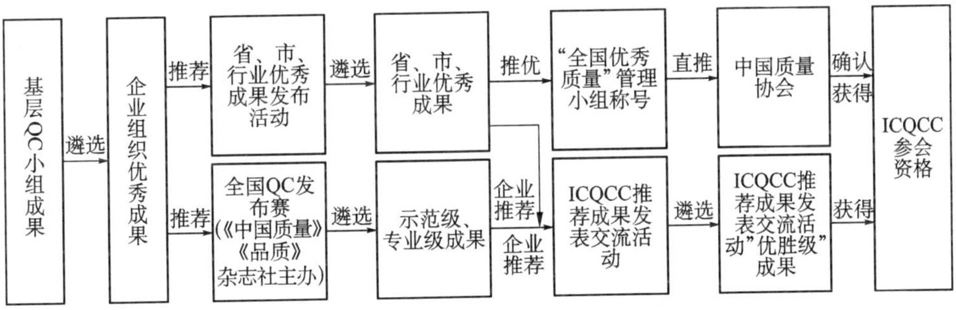

图 1 ICQCC 参会资格获取路径图

1. 国优直推路径

省、市、行业每年组织举行的 QC 发布交流会后,推荐优秀成果为“国优”,由中国质量协会、中华全国总工会、中华全国妇女联合会、中国科学技术协会联合授予“全国优秀质量管理小组”荣誉称号。小组如果获得省、市、行业直推国优机会,经中国质量协会确认将获得 ICQCC 参赛入场券。

2. ICQCC 选拔路径

《中国质量》杂志社每年会组织“国际质量管理小组会议(ICQCC)推荐成果发表交流活动”,参加推荐成果选拔赛的条件,一是上年度全国 QC 小组成果发表交流活动中获得“示范级”或“专业级”的 QC 小组;二是上年度各省、市、行业优秀 QC 小组。每个企业推荐 3～5 个成果参加交流活动。

交流活动依据 T/CAQ 10201—2024《质量管理小组活动准则》团体标准附录 B 质量管

理小组活动评审表进行现场打分。评选结果分为“优胜级”和“优秀级”。荣获“优胜级”的成果将推荐参加当年度国际质量管理小组会议。在获得 ICQCC 参赛入场券后，小组需要根据要求递交成果简介、小组简介等，经过中国质量协会 ICQCC 协调组织初审，报送给主办方终审，通过后，将获得参赛资格。

四、 活动准备

小组需要策划发布形式、排练发布过程，力图在规定的时间内清晰展示成果经典内容。

1. 文档准备

需要按主办方的具体规范、要求准备成果简介（解决的具体问题、运用的管理工具）、小组简介（成员状况）、成果报告（一般要求 15 页左右，具体根据举办国要求确定）。需要完成中英文报告及中英文演示材料的制作与优化。准备发布的视觉文件与 PPT 等。

(1) 成果报告应当包含企业/组织简介、公司/组织使命，企业/组织的愿景、核心价值观，介绍公司/组织的产品和顾客等。要有小组质量管理的文化特点，展示企业愿景、价值观在小组的落地与转换，参见图 2。

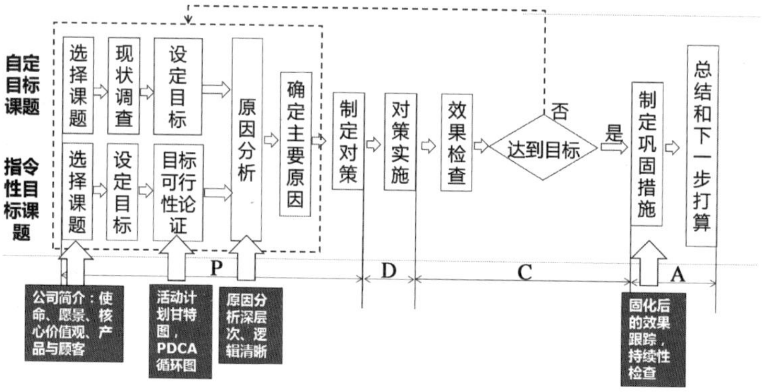

图 2 成果报告包括的主要内容

(2) 成果报告行文流畅，内容要完整且重点突出。如问题解决型课题的现状调查（可行性论证）、原因分析、要因确认、制定对策和实施，创新型课题的创新点与灵感来源，总体方案与分级方案的分解及选择，方案实施及总体方案验证等，这些步骤都是关键步骤，需要在报告中重点展开说明。要做到原因分析深层次，固化后的效果跟踪要具体，要有活动计划如甘特图、PDCA 循环图等。

(3) 注意报告整体的一致性。要对课题报告提炼与浓缩，结构遵循活动程序，重点介绍课题难点、典型工具应用。从课题问题提出，到最后问题解决，达到目标，各步骤间表述的逻辑关系要清楚，前后内容要衔接一致，数据逻辑性强。

(4) 力图课题交流的通俗性，做到简单、易懂。QC 成果交流不同于科技论文与专著，讲究的是通读性、交流性。专业技术、行业技术要通过简单的原理示例、图例说清楚。

(5) 文档翻译。成果报告等文件材料需要翻译成活动主办方要求的文字（一般要求为英文)。翻译中需要考虑专业词汇与约定俗成的表达方式。要符合质量管理领域、QC小组活动所秉承的语言固定结构、搭配,包括规定称谓、简写等。

2. 发布PPT准备

(1) 文字版成果报告页数要根据举办国要求来确定,而发布PPT一般没有页码限制,只要时间够用,尽可能多地展示内容,最好和成果报告形成呼应,对报告里的内容进行补充展示。

(2) 用图片、框图、动画视频展示企业/组织简介、公司/组织使命,企业/组织的愿景、核心价值观,介绍公司/组织的产品和顾客等。尤其在展示小组质量管理的文化特点上要具体,要把企业愿景、价值观落地,转化为富有特色的小组文化。

(3) 发布的PPT要行文流畅,内容要完整且重点突出。突出展示问题解决型课题的现状调查(可行性论证)、原因分析、要因确认、制定对策和实施;展示创新型课题的创新点与灵感来源,总体方案及分级方案的分解及选择,方案实施及总体方案验证等。灵活运用视觉效果、画面音、采访视频等手段展示各关键环节。

(4) 视觉文件制作。PPT是活动成果的重要文档,呈现成果报告的重要内容,要图文并茂,表达以图、表、数据为主,配结论性文字。每页PPT标注页码(交流时可快速浏览到该页)。每张PPT内容不要过多,标题要醒目、内容字号要大;PPT整体的色差适中,底色和字的颜色不要太近似;PPT内容不要为了过分点缀而喧宾夺主;建议增加图表、图片,不要通篇文字描述。能加入视频(改进前后、研制实物)、三维动画展示活动过程和效果为好。PPT中插入的视频等最好为原声英文,要有同步的屏幕提示文字。通过幻灯片演示、实物展示、情景表演及视频回放等形式展示QC小组活动过程和取得的课题成效。需要全体成员的共同参与、努力。发布文稿文字精练,逻辑连贯,与幻灯片演示内容同步对应。重视开头与结尾,需要开头引人入胜、结尾耐人寻味。

(5) 视觉文档翻译。与成果报告相同,PPT、场景视频等视觉文件材料也需要翻译成活动主办方要求的文字(一般要求为英文)。翻译时需要考虑专业词汇与约定俗称的表达方式。要符合质量管理领域、QC小组活动所秉承的语言固定结构、搭配,包括规定称谓、简写等。

(6) 团队合作。PPT中的小组成员介绍、头脑风暴会议、实施过程的全员参与、结果展示要加入照片、视频。如遇到困难小组成员互相帮助、共同解决。小组完成目标,体现成员的成长、贡献程度,增强了团队凝聚力等。

3. 发布视频

如果通过网络在线参加发布会,为了保证发布成功率,有时需要录制发布视频。小组最好利用企业的自有条件,同步录制发布视频。

五、 注意事项

1. 发布前准备

参加ICQCC成果发布与交流,由于发布采用全英文,所以说语言成了小组成员面临的头号挑战。需要根据发布形式撰写英文演讲稿,进行英文发布排练、英文答疑准备等,各主要环节相关内容，参见图 3。

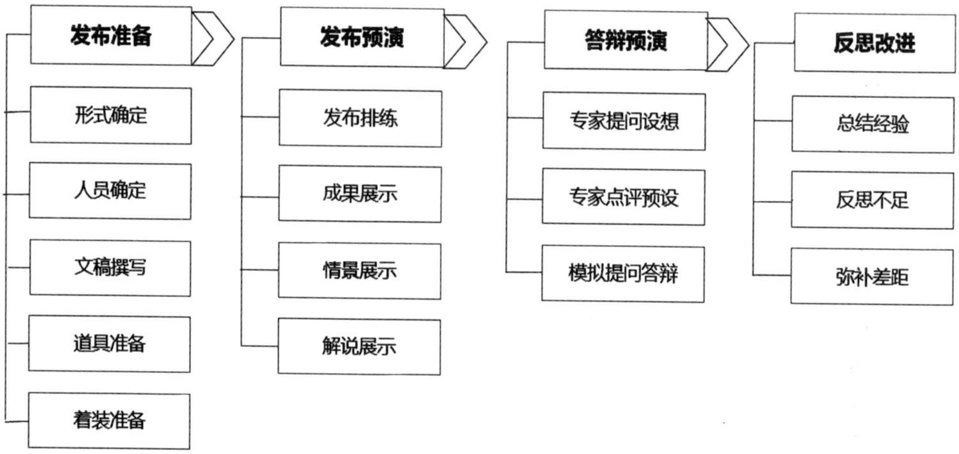

图 3　发布内容准备

（1）发布准备。考虑发布形式，鼓励多人发布，注重发布形式新颖化，展示方式多样化。新颖的发表形式能够给评委及观众留下深刻的印象，比如模拟真实场景，通过“小剧场”剧情设计，将评委和观众带入小组活动情境中，再现活动过程，让评委亲临其境地感知小组活动开展的过程，小组成员参与的热度，从而更好展示小组风采。形式确定后，进而确定人员及数量，重点关注人员的文化结构、性格、表达力等。要为每位发布者量身定制发布文稿与剧情，同时注意听觉的流畅，注重互动性与情节的呼应性。如果进行成果展示环节要准备道具，需要演练道具如何展示，如何切入发布场景中。

（2）发布预演。重在排练发布过程的流畅度与熟练程度。只有流畅、熟练，才能有展示、有互动的机会，舞台表现才能灵活自如。成果展示、情景展示及解说展示要根据课题需要设置。要对展示环节排练，同时关注整个发布的连贯与顺畅程度。发布文稿文字精练，逻辑连贯，与幻灯片演示内容同步对应。要进行时间管理，不可以超时。

（3）答辩预演。要为正式发布时专家提问环节预设问题，并组织答题预演。细致分析课题各环节，对数据逻辑、工具应用、课题展示的不足有客观、清醒认识，从而预设问题答案，以便快速回答评委老师的提问。

2. 答辩交流

（1）总体原则参见图 4。

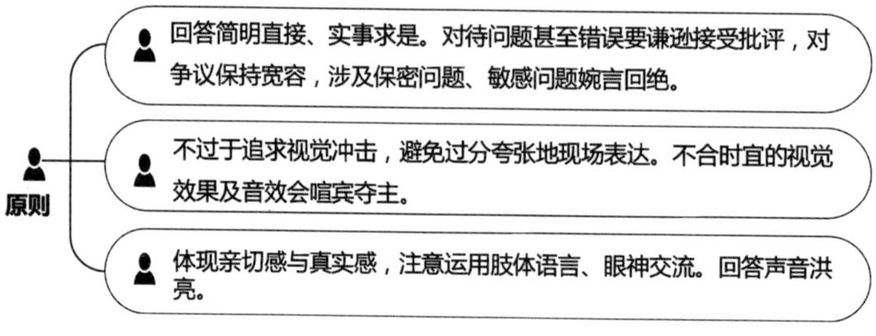

图 4　答辩交流原则

（2）问题回答。注意交流语言的表达，通过表情、肢体语言体现亲和力。如感谢评委的提问，由某某来回答这个问题；回答过程中要充满自信、声音洪亮，尽可能不停顿。如确实没想好，可礼貌地向评委申请小组间短暂交流。但一定不要过长，可以一位回答，另一位补充回答；不要为了回答问题与评委反复解释，造成不好的印象；回答完毕向评委和线上、线下观众表示感谢。

（3）衣冠着装。参加国际发布，一定要着正装，体现中华民族特色与家乡风情。因为中国地域广阔，民族文化底蕴丰富，所以可展示的文化要素多。

（4）自信守正。价值观体现守正自信与国人民族自豪感，要注重展示企业组织的愿景、发展方向与小组价值观的融合，要体现民族气质，爱国之心，体现道路自信、理论自信、制度自信、文化自信。

（本文作者：南京钢铁股份有限公司，左殿杰）

参考文献

[1] 朱迅，王芳，郑斌.阿米巴经营与现代企业管理[M].南昌：江西科学技术出版社，2021.
[2] 黄一新，朱迅.阿米巴经营改进模式[M].南京：东南大学出版社，2022.
[3] 中国质量协会.质量管理小组基础知识[M].北京：中国计量出版社，2010.
[4] 中国质量协会.质量管理小组理论与方法[M].北京：中国质检出版社、中国标准出版社，2013.
[5] 中国质量协会.QC 小组基础教材[M].北京：中国社会出版社，2000.
[6] 周刚.质量管理小组知识释义及实践[M].北京：中国电力出版社，2019.
[7] 中国质量协会.质量管理小组活动准则 T/CAQ 10201—2010[S].北京：中国标准出版社，2010.
[8] 梁红霞.日本及国际 QC 小组活动发展概述[J].中国质量，2010(01)：62-63.
[9] 吴文广.QC 知识解读与实战案例[M].天津：天津科学技术出版社，2020.
[10] 中国质量协会.质量管理小组活动准则 T/CAQ 10201—2020[S].北京：中国标准出版社，2020.
[11] 中国质量协会质量活动推进部.2021 年印度 ICQCC 会议概述和评审标准[S].北京：内部培训资料，2021.
[12] 中国质量协会质量活动推进部.2022 年印度尼西亚 ICQCC 会议概述和评审标准[S].北京：内部培训资料，2022.
[13] 中国质量协会质量活动推进部.2023 年中国 ICQCC 会议概述和评审标准[S].北京：内部培训资料，2023.
[14] 约瑟夫・M.朱兰，约瑟夫・A.德费欧.朱兰质量手册[M].6 版.北京：中国人民大学出版社，2014.
[15] 闵亚能.实验设计(DOE)应用指南[M].北京：机械工业出版社，2011.
[16] 杨树勤.卫生统计学[M].北京：人民卫生出版社，1987.
[17] 中国质量协会.质量管理小组活动准则 T/CAQ 10201—2024[S].北京：中国标准出版社，2025.
[18] 中国质量协会.质量管理小组活动推进指南 T/CAQ 10208—2024[S].北京：中国标准出版社，2025.